永远的怀念

——任继愈先生百年诞辰纪念文集

国家图书馆　编

国家图书馆出版社

图书在版编目（CIP）数据

永远的怀念：任继愈先生百年诞辰纪念文集／国家
图书馆编. —北京：国家图书馆出版社，2016.4
ISBN 978－7－5013－5791－8

Ⅰ.①永…　Ⅱ.①国…　Ⅲ.①任继愈（1916～2009）
－纪念文集　Ⅳ.①K825.1－53

中国版本图书馆 CIP 数据核字（2016）第 050349 号

书　　名　永远的怀念——任继愈先生百年诞辰纪念文集
著　　者　国家图书馆　编
责任编辑　许海燕　王　雷
装帧设计　九雅工作室

出　　版　国家图书馆出版社（100034　北京市西城区文津街 7 号）
　　　　　（原书目文献出版社　北京图书馆出版社）
发　　行　010-66114536，66126153，66151313，66175620
　　　　　66121706（传真），66126156（门市部）
E-mail　btsfxb@ nlc. gov. cn（邮购）
Website　www. nlcpress. com→投稿中心
经　　销　新华书店
印　　装　北京盛天行健艺术印刷有限公司
版　　次　2016 年 4 月第 1 版　2016 年 4 月第 1 次印刷

开　　本　710×1000（毫米）　1/16
印　　张　26.5
字　　数　460 千字

书　　号　ISBN 978－7－5013－5791－8
定　　价　80.00 元

前　言

　　任继愈先生是国家图书馆历史上任职时间最长的馆长，前后领导国家图书馆20余年，直接见证了百年国图在白石桥畔的新生和发展，为国家图书馆在百年历史传承的基础上快速实现现代化、国际化发展做出了突出贡献。先生智慧澄明、学养深厚，在哲学、历史、宗教、古典文化等领域都有非凡造诣，不仅为后世留下了丰厚的学术成果，同时也以其厚朴敦行、笃学为诚垂范后世。

　　今年是任继愈先生100周年诞辰，为了纪念任继愈先生对我国图书馆事业发展的贡献，研究总结其文献整理、保存与保护思想，以期继承、创新和发展，国家图书馆面向社会征文，组织编纂了这部纪念文集。

　　文集收录了任继愈先生的家人、同事、友好、学生，以及其他与先生有过直接或间接接触的人士撰写的各类纪念文章共计54篇。这些文章分别从治学、谋事、育人、处世等方面对先生的一生经历与成就进行了回顾和总结，寄托了我们对先生的深切怀念，也为我们更好地学习和理解先生关于中国图书馆事业发展和中华传统文化遗产保护的理念与思想提供参考。

　　"高山安可仰，徒此揖清芬"，愿先生的高志得以继承和发扬。

编　者

2016 年 3 月

目　录

图林旗帜　文化传灯

——纪念老馆长任继愈先生

韩永进（国家图书馆）

一

任继愈先生是我国著名的哲学家、宗教学家、历史学家，是中国马克思主义宗教学的开创者和奠基人，主持创建了我国第一个宗教研究机构，开创了中国宗教学学科体系。任继愈先生提出"儒教是宗教"的论断，学界为之震动，引发了历时数十年的学术讨论。他在宗教研究方面的杰出成就被毛泽东同志誉为"凤毛麟角"；他运用马克思主义唯物史观和辩证法思想，完成了对中国哲学史的系统研究，主编的《中国哲学史》（四卷本）等学术著作在一个时期内成为主导中国哲学史学科发展的范本，影响深远，培养了一代又一代中国学者。

任继愈先生还是图书馆界最受敬仰的领导者，是图书馆界的一面旗帜。任先生很早就与图书馆结下了不解之缘，在他自己的回忆中，专门提到上高小时曾经当过一任同学们自办图书馆的负责人；考上大学来到北京后，他成为国图（当时称国立北平图书馆）的读者，以一个读者的角度，跟图书馆打了几十年的交道，对图书馆有着直观而深刻的认识；1987年，任先生被任命为北京图书馆（今国家图书馆）馆长，直至2005年从馆长任上退下来，改任名誉馆长，领导国家图书馆长达20余年，是我馆历史上任期最长、贡献卓著的馆长。

二

任继愈先生担任国家图书馆馆长期间，始终牢牢把握我国图书馆事业的发展方向，对国家图书馆的职能定位、学术定位和社会定位进行了深入思考，提出了卓有建树的创见；积极推动国家图书馆人才队伍建设、馆藏资源建设、读者服务工作、国际交流和古籍整理、文献保存与保护事业。这些深邃广博的图书馆建设思想和卓有成效的实践至今仍指导着国家图书馆事业的发展。

任先生上任之初，首先给北京图书馆定位，明确它的职能。他说：北京图书馆作为国家图书馆，与一般图书馆有很大不同，代表着中国图书馆事业的发展水平。第一，它承担着国家总书库的职能，编纂国家总书目；二是为党、政、军和中央领导机关、国家重点科研单位服务；第三还肩负着公共图书馆服务公众的重任。

基于对国家图书馆的准确定位，任继愈先生全面推动国家图书馆的各项工作。1987 年，刚刚落成的白石桥新馆面积居世界第二位、馆藏资源居世界第五位，馆内设备堪称世界一流。开馆典礼上，新馆的面貌引起外宾惊叹。但是任先生却意识到：真正的现代化是买不来的，光有现代化的设备不能真正实现现代化，让现代化设备发挥作用还得靠人。图书馆的现代化关键是人的现代化，人的观念的现代化。这就更需要我们在培养人才上下功夫。任先生还准确、形象地把物质条件和馆员素质比喻为"硬件"和"软件"的关系，主张从观念上改变那种只重视"硬件"（如馆舍、设备等），忽视"软件"（管理水平、工作效率、服务质量等）的认识偏差，下大力气抓管理、抓服务，只有这些"软件"也上去了，我们的图书馆事业才能为社会提供实际效益。《瞭望》周刊记者凌蔚采访任先生时问道："您上任后第一件事将抓什么？"任先生不假思索地说："结合图书馆事业，培养'四有'人才。"

重视人才、培养人才，是任继愈先生始终坚持的治馆方针之一。1995 年 1月，任先生在"十优青年"表彰大会上饱含深情地说：真正的希望寄托在年轻人身上。并告诫年轻馆员，人生路长得很，只靠大学四年的学习是远远不够的，年轻人进馆后应该边工作边学习，这样才能不断地提高，以不断地适应新的情况。正是在任先生的勉励、鼓舞与感召下，馆内很多年轻人都孜孜以求地致力于自己的本职工作，逐渐成长为岗位能手或专家。

馆藏资源是图书馆向读者提供服务的物质基础。重视加强馆藏资源建设是任先生始终坚持的治馆方针之一。

2000 年年初，得知美籍华人翁万戈先生欲将一批极其珍贵的世代珍藏的古籍善本从美国运回大陆，并委托中国嘉德国际拍卖有限公司在亚洲地区为其代理转让拍卖时，任先生认为，购归翁氏藏书"既可为国家图书馆充实馆藏，又可以具体实施在国际上弘扬改革开放以来党和国家的文化政策"，于是迅速联合北京大学教授张岱年、季羡林、周一良，国家文物鉴定委员会主任、中央文史馆馆长、北京师范大学教授启功，以及王世襄、朱家溍、宿白、金冲及、谢辰生、冀淑英、傅熹年等先生联名上书国家文物局、文化部，并得到了时任副总理李岚清同志的高度重视。此事最终虽未如愿，但是任先生把握一切机会充实国图馆藏、保护祖国文化遗产之心，诚可感人。

著名藏书家周叔弢先生之子周绍良先生是当代研究碑帖的大家，编有《唐代墓志汇编》。2002年，周先生因病急需一笔钱，打算出让一批家藏拓片，且已有日本学者有意购买。北京大学白化文先生得知此事，赶紧将消息告诉任先生，希望任先生出面想办法，既不让这批珍贵的拓片流落国外，又能解周先生燃眉之急。任先生与周先生是西南联大时的老同学，得知此事后，任先生不顾年高，立即亲自到周宅商议解决办法，并最终与天津图书馆联合收购了这批拓片，天津图书馆购藏国图多余的复本，国图购藏本馆未收部分。这批拓片的入藏，极大地丰富了国家图书馆金石文献馆藏。

国家图书馆馆藏资源的主要来源一是接受出版物呈缴，二是购买，三是接收社会捐赠。在担任馆长后的第二年，任先生就率先将自己的著作《中国哲学史论》、《中国哲学史》（四卷本）、《佛教经籍选编》、《宗教词典》、《中国哲学发展史》（秦汉）、《中国哲学发展史》（魏晋南北朝）、《中国佛教史》以及《汉唐佛教思想论集》等捐赠给了馆里。此事虽小，却体现了任先生一片拳拳爱馆之心。

"传承文明、服务社会"是图书馆的职责所在。任先生在就任馆长之初接受新华社记者采访时便说："北图的办馆方针要以方便读者为主。"他倡导：为了保持图书馆事业和整个社会的协调发展，我们不但要改善办馆的外部环境条件，更重要的是挖掘自身内部的潜力。一方面，要积极地向社会宣传图书馆的使用知识，让全社会都来重视和支持图书馆事业；另一方面，要努力提高自身素质，改善自我形象，从强化管理、提高服务质量入手，充分发挥图书馆的社会效益，赢得社会的信任和支持。

任先生的"以读者为主"不是一句口号，他自己就身体力行。新落成的图书馆大门是玻璃的，经常有读者不小心撞到玻璃上，他就提醒工作人员在玻璃上贴个"小心玻璃"的纸条，对此他却说："我没做什么工作，工作是大家

做的。我给图书馆办公楼玻璃的门上贴了个条，省得大家撞到玻璃上，这可能是我做的工作吧！"几年后，白颐路（今中关村南大街）重新修整，准备全路实施封闭式通车。任先生立即给北京市政府写信，请求市政府规划时在靠近国图门口位置留下出口，为读者提供方便。这就是我们一心为读者着想的老馆长。

三

任继愈先生既是中国传统文化的研究者，也是保护和整理中国优秀传统文化的倡导者、参与者，为中国传统文化的传承与发扬做出了卓越贡献。

在任先生看来，中华文化不仅积累丰厚，而且有着强大的生命力，是活着的、不断发展着的文化。正是这种文化生命力，支撑着中华民族在几千年的历史中屹立不倒。任先生还大胆预测，新中国文化发展的高峰期、鼎盛期会在二三十年后出现，因此我们这一辈人最应该做的就是做好文献整理工作，为文化发展的高峰期到来打下坚实的基础。

兰台秘笈分身有术
宋椠元刊原貌长存
再造善本嘉惠学林
任继愈题

作为国家图书馆的馆长，任先生常说，图书馆是文化事业发展的总后勤。没有总后勤的支持，建设"四化"是不可能的。我们要重视自己的岗位，充分认识到我们所承担职责的重要性。任先生还说："古籍不是古董，不是花瓶，是供人阅读的"，"古籍图书同时有两种价值：文物价值与文献价值。文献价值体现在让人读、看、用。没有文献价值，只有文物价值，其总体价值就减少了一半以上。"

国家图书馆古籍善本资源宏富，敦煌遗书、《赵城金藏》、《永乐大典》、文津阁《四库全书》被称为"四大专藏"。任继愈先生在国家图书馆馆长任上，依托国家图书馆的宏富馆藏，联合学术界、图书馆界、编辑出版界专家，领导了规模空前的古籍文献整理、修复、编纂工程，推动了以"四大专藏"为代表的重要典籍整理出版，极大地方便了读者利用这些古籍。2002 年，文化部、财政部共同启动了中华再造善本工程，任先生欣然命笔，为中华再造善本工程手书题词："兰台秘笈，分身有术；宋椠元刊，原貌长存。"

四

今年是我们的老馆长任继愈先生 100 周年诞辰，在这个特殊的时刻，让我们深深缅怀任先生旁搜博采、精益求精的治学精神和传承文明、服务社会的图书馆精神，让任先生的精神鼓舞我们继续做好图书馆工作，让图书馆在经济社会发展中发挥更大的作用。

最后，再次向这位自甘淡泊，一生追求真理、坚持真理的学术大师，我们的老馆长表示崇高的敬意和深切的缅怀！

任继愈先生的学术研究

张岂之（西北大学，清华大学）

一、任继愈先生是我国杰出的人文学者

"人文学者"是指从事文学、史学、哲学、艺术等人文学科的研究者。我希望"人文学者"这个词能在我国普及开来，与"科学家"具有同等重要的地位。

首先，我引用国家图书馆撰写的《任继愈先生生平》中的几句话：

任继愈（1916.4.15—2009.7.11），山东平原人，著名哲学家、宗教学家、历史学家，国家图书馆名誉馆长。

1916年4月15日生于山东省平原县。1934年考入北京大学哲学系，1938年毕业。1938年考取西南联大北京大学文科研究所第一批研究生，师从汤用彤和贺麟教授攻读中国哲学史和佛教史。1941年毕业，获硕士学位。1942—1964年在北京大学哲学系讲授中国哲学史、宋明理学、中国哲学问题、朱子哲学、华严宗研究、佛教著作选读、隋唐佛教和逻辑学等课程，并在北京师范大学担任中国哲学史课程……1964年，负责筹建国家第一个宗教研究机构——中国科学院世界宗教研究所，任所长。1978年起招收宗教学硕士生、博士生，1985年起与北大合作培养宗教学本科生，为国家培养了大批宗教学研究人才。1999年当选为国际欧亚科学院院士。1987—2005年任中国国家图书馆馆长。

任继愈先生的一生是人文学术研究的一生，与其学术研究密切联系的有三件事：

1. 任先生大学三年级，时当1937年，日本帝国主义侵华，发动"七七事

变"，"整个华北已放不下一张书桌"，北大、清华南迁，开始在长沙附近的南岳复课，半年后又迁往云南蒙自县。任先生参加了学校组织的徒步旅行，走了两个多月，行程 1300 多公里，有机会看到农村败落和农民贫困现象。对此，任先生后来在《自传》中说："我深信探究高深的学问，不能离开哺育我的这块灾难深重的中国土地。从此，我带着一种沉重的心情来探究中国传统文化和传统哲学。"① 任先生的这种愿望毕生没有改变过。

2. 1988 年任先生在《熊十力先生的为人与治学》一文中说，"我过去一直是儒家的信奉者。新旧中国相比较，逐渐对儒家的格致诚正之学，修齐治平之道，发生了怀疑。对马列主义的认识，逐渐明确。在 1956 年，我与熊先生写信说明，我已放弃儒学，相信马列主义学说是真理"，"所信虽有不同，师生之谊长在"，"今后我将一如既往，愿为老师尽力"。熊先生为我国现代著名学者，诚信儒家学说，他也是中国佛学研究的大家，是任先生的老师。新中国建立后，任先生经过学习，相信中国化的马克思主义是真理。

3. "文革"结束以后，我国进入新的历史时期，即改革开放的历史时期，这个时候，任继愈先生思考一个大问题：20 世纪 60 年代，为什么中国会发生"文化大革命"？为此，任先生写了一篇长文，名《朱熹与宗教》，发表于《中国社会科学》杂志 1982 年第 5 期。该文中有这样一段话：

照通常情况，社会主义前身是资本主义。新中国没有经历发达的资本主义社会，而是在半封建半殖民地旧址上建立的。在人民民主的政权下，很容易地改革了封建的土地私有制，但对封建宗法主义的影响估计不足……举世瞩目的中国十年"文化大革命"，许多罪恶的行动，就是用封建主义冒充马克思主义得以畅行无阻的。②

任先生在该文中强调：对中国封建宗法主义（指以血缘为基础的社会及其皇权以及"三纲"说）要进行批判，肃清其影响；而封建宗法主义的完整形态，是中国的"儒教"。在他看来，儒学的创始人孔子对儒教不应负责任，他是儒家。儒学成为儒教，经历了较长的时间，直至南宋才被朱熹完成。

在任先生看来，儒教是中国土生土长的宗教，它以封建宗法制为核心，吸收了佛教、道教中的一些宗教修养方法（如禁欲主义、静坐、反省），把人们

① 任继愈：《任继愈学术论著自选集》，北京师范学院出版社，1991 年，第 550 页。
② 任继愈：《朱熹与宗教》，《皓首学术随笔：任继愈卷》，中华书局，2006 年，第 26—28 页。

引向信仰主义、蒙昧主义、偶像崇拜的死胡同。对此，任先生着重指出："人们记忆犹新的十年动乱时期的造神运动所以得逞，千百万群众如醉如狂的心态，它的宗教根源不是佛教，不是道教，而是中国儒教的幽灵在游荡，只不过它是以无神论的面貌呈现在人们面前的。"①

任先生关于中国儒学是宗教的长文于《中国社会科学》杂志发表以后，在学术界引起了争论，有同意者，也有许多不同的意见。我不想去评价自己老师的上述观点是否准确，因为这不完全是学术问题，其历史意义重于学术价值。我虽然不同意中国儒学是宗教②，但是我认为，任先生反思中国为什么会发生"文化大革命"，认为"文革"按其实质说乃是封建主义残余的一次大表演，说明文化思想领域必须肃清封建宗法主义残余，是有重要现实意义的。我想强调一点：我国人文社会科学的前辈学人走过太多曲折的道路，有不少痛心疾首的教训，他们思考的并非都是学术问题，而主要是与现实密切相关的问题，关于民族复兴的大问题。今天学人们可以对任先生的上述观点提出这样或那样的疑问，例如，我国20世纪60年代的造神运动是否来源于儒学的传统，苏联共产党内长期流行的对于斯大林的个人崇拜是否影响过中国，我党在"文化大革命"前是否有对领袖的个人崇拜？总之，提出问题，才便于讨论。不过，时至今日（2010年），人们对20世纪60年代的"造神"运动已没有多大兴趣去进行讨论，而更加关心中国人文社会科学的建设。因此，当前学人们关于中国哲学史、宗教史的研究，已不同于20世纪80年代任先生所提出的问题。尽管如此，前辈学人走过的曲折道路，呕心沥血思考过的问题，仍然值得我们深思。从这个意义上说，任先生永远是我们的老师。

二、任先生对中国哲学史研究的贡献

在任先生的学术研究中，中国哲学史的研究占有很大比重。表现在：

1. 新中国成立后，东欧有些国家派留学生到北京大学哲学系学习，任先生给他们讲《道德经》（《老子》），并将《老子》一书译成现代汉语。

---

① 任继愈：《具有中国民族形式的宗教——儒教》，《皓首学术随笔·任继愈卷》，第35页。原载《文史知识》1988年第6期。

② 见拙作《"四书"的文化意义》，《张岂之自选集》，学习出版社，2009年，第390页。

2. 1963 年，任先生主编的《中国哲学史》教科书四卷本由人民出版社出版。

3. 1973 年，《中国哲学史简编》（任先生主编的《中国哲学史》的缩写本）出版。

4. 1979 年，任先生主编的《中国哲学史》四卷本经过修订、增补，再次出版。

5. 任先生主编《中国哲学发展史》计划写七卷，只出了四卷，未能全部完成。

6. 任先生曾想在他退休以后自己写一本《中国哲学简史》，未能完成。

7. 任先生学术论文中有不少是讨论中国哲学史的。

任先生研究中国哲学史，在学术上有哪些特点？这可以列出若干点，但我不想那样介绍，我只想根据自己的学习与研究，提出任先生对中国哲学史研究的重要贡献，我的归纳是否准确，请大家批评指正。我想勾勒这样四点：

1. 与 20 世纪胡适及冯友兰先生的中国哲学史研究不同，任先生力求将中国社会史与中国哲学史联系起来，以便找出中哲史演变发展的社会原因。

关于秦汉以前的中国古代社会，任先生没有精力与时间进行深入的研究，但是从秦、汉时起至清朝后期，这一段漫长的中国封建社会的历史，任先生凭借多年的研究和学术积累，形成了他自己独特的视野，用他自己的语言来叙述。这里我想引用任先生的两段话，供同学们参考：

> "多民族的统一大国"是中国的国情。从二千多年前奠定这种格局，就被全国各族人民所接受。古代没有民意测验，从人民默认它，安于这种制度的行为中即可以看出，人民是愿意接受的。二千多年前曾有几度民族不统一的时期，但人们不喜欢这种分裂，因为分裂给人民带来更多的灾难，生活不安定，战争频繁。即便在分裂时期，有识之士都主张统一，认为分裂是不正常的。多民族和平共处和要求全国统一一样，得到各族人民的支持认可。①

再有：

> 自然经济的特点是封闭型，分散经营，不希望政府过分的干预。中国秦、汉以后是统一的大国，从政治上要求集中权力，多民族，地区广大，

---

① 任继愈：《皓首学术随笔：任继愈卷》，第 3 页。

如果政令不一，就难以达到统一的目的。中国中原地区进入封建社会比较早，生产也比较发达，周围的地区有些民族还处在奴隶制甚至原始社会，双方难免发生掠夺战争。为了保证国家的生产正常进行，客观也需要有一个强有力的中央政府来维持安全繁荣的局面。政治上的高度统一是客观需要，经济上的极端分散又是客观现实，它是自然经济的本性。政治的集中与经济的分散，这一对矛盾如何协调，不使它畸轻畸重，便成了历代统治者关心的问题。儒教在这里起着重要作用。①

综观任先生关于中哲史社会史的基本论点，他对汉代和魏晋南北朝及隋唐时期哲学思想的分析，不仅是对其概念、范畴和哲学思想要点的勾勒，而且使人感到在抽象的语言文字后面却隐藏着当时社会现实的背景，引人深思。这也许就是哲学家们所追求的历史与逻辑的统一。任先生关于唐代佛教思想的分析，也使人有这样的感受。但是，关于宋、明时期社会史的分析就显得有些粗糙，这个时期是中国封建社会后期，后期与前期相比较，有所不同。例如，北宋时期，封建经济有了发展，农民的地位有了一些变化，过去人身依附关系比较强的部曲、佃客制，已基本消灭，代之而兴的则是人身依附关系比较松弛的田主与佃户的租佃制。而且，从北宋时起，三百余年间，中国境内，存在着几个民族政权并立的局面。北宋的北边和西边，有辽、西夏、吐蕃等政权，以后又有在东北崛起的金政权。宋金对峙，直至南宋。南宋末年，漠北又兴起蒙古政权，后来建立了元朝。如此的社会客观环境与当时的哲学思想有何曲折的联系？任先生关于这段历史时期中哲史的教科书和论述，在深度上似乎还有一些不足。

2. 在什么是中国哲学史的问题上，任先生认为，中国哲学史是中华民族的认识史，表现了中华民族的理论思维、文明素质和生活态度。这开拓了中哲史的学术视野，彰显了这门学科的重要性。但这只是一个目标，要达到它，需要中哲界的学者们共同努力。至于如何将中哲史写成名副其实的中华民族认识史，需要历史学家、民族史家和哲学史家的协作，这里有宽阔的研究天地，只要付出精力，是可以做出成绩的。

3. 任先生在中国哲学史研究中的学术自我批评精神值得我们学习。这里以任先生研究《道德经》（《老子》）为例来说明。他在这方面的研究跨越了两

① 任继愈：《皓首学术随笔·任继愈卷》，第33页。

个世纪。从 20 世纪 50 年代起，为教学方便（留学生），开始将《老子》一书译成现代汉语，以《老子今译》为名出版。后来有所修订，称《老子新译》，后再版。任先生是根据魏人王弼的老子注本，即所谓《老子》书的通行本而译成现代汉语的。1973 年长沙马王堆发现西汉时长沙国丞相及其家属的墓葬，其中有大量帛书。经修复、整理和考订，共有 28 种，12 万余字，包括《老子》甲、乙本，这就是西汉时期的《老子》书。将此帛书本与王弼通行本《老子》互相对照比较，有助于对《老子》的深入了解。北京大学中文系高明教授著《帛书老子校注》就是这方面的研究成果。任先生将《老子》通行本与马王堆本对照研究，以《老子全译》为名出版。1993 年 10 月，在湖北荆门市沙洋区四方乡郭店一号楚墓中，出土了一批竹简，存 800 余枚，有 13000 余字，其中有《老子》甲、乙、丙本。任先生以《老子》通行本为底本，参照郭店楚墓竹简本，对《老子》进行第四次今译，名《老子绎读》，2006 年 12 月由国家图书馆出版社出版。对于这个书名，任先生有这样的说明："'绎'，有阐发、注解、引申的含义，每一次关于《老子》的翻译都伴随着我的理解和阐释，因此，这第四次译《老子》称为《老子绎读》。"从以上叙述，大家可以看到任先生严谨的治学精神。

更加重要的是，经过几十年对于《老子》的研究，任先生在《老子绎读》一书的"附录"中，反思我国哲学界在新中国建立以后关于老子哲学思想的争论，写下这样的话：

> 我一向认为老子的哲学思想比孔子、孟子都丰富，对后来的许多哲学流派影响也深远。总期望把它弄清楚。1963 年出版的《中国哲学史》教科书认为老子是中国第一个唯物主义者；1973 年出版的《中国哲学史简编》（是四卷本的缩写本）则认为老子属于唯心主义。主张前说时，没有充分的证据把老子属于唯心主义者的观点驳倒；主张后说时（《简编》的观点），也没有充分的证据把主张老子属于唯物主义者的观点驳倒。好像攻一个坚城，从正面攻，背面攻，都没有攻下来。这就迫使我停下来考虑这个方法对不对，问题出在哪里？我重新检查了关于老子辩论的文章，实际上是检查自己，如果双方的论点都错了，首先是我自己的方法错了。

任先生的这种反思十分宝贵，对我们研究人文学科有借鉴意义。哲学史的学术研究是否能归结为简单的"对号入座"？只要指出谁是唯物论、谁是唯心论就够了呢？当然不能这样。在过去很长的一段时间里，中国学者受苏联哲学界的影响，将哲学史简单地描绘为唯物与唯心两条路线的斗争；这种方法其实并不能揭示哲学史的丰富内容。任先生根据亲身的经历，明确地指出"对号入座"的方法与马克思主义唯物史观并不相符。对于源远流长的中华文化，按照唯物史观的要求，需要对它进行具体的历史分析，从而揭示其特点。对于中华文化进行唯物史观的研究，可以归结为一句话，就是：对具体的历史文化问题进行具体的分析，这也许才是唯物史观的核心。前辈学人，像任继愈先生在这个问题上进行的反思，对我们很有教益。

4. 任先生提出了一个重要的哲学理论问题：中国哲学的无限前途在哪里？他的答案值得我们深思。

任先生在《二十一世纪的中国哲学》一文的最后一段提道："中国哲学的封建主义的深层次的问题清理得不够，我们责无旁贷。"① 再一点，他认为应当正确地对待西方哲学，不要以为我们的一切（包含哲学）都比西方的好。他说："西方哲学的发展，由浑沦到分析，又由分析到综合，看来这是二十一世纪的大致轮廓。对中国哲学来说，我们不能安于自己的浑沦、综合，认为比西方的分析更高明，这是一种误解。有人讲今天电子计算机的二进制法《易经》早已讲过了；火箭发射原理宋代早已发明，只是西方火箭飞得更高而已。这是极端无知的说法。"② 这种说法还不是个别的，自以为本土的一切（包含哲学）都比西方高明，甚至认为，西方的一些科学发明都来源于中国，藐视西方科学技术和哲学，这不仅不符合历史实际，这种观点不能促进本土科学技术和哲学的发展，而且会阻碍自己民族的进步。面向世界，向人类学习一切对我们有益的东西，既看到自身的长处，也要看到自身的某些不足，这样才能使我们不断进步，并推进本民族哲学的发展。任先生对世界的未来充满信心，对哲学的未来也是如此，他说："人类社会生活中总会遇到问题。要通过自己的力量来对待一切发生的疑难问题，如果不图侥幸，不靠神仙皇帝，那只有靠哲学，哲学必将与人类共存。我相信，到了大同社会，国家机构自然消亡后，哲学还要继续存在发展。"③任先生的这种哲学永存论阐述了一个道理：人们的认识在实践中不断前进，哲学标志着人们的知识与对世界认知的无限性，这是对于科学和人文的赞歌！

---

① 任继愈：《皓首学术随笔·任继愈卷》，第 8 页。
②③ 同上，第 9 页。

三、任继愈先生研究中国佛教史的学术特色

（一）

任先生在《宗教小词典》丛书的序中说，"我们不是用宗教说明历史，而是用历史说明宗教"，这个论断源于马克思所说"人创造了宗教，而不是宗教创造人"①。

宗教是人类社会发展到一定水平必然出现的社会现象。在原始社会出现了灵魂不灭观念，这是宗教的萌芽。人看到自然有巨大的威力，又产生了万物有灵论。这些都可称之为自然宗教。

当社会进入阶级社会，统治者需要宗教，被统治者也需要宗教。这时宗教便从自然宗教发展到人文宗教。迄今影响着世界广大人口的几大宗教都属于人文宗教，他们都有教主，有系统的宗教教义，有固定的宗教活动形式，还有固定的宗教组织。

从历史上可以看到，当社会有苦难，就会产生宗教。与苦难的现实世界不同，宗教有一个极乐世界。人怎样才能进入那个"美好世界"？为回答这个问题，产生了宗教教义、宗教思想、宗教行为等，而这些都属于宗教的本质内涵。

从人自身来看，人皆有生、死，这带来一个困惑的问题：人死后到什么地方去了？我国古代的春秋时期，有人提出这样的解答：人死，肉体不存，但精神永垂不朽，其道德、事业、思想言论世代相传，谓之"三不朽"②。但这种回答不能使所有人都满意。在春秋末期，孔子的学生问孔子：人死后到哪里去了？孔子不愧为大教育家、思想家，不正面回答，他说："未知生，焉知死？"③ 但这种回答并不能令人满意，如果一定要回答，可能走向宗教。

总之，人走向宗教的途径很多。宗教是人类的一种文化形态，我们需要研究它。社会需要有宗教学家，研究宗教的形成、发展及其社会意义与思想史意

---

① 马克思：《〈黑格尔法哲学批判〉导言》，《马克思恩格斯选集》第1卷，人民出版社，1995年，第1页。

② 《左传·襄公二十四年》。

③ 《论语·先进》。

义。任先生是新中国成立后培养宗教学硕士、博士的最早导师之一。他主编的《宗教大辞典》和《宗教小辞典》丛书对于研究宗教的人们提供了必不可少的工具书。他在宗教学和中国佛教史方面还有其他著作与文章：

（1）《汉唐中国佛教思想论集》

（2）《中国佛教史》（主编，8 卷，已出 3 卷）

（3）《关于编辑〈中华大藏经（汉文部分）〉的意义》

（4）《中华大藏经总目序》

（5）《道藏提要序》

（6）《中国儒教论序》

（7）《世界宗教丛书》总序

······

关于中国宗教，任先生的一个基本论点是：5 世纪至 10 世纪，中国三大宗教中，佛教势力最大，道教居二，儒教居末。10 世纪至 20 世纪初的辛亥革命，儒教充分利用其政教合一的特权，占绝对优势，佛道二教处于从属的地位。佛、儒、道三教势力随着社会政治形势的变化而互有消长，但三教对中国传统文化都有深远的影响，它们是中国传统文化的三大支柱①。

认为儒家学说或教化在中国历史上演变为与佛教、道教鼎足而立的宗教，这是任先生的独特学术观点，有些学者持不同的意见。对此我也做过一些研究，我的浅见是：

佛教有释迦年尼，儒学有孔夫子；佛家有"真如佛性"，儒家有"至诚之道"；佛教有成佛的途径，儒学有达到至诚的"五步法"（按：即博学、审问、明辨、慎思、笃行）；佛家以释迦年尼为佛祖，儒学以孔子为圣人；佛教有继承的佛统关系，儒家有道统。儒学在面对佛教挑战时没有被动摇，还有了发展。

朱子（朱熹）难能可贵的地方在于他没有造神，他提出君子要研究两门学问：一是"尊德性"，一是"道问学"。这两门学问都要学习。"尊德性"就是宏观的道德修养，而"道问学"则是具体的知识。人们在学习过程中，既要博大又要精微，既有宏观又有微观。如果在这两方面都有

---

① 任继愈：《用历史说明宗教》，《皓首学术随笔：任继愈卷》，第 49 页。

了功夫，则必有所得。这就比视孔子为神明要高明得多了。①

作为任先生的学生，我对老师的某个具体学术观点提出商榷的意见，这正是任先生所乐意看到的，他没有责备我，认为可以继续研究下去。

（二）

在任先生的学术思想中，他认为唐朝三教中，佛教影响最大，道教次之，儒教最弱。这个观点，任先生所写《唐代三教中的佛教》论文有集中的论述。我们不妨从这篇论文来看任先生的学术研究方法。

为什么说唐朝佛教最盛？任先生从《资论通鉴》一书中引证关于唐朝迎佛骨的记载作为主要资料之一。如：武则天派使臣往风翔法门寺迎佛骨，置京师明堂供养，盛况空前。唐宪宗元和十三年（818）迎佛骨。懿宗十四年（873）又有迎佛骨的记载，"自京城至寺三百里间，道路车马，昼夜不绝"。这样，老百姓不知不觉在迎佛骨中开始接受佛教教义的影响。佛教的因果报应、天堂地狱之说，通过绘画、雕塑、音乐、俗讲、通俗文学等各种形式加以宣传，上自皇帝、贵族，下至普通百姓都深受其影响。

还要提到唐朝时佛教寺院经济发达。佛教寺院有固定产业，收租过活，僧侣地主与世俗地主有同等的特权。寺院掌握经济，提供信贷，经营典当抵押、货栈租赁，起着钱庄的作用。

在唐朝，寺院同时又是文化中心。寺院有丰富的图书设备，还藏有丰富的世俗典籍。佛教鼓励人们抄写佛经做功德，在印刷术发明以前，人们手写的佛教典籍数量超过儒家经书数十百倍，可见当时佛教影响之大。

在唐代，佛教影响不仅在国内，而且也是国际文化交往中的纽带，朝鲜、日本的佛教重要流派，都与唐代佛教宗派有关。可以说，当时的长安是弘传佛教的中心。关于唐朝时期的道教，任先生是这样分析的：一方面，中国道教的发展与佛教差不多同时，因道教与西汉末东汉初农民起义有关联，受到朝廷的疑忌，限制其活动，因此道教的发展比佛教迟了一步。但从另一方面看，道教为本土宗教，更加适合中国国情。唐朝帝王自称是老子的后裔，在政治上予以支持；而老子又是道教所选中的教主，这使道教在唐代成为仅次于佛教的第二大宗教。还要提到，道教宣传养生、长寿、祛病、延年的知识，对于帝王贵族

---

① 张岂之：《〈四书〉的文化意义》，《张岂之自选集》，学习出版社，2009年，第404—405页。

和平民百姓都有吸引力。

在任先生看来，唐代三教中儒教最弱。当时儒家代表人物韩愈提出消除佛、道二教的影响，建立儒教的思想体系。韩愈为对抗佛教的佛统论，提出儒家的道统论，影响很大。任先生认为，由于当时条件不具备，儒学宗教化未能实现。直到南宋时期，以朱熹为代表，才正式建立完整的儒教思想体系。

通观任先生的《唐代三教中的佛教》论文，其中没有多少新材料，但他对材料的引用和分析，有力地论证了唐代三教中佛教力量最大，儒佛道分立是唐朝三百年来社会安定的主要思想支柱，足见其综合分析的水平。在材料的分析中，渗透着理论观点，即材料与论点的统一。

（三）

这里我还想提到，任先生关于中国佛教史的重要研究成果，还体现在他对禅宗哲学思想的研究上，其中最有代表性的一篇论文，就是任先生写的《禅宗哲学思想略论》①。我希望对此有兴趣的同学能读一读这篇文章。

在这篇文章的开始，任先生有这样的说明："隋唐佛教中有许多重要宗派。其中对后来中国哲学界影响较大的，有三派：天台宗、华严宗、禅宗。以玄奘为首的法相宗（或称唯识宗）只风行三四十年，后则消沉；三阶教颇有广泛的信徒，但它偏重迷信宣传，哲学理论对后来影响较少。这些宗派远不能和天台宗、华严宗、禅宗相提并论。"

关于早期禅宗的建立、即菩提达摩及其门徒，任先生在他的这篇长文中做了扼要的叙述。他说："就初期禅学的特点而论，无论它以《楞伽经》为中心思想（佛教大乘有宗），或以《金刚经》为中心思想（佛教大乘空宗），它都是客观唯心主义。它用宗教哲学宣传客观世界不实在，把主观精神（我）和客观事物及其规律（法）都看作是虚幻不实的……"

接着任先生写到禅宗的正式建立、六祖慧能及其学派。

关于慧能以前的禅宗学派，任先生根据宗密（他是华严宗的第五祖，吸收了禅宗的一些观点）编过的一部禅宗语录集名《禅源诸诠集》（已散失）中的一篇总序，认为禅宗按照其基本宗旨约可分为三大家：息妄修心宗，泯绝无寄宗，直显心性宗。慧能一派在禅宗诸派中影响最大，慧能是中国禅宗的真正

---

① 任继愈：《皓首学术随笔·任继愈卷》，第118—145页。

创始人。

任先生结合唐代社会，对禅宗诸派进行了分析，提出了这样的观点：

> 为了挽救当时佛教面临的危机，在内部产生了像禅宗这样的宗派。他们没有很多学问，甚至有不识字的宗教领袖，他们多半出身于一般平民家庭，在生活作风上比较能够刻苦。他们没有占有大量的庄园，不要累世修行，不要大量的布施，不要许多麻烦的宗教仪式，不要背诵那些浩如烟海、穷年累月还不能完全记诵的经卷。①

任先生在《禅宗哲学思想略论》长文中对禅宗做了这样的评价：

> 禅宗的大胆怀疑，独立思考，和王阳明的哲学观点基本上有类似之处。禅宗教人大胆地怀疑那些不够专诚、不够主观的宗教学说，禅宗没有教人怀疑成佛、出世可以脱离苦海的可能性。禅宗的独立思考，大胆怀疑，只能在它的宗教观点所容许的范围以内进行活动。

任先生接着写道：

> 总起来考察，禅宗是中国哲学史上所特有的一种宗教哲学。以宗教麻痹人心，是它的主要方面。和其他宗教一样，教导人们忍受苦难，把苦难看作无足轻重，甚至教人当作快乐去迎接它，培养人们逆来顺受的奴化性格。它号召的思想解放，正是对人们的思想束缚。尽管在一定条件下起过某些进步作用，并有一些有价值的思想资料，但不能忘记它首先是宗教，其次才是哲学。这种哲学是深刻的，但是头脚颠倒的。②

以上是任先生关于中国禅宗哲学的一些论断，由此可以看到任先生在研究中国宗教哲学方面的独特风格。我在大学读书时（1946—1950）曾听过任先生关于中国佛教哲学的讲课，受益良多。1994年，我和几位朋友商量写一本《中国传统文化》的书，其中涉及中国古代宗教的内容。当时我和西北大学中国思想文化研究所的龚杰教授商量如何写，商量的结果是最好从"佛教的中国化"这个角度写，对禅宗也这样去处理，参考任先生的观点，但和他的观点又有区别。我们的观点是这样的：

> 佛学的儒学化，不是过去的那种依附式地"化"，而是从形式到内容上与儒学会通（融会贯通），是佛儒的一体化。具体说，在理论观点上，

---

① 任继愈：《皓首学术随笔：任继愈卷》，第127页。

② 同上，第140—141页。

17

中国佛教最大的特点是用儒家的心性说改造了印度佛教的佛性说，把佛从外在的偶像变成了人的内心信仰，特别是禅宗提出了"佛向性中作，莫向身外求"（《坛经》）的著名思想，强调身外无佛，我就是佛，把自己看作是与佛平等的人。禅宗的这些话，印度大乘有宗的人不敢说，大乘空宗的人也不敢说。印度大乘谈空的各派，尽管空这空那，都只谈到适可而止，不敢公然说佛无、法（佛教经典）无。在他们看来，如果宣传佛、法皆无，依赖于佛、法而存在的僧人将同归于尽，这对佛教的发展极为不利。而禅宗则以"佛向性中作"的思想，破坏了佛教三宝中的佛、法二宝，又巧妙地保护了僧宝（自我）的存在。所以，以禅宗为代表的中国佛教同印度佛教相比，是突出了个体意识，把对佛的信仰移植到人们的心性之中，借以说明人的本质就是自我的发现和个性的发展。这种重视人的主体思想，正是反映了儒家学说的精髓，因为儒学思想的实质是"人学"。因此，中国佛教与印度佛教的根本区别就在于是重视人还是重视佛，从佛向人的转移，这就是佛教中国化成熟的标志。[①]

关于任继愈先生对中国佛教史的研究，我只谈以上三点，供同学们参考。

四、我心目中的任继愈先生

我心目中的任继愈先生是一位真正的杰出的人文学者。为什么说"真正的"？因为他的言行一致，严格律己，不张扬，不赶时髦，扎扎实实做学问，为人师表，体现了我国当代人文学者的风范。

《南方周末》2009 年 7 月 16 日第 27 版上有一篇报道，说："任继愈一生的诸多经历中，最受人关注的是与毛泽东的交往。任继愈生前对此一直闭口不谈，他去世后，这段往事再度广泛传播。"

20 世纪的五六十年代，毛泽东主席看到任继愈先生写的几篇关于中国佛教的文章后，给予"凤毛麟角"的高度评价。1959 年 10 月 13 日夜，应毛主席之邀，任先生到中南海丰泽园与之长谈，毛主席对任先生用历史唯物论研究中国佛教予以鼓励，同时谈及宗教研究的重要。毛泽东认为，我们不但要研究佛教、道教，福音书（基督教）也要有人研究，要研究世界上几个重要的宗

---

① 张岂之主编：《中国传统文化》，高等教育出版社，2005 年，第 119 页。

教。1964 年，中国科学院世界宗教研究所成立，任继愈先生被任命为所长，1987 年，任先生离开研究所，到北京图书馆（1999 年更名为国家图书馆）任馆长。

作为他的学生，任先生没有亲口对我说过与毛泽东主席会见时的情况。"文化大革命"结束后，任先生提出为什么"文化大革命"期间会出现"造神"现象，并写文章批评中国历史上的封建宗法思想，始终以国家、民族为重。

改革开放以后，我多次邀请任先生到西安参加老子思想研究和侯外庐先生百年诞辰学术研讨会，他都前来，并进行指导，使我们从思想上和学术上受益不少。

任先生在国家图书馆创办"文津讲坛"，邀请专家做学术讲演，只要身体条件允许，他都前往参加。他要我在"文津讲坛"上发言，他听后给我鼓励。

任先生已经离开我们而去，他的著作尚在。我们应当研究他的著作，学习他的治学精神，将我国人文学术研究向前推进。

（原载中国人民大学国学院主编：《国学论坛》第 2 辑，中国人民大学出版社，2010 年，第 1—22 页）

好学求真实　为人有特操

——我所知道的任继愈先生

杜继文（任继愈研究会）

我是任先生在北京大学哲学系任教时的学生。1956—1957 学年的第一学期，他给我们讲授中国哲学史。那时经过全国院校调整，北大哲学系集全国哲学教学和研究力量于一身，可谓人才济济，中国哲学、外国哲学、马克思主义哲学、科学哲学、逻辑、心理学、美学，学科齐全；各类专家，年长的、年轻的，衣着各异，做派和学风大都是个性鲜明。任先生给我的印象是，西服笔挺，风度翩翩，特别在穿干部服的青年教师和不拘小节的老教授之间，显得既洋气又庄重。应该说，这个印象对我来说，并不是很好，因为我是散漫成性，对洋玩意儿总有些隔膜的。他的讲课，也有自己的特色。在课堂上，他一脸的平和与严肃，几乎没有看到他有其他表情。标准的普通话，讲起来不疾不徐，不高不低，而字字清楚，似乎一个废字也不容易从他那里听到，记下来，就该是一篇流畅的论文。相比其他教授的抑扬顿挫，口吃乡音，或低沉模糊，或激情澎湃，更多了些文质彬彬的气质，这又使我对他增添了若干敬而远之的成分。所以在校期间，我同先生基本上没有课后的往来。他的学生那么多，估计他对我也不会留下特别的印象——最近翻了一下当时的考试计分册，他给我打的分数是"优"。如此而已。1958 年我大学毕业，被分配到内蒙古工作，我们更没有什么联系了。

1964 年年初，我突然接到了一份调令，命我到北京大学报到，我当即住进了西颐宾馆（友谊宾馆）——原来是世界宗教研究所正在筹备成立，到处招兵买马，大约因为我曾随吕澂先生学佛学，把我也招收进来了。这次对任先生又有了新的印象。西颐宾馆本是苏联专家的驻地，房间宽敞明亮，设备称得上"豪华"。只那包含浴池和梳妆台的卫生间，就令我们眼晕；伙食也应该是一流的，在三年困难刚刚度过的时期，显得丰富奢侈。办公地点和宿舍是不容选择的，没有想到先生却做了另外一种安排：换掉床上的席梦思，改睡木板床，至少在这一点上，要与全国人民一起过简朴的生活。这很出乎我的意料，下意识中滋长了亲近感。不久，宗教所奉命到郊区参加"四清"，研究所的领导班子负责公社的一个大队，我则被分配负责一个小队。所谓"三级所有，队为基础"，这个"队"指的就是小队。任先生蹲点和联系的小队，恰是我负责的那个。于是关系进一步密切起来，我对他的称呼也从此变了，不是先生，也不是老师，而是"同志"，他也以"同志"称呼我——当时是出于自然，在我出版的一本书的后记中，称他为"我的恩师"，事实是编者自作主张加进去的，因为我感到这个尊称亵渎了我对他的尊敬和感情，直到他已经步入耄耋之年，"同志"几乎从整个社会消退了，我才感到不安，往往是"继愈同志"和"任先生"混称。在当年的北大，"先生"是学生对老师有些亲切的尊称。

"四清"的规矩是很严格的：首先一条是依靠贫下中农，与贫下中农同吃同住同劳动，而吃的不许沾肉鱼蛋；作息有定时，一般是白日劳动，晚间开会。先生除了在大队的工作，都是随我们小队活动。开会时只是静静地听，记一下笔记，很少讲话，所以大半听从我们的安排。晚上散会后，我们一般要送他回他的住处，路上有时随意谈谈，不记得都谈些什么了，但那种静谧与温和并交织着麦香的氛围，至今还萦绕在我的脑际。整个"四清"过程中，绝对按统一部署行事，所以也没有什么大的波折。他对我们小队的工作没有提出异议，过去那些距离无形中消失了：他在我的眼里已经变得很普通，唯一与我们有差别的是，他随时都带着书，稍有机会就拿出来阅读。我看到他读的最多的是毛主席的书。他对毛主席的敬佩和对他的思想的钻研，令我感动。对这次运动的评价，可以有各种角度，但就我本人而言，感觉到的是执政党对于广大贫困农民的热忱爱护和为之服务的真诚无私；对于自己干部要求之严格，可谓之苛刻，有错绝不放纵。我觉得任先生同样有这种感受。

次年夏天，我们与农民一起收割了小麦。记得我们小队是平均亩产300斤，被当地群众认为是最好的收成，大家兴高采烈。在帮助选举小队新领导时，我提议改选原队长，受到贫下中农的反对。他们认为，原队长的毛病是"多吃多占"，"我们每年给他两口猪，够他吃的了，但他能带我们多打粮食"。于是原队长重新当选，任先生表示十分赞同。这样"四清"结束了，我们奉命又回到西颐宾馆。当研究开展正常业务的时候，我被通知，因为我家的人口多，调入北京有困难，所以只能重回内蒙古；实际是，当时的世界宗教研究所被定位为"涉外单位"，而像我这样家庭出身的人，是不适合容留的——又出乎我意料的是，任先生独自请我在科学会堂餐厅用餐，同我话别。他有些无奈又有些遗憾。他说他的出身也不好，关键是看个人；他希望我们保持联系，说我总有一天还会回到北京。

然而接下来就是"运动"，尤其是"文化大革命"，学校停课，研究中断，"学术"全部被"政治"挤掉了。就在疾风骤雨之中，北大哲学系却被批准编写《中国哲学史》，我被借调来京参加；任先生在组织撰写《中国哲学史简编》，有时也在一起谈谈——只要我到北京，总会到任先生家拜访。先生的家在中关园，包括临窗的桌椅，全屋都被书塞得满满的。有次我注意到，他正在翻阅《大智度论》。他解释说，他准备编一部今人也能看懂的《佛教大词典》。在那种紧张的政治氛围中，他还如此从容，这使我有点惊讶；但我们交谈的内容，却多涉及时局。当时的北大、清华，是全国政治信息和神经的中枢，"梁效"（两校）引领着舆论的大方向，所以任先生特别谨慎——即使这样，还是遭到一位笔杆子在《红旗》杂志上的发文批判。然而这也没有封死大家的嘴，任先生对我谈得最多的，恰是"左派"们的动向，以及国家未来的走向等诸多敏感话题。中国人，特别是文人，对于涉及民族命运大事之关心，大约是有传统的，所谓"天下兴亡，匹夫有责"，当是对这一传统的概括，而任先生就是当代的典型代表。我以为，仅从文字上看，任先生是推崇道家思想的，对儒家常有贬义，但他对国家和社会的责任心是那样深重而坚定，在道家那里实在少见。

"文革"结束，恢复业务，恢复高考。我与先生的联系更紧密了。我先被借调参加《中国哲学史》第四卷的写作，同时研究佛教哲学。大约在1982年或1983年，奉先生之命给北大哲学系讲"佛教哲学概论"。职称评定工作一开始，先生聘我为世界宗教研究所的兼职副研究员，继之联系调我入北京事宜。那时特别强调地方的自主权，中央党校曾通过中央组织部调我一次，没有成功；中国社会科学院要调，困难更大。最后还是打通了当地的领导干部，终于在1984年年初重新回到世界宗教研究所。1985年，任先生从所长的位子上退下来，推荐我担任了第二任所长。我不是做官的材料，所以勉强干了一届，就被选了下来。但在宗教研究方面，我与先生的关系始终未断。直到他的临终嘱托，第一，将汉文《中华大藏经（续编）》的工作做好；第二，把"科学无神论"的学科建设起来。这两件事，都要"任劳任怨"地去做。

　　写到这里，我想到了"任劳任怨"的分量——深入到任先生所有学术成就的背后就会发现，无处不印着他的"任劳任怨"的深深痕迹。

一、关于《老子》研究的学风：追求真实的韧性和没有穷尽的发现

　　按辩证法，事物的本质只能反映在它与外部的关系和变化的过程中。我认识任先生虽然时间较长，但所接触到的毕竟只是一个片面和片段。现在记述任继愈先生为学做人的文章，不知道已经发表了多少，我手头的结集就有五六本，越感到自己对任先生的认识的局限。所以先从大家的记述说起。

　　哲学不能当饭吃，就业困难，发财更没有可能，所以一直是一门很冷的学科。任先生考进北京大学，选的就是哲学系——关于哲学的定义也很多，大多说它是求智或求真的学问，毛泽东说它是自然科学和社会科学的总结与概括，是否如此，可以不论，但需要广博的知识为基础，尤其需要思考，需要独立思考、需要善于独立思考，这是肯定的。汪子嵩先生写的《我心目中的任继愈先生》就反映了任先生作为哲学家的这一特点。汪先生于1941年考进西南联大的哲学系，听任先生讲授宋明理学。北京大学哲学系迁回北京后，他们就成了同事。1954年我也考进哲学系，他们都成了我的老师。汪先生一直从事哲学教学，他为我们开的课是辩证唯物论和历史唯物论，讲了整整一个学年，而后调入《人民日报》理论部，遭遇过多次运动的冲击。"文革"后，他集中研究希腊哲学，组织编撰多卷本的《希腊哲学史》。他以哲学的眼光透视任先生的哲学研究，当然最能抓住要点。他在《我心目中的任继愈先生》中举出任先生对《老子》的研究为例说，"自从1942年我与任公开始交往，就知道他在抗日战争开始以前，一直在写《老子今译》"。如此说来，他从1936年左右就开始了对《老子》的研读，到2006年《老子绎读》的出版，仅今译《老子》就用了60年，公开出了四个版本，而仍然没有终结。

　　"今译"是研读原著的起点，而原著是研究作者的起点。这是任先生治中国哲学史学的一大特点。不断今译《老子》，反映的是他对老子及其思想的认识不断深入，不断接近《老子》的本意和本质的过程。汪先生集中分析了《老子绎读》的《前言》——这个《前言》也代表了任先生在九十高龄时对自己的老子研究的一个小结。根据汪先生的诠释和我个人的理解，主要内容

如下：

第一，老子的贡献之一，是把"道"作为哲学最高的范畴确立起来。相对春秋战国时代的诸子百家，他们普遍是把"天"及"天道"作为解释世界和人际关系的最高范畴，并运用于哲学思考，这反映了我们古代先人的一种思维方式，因而也带有最早期局限性——因为"天"是人人均可直观到的现象，将这一直观提升为哲学的抽象，它就变得内涵朦胧、外延模糊，含义也复杂起来。因为在直观里，"天"是我们生存和生活须臾离不开的大自然，而在它的抽象里，"天"也含有某种意志和情感，似乎是能够决定人的命运、社会变动、历史发展的神灵。最早有"天帝"或"上帝"等称呼，后来有"天命""天志""天运"等近乎神学的哲学观念，并为各种学派所运用。而阐释"天人之际"则成了中国哲学亘贯始终的一大论题，也成了导致中国哲学中总带有若干神秘主义成分的历史根源①。

至于"道"，也就是路，本来也很直观。但开辟什么路，走什么路，决定着行为的方向和目的，承载着行为的价值，制约着行为的方式，相对于"天"的唯一性和客观性，带有更多的主体性和能动性，若加以概括，就有世界观、方法论，或作为特定行为的指导原则等意思，所以出现的时间也比较早，诸如王道、天道，人道、鬼道，生民之道、取亡之道，君子之道、小人之道等，"道"本身并无明确的价值含义，也无严格的道德属性。但是到了老子的《道德经》，把杂乱多样的"道"抽象独立出来，作为解释世界和认识世界的最高范畴，情况就有了根本性改变，从此创建了一个以"道"为核心的完整理论体系，形成了一种全新的思维模式和价值趋向，在中国哲学史上开辟了与"尊天"全然不同的"尊道"的思路，也一直影响着我们民族的思维运作和文化特点。

老子说："道生一，一生二，二生三，三生万物。"任先生的今译为：

　　"道"产生统一的事物；统一的事物分裂为对立的两个方面；对立的两个方面产生新生的第三者；新生的第三者产生千差万别的东西。

---

①　认为中国的传统思想区别于西方思想的是"天人合一"，欠妥。"天人之际"是中国哲学普遍关注的论题，与之有关的主要命题至少有两个，除了"天人合一"，还有"天人之分"。说"天人合一"就是人与自然环境的和谐，缺乏足够的根据，而"天人之分"在破除迷信和依赖心理，发挥人的能动性和战胜各类灾害方面，起了异常积极的作用。它是我们民族得以延续至今，屹立于世的一份重要的精神财富。

老子又说："人法地，地法天，天法道，道法自然。"按任先生的解释，此"法"指法则；"道法自然"，意为"道以它自己（的样子）为法则"。在这类思想的表述中，"道"是万物得以产生的本体和本源，而不是"天"；天、地、人、道都有自己的法则，而这一切法则，最终都要统一在"道"上，"天"亦不例外，唯"道"以它自身为法则。

这样，让"天"也产生于"道"，并服从"道"的规律的新说，使得传统上的尊天哲学失去了本体论和发生论的依据，开始将古代哲学从容纳着神学的框架中解放出来，可以说起了思想革命的作用——在当时有些什么反应呢？不很清楚。据《史记》记载，孔子曾"问'礼'于老子"。这是否是"问'道'于老子"之误？因为据《论语》记载，孔子也是"志于道"的，他甚至说过："朝闻道，夕死可矣"，但似乎终生都没有达到"道"的哲学理念。《论语》中记有"子曰：无为而治者，其舜也与。夫何为哉？恭己正南面而已矣"，这应该是标准的《老子》，与儒家那种崇"仁"尚"义"，"礼乐"为用，以及"推己及人"和"治国平天下"的积极干世精神很难相容。如何理解，仍待有兴趣的专家研讨。

第二，老子对"无"的发现以及将其确立为独立的哲学范畴，"是中国哲学史上第一座里程碑"，"是一次飞跃"。汪先生指出，任公从楚墓出土的大量竹简上，发现《老子》"在前的部分都写作'亡'，在后的部分才写作'无'"，"这个书写的改变，并非偶然。因为'亡'含义为'没有'，后起的'无'字，则表示哲学抽象概念的出现"。"无"就成了《老子》的核心概念；不懂得"无"，就不能理解《老子》的思想体系。——任先生是这样分析的：

> 人类认识从有形开始，从具体到抽象，才形成了"有"的概念。西方谓之"存在"。"存在"的原始意义本来是"在这里"，是给你看得见的东西，是具体的"有"，从各类"具体的有"分析综合出他们的共性，就是哲学上抽象的"有"。"有"包含方圆大小、红黄黑白、软硬轻重、咸甜香臭，各种可见可闻可感，以及可得可失、可推知的结果等，是一切认识的起点，也是"人类认识的幼年期"。随着人类实践活动的不断深化，从"有"认识到"有"的对立面"没有"。"没有"是生活中经常遇到的现实，但能把司空见惯的现实抽象为哲学概念的只有老子。把"没有"抽象到概念的高度，作为认识的客体对待，达到这个水平，只有具有先进文化的民族，才有这种可能。

25

任先生进一步解释道：

"无"这个概念具有"有"所不具备的"实际存在"，总称为"无"。"无"并非空无一物，它与"有"都具有总括万有的品格。老子称之为"无状之状"，"无物之象"。它不同于"有"。

"无"是个"负概念"，在全面和辩证认识世界和改造世界上，标志着人们对思维主体的功能有了重大发现，有着"有"所不具有的意义。

在老子那里，"道"即"无"，"无"即"道"。"道"的本质属性是"无"，"无"的功能性称之为"道"。但以此作为天下万物的本体和本源，又反映了老子的局限性。荀子评价"老子有见于屈，无见于伸"，任先生是赞同的。先生说，"道的功能表现在柔弱"，它与中国哲学的另一方面"天行健，君子以自强不息"（《周易》），形成互补。

汪先生对任先生在《老子》研究方面取得的这些新的认识，不惜逐句逐字地引用和评述，可能与汪先生对西方哲学尤其是希腊哲学的专长有关，深知"无"这个概念的出现在人类思维史上的价值。这使我想起黑格尔对中国哲学的评论。在《哲学史演讲录》中，中国哲学是被评为"浅薄"和"空虚"的。《易经》和《书经》两书他基本没有读懂（或限于当时的翻译水平），对《老子》却有他的观点：当时西方对《老子》所谓的"一生二，二生三，三生万物"理解，多为"三位一体"。"三"的"体"即是上帝或耶和华，黑格尔似乎并不赞成。他认为那个"三"就是"无"：

在道家以及中国的佛教徒看来，绝对的原则，一切事物的起源、最后者、最高者乃是"无"，并可以说，他们否认世界的存在。而这本来不过是说，统一在这里是完全无规定的，是自在之有，因此表现在"无"的方式里，这种"无"并不是人们通常所说的无或无物，而乃是被认作远离一切观念、一切对象——因此这"无"同时也是肯定的；这就是我们叫作的本质。

如果我们停留在否定的规定里，这"无"也有某些意义。那起源的东西事实上是"无"，但"无"如果不扬弃一切规定，它就没有意义。同样，当希腊人说：绝对、上帝是一，或者当近代的人说：上帝是最高的本质，则那里也是排除了一切规定的——因此这种肯定方式的说法，与"无"比较起来并没有更丰富的内容。如果哲学思想不超出这种抽象的开始，则它和中国人的哲学便处在同样的阶段。

　　这话照例很晦涩，意思却很简单："无"的概念是表达事物"自在之有"的，即《老子》所谓的"不可道"的"常道"，或曰"自然"；同时表示它是万有的起源，所谓"有生于无"。由于这"无"的毫无规定性，是一个纯粹的抽象，与"纯有"的抽象性相同。所以不论希腊的上帝和近代西方的上帝，也就都没有超出中国哲学的这一范围。就此而言，黑格尔的话似乎带有贬义。因为黑格尔是推崇"具体"的，"健全的人类理性力求具体的东西"，而"哲学最敌视抽象的东西"①。然而这绝不能否认抽象的价值。从个别上升为一般，也就是作为所有个别的具体被包括进剔除了各自特性的抽象，而这"一般"和"抽象"的表现就是"概念"。概念是从感性认识向理性认识的飞跃，一旦形成，翻转过来又成了认识把握具体事物、指导实践的新起点。从这个意义上说，我们的思维活动就是对概念的运用，是从具体到抽象、从抽象到具体的辩证过程。正因为如此，任先生认为老子将感性中无数的"没有"抽象为"无"这一概念，带来的是一种与"有"全然不同的思维模式，全然不同的世界观、理论体系以及行为方式，所以给予高度评价。

　　实际上，黑格尔是提倡逻辑与历史统一的，"纯有"和"纯无"既是他的《逻辑学》的起点，也是他认为的人类哲学思维的起点。希腊的"埃利亚派最早有了纯有这种简单的思想，尤其是巴门尼德把纯有当作绝对物，当作唯一的真理"，而"无，空，在东方的体系中，主要在佛教中，是绝对的本原"②。此处需要纠正的是，真正把"无"当作本体和本原的是他谈到中国哲学中的《老子》，佛教并不承认"有生于无"。所以不论从逻辑的发展和哲学史的发展来看，《老子》的"无"都是历史必经的阶段，具有"普世"的意义。任先生的研究，恢复了《老子》应有的历史地位及其为人类思维发展做出的伟大贡献，也纠正了西方认为中国没有哲学或思想浅显的偏见。

　　但是，不仅如此。《老子》的"无"与黑格尔所说的"纯无"，即空洞的抽象又有所不同，因为它不仅是"没有"的抽象，而且它也是在这抽象中饱含着丰富内容的"具体"。对此，任先生做了精彩的发挥：

　　　　老子思想深刻可贵处在于从纷乱多样的现象中概括出"无"这一负概念，把负概念给予积极肯定的内容。老子的"无为"不是一无所为，

---

① 转引自列宁：《哲学笔记》，人民出版社，1956年，第249页。
② 黑格尔：《逻辑学》上卷，商务印书馆，1974年，第71页。

而是用"无"的原则去"为"。所以能做到有若无，实若虚，以退为进，以守为攻，以屈为伸，以弱为强，以不争为争，从而丰富了中国古代辩证法思想，建立了中国贵柔的辩证法体系。

显然，这又是黑格尔完全见不到的了。

据此，任先生总结说，老子"贵柔的辩证法体系，与儒家《易传》尚刚健为体的辩证法体系并列。儒道两家这两大体系优势互补，和而不同，丰富了中华民族辩证法文化宝库"。由老子哲学形成的"贵无学派"，与体现儒家精神的"重有学派"，不只存在于魏晋时期，也贯彻在全部中国的思想史中。如果儒家思想是作为封建主义国家的意识形态，那么老子的道家思想，则很大程度上反映了封建集权条件下农民和弱势群体的精神面貌，所以任先生有"反映农民呼声最早、最系统的是老子"之说。

汉初选择"黄老"思想治国，汉武帝改奉"独尊儒术"，历史地说明了"柔弱辩证法"和"刚健辩证法"二者不可或缺的关系。我们今天常说，"有所为，有所不为"，"无为在于无不为"，都体现着这种精神。就总体言，任先生认为，所谓诸子百家，说到底，是儒道两家。

二、中国哲学研究史中的"唯物史观"以及哲学的认识论使命

由任先生组织当时最优秀的中国哲学史学者主编的《中国哲学史》四卷本，一直被当作大学教材使用，产生了巨大的影响。1963年出版了它的前三卷，基本上确立了任先生在这一领域的权威地位。1973年，他又主编了《中国哲学史简编》，到20世纪80年代，则主编了《中国哲学发展史》的前三卷。这三部史证明，任先生"是20世纪以马克思主义方法研究中国哲学的当之无愧的大师"，与之相应，他还发表了有关中国古代哲学的系列论文。

力图用马克思主义研究中国思想史的学者，在任先生之前就不乏大家，但以简明的语言，清晰的逻辑，厚重的材料，系统的论述，最后用完整的"中国哲学史"形式而呈现给国人的，唯属任先生主编的四卷本一部。他的通史式的研究，让他既具备全局眼光，又具发展观点，而唯物史观的运用，则使他能够深入到社会经济结构的实际和普通人民大众生活的需求之中，由此观察当时的文化形态、思潮内容和哲学体系间的关系，往往发现前人未曾发现的领域，揭示前人尚未达到的认识高度，给读者的不单是知识，更多的是启示如何

正确而清晰地思维。

就此而言，参加侯外庐先生《中国思想通史》写作的张岂之先生所撰《略论任继愈先生的学术研究与唯物史观》，从"马克思主义唯物史观与 20 世纪中国学术"的角度，以后辈同行的身份所做的评述，很值得参见。他认为，"任先生研究中国哲学史、宗教史、文化史，总是把研究的对象放在一定的历史环境中加以观察、思考，力求加以具体分析，从而得出应有的评论"。这是唯物史观的基本原则。中国哲学史的研究对象是古代中国，首先得认识这个国家的国情。他引用任先生在《二十一世纪的中国哲学》一文中的话说：

"多民族的统一大国"是中国的国情。从二千多年前奠定这一格局，就被全国各族人民所接受——二千多年前曾有几度民族不统一的时期，但人们不喜欢这种分裂，因为分裂给人民带来更多的灾难，生活不安定，战争频繁。即使在分裂时期，有识之士都主张统一，认为分裂是不正常的。多民族和平共处和要求全国统一一样，得到各族人民的支持、认可。①

又说：

这个国情显示着中华民族的思想文化、生活准则、宗教信仰、伦理规范、风俗习惯、政治制度的综合体。这个综合体决定着中国哲学的全部内容。因此，观察中国的历史、研究中国的哲学，都不能不以这个国情为出发点，又落脚到这个出发点。中国哲学必然带有中国的民族、时代、历史、文化特点，反映它的祈向和理想。②

这本来不应该成为一个问题，任先生晚年特别加以强调，很明显，是具有特别的针对性，也是他做学问未曾忘却社会责任、绝不无病呻吟的表现之一。

唯物史观的基础理论，是社会存在决定社会意识，是经济基础决定上层建筑，同时承认社会意识对社会存在、上层建筑对经济基础具有能动的反作用。这一理论同时也是研究哲学史的方法论，贯彻在任先生的全部中国哲学的研究中。张先生认为，"任先生从中国封建社会经济和政治，即经济基础与上层建筑之间的矛盾展开分析"，说过这样的话：

自然经济的特点是封闭型，分散经营，不希望政府过分的干预。中国秦汉以后是统一的大国，从政治上要求集中全力，多民族，地区广大，如

---

① 任继愈：《皓首学术随笔：任继愈卷》，中华书局，2006 年，第 3 页。

② 同上，第 4 页。

果政令不一，就难以达到统一的目的……为了保证国家生产正常进行，客观也需要一个强有力的中央政府来维持安全繁荣的局面。于是政治上的高度统一是客观需要，经济上的极端分散又是客观现实，它是自然经济的本性。政治的集中与经济的分散，这一对矛盾如何协调不使它畸轻畸重，便成了历代统治者关心的大事。儒教在这里起着重要作用。①

据此，任先生从来没有抽象地否定"封建专制"，也没有抽象地歌颂过"民主"。按我的理解，反映为君主专制的中央集权，是中国封建的自然经济的必然产物，这与资本主义市场经济必然产生资产阶级的民主政治是一个道理：只要这种经济基础是合理的，维护它的政治体制就是必然的。不论是用文化的优劣还是感情的好恶，或道德的高低进行评价，都是唯心的，反历史的，不科学的。

从任先生的有关研究看，他把儒家看作是维护统一集中制的国家哲学。但儒家从一开始就具有浓重的宗教因素。张先生说：

> 在任先生看来，从早期中国儒家的敬天法祖，到秦汉之际的"三纲"论、到西汉时董仲舒的神学目的论、再到东汉时期的《白虎通》，最后到朱熹的"天理"说，便完成了儒学宗教化过程。②

随着封建主义从兴旺走向没落，完成了宗教化的"儒教"或曰"礼教"，越来越显示它的滞后性和反动性，在鸦片战争中彻底地暴露出它在专制和愚民上的极端腐朽。五四运动在爱国主义推动下，提出"科学与民主"两大口号，主要就是针对"礼教"即"儒教"而言的。民主主义革命和社会主义改革，使儒教失去了统治地位，但它的思想残余，仍然存在于人们的心底深处，"人们记忆犹新的十年动乱期间的造神运动之所以得逞，千百万群众如醉如狂心态，它的宗教根源不是佛教，不是道教，而是中国儒教的幽灵在游荡"③。

按说儒家是"儒教"——这教不是"儒释道"三教的教，不是单纯教化的意思，而是宗教（Religion）的教。这其实不是任先生的首创，康有为的"孔教会"早就在实践了。但任先生是基于历史的发展观点提出来的，并不把儒家看作凝固的古今一体，所以先秦的孔子学派，不包括在内。其所以在总结

---

① 任继愈：《具有中国民族形式的宗教——儒教》，《皓首学术随笔：任继愈卷》，第 33 页。

② 张岂之：《略论任继愈先生的学术研究与唯物史观》，载《我们心中的任继愈》编委会：《我们心中的任继愈》，中华书局，2010 年，第 15 页。

③ 同①，第 35 页。

"文革"教训之际提出来，现实意义十分明显。尽管这"儒教"之说，也受到取媚于宗教的学者欢迎，但同任先生的本意风马牛不相及。

总之，任先生主编的四卷本《中国哲学史》是对中国几代学人影响最大的著作，它的意义不只是其中承载的知识，主要还是它提供的哲学方法论，即如何正确运用马克思主义整理和考察哲学史料，以及进一步观察和解释现实世界的方法论。简言之，它影响到了人的哲学世界观。

在唯物史观的哲学史研究中，涉及两个重要问题，需要做些说明：一个是阶级分析问题，一个是唯物和唯心的区划问题。

关于阶级和阶级斗争的学说，不是马克思主义的创造，更不是马克思主义者所独用。马克思从来不掠人之美，1852 年 3 月 5 日，他在致魏德迈的一封著名的信中说：

> 无论是发现现代社会有阶级存在或发现各阶级间的斗争，都不是我的功劳。在我以前很久，资产阶级的历史学家就已叙述过阶级斗争的历史发展，资产阶级的经济学家也已对各个阶级做过经济上的分析。①

这里历史学家主要指法国复辟时期的梯也尔、米涅、基佐等人，他们从阶级斗争视角考察历史。经济学家则指英国的古典政治经济学家亚当·斯密和大卫·李嘉图等人，他们从人所在的经济关系中的地位观察错综复杂的社会关系。也就是说，阶级是个经济学概念，阶级斗争是个历史学概念。它们被用于政治和思想的观察和分析，都离不开经济这个基础和历史这个条件。

马克思继承了这些优秀的思想成果，但给予全新的发展：第一，他指出，资本所有者的"利润"，实来自工人阶级创造的"剩余价值"；第二，阶级的存在，不是永恒的，而是随着生产方式的变化而变化的，所以说"阶级的存在仅仅同生产发展的一定历史阶段相联系"。马克思把资产阶级学者关于阶级和阶级斗争的学说，做了唯物史观的理论改造，没有使其成为纯道德的谴责话题，而使之成为研究阶级社会的主要观点和方法；由于对无产阶级历史使命的发现，社会主义也就由空想变成科学。在马克思主义那里，阶级斗争、无产阶级专政都不是目的，消灭一切阶级和进入无阶级社会，才是它的最高理想。

因此，唯物史观中的阶级和阶级斗争学说，是观察阶级社会历史及其观念形态的科学方法，与"教条主义肆虐和政治高压"没有关系。因为"阶级"

---

① 《马克思恩格斯选集》第四卷，人民出版社，1972 年，第 332 页。

是社会一直存在着的经济实体，阶级斗争是不同阶级围绕经济利益发生的客观事实，不管人们承认与否，喜欢与否，它们都是真实地存在着。由于这一学说在"某个时期"遭到严重歪曲，就否认它固有的科学性，甚或禁止使用，并不妥当。

我所谓"某个时期"，是众所周知的。因为"阶级斗争"当然要以"阶级"的实际存在为前提，但在那个时期，却背离了"阶级"的本义，从而歪曲和制造"阶级斗争"。首先，将经济学上的"阶级"篡改为政治概念，同时将本人"成分"等同为家庭"出身"。按土地改革的政策规定，当地主被没收了多余的土地，并能够做到自食其力的时候，就只是名义上的地主，如此经过多少年，他就脱掉了地主帽子。但在那个特殊时期，即使地主的子弟，甚至地主的孙子辈，仍然需要戴着地主的帽子过活。按照历来的政策，家庭成分与个人出身是绝对分离的。家庭可能是地主，本人可能是教员或学生，地主是被剥夺被专政的对象，本人可能成为革命的动力或团结的对象。但在那些日子里，本人因为家庭出身而成了"黑五类"而遭受到各种迫害。最严重的是，将阶级的概念扩大到思想领域，以致知识分子全体变成了"资产阶级"，直到改革开放才宣布知识分子是工人阶级的组成部分。

此外同样非常严重的是，让阶级和阶级斗争脱离开它们特定的社会历史条件和社会生产力的发展水平，抽象为：凡剥削阶级都是反动的，都要打倒，凡劳动阶级都是先进的，都要永存。这也不符合历史事实。也以中国为例，至少在1956年以前，中国共产党领导的中国革命，被定性为"资产阶级"的民主主义革命，即新民主主义革命；民族资产阶级，包括农村的富农，是革命的动力之一，而不是革命的对象。中华人民共和国五星红旗中的一颗星就代表着民族资产阶级。民主革命的对象是封建主义，地主阶级是封建社会的统治阶级，所以在被打倒之列。但当帝国主义侵入我国，力图变中国为殖民地半殖民地的时候，民族矛盾上升，阶级矛盾变为次要矛盾，于是停止了土地改革，地主变成了团结的对象而不是打倒的对象。对于西方资产阶级革命，中国的先进分子是如何受到鼓舞，这从他们不间断地向西方学习可以知道个大概。只有资本主义内部危机并转向帝国主义时代，才受到中国人民的质疑和反对。最后，即使同一个阶级，因为各种错综复杂的社会原因，表现在政治和思想领域也不是一个模样，阶级的作用和阶级斗争的方式，并非千篇一律。在这些方面，张岂之先生特别强调"具体问题具体分析"，当是有感而发。

　　统观任先生主编的《中国哲学史》中涉及的阶级分析和阶级斗争，总体上是马克思主义和中国共产党的传统观点，并没有简单处理。它对中国封建社会和地主阶级不是一笔抹杀、全盘否定的，更没有堕进历史虚无主义，成为唯物史观的对立面。相反，正因为它坚持了唯物史观的阶级分析，揭示出我国哲学的丰富性和多样性，先哲给我们遗留下的遗产是如何深厚珍贵；同时阐明历史的阶段性，思想的时代性，每人的个人特性，从而能对特定哲学学说的历史功过，做出恰当的评价。这既有科学性，也有说服力，也是当时能够赢得广大读者的重要原因。

　　至于哲学史之分为唯物论与唯心论两大阵营，大家都知道，不是出自日丹诺夫，而是恩格斯。凡看过 1957 年有关中国哲学史学术讨论文集的人，都会知道，当时对日丹诺夫提出批评的唯一学者，就是任先生。我们不能用批判日丹诺夫，否定恩格斯。恩格斯的原话是中国哲学界非常熟悉的，他在《路德维希·费尔巴哈和德国古典哲学的终结》中说，"全部哲学，特别是近代哲学的最重大的基本问题，就是思维对存在的关系问题"，"哲学家依照他们如何回答这个问题而分成了两大阵营"，即唯心主义阵营和唯物主义各种学派，二者当然是对立的。"但是"，恩格斯继续指出，"思维对存在的关系问题，还有另一个方面——用哲学的语言说来，这个问题叫作思维和存在的统一性问题"，也就是客观世界是否可以认识，以及认识是否对客观世界起积极的能动作用问题。

　　这里重述大家共知的这些观点，不是在提醒，而是在探究：为什么认定思维对存在的关系是哲学的基本问题？或者说，在数不清的诸多哲学定义中，马克思主义为什么把解决思维对存在的关系问题作为哲学的基本内容？这个答案，除反映在中外哲学史主流的事实之外，还可以从中国共产党的实践中得到简要的说明——按照共产党的性质，它是"无产阶级的先锋队"，是革命的政党。但从它在中国一成立开始，就面临一个革命的性质问题，而决定革命性质的，则是对中国社会性质的正确认识和准确判断。可以说，在一个相当长的历史时期，党内的认识并不完全统一，认识上的分歧必然导致政治路线上的斗争。这一分歧和斗争，可能延续多长时间这里不妄加猜测，可以肯定的是，仅就为确立新中国得以创建的思想路线，耗时就不短。最后断定中国旧社会的性质定是半封建、半殖民地，由之确定革命的性质只能是反帝反封建的民族民主主义革命——由于中国资产阶级的先天软弱，所以本应由资产阶级领导的这次革命，历史地落到了无产阶级先锋队肩上，所以称作"新民主主义革命"，并获得完全的胜利。这现在都是常识了。

然而，这个对中国社会性质及中国革命性质的认识问题，在哲学上就是思维对存在的关系问题，却不完全是常识。因为即使在哲学教学和哲学研究领域，也不全能将哲学理论问题与中国的命运问题联系起来。中共建党以来的思想路线斗争，反映的是马克思主义与中国革命实践的结合，以及反对思想上的主观主义和教条主义，反对政治上的"左"倾和右倾的问题；为解决这些问题，毛泽东有《人的正确思想是从哪里来的》，刘少奇有《人为什么会犯错误》，其实谈论的都是思维对存在的关系问题，也就是人如何正确认识世界和改造世界的问题。因此，就唯物论与唯心论、辩证法与形而上学的对立与斗争而言，是纯粹认识领域的事。作为学术研究，可以各陈己见，百家争鸣；作为个人，可以影响判断的是非真假，行动的得失成败；但一旦关系到党的前途和国家的命运，认识问题就变成了政治问题。假若因为它曾经在政治斗争中发挥过理论作用，就不能从唯物唯心、辩证法形而上学视角考察哲学问题，等于怕人扣上政治帽子，就不去分析认识的正确与否一样——至少在希腊人看来，哲学是追求"真理"的，或者说，是"爱智"的。若连是非真伪都不能表达了，哲学还有存在的价值么？

任先生在对中国哲学的研究中使用唯心唯物、辩证法形而上学的概念，就是从思维对存在的关系上，也就是从认识的错误与正确上着眼的。他说：

> 哲学史作为认识史，无疑将为人们提供可贵的借鉴。看到前人如何克服错误，我们从中受到启发；看到后人重犯前人已经犯过的错误，我们从中得到警惕。百年前恩格斯就指出：训练思维能力，迄今为止，还没有比学习哲学史更有效的方法。今天看来，它仍然是颠扑不破的真理。①

什么是哲学？即使从事哲学教学和研究的一些同行，也不很清晰，释义众多，令人困惑。实际上是没有吃透恩格斯关于哲学基本问题的真实含义，把毛泽东所说的"哲学是自然科学和社会科学的概括和总结"当成一种摆设，缺少切实的理解。而真正把握住哲学的本质，并体现在自己的教学和研究中，应该是任先生的《中国哲学史》。现在有些回忆文章，大都会提到这部教材，谈及从中的受益。受什么益呢？恐怕主要是两点：第一，认识到任何思想，哪怕

---

① 任继愈：《具有中国民族形式的宗教——儒教》，《皓首学术随笔：任继愈卷》，第35页。

是幻想，都不会是无源之水，无本之木，它的源和木，说到底，在它的社会历史环境。第二，从哲学的学习研究中，提高自己的思维能力，使自己的观察敏锐，思维正确。至少我是这样感受的。

说到这里，突然想起恩格斯的一句话：辩证的思维"是以概念本性的研究为前提"的。当前在话语权的争夺中，西方之善于制造概念、推销概念，而国人中某些学者追风概念，复述概念，已经是一大文化景观，显得精神无主，思想贫乏。制造者和推销者，对这类概念的基本含义以及可能发生的实际效果当然是清楚的，而追随者和使用者，除了显示时髦以外，可能完全处在似是而非的懵懂里，甚或由无知变成偏见。我们的哲学任务之一，就是应该探究概念，起码要弄清楚我们自以为懂得了的那些概念的内涵和外延，以及它们在外国人那里是如何使用的，这有助于改变追随他人的话语而不知所云的严重局面，也是思维逻辑的起码要求。更深层次的则是研究"概念的本性"——概念是认识的结果，也是认识的起点；概念是抽象思维的细胞，也"是帮助我们认识和掌握自然现象之网的网上扭结"，而如何正确运用概念，则考验人的智慧程度。

三、佛教研究上的创新和马克思主义宗教学的探索

佛教之影响中国，不仅是寺院的偶像崇拜和民间的因果信仰，更大也更深刻的是它的教义体系和哲学理论。进入近现代，在救亡图存的民族觉醒过程中，企求新的思想力量，改变陈旧的国民性，用以振奋民族精神方面，一是向西方学习，另一就是向佛教哲学求助。后一种思潮的影响也很大，在维新派和革命派的知识分子中得到普遍的重视，研究佛教成为一时的风尚，一直波及毛泽东。

任先生在佛教研究上，师从汤用彤先生。汤先生的名著《汉魏两晋南北朝佛教史》，最早由商务印书馆于1938年在长沙出版；新中国成立后，1955年中华书局"重印"。在汤先生为1962年版做的《重印再版小记》中说，此书新中国成立后重印，"当时我正患重病，赖任继愈同志在个别文字上做了修改并删去原《跋》，另做《重印后记》"。1981年中华书局又一次再版，上述之《跋》《重印后记》与《重印再版小记》均保留了下来，其编辑部所做的《再版后记》中特别提到"汤一介同志校改了旧版中的个别错字"。就是说，《重印后记》是任先生起草，得到汤先生认可，直到1981年再版经汤一介先

生校改，一直没有变动。

那么，1938 年的《跋》写了些什么，为什么到 1955 年再版汤先生要把它删去，另让任继愈起草《重印后记》？这原因得先看原文。原《跋》中说：

中国佛教史未易言也。佛法，亦宗教、亦哲学。宗教情绪，深存人心，往往以莫须有之史实为象征，发挥神妙之作用。故如仅凭陈迹之搜讨，而无同情之默应，必不能得其真。哲学精微，悟入实相，古哲发挥天真，慎思明辨，往往言约旨远，取譬虽近，而见道深弘。故如徒于文字考证上寻求，而乏心性之体会，则所获者其糟粕而已。

这段话认为，谈论"中国佛教史"有两个前提：佛教之作为"宗教"，必须有"同情之默应"；佛法之作为"哲学"，必须具"心性之体会"。离开同情默应、心性体会，仅凭搜讨陈迹、文字考证，所获者只能是糟粕而不能得其真。但是，我们通读《汉魏两晋南北朝佛教史》上下卷，汤先生着重的是"史"，搜讨的无非是陈迹，所做的全是文字考证，从而把"莫须有之史实"还原为"历史的真相"，所以读者看到的是客观而信实，从中显出了"史"的真实的变迁轨迹。这部著作经 80 多年而不衰，它的价值就在这里。汤先生把自己的此作评之为不得其真的糟粕，可能是对于佛法之宗教信仰者和哲学的研究者的一种谦虚——特别像谭嗣同那样的维新志士、章太炎那样的革命评论家。用这些先人的伟业贬斥对佛教历史的学术考察，显然不妥，这或许是任先生主张删去原《跋》的原因。

说汤先生的这部著作是"史"，是因为它甚少涉及佛法之"宗教"和"哲学"领域。问题是，研究宗教是否必须有"同情心"并与之"默应"，研究佛教哲学是否必须具备"心性之体会"，从而把"同情"和"体会"当作学术研究的前提条件？答案应该是否定的。学术研究与文艺创作和戏剧表演不同，它不可以参与主观感情的成分，需要的是客观和理性。客观则要求摆脱主观成见，如实反映史实，达到规律性认识；理性则要求驱逐好恶取舍，按逻辑思维，掌握历史的逻辑。这也就是按科学精神、科学方法从事研究——实事求是。因此，汤先生之所以删去原《跋》的原因，更可能与他接受了科学精神和科学方法相关。《重印后记》开头有这样的话："解放后开始学习马克思列宁主义，回头来看这一部旧作，感到非常惶悚。"为什么？

我过去反对以盲目信仰的态度来研究佛教史，因为这样必然会看不清楚佛教思想的真相。但我在这一部书中把佛教史仅仅看作一种宗教思想的发展，而没有认识到佛教思想的发展和它当时的社会历史条件是分不开的——在马克思主义原则下，只有把宗教、神学的问题安放在现实问题的基础上，才可能正确理解它。

这里讲的也是两个问题：第一，按西方宗教神学理解，"信仰"无须"理性"的支持，拒绝探索、质疑和创新。而"同情之默应"（与宗教情绪共鸣）和"心性体会"（即宗教经验）同"信仰"之非理性接近，与科学理性之探索和创新精神则有相当的距离。汤先生首先表明他一贯反对在佛教史研究上采取"盲目信仰"的态度，无疑在清除对"默应""体会"可能产生的"信仰"误解。信仰归信仰，研究是研究。宗教信仰自由是公民的权利；学术研究则需要遵循科学规律。前者满足对宗教的主体需要，后者探究宗教的客体真相，二者是容不得混淆的。第二，要想探究宗教的"真相"，正确地予以"理解"，就不能囿于宗教自身，单从思想到思想，从信仰到信仰，而应该把宗教和神学问题放置在当时的现实基础上，将它们的产生与演变同特定的社会历史条件联系起来考察。此后，任先生一再强调，要用历史说明宗教，而不能用宗教说明历史，在这里已见端倪。

对宗教研究的这种新认识，《重印后记》明确说明，是源于新中国成立后学习马克思列宁主义的启发。在这新认识中突出的观点和方法，就是历史唯物主义，唯物史观。

反映在《重印后记》和《重印再版小记》中的汤先生与任先生的关系，使人亲切地感受到师生间的互相尊重、平等交流、教学相长的情感；以及勇于坚持真理、修正错误的人格魅力与学术胆识。据说汤先生对待他的其他学生，也是如此令人敬重的——这是中国教育的优良传统。中国禅宗有个说法，只有被学生超过的老师才是好老师，如果二者持平，老师也就平平。然而听说《汉魏两晋南北朝佛教史》的最新版本，把新中国成立后"重印"的三个《记》都删去了，独独把1938年的《跋》恢复了，使这部书一下子退回70年。不知汤先生得知，该做何种反应，他的学生任先生的观点则愈老弥坚，而且继续发展。

其实，新中国成立后学习马克思主义是当时知识分子的普遍追求，包括冯友兰先生的《中国哲学史新编》，吕澂先生讲授印度和中国的两种《佛学思想源流》等，都试图把唯物史观贯彻到自己的学术研究中。他们那一代知识分子具有共同的爱国主义情怀，目睹了马克思主义在中国的胜利，使他们不仅在理论上，也在实践上折服于唯物史观，以至于终生不渝。硬给他们加上是被迫的"思想改造"，这是不道德的泼脏。任先生在他们中间的辈分最小，关于中国佛教哲学的马克思主义研究成就最大。他的有关论文得到毛泽东的肯定，评之为"凤毛麟角"，当是实至名归。

毛泽东当时能够见到的任先生有关佛教文章大约只有七篇，都收在他1963 年出版的《汉—唐中国佛教思想论集》中。但就这区区可数的几篇文章，却向学界显示出唯物史观一旦被用于学术研究可能产生的巨大效用：它扩大了人们的视野，发现了一般人所没有发现的领域和材料，提高了对研究对象的认识与理解水平，从而给人以从迷雾中走出、豁然开朗的感觉。我个人对佛教哲学之丰富的认识，以及佛教哲学在中国哲学史和思想史上之地位的认识，就是从这本书的论文中得到的。这本书也很快得到日本佛教学界的强烈反响。

是日本开创了采用西方方法论对中国佛教史的研究；新中国成立前中国人自己写过两种《中国佛教史》，就是以日人的相关著作为蓝本的。及至任先生的《汉—唐中国佛教思想论集》一出，立即得到日本学者的回应。当时以擅长中国佛教史知名的学者是塚本善隆教授，他研读任先生的这本论著时把书的纸张都翻破了，曾到北京亲自与任先生讨论。1981 年，任先生主编的《中国佛教史》第一卷出版，在日本佛学界再次引起轰动，由中村元、镰田茂雄等佛学名家与任先生联系和本间昭之助的资助，开展了为期 10 年的"中日佛教学术会议"（1985—1995），为两国大多数的有关学者提供了交流的平台，这一交流至今还在继续。日本学者为什么会特别看重任先生的著作？原因也在于这些著作中体现着唯物史观所提供的新视角，有新的发现和新的观点。1992年，《中国佛教史》的前三卷被译成日文的"定本"，译者在第一卷《后记》中这样说：此《史》有两个突出特点：一是用史实说明，佛教传入中国有着传统的宗教思想和当时的文化思想的背景，而不是孤立发生的事件；二是指出，佛教经典是基于中国人的意识形态而被容纳的，所以对主要汉译佛经的内容做了详细的剖析，并从思想史上给予评价。译者认为，这些特点之所以能够被发现，是采用了唯物史观的结果，但是，这种唯物史观并非通常那种机械论的运用。

毛泽东关于"凤毛麟角"的评价，是在 1963 年的一个著名的批示中讲的。批示的意思是，世界三大宗教影响着广大人口，可我们缺乏对它们的知识；而不批判神学，就写不好哲学史、文学史等，所以需要成立专门的机构加以解决。任先生将这一批示的精神概括为"研究宗教，批判神学"，二者都需要正确的思想指导。"研究宗教"在补我们对宗教知识的不足，而如果宗教成为我们的盲区，不仅制约着我们对人类文明史的全面认识，更直接妨碍我们对当前世界政治形势的把握，因此，"研究"绝不是"信仰"，也非"同情"；"神学"属宗教的世界观体系，承载着意识形态和价值趋向，若不做分析，不加批判，就无以区分真伪是非，就是放任鬼神之说误导民众。正是在毛泽东的这个批示下成立了"世界宗教研究所"，任先生承担起筹办的任务，并担任第一任所长，一直做了 20 年。他所做的工作，应该说是胜任的、出色的。

从宗教所成立迄今，时隔近 60 年，纵览全球宗教之介入政治纠纷、局部战争、社会冲突等诸多重大事件，以及它对我国当前日益增强的多层面影响，不由得感叹毛泽东高瞻远瞩的战略眼光，而宗教研究所在帮助国人认识国际国内形势的变化动荡中，起到了不可替代的作用。

任先生为世界宗教研究所建所曾制定八字方针：积累资料，培养人才；目的在于出高质量的研究成果和高质量的研究人才；实施的方法是以任务或课题带研究，以研究促学习再学习；而原则是服务社会的需要，建成科学体系。当时抓的重点是一部《宗教词典》，世界三大宗教的三部通史以及《中国佛教史》《中国道教史》和《中国伊斯兰教史》（另有《中国基督教史》《宗教心理学》没有完成），加上一部宗教基础理论（即《宗教原理》），奠定了学科发展的基础，由此培养出一批具备基本知识的中青年学者，成为此后宗教研究领域的骨干力量。

这些研究成果，也得到海外学术界的认可。1981 年出版的《宗教词典》，当是宗教所恢复工作后的第一个产品。后来 1998 年出版的《宗教大辞典》是这部词典的扩大，2002 年出版的《佛教大辞典》是这部词典佛教部分的扩展。但就学术意义和社会影响来说，都比不上《宗教词典》。它第一次宣示，中国的马克思主义者能够把宗教作为一门学科一个词一个词地去认真探究、如实把握；它的客观性、准确性和明晰性，赢得社会——包括学术界、宗教界和需要宗教知识的多种行业的普遍承认和肯定，一直波及当时仍处于隔绝状态的海峡对岸——台湾出版了盗版；台湾一个佛教团体编纂的佛教《大辞典》，将我们《宗教词典》中本来收入不多的教义词条，几乎全部收入其中，有的连词目和内容一字不改。

为高等院校系统策划和组织编写的《佛教史》《伊斯兰教史》和《基督教史》，已成为高校有关院系主要的参考教材。此系列从 1990 年到 2004 年有两个出版社前后出版，迄今为止，还没有替代它们的读物出现。它们经历了学术的和市场的双重考验，其原因也在马克思主义唯物史观的指导。以《佛教史》为例，1995 年台湾有家出版社买去了繁体四号字竖排的台湾出版权，它在书背的简介中说：

> 本书把佛教作为一个整体，着重从佛教本身的历史发展上考察它在不同国家和民族中的特点及发展状况，兼顾史实和教理、上层信仰和民间流布，内容力求简明，立论力求稳妥，以期适合各个阶层的读者阅读。

它肯定了我们不同于按国家或教派编写佛教史的独特方法。而尤为出版社看中此书之特色的，表现在出版社编辑部写的《在台湾出版说明》中。它说，《佛教史》一书：

> 以共产主义之"历史唯物论"为理论基础。文中"统治阶级""起义""资产阶级"等词汇，与我国（注：指台湾当局）现行思想意识形态有所扞格；然此书为研究佛教史学之重要参考书籍，且为学术著作，而非思想意识之宣传品。本社秉持"尊重学术自由"之原则，上开词汇悉予保留，用以维持此书原有之学术价值。

尤其出乎意料的是，编辑部最后的一段话：

> 共产主义者之"历史唯物论"对于观察历史有其特殊的角度，固亦读者阅读本书前应有所了解。

以唯物史观研究中国佛教史而折服了日本佛学界，又以佛教史的研究促进了出版界对"历史唯物论"的折服，这可以看作任先生学术生涯中独具的魅力。如何以唯物史观为理论基础创建具有中国特色的马克思主义宗教学，也就成了任先生晚年的追求。

四、批判神学与坚持科学无神论的宣传和教育

在深入宗教研究的同时，任先生并没有忘记批判神学的任务，但主要以坚持无神论和宣传无神论的形式去做的①。1988 年他在《关于宗教与无神论问

---

① 神学是一种浓重的意识形态，具有渗透性的世界观、人生观和价值体系。内容繁杂，派系众多。由于社会历史的原因，它在中国社会公共领域，极少有展现的机会，因而也极少遭到公众的关注和学者的认真研究。但到 20 世纪 90 年代以后，情况急转直下，基督教宣教的主要方式，由单纯的个人信仰转向神学的公共宣示。

题》一文中说：

> 无产阶级同神学做斗争，能够采取的唯一手段只能是思想手段。正是在这个意义上，列宁指出"要以用纯粹的思想武器，而且仅仅是思想武器，用我们的书刊，我们的言论来跟宗教迷雾做斗争"。列宁把批判神学思想领域的斗争，强调用"纯粹的思想武器"，反对在宗教问题上使用强制性手段。①

文章全面分析了在无神论宣传上的两种错误倾向，强调指出：

> 为了教育广大青少年和广大干部、农村社员，我们的无神论宣传工作却做得很少，而我们党员干部、理论工作者有责任关心广大青少年，使他们树立无产阶级世界观，与传统迷信划清界限。

任先生在这个时期特别把"广大青少年和广大干部、农村社员"作为无神论宣传教育的基本对象，有一个特殊的文化背景，那就是有神论出现了一个新的载体，即充塞着封建迷信而由"人体特异功能"坚挺起来的神化"气功"，以1979年3月为标志，它以惊人的速度膨胀起来，自上而下席卷大江南北，遍及机关学校，成了思想文化领域最突出的一种怪异现象。到任先生写这篇文章，正是它持续火红的年代，而其中受害最深的是青少年，扶植它最有力的是有关的领导干部，它的深厚的群众基础则是农民和弱势大众。遗憾的是，这一呼吁并没有受到重视。

次年，即1989年，我承担了国家"七五"规划项目"中国社会主义时期的宗教问题"。在调研过程中发现，这种"气功热"不过是海外"宗教热"的一个变种，而背后有那么强大的理论和行政支持，受骗和受害者申诉无门，实在吃惊。所以回来就写了一个调研报告，叫《有神论的新载体和新时代、新宗教运动》，大约在1994年完稿。上报主管领导后，没有任何下文，但受到任先生的特别重视，所以在这个报告以《气功与特异功能解析》的书名②公开出版之际，为之写了一个分量很重的序言。《序言》与世界宗教研究所一位同志着眼于"'新宗教'在当代中国的存在是可能的吗"③ 不同，重点是从"捍卫

---

　　① 见《宗教·道德·文化》，宁夏人民出版社，1988年。

　　② 在当时，承担此书出版的同志是冒着风险的，所以改用"气功与特异功能解析"混杂在多如牛毛的类似名称的图书中，避免引起意外，而我也用了一个笔名。"法轮功"事发后，该出版社又以《法轮功何以成势》再版，立即受命禁售，作者也遭到调查。社科院却对此书授予科研成果奖。

　　③ 《宗教研究情况反映》，1995年3—5月。

科学"出发，对论证"新宗教"的"伪科学"进行批判。其中说：

> 科学发展与社会进步总是相伴而生，相互促进的。只有科学发展不受阻碍，社会才会前进；反之，社会就停滞，或暂时的倒退。科学最大的敌人是愚昧迷信。科学与愚昧迷信，在理论上，不能共存。

《序言》又说，"社会上总有些消极势力或集团，为了小集团的利益，千方百计限制科学、破坏科学"。然而，

> 科学与生产力同步发展，任何力量也阻挡不住——进入近现代，得到最高的称誉，受到普遍的尊重，科学成为人们向往的精神殿堂。今天，违反科学的人，也不得不打着"科学"的旗帜，在"科学"的招牌下，贴上"科学"的标志，私售其伪劣产品。

说到此处，任先生罕见地激烈起来：

> 为了捍卫科学，必须打假。在当前，破除迷信，扫荡愚昧，必须揭露伪科学的遮羞布。"庆父不死，鲁难未已"，昔年扰乱鲁政的庆父已死去，今天扰乱科学的"庆父"却接二连三地冒出来，他们出于私利的驱使，绝不会从此罢手……

他号召：

> 一切正直的学者、科学家，每一个热爱社会主义祖国的公民，要团结一致，像扫黄一样，像禁毒一样来对待伪科学的传播，务必禁绝其蔓延孳长，不使其伎俩得逞。

在此之前的 1995 年 4 月 22 日的《长江日报》上，任先生发文《破除迷信——中国现代化的必由之路》，已经提到"要大力、有效地宣传科学与无神论——我们的报刊、电台等新闻媒体要负起阐教化、正风俗的责任来"。至此，先生将"破除迷信"进一步与"捍卫科学，反对伪科学"结为一个问题，这就与当时中国科协"促进自然科学与社会科学联盟委员会"发起的"破除迷信，捍卫科学"的大讨论联系起来。我国社会科学与自然科学最具体也最有实效的合作，可以说就是从这里开始的。

当时所谓的"伪科学"，固然包含"老鼠药""水变油"等有害和造假事件；"迷信"多指算卦、看风水等传统沉渣，但将"破除迷信、反对伪科学"，或"捍卫科学精神，反对愚昧迷信"连成一个口号，其实所指却是由"人体科学"以及在这一"科学"影响下不断壮大起来的神化"气功"组织。这是股特异的文化迷雾，与民初的"灵学"及其相伴而生的会道门复兴大致相当，在新中国成立了 30 年的中国大陆竟风行了 20 年。有名称、成规模的社团得以

百位数计算，每个都说领有信徒成千上万，而跨地区、跨国界的组织，也不只是三五个。其中的奇人、超人、大师、宗师层出不穷，勾结官府，收买媒体，吹牛造假，招摇欺骗，搅乱科教兴国大局，制造家庭和人生悲剧，最终酿造出一个"法轮功"——从包围电台、报社、学校、私宅等闹事屡屡得手，一直发展到包围国家运转中枢的中南海。当事起仓促之际，能够及时向党中央说明"法轮功"实际情况，并建议依法查处的，正是持续关注这一潮流的"两科"合作者，领衔的是任先生，而后科协成立中国反邪教协会，会长即是科学院资深院士潘家铮。

为了吸取邪教成灾的教训，中央批准中国无神论学会创刊《科学与无神论》杂志。杂志和学会的组成人员，都是从有利于社会科学和自然科学优势互补的角度考虑的，目的是积极地正面引导，确定"宣传科学精神，开展无神论教育，维护公民宗教信仰自由权利，推动科教兴国战略实施"为整个工作中心。从此开拓了科学无神论的宣传教育和学术研究的新局面。这一切都是由任先生主持、组织和指导的。

"法轮功"事件在国内外还引起另类舆论，认为邪教得势是中国"信仰危机"或"信仰真空"造成的，发展宗教是填补真空、挽救危机、防止邪教的最好办法。这种主张也成了西方某些政治宗教势力对中国实施宗教渗透的一大口实。与此同时，党内有些官员与学者也发出强烈的声音：执政党要"与时俱进"，利用宗教巩固自己的执政地位——发挥宗教在道德教化、社会稳定以及建设和谐社会中的积极作用。这种内外呼应的直接结果，是将教徒与其公民身份分离甚或对立起来，把本来属于公民的作用误判给教徒的作用，以致把教徒私人信仰的《圣经》同全体公民必须遵循的《宪法》对立起来，在客观上，制造了宗教与国家的对立。尤其恶劣的是，夸大和渲染社会的黑暗面，并将其归因于缺乏信仰的结果。于是宗教的正面作用被人为地抬高了，而它的负面作用则被有意识地遗忘和抹杀了，宗教信仰成了道德高尚至少是不犯罪和少犯罪的标志，形象突然高大起来，科学理性倒成了世界灾难、物欲横流的原因，成了贬斥声讨的对象①。然而另一方面，他们又断定人性为"罪"为"恶"，认

---

①　反科学思潮在当代中国有两种表现，其一是把运用科技产生的问题，归罪于科技自身的问题；其二是把近现代科学的产生和发展，归功于基督教的文化背景。二者的共同的主张是，科学只能解决"是什么"的问题，宗教才能解决"为了什么"的问题；实际是把有无、真假等世界观问题，同"价值"和"意义"等人生观问题分裂开了。

为只有树立个"神"才能威慑人们作恶的贪欲，只有"敬畏"才能令人们安分守己，这就与基督教的教义衔接起来。宗教被高尚化起来了，而信仰者反而受到鄙视。"终极关怀"成了对"现实关怀"的轻蔑，"灵性"成了对人性的否定。

这种舆论，由于西方反华势力的多渠道推动，几乎无限制地侵入了社会和公共文化领域，包括某些党政机构和国民教育领域；尤其通过"文化传教"的形式，使很多掌权的人也为之开放门户，一批文人则随着价值规律作文呼应，即使以"马克思主义宗教观"名义进行宗教研究的学者，也拒绝甚或公开反对无神论。这不但有违我国历史的优良传统，与西方发达国家的近现代历史及其现代趋向也是背道而驰的。

问题不止于此。亨廷顿所谓的《文明的冲突》，其反映的实是美国在苏联、东欧解体后对世界形势的基本评估，是继制造两大阵营的对抗之后，挑动全球性的宗教冲突。宗教问题成了国家之间、民族之间、宗派之间情感隔离、政治斗争和战争屠杀的重要元素，而推动无政府的"宗教自由"更上升为美国对外的战略手段，其在中国造成的后果，藏独、疆独、"洋教"① 的捣乱，就远非"法轮功"等邪教所能企及。这不是执政党的希望，违背了人民的意志，也背离了当今中国社会大踏步前进和民族空前凝聚的基本事实。

任先生对这类现象十分敏感，并由衷忧虑。他本来是我国开辟马克思主义宗教研究的先驱，但在这个时候，大约在 2003 年 8 月，他又主导给党中央写了一封信，提出加强无神论宣传教育和研究的建议。时任总书记很快做了批示。大意说，关于无神论研究和宣传教育是一项长期任务，需要纳入科学研究规划和宣传思想工作的总体部署，锲而不舍地进行。尤其是共产党员应牢固地确立唯物主义的世界观。这与贯彻党的宗教信仰自由政策并不矛盾。很显然，这一批示也具有长期的战略意义。有关领导也都提出了认真贯彻这一批示精神的意见。

这之后，任先生就为落实中央领导的批示而不知疲倦地奔走呼号，直到他病重住进医院，还给中国社会科学院的领导写信，甚至从病床上爬起来拄着拐

---

① 此处所谓"洋教"，指受外国资助和控制的地下教会和"家庭教会"，以及与之相应的汉语基督教神学运动和文化传教。它们的共同点，是同国家承认的合法教会对立，不接受国家法律约束和政府管理。

棍到院部找院领导商谈——应该说，院领导也是重视科学无神论工作的，曾破例给经费拮据的《科学与无神论》杂志拨款资助；在任先生离世的前几天，院领导通过了成立一个科学无神论研究实体的决定，并有了专业的编制。他强调的"任劳任怨"，就是当我们把这个消息告诉刚从昏迷中清醒过来的他，他口中反复说的。这四个字蕴意的深厚，大约只有经历着的人才会体会得到。

任先生之所以钟情和执着于科学无神论，更与他的爱国情怀和社会责任感密切相关。他满意于我们国家的当前发展，但不满足于社会发展的现状。我们依靠什么保持国家的持续发展和社会的不断进步？消极一点说，怎样才能维护国家的稳定和社会的和谐？这在中国近现代的历史中是有答案的。全心全意依靠人民和全心全意为人民服务，这是党的力量唯一而且用之不竭的源泉——这个人民是不分宗教信仰与否的，都要依靠，都要服务；人民之所以有力量，是因为他们通过拥有知识而掌握了改造自然和改善社会的能力——此即普及科学文化知识，"科教兴国"之所以特别重要；而在社会制度的选择上，非中国特色的社会主义莫属。我们国家的现代化，对外不能依靠掠夺，对内不能依靠盘剥；同时也没有资格拼资源、拼环境。唯一正确的道路，是依靠人民大众，以不同寻常的速度和质量发展科学技术与教育事业，保障和推动社会生产力的持续高涨，并将发展的成果，造福于人民大众。至于把希望寄托到宗教上，不是一个先进政党的应有举措，倒是脱离人民群众、背离科教兴国、腐败无能的信号。这可能就是任先生理解的科学发展观的核心内容，也是他临终仍在惦记科学无神论学科建设的根本原因。

于本源同志在《让任先生给我们留下的珍贵遗产发扬光大》一文中呼吁：

《科学与无神论》杂志同仁已经摔打了十年，开始踏出了一条路，我们大家应该一起努力，争取把这条道路开得更宽广些，以帮助人们科学地认识世界。

五、关于编纂《中华大藏经》和整理古籍事业

国家一直是把搜集、整理和编纂佛教《中华大藏经》作为文化建设事业的组成部分来做的。它的筹划，可以上溯至 20 世纪 60 年代初，中国佛教作为"文化遗产"的"抢救"项目，列入了中国科学院的规划。时任中国科学院哲学社会科学部学部委员的吕澂先生被委托做两件事，一是开办"佛学学习

班"，为佛教研究培养接续人才；一是整理和编纂中国佛教经典。前者实现了，我是有幸参加这个学习班的三个人之一；后者吕先生拟出了《新编中华大藏经目录》，但最终流产了。改革开放不久，任先生让我陪他一起到吕先生那里咨询重新启动《中华大藏经》编纂框架和原则问题，先后大约有三次。1982 年，全国古籍整理出版规划会议召开，任先生于会议当天写了一份整理出版《中华大藏经》的建议交给大会。"大会认为，整理研究佛教典籍，不只是佛教信奉者们的事，也是全国人民共同的文化事业"，并采纳了任先生的建议。就从这一年开始，历经 13 个春秋，动员了约 160 人参与，最终于 1994 年年底编纂完成，1997 年由中华书局全部出齐。全藏共收经籍 1939 种，分 106 册。它以《赵城金藏》为基础，会勘了包括《房山石经》在内的八种有代表性的藏经，其文献性的价值突出，为继承和创新佛教传统文化的研究，提供了更原始更优秀的版本。

这其中的酸甜苦辣，参与者至今尚唏嘘不已。然而出版后颇有非议，认为它没有标点，不好使用。这是误解。《中华大藏经》之所以影印，是因为它的任务首先是文献保护；它用八种大藏经对校，有助于显现历代藏经的整体面貌，因而它应该成为佛教研究中最具权威的原始根据。与汉文大藏经编纂出版的同时，也推动了藏文大藏经的整理和出版。它们是姊妹篇，都属《中华大藏经》系统，藏文的全称《中华大藏经（藏文部分）》；汉文的全称《中华大藏经（汉文部分）》。由于习惯，人们时常把《中华大藏经》特指它的"汉文部分"。

汉文《中华大藏经》所收经籍仅限于历代大藏经有"千字文"帙号部分，帙号以外以及分散海内外的藏外佛教典籍数量更多。因此，在编纂《中华大藏经》之初，任先生就有续编的打算，并一直为之实现而奔走。随着国家经济和文化实力的增长，2002 年，国家社会科学基金决定将《续编》列为"特别委托项目"给予支持，但终因经费困难，不可接续。2006 年年底，任先生向时任总理写信报告，请求中央财政支持。意想不到的是，总理于 2007 年 3 月做了批复，表示支持。现在，这一工程已经列入国家出版基金委员会的专项管理，并与中华书局商妥，继续由他们担负出版的重任——任先生临终前与中华书局所签的，就是出版合同的正式文本。

根据任先生主持起草的《重新启动论证报告》，《续编》将收入《正编》未收的所有可能搜集到的汉文佛教典籍，下限截至当代，估计约有 4000 种，

2.6 亿字，全编拟分 11 个分部，尤以"金石史地部""论衡部"最具特色。

这种分部的方法为一般大藏经所未有，它是由《续编》的性质决定的。

按照任先生的一贯思想，中国佛教既是中国传统文化的组成部分，也反映着中国传统文化最一般的特点。从域外佛教之落地中国大地，到形成独特的汉文佛教而影响着周边国家，它其实表现了中华文化无比的生命力和创造力。它从来是开放的，不拒绝任何外来的东西，因为它自主、自信，有足够的能力容纳和消化，为我所用，所以也始终处在相应的变动发展中。《正编》所收的大部分佛典是翻译的，《续编》中继续收集印度和南传的汉译典籍，都体现着中华文化的这一特色——这些外来的译典所承载的，不仅有古印度和南亚与中南半岛的历史与文化，而且有中亚古代希腊化以及波斯等国家的哲学与宗教。它们的进入，丰富了我们的传统，促进了民族文化的创新。这一历史事实，也是认识我国自戊戌变法、辛亥革命、五四运动，以至新中国成立至今改革开放的全部现代史的一面镜子。

中国佛教自传入之初，就在中华民族的形成及各兄弟民族之联结中起着文化纽带的作用。早在唐初，佛教已是汉藏人民交往的使者；汉藏佛教互相容纳吸收，在汉传大藏经和藏传大藏经中都有相关的经籍文献印证。这次《续编》所列"藏传典籍部"，主要收入的是清末民初以来的新译，表现在佛教领域汉藏民族关系日趋紧密的事实。

实际上，"汉文佛教"或"汉传佛教"是一个广义的概念。朝鲜半岛、日本和越南所信奉的佛教，都属于这个系统；他们使用的大藏经，及其书写和创作的佛籍，使用的也都是汉文，对汉传佛教的多样性发展做出了巨大的贡献。日本近代编纂出版的汉文大藏经，包括《大正藏》和《卍续藏》等在内，是我们这次编纂《续编》的重要参照版本；而朝鲜古代刻印的《高丽藏》，则是我们《正编》参照的珍贵版本；越南佛教的汉文禅宗文献，有重要价值。"汉传"中的"注疏部"与"撰著部"，就包括这些国家的佛教与中国佛教关系特别密切的部分。《中华大藏经》正续编也是我们与邻国和平友好、长期文化交流的文献证明。

《续编》中的一大特色是增添了"论衡部"。这一分部的设立，旨在反映佛教传入中国及其流通过程所面对的思想文化背景，以及与这些思想文化背景的交涉、交流以至相互影响，最后构成中国儒释道三足鼎立与三教融合的传统格局，因此涉的范围既广，内容也极丰厚。这表现的是任先生又一重要观点：任何思潮，一旦脱离它的发展变化与内外联系而被孤立起来，就会成为不可理解的。就中华文化而言，不从它的整体把握，把它的组成各自割裂出来，就会成为孤立的；同样，整体是部分的有机组合，不把部分认识透彻，整体则是空洞的。"论衡部"的设置，就在于显示佛教在中国的深厚底蕴，突出其在复杂矛盾的社会文化关系中的独特色彩。实际上，中国的佛教史学家也有这样的优良传统，南朝梁僧祐编有《弘明集》，唐道宣编有《广弘明集》，就是著名的代表。

至于"金石史地部"的设置，顾名思义，就会使中国的佛教史和思想文化史的研究者振奋不已，对于教界追溯自己的血脉宗系、历史沿革也将有所帮助。将这些历史久远、分散在各处的有关金石碑文及史书方志（包括寺志、山志）中的有关记载搜集整理系统出版，可能受到学教两界的普遍欢迎。

还需要强调，任先生从事大藏经的整理出版，与彻底改变我国长期依赖日本编印的各种汉文大藏经进行教学、研究、供养有关。其所以产生对日本汉文藏经的依赖，又与我国历来不重视文物文献的储存和保护有关。从秦始皇"焚书坑儒"到"文化大革命"，仅作为国家行为就不知毁灭了多少珍贵的遗产。这样的历史绝对不应该再继续下去了，尤其是适逢"盛世"，更需修典。正因为如此，先生在推动古籍整理方面也发挥了巨大作用：他担任《中华大典》学术委员会主任，点校本"二十四史"及《清史稿》修订工程总修纂，以及组织整理《敦煌遗书》，受聘为《大中华文库》学术顾问等。对此，文史馆送先生的挽联是：

> 论衡三教传承国学千秋业　　出入百家守护文明一代宗

六、为学有风骨，做人有特操

任先生之所以在学术上能做出许多有创新意义的贡献，究其原因，是他的求实求真、好学不止的精神，从现实社会出发，从第一手材料出发，最终落实到推进社会的发展，有利于广大人民的切身利益。詹福瑞先生是任先生任国家图书馆馆长期间的同事，对任先生有很深的印象。他在《心系民族文化的思考者》中说：

> 任先生从来就不是目光局限于书斋的学者，他不是皓首穷经、不问世事的桃花源中人。他是一位思考民族命运、民族文化传承与发展乃至世界

人类进步的思想家。他认为，世间没有什么纯学术，学术研究必须为了当
代文化的发展，有助于人类的发展和进步。

他在另一篇文章《真挚而又坚定的文化责任》中说任先生：

> 研究中国古代哲学的最初动因，是他从湖南徒步赴云南的湘黔滇旅行
> 团不平凡的经历。1300 公里的行程，让这位年轻的学者亲眼看到抗日战
> 争时期农村的破败凋敝，农民的贫穷困顿，他开始思索人生的归宿和最后
> 的真理如何与农村农民联系起来。这使他背靠灾难深重的中国大地，探究
> 中国传统文化和传统哲学。①

他记录任先生自己的话说：

> 学术研究要扎根于这块地上，要有补于人类的发展和社会的进步。世
> 间没有纯学术。因此，作者努力使学术研究为社会现实服务，又不失学术
> 的严肃性。

其实，"文以载道"是中国文人的优秀传统，"五四"以来有了新的发展
和新的意义，体现在任先生身上，更有时代的特征，那就是人生道路的选择。
他经历过日本的侵略、美国的占领，他的表现是坚定的爱国者；在两个中国之
命运的决战中，他追随中国共产党；新中国成立后的 60 年，运动不止，风雨
不止，他对马克思主义是科学的认识没有动摇。他是合格的共产党人。他言行
一致，不跟风，不趋时，不随钱转，不随权行，既坚守自己的政治理念，也忠
于自己的学术良心，在自己的专业岗位，对国家民族承担起匹夫之责，埋头苦
干，任劳任怨。这是中国文人在特殊环境下最难得的精神和骨气。

前已说过任先生与汤用彤先生教学相长的事。事实上，任先生对汤先生可
谓终身恭敬。《中国佛教史》我是执笔人之一，在第二卷讲到《喻疑》一文
时，我做了个小注，说明《汉魏两晋南北朝佛教史》沿袭《祐录》的错误，
将僧睿和慧睿混为一人，从而把僧睿误作慧睿。任先生将这小注改作《祐录》
之误，而将汤先生之误删去，这也是为长者讳吧。

任先生对他的学生，却从来都是要求严格的，原则问题，绝不姑息。《中
国佛教史》第二卷中的《六家七宗》一节，本来是由我起草的。我认为这六
家七宗只是某个人对"般若"某个方面的理解，构不成"家"和"宗"，对这
个提法本身就持否定态度，先生很不满意，所以请余敦康教授重新撰写，出书

---

① 詹福瑞著：《文质彬彬：序跋与短论集》，紫禁城出版社，2009 年，第 231 页。

后，学界对此节的评价极好，我很惭愧。由此也可见任先生与他的学生间分合之一斑。

"文革"时期，以任先生受到毛泽东的高度评价和优渥接待的身价，竟没有避免直面冲击，更没有因其学术影响而进入舆论制造队伍成为风头人物，令许多人感到意外；拨乱反正之际，任先生也没有因其曾经遭受批判和下放致病而清算控诉，又令人敬佩。

改革开放翻开了中国的一个全新的历史画面，任先生则迎来了学术生涯的黄金时期。他的大多数成就是在这 30 年中创造的。他为了适应国家在新时期的新需要和新发展，能在较短的时间内把世界宗教研究所建成一个高质量的研究单位，首先是强化了与相关学科的横向联系，尤其是与宗教界和宗教主管部门的合作，开阔了视野，增添了助力，接触了实际；同时采取了广泛收集资料和不拘一格搜罗人才的两大措施，为学科的持久发展打下了坚实的基础。他联合学界友人之多，集中学者队伍之强，所出研究成果之高，当属首屈一指。然而，改革开放是"摸着石头过河"，相应的是思想解放，言论自由，西方的、古代的，各类思潮都在活跃，冲击一波接着一波，而最初的学术联合解体了，追随他的学者，包括他的学生，有的把他遗忘了，有的离开了他。这其中最根本的思想分野是什么？他的一位成了著名教授的研究生回忆他离开任先生的原因时说，他"不能接受（任先生）'理学是宗教''宗教是消极的'的看法"，因为他已经"从文化激进主义变成文化改良主义，从战斗无神论走向了温和无神论"。实际情况是什么？是他从追随任先生回到了汤先生 1938 年为《汉魏两晋南北朝佛教史》所写并于 1955 年后删去的《跋》上。原话是："我研究宗教的态度深受汤用彤先生的影响，尤其是汤老说的'同情之默应''心性之体会'十个字，我是服膺的。"

我们不必在这里分别什么激进的、改良的，战斗的、温和的，甚或左的、右的等属于帽子类的问题，但认为不是"同情的"研究就是"反宗教的态度"，指出宗教有"消极的"一面，就是破坏社会"和谐"、制造"紧张"，这种推论是很可怕的，而且也并非这位教授的个人见解，为此而离开任先生的学生辈是一批。至于自称是"温和的无神论"者，也有些过激了；事实上他们形成的反无神论力量，迫使任先生不得不在临终之前抱病与中国社会科学院领导联系，将中国无神论学会及其学刊《科学与无神论》从原有的主管单位移到马克思主义研究院，迫使院里将无神论当作"濒危学科"抢救，导致先生不得不与他最有权势的学生分手。

在任先生这些分合事件中，找不到一件与私人恩怨有关。上述那位教授说，"我们并不以师为真理，而要以真理为师"，我认为讲得太好了，但得做个重要补充：千万别把风向当作真理；一旦风向成为真理，不但服膺的老师会随之变化，连服膺的老师的思想都可以随意改变。任先生维护宪法规定的宗教信仰自由，尊重人的宗教信仰，研究宗教，但不宣传宗教；批判神学，而不构建神学。他立场鲜明地反对邪教，支持对"特异功能"的批评。他明确地提出"要脱贫也要脱愚"。王蒙先生写道："我太高兴了，正合吾心！愚昧愚昧，为害巨矣！"① 而他有的学生辈则认为这是对宗教的冒犯。

总之，任先生做人的风骨和节操贯穿在他的一切学术研究上，还可用两句话概括：从实际出发，充分掌握材料；独立思考，有所发现。因而能经得住风浪的颠簸和历史的考验。尤其在思想史的研究领域，必须占有足够的第一手材料，有担负责任的勇气。那位教授离开任先生的"理学是宗教"，短缺的正是这两个方面。具体不谈了，对照"文化大革命"和风头文人的所作所为，读读鲁迅写的《在现代中国的孔夫子》，大体可以理解任先生将儒学称为"儒教"的原因，以及他对"理学"—"新理学"的反感了。

任先生特别下力搜集整理古籍和保护古籍，不在于发思古之幽情，也不是当作古董的收藏，而是为自己更是为他人进行研究积累和准备条件。我个人是把书刊只当工具使用的，有读书的欲望，没有保管的意识。一次开会，任先生坐到我的桌前，把我放在案头正在阅读的一卷《大正藏》拿到手里，我以为他在考察我看什么呢，没想到他却是去粘贴那残脱了的封皮，抚平已经翻卷了的内页，同时若无其事地照样发言。这对先生来说，是出于爱护书籍的习惯，对于我来说，则是难以磨灭的教育。

任先生教学生的第一步，是学习查寻资料，标点古文，用白话文翻译古文。这是研究中国哲学史和佛教史的基本功，也是硬功夫。因为第一手资料是思想史的研究对象、根据和出发点，一旦资料出错、标点出错或译解有误，那将全盘皆输，一无是处。任先生时常说，有时写篇论文并不难，因为你使用的资料中或有难解或不解之处，可以规避，但标点和白话翻译却不行，它让你无法取巧，无处遮羞。掌握可靠而翔实的资料，加上读得懂，理解准确，才有进

---

① 《追念任继愈先生》，载《我们心中的任继愈》编委会：《我们心中的任继愈》。

一步进行研究的资格，否则，差之毫厘，谬以千里。治学之道，不应该是"六经注我"①，首先应该知道"六经"是什么，是在讲什么。他前后四次用白话文翻译《老子》，是其所以能在《老子》研究中独成一家的根底；《肇论》的白话文翻译，使他在汉唐佛学研究中一鸣惊人。在先生看来，不论人有多大的天资，但在关系"史"的学术研究中，仅凭文艺创造中的想象绝对不行。

这种方法，我们可以称之为历史的唯物论。但仅停留在这个水平，只能是文献整理。文献整理也需要研究，但还不是"思想史"意义上的研究。思想史的含义，是揭示特定社会历史条件下具有特定性格的人物的思想，以及这些思想在当时条件下得以形成的社会机制、作用和历史地位。因此，若仅停留在资料文献上，仍然是不可以理解的，这就需要用正确的方法去使用和把握这些材料，经过分析综合，发现它们的内外联系，达到逻辑与历史的一致，对今人有所启迪。

最后，汪子嵩记任先生的座右铭，是"生也有涯，学无止境"。记任先生对待生活的态度，是"学无止境，永远不知足"。我补充一句，这是什么精神？这是孔子的精神："子曰：十室之邑，必有忠信如丘者焉，不如丘之好学也。"

---

① "六经注我"本自禅宗的"我能转《法华》，不为《法华》转"，通过对权威经典的诠释发挥个人的观点，是托古改制的一种方法，而不是学术研究的方法。

马克思主义与中国传统文化嫁接的苦行者

——为纪念任继愈百周年诞辰而作

任继周（中国工程院）

一、任继愈先生的马克思主义倾向

　　我对中国传统文化和马克思主义都所知甚少，在这两个领域都无从置喙。但我比较懂得家兄任继愈先生。因为我们从童年到老年，虽然工作领域远隔千里，但风雨同行近一个世纪，心灵相通。尤其在"文化大革命"中，我因轻度中风住在任继愈先生家中针灸治疗。他住的北大中关园教授平房本来就摆满了书架，"文革"中他下放"五七"干校，原来住房被截去大半。我们就在书架夹缝中生活，没有一点回旋余地，坐则"促膝而谈"，站则"口耳相授"。凭了毛主席说过"凤毛麟角"这个护身符，他得以对"文革"保持距离，抱病蜗居，静观深思。这是我们一生谈话最多的时候。我知道"文化大革命"对他造成的伤痛之深重，他对国事的深沉忧虑是常人难以理解的。我突出地感受到，他为了把中国传统文化与马克思主义嫁接为一棵有生命的大树，用尽了最后的气力。

　　当下这一代人，也许难以理解任继愈先生他们这一代，以及比他们更早的一代人，如冯友兰、金岳霖、贺麟、翦伯赞。再往前推到鲁迅、陈独秀等人，为什么崇尚或信仰马克思主义？尤其 1949 年新中国成立以后，大批知识精英们怎么对马克思主义趋之若鹜，跟着中国共产党走？他们不理解，甚至怀疑他们的动机不纯，在跟风。

知识精英们是社会动向的风向标，无论国内还是国外，这个认识我想大家是认同的。

就世界范围来说，20世纪二三十年代，发生了全球性大震荡。经济萧条，政治、民族矛盾交织在一起，爆发了第一次世界大战，第二次世界大战的导火索已经嗞嗞作响，全球性信仰危机逼得人喘不过气来。这时苏联的十月革命爆发，世界上第一个高标马克思主义的社会主义政权的诞生，触动了世界精英们的神经，于是马克思主义成为当时进步的思想主流。不少世界名流，如英国作家萧伯纳、法国作家罗曼·罗兰、智利诗人聂鲁达，这些诺贝尔文学奖的获得者，都倾向马克思主义或对社会主义的苏联抱有好感。一股马克思主义为标识的社会主义思潮席卷全球，来势汹涌，严重威胁了资本主义世界。资本主义的堡垒美国不得不颁布麦卡锡法案，对持有马克思主义、社会主义观点者严厉打击，以致许多美国社会精英遭受迫害，有的失业，有的被监视、被囚禁。有些人则逃离美国，如著名喜剧演员卓别林就离开美国移居瑞士。

至于中国，一个半世纪以来，遭受外国百般凌辱，割地赔款，国将不国。几代社会精英在黑暗中摸索冲撞，拼了性命要杀出一条血路。只要打开中国近代史，一股腥风血雨就扑面而来。恰在这时，高举马克思主义旗帜的十月革命爆发了，俨然半夜里出了太阳，那份惊喜、震撼、欣然景从的心态是我们今天难以体会的。只要举一个例子，就可以明白当时马克思主义和社会主义政权的感召力有多么大。大家都知道胡适是知名的反共自由主义人士。1926年7月30日，十月革命后的第十个年头，胡适作为庚款管理委员会成员，去伦敦开会路过莫斯科，停留了三天，"参观了苏联的革命博物馆和监狱，并到中山大学演讲，盛赞苏联1917年革命的成功"。他给好友张慰慈写信说，"此间的人，正是我前日信中所说的有理想与理想主义的政治家，他们的理想也许有我们爱自由的人所不能赞同的，但他们的意见的专笃，却是我们所不能不顶礼膜拜的。他们在做一个空前的，伟大的新实验，他们有理想有计划，有绝对的信心，仅此三项已足以使我们愧死。我们这个醉生梦死的民族怎配批评苏联？"当陪同胡适访问的谢福芸问胡适，"如果红军占领了中国呢？""您说不定是受害者"，胡适说，"那也好""只要能推动国家进步，我甘心情愿"①。

"只要能推动国家进步，我甘心情愿"，这句话概括了当时我国知识界绝

---

① 沈迦：《胡适与苏慧廉父女的交往》，《老照片》第15集，山东画报社出版，2010年。

大多数人的爱国情怀。崇尚马克思主义也是任继愈先生内心深处的倾向。但他是一个弄不明白不随便跟着走的人。他的一些挚友，如初中同学张方柱①、高中同学李荫苍②、马识途③、刘善本④等，新中国成立以前的不少友好，20 世纪 30 年代已经参加地下党，新中国成立后曾任要职。尽管任继愈先生对马克思主义和共产党有明显的倾向性，还在读高中时就参加过北京的"一二·九"运动，抗日战争期间他支持昆明的学生运动，但他认可马克思主义和参加共产党却费了一段时间，他要等待自己进一步的理解。

二、从中国传统文化走向马克思主义

与当时的先进知识分子比，任继愈先生的政治反应是比较迟缓的，与他联系密切的学生和朋友中不少已经是共产党人，但他不是。在世事纷纭喧嚣之中，他继续潜心研究中国传统文化。任继愈先生认为作为一个中国学人，以他当时的社会坐标，下功夫研究传统文化，顺理成章，也是必要的。他在等待马克思主义补课的时机。直到新中国成立，20 世纪 40 年代末到 50 年代初，等来了补课的机会。

他认为"儒、佛、道是中华传统文化的主要载体"⑤，他对儒、佛、道各家都进行了深入系统的研究，以他的勤奋和过人的记忆力，他可以背诵儒、佛、道各家的主要经典文献并精心研究，有所建树。旁及墨子、韩非、孙子等学派杂家他都多有涉猎。如在"五七"干校时，他经常为农民看病，用的就是早年阅读的《黄帝内经》的知识。他出入于儒、释、道三家为代表的中华文化，并身体力行，一身兼有儒家的直道入世，道家的谦让豁达，佛家的普度众生的精神。他的为人处世是地地道道中国化的，可以称得上是一位十足的爱国学者。正因为他透彻了解中国传统文化的精髓，他的苦闷郁结难解。他没有从中国的传统文化中找到国家富强的契机。一旦接触了马克思主义，他认真钻研、思考，豁然开朗。认为使中国站起来的，正是马克思主义而不是基于中国

---

① 共产党员，新中国成立初期山东省教育厅长。

② 共产党员，新中国成立初期邮电部长助理。

③ 共产党员，知名作家。

④ 共产党员，国民党第一个驾机起义投奔延安的人。

⑤ 任继愈：《任继愈文集》第 10 册，国家图书馆出版社，2014 年，第 39 页。

传统农耕文明的儒教思想。

1949 年新中国成立，从他有机会充分接触马克思主义开始，他钻研马克思主义的那股劲头，一如他当年钻研中国传统文化。埋头学习马克思主义的经典著作，并不时参阅外文原著。他在刻苦学习独立思考中探索前进。

他沿着马克思主义的思路研究佛教所取得的成就，这是大家公认的。

他沿着马克思主义的思路研究老子和道家，几十年来一步步深入，用之于社会实践，也取得了明显的成果。

他按照马克思主义的辩证唯物论和历史唯物论研究儒家，取得了重大创见。他发现儒家作为春秋战国时代"百家"之一，而且是不大得势的一家，随着封建主义的发展而与时俱进，到皇权时代儒家成为显学，社会思想的主流。儒家历经唐宋，尤其经过宋代理学的锻造，最终蜕变为儒教。儒教的经义在专制政体下经千年濡染，凝结为宗教基因流淌在中华民族的血液中。任继愈先生认为儒家本来含有若干具有普世价值的宝贵文化精髓，"如忠、诚、信义、仁爱具有超国界，超时代的意义"，"只要发扬集体认识的力量，坚持不懈，即可参天地之化育"①。但很遗憾，儒家的智慧之明珠为愚昧的儒教泥沙所裹挟，这些明珠沉浮于宗教浊流之中，难以彰显其光彩。"文化大革命"期间这股儒教浊流在中华大地奔腾恣肆，以其巨大的体量和强劲的动力，对社会文化造成巨大摧残，它原有的智慧之明珠全然迷失，而儒教的弊端在"文化大革命"中则彰显无遗。

他曾经用最朴素的语言嘱咐我，马克思主义方法论的核心可归结为两句话，即辩证唯物主义和历史唯物主义。读书，做研究，不论观察自然还是观察社会，要牢牢记住这两句话，独立思考，就少走弯路。显然他研究中国传统文化，这两句话起了重要作用。他的独立思考使他少走弯路，但前行的道路上却经受了重重考验。

三、任继愈的独立思考经受严峻考验

这里有一段故事，是我看了李申教授写的《任继愈传》初稿才知道的。

---

① 任继愈：《任继愈文集》第 10 册，第 14、17 页。

1957 年，北京大学哲学系①讨论日丹诺夫对哲学的定义，任继愈先生提了不同意见。1957 年 3 月 2 日，北大中国哲学史支部向上级汇报《中国哲学史座谈会后的一些反映》。该报告在最后写道："任继愈同志（北大哲学系教授）对日丹诺夫的定义仍有不同看法。"② 当时全国只有北大有哲学系，无疑这是全国学术界的一次重要会议，事隔半个多世纪，2012 年，华东师大的赵修义教授把这次会议的材料编辑出版并接受记者采访时，评价这个讨论会时说："任继愈在这个会上是很坚决地否定日丹诺夫哲学史定义的。档案里最后还点他名，说'任继愈同志对日丹诺夫的定义仍有不同看法'，话说得很重了。"③ 李申教授对"话说得很重了"做了解释："当时以马克思主义理论家自居的关锋，在会上提出'要开展两条战线的斗争'，把质疑日丹诺夫定义称为'修正主义思潮'。文中除了直接点名批评贺麟、冯友兰的修正主义倾向之外，还大段转述了先生（笔者按，即任继愈）在《困难问题》中的文字，视为否认阶级分析的修正主义思潮。"④ 此后任继愈先生遭受了多方面的批判、指责。关锋这位家喻户晓的人物，当时是人民大学教授，《红旗》的编委，后来是江青麾下"文化大革命"中央领导小组成员。武汉大学程静宇教授在回忆文章中说，"1957 年，任继愈先生由于出差在外编写教材，才未被划成右派"。可见当时有多么大的风险。这是"文革"以前的任继愈独立思考遇到坎坷的一例。

"文革"中间他的独立思考也使他不得安生。他对我说过，"文革"不管势头多么强大，是一股逆流，不能掺和进去。因此"文革"中任继愈先生蜗居静思。但树欲静而风不止，"文革"中忽然来了"批儒评法"高潮。当时国内没有被打倒的知名哲学家只有杨荣国、任继愈两人。杨荣国脚不沾地地全国宣讲批儒评法，而任继愈则悄无声息，这个强烈反差使江青心头冒火。更不巧的是杨荣国的《简明哲学史》1973 年 7 月出版，任继愈主编的《中国哲学史》同年 10 月出版。前者突出儒法斗争，而后者则不改常态。两相对照，《红旗》杂志发表了"读者来信"，引述了任继愈主编的《中国哲学史》多处文字以后结论说，"按照这样的'纯'哲学观点去写哲学史，只能写出一部脱离阶级斗

① 实际上当时只有北大有哲学系，北大哲学系也就是全国哲学家的总汇。

② 赵修义等编：《守道 1957——1957 年中国哲学史座谈会实录与反思》，上海人民出版社，2012 年，第 32 页。

③ 《赵修义谈 1957 年中国哲学史座谈会》，载《东方早报》2012 年 12 月 16 日。

④ 此段转引自李申著《任继愈传》手稿。

争、脱离政治斗争的哲学史，只能写出一部从思想到思想、从概念到概念的哲学史。一句话，只能写出一部典型的资产阶级的哲学史"。小道消息传来，有人问江青"任继愈怎么办？"江青说"暂时把他放下"。"暂时把他放下"这句话实质就是"暂时把他挂起来"，等以后算账。这比当年反对日丹诺夫哲学定义时的点名分量重多了。任继愈先生仍然蜗居静思，不改常态。"文革"以后杨荣国被批判，有人向任继愈先生约稿写批判文章。他没有写，他认为杨荣国被利用，但讲的还算是学术。学术问题还是让他自己反思去罢。

再看"文革"以后。任继愈先生高兴地说"今后再不会因言获罪了"，但他还是有些过分乐观了。"文革"引发的反弹还在震荡不休。不过出人意料的是竟然发生在他所引领的马克思主义的宗教研究领域。他作为世界宗教研究所的筹建人之一和第一任所长，潜心研究宗教问题。他的老师佛学名家汤用彤，几十年前就告诉任继愈，有宗教信仰的人不能研究宗教。"不识庐山真面目，只缘身在此山中"，千年以前就明白的道理，现在新成立的宗教研究所，以无神论的马克思主义为指导来研究宗教不应有任何争议。在我们常人看来，研究超现实的宗教，应该是一片风平浪静的净土。孰知在"文革"以后，宗教界恰恰处在"文革"反弹的风口浪尖上。

"文化大革命"中的宗教式狂热，使任继愈先生深刻感受儒教的危害。中华文明创世纪的造神论，如三皇五帝，燧人氏钻木取火，有巢氏教民架屋，女娲抟土造人、炼石补天，神农尝百草、教民稼穑等等，有其朴素的唯物论内涵，蕴涵了人本主义萌芽。与西方相比，西方一神论者认为万物由神主创造赐予，多神论如希腊认为众多的神祇创造万物，赐福众生，而且有一个"神谱"①，一如人间组成的神职网络②。中国的造神论与西方神造论有本质区别。我们中国人也往往因此自豪。但造神论随着专制主义的发展，在儒教精神支持下，到皇权时期达到极致，大臣与皇帝对话，汉代是坐着，唐宋是站着，元明

---

① 《神谱》，公元前8世纪希腊诗人赫西俄德撰写，讲述从地神盖亚诞生一直到奥林匹亚诸神统治世界这段时间的历史，内容大部分是神之间的争斗和权利的更替。

② 希腊的12主神：宙斯（Zeus），掌管天界；赫拉（Hera），婚姻的保护神；波塞冬（Poseidon），大海之神；哈得斯（Hades），财富之神；德墨忒耳（Demeter），农业女神；阿瑞斯（Ares），战争之神；雅典娜（Athena）：智慧女神和女战神；阿波罗（Apollo），太阳神；阿佛洛狄忒（Aphrodite）：爱，美之神；赫尔墨斯（Hermes），商业之神；阿耳忒弥斯（Artemis），女猎神和月神，青年人的保护神；赫淮斯托斯（Hephaestus），铁匠和织布工的保护神。

以后是跪着，而且不敢仰视。一切寄希望于圣君明主的赐予，对圣君明主顶礼膜拜，唯命是从，不敢、也不许有任何怀疑。其逻辑归宿只能是造神论与神造论的合流，形成无神论的特殊宗教——儒教，这个中国特色的人类愚昧思潮的新样式。

"文化大革命"之所以在中国发生，其荼毒之强烈、时间之持久为历史所仅见。少数领头人固然难辞其咎，但千年修炼的儒教造神论应是这场悲剧必要的社会基础。任继愈先生说："记忆犹新的十年动乱期间的造神运动之所以得逞，千百万群众如醉如狂的心态，它的根源不是佛教，不是道教，而是中国儒教的幽灵在游荡，只不过它是以无神论的面貌呈现在人们面前的。""把俗人变成了僧侣"①。儒教这种以无神论相标榜的异类宗教，一旦狂热爆发，其邪恶、血腥和狂野更加没有底线。

进入后"文革"时期，惨遭荼毒的中国社会，一旦摆脱"文化大革命"厄运，孤苦无告的群众纷纷寻觅各自的精神寄托，皈依各类宗教或准宗教。于是"文革"以后爆发了宗教发展的大反弹。南唐灭亡前夕佛教盛行，"南朝四百八十寺，多少楼台烟雨中"。"文革"后各类庙宇、教堂、神坛、香主，以及自成一派有各种"神功"、广交名流的"大师"们，成千上万，谁能说得清有多少？甚至为革命奋斗了一辈子的老干部居然改信宗教，或在家里摆设神坛，或进出寺院庙堂。堪忧的是，这并不是个别事例。群众对宗教的热衷，不应责怪，我们予以同情的肯定。但有着几千年辉煌历史的伟大中华民族，竟然在无神论宗教（儒教）和有神论宗教之间来回摆动而不能自制。这个钟摆效应使任继愈先生作为一个马克思主义的学者深感悲苦。他大呼"万恶愚为首，脱愚智为先"。他主张群体哲学，他一再呼吁我们"不仅要脱贫，而且要脱愚"②。

任继愈先生坚持以马克思主义无神论宗教研究，在遭受有神论宗教势力正面攻击的同时，更受到无神论宗教（儒教）从背后捅来的匕首。他所首创的宗教研究所规定只能由非宗教信徒来研究宗教。当他去加拿大讲学时，居然有人趁机组织批判，批判会准备工作已经启动。虽然由于某种原因这场批判流产了，但可以明显感受到"文化大革命"的余震犹在，余孽犹存。以马克思主

---

① 任继周：《世纪老人的嘱咐——任继愈逝世五周年祭》，《光明日报》2014年8月20日第11版。
② 《人民日报》1999年6月24日。

义为指导，独立思考的治学风险仍然存在。这件事反映了"文革"以后的宗教大反弹，从基层群众波及高层学术界和某些领导层。于是我国出现了"有神论有人、有钱，无神论无人、无钱"的咄咄怪事。各类"大师"的有神论高唱入云，无神论则嗡嘤如蚊蝇，几乎无声无息。这不由得令人想起屈原"黄钟毁弃，瓦釜雷鸣"的慨叹。

我从"文革"前、"文革"中、"文革"后三个时段，也是社会思潮激流转折的关键时期，各举一例，说明任继愈先生独立思考，把马克思主义的基因植入中华文化，嫁接出新的植株有多么艰难。常闻"盛世修典，乱世拜佛"，而目前却是大修典与大拜佛并存的奇异景观，这体现了多种思潮的无序湍流。这还是儒教流毒的映射。他断言二三十年内中国出不了大师。他认为应以群体哲学的力量唤起民族的文化觉醒。文化觉醒这个"五四"时代的老命题，今天重提，令人不胜唏嘘。

四、晚年的一派浩然正气

任继愈先生72岁那一年，即1987年，被任命为国家图书馆馆长，开始了他的老年生活。为了过好这段生活，他特地刻了一颗"不敢从心所欲"闲章。他是认真对待这段生命历程的。

他认为这是他为我国群众脱愚尽一分力量的难得机遇。他竭心尽力投入图书馆工作，在国家图书馆和社会有关方面支持下，他埋头整理古籍，编纂了大量学术典籍、丛书，他说这是为后来人铺路。工作之余，即使衰老多病，他还是早晨4点钟起床，秉笔论述儒教为何物，切切实实地做着儒家与儒教的剥离工作，前者应继承与发展，后者应坚决扬弃。任继愈先生在国家图书馆工作的这20年，是他最舒心的时期。他很忙，很累，但可以放手工作，冷静思考。多少满足了他常说的，"从社会舀一瓢水，还给社会一桶水"的夙愿。从这个意义上说，这应该是任继愈先生生命丰收的金秋季节。

任继愈先生秉持马克思主义原则直道而行，遇到的大大小小的疙瘩事应该不在少数，但他从不把这些放在心里，当然也不会摆在脸上，更不会带回家因此他生前的许多遭遇我们亲属并不知道，我们只见他奔走在风雨之中。他奔走在风雨之中，从未失去从容安详。因为他知道社会诡谲多样，允许反对意见的存在是应有的学风。我们翻遍他的文集和大量访谈录，找不到他个人牢骚的片言只语。他说你看从太空发回的地球照片，我们在地面上看有许多奇峰大壑，但从太空看地球毕竟是浑圆无缺的。他就是这样从高处着眼，把个人坎坷忽略不计，长保坦荡乐观情怀。也许这就是天人合一的通俗诠释吧？他在山崩海啸、社会大裂变的时代敢于静观深思，特立独行，秉持马克思主义的原则，想人之所不能想，言人之所不能言，以一种平常心态成就了中流砥柱的业绩，呈现一派浩然正气。我想这就是世人公认的他处世低调的实质所在。

在这里我为了说明任继愈先生不畏险阻，以马克思主义为指导研究中国传统文化的忠诚，就三个时段各举了一个逆境的事例，也许违背了他从来不发个人牢骚的洒脱、宽厚胸怀。我仿佛看见他对我皱起了眉头，我孩童时期做了错事他就是这种表情。我有些忐忑不安。

任继愈先生是一个乐观的历史唯物论者。他相信历史是永不停步的。他带着许多创痕，也带着更多希望，云淡风轻地走了。为了把马克思主义与中国传统文化嫁接为新的株体，他用尽了最后的气力。他原来打算把集体编纂任务完成以后，写一本二三十万字的小书总结自己的思想，结果没有来得及完成，很是遗憾。书没有留下来，但他留下的浩然正气将历久弥新。我摘取苏轼的几句话来告慰家兄并兼自我安慰，"人有悲欢离合，月有阴晴圆缺，此事古难全"。缺陷也正是催促后来人奋进的动力。家兄有这样一个晚年，我作为他的小弟，为他高兴。

一份谈话记录和半个世纪的演绎

任远（加拿大里贾纳大学）　任重（北京大学）

今年是父亲 100 周年诞辰，也是父亲去世的第七个年头。国家图书馆征文，我们迟迟没有写。一方面，他的经历及所做的工作，大家都了解，还有《任继愈文集》和不少有关他的传记、回忆文章，再说什么显得重复；另一方面，父亲在家里，习惯上不谈自己工作上的事情。他手头的事情又多，问到他什么，他经常是一边想着自己的事情，一边所答非所问地应付一下。我们从他那里知道的事情非常有限，谈不上有更多的了解。有些很重要的事情还是在他去世后，他的一些老同事、老朋友专门约我们谈，我们才知道其中的原委。

人渐行渐远，凡事早该尘埃落定，时间，改变着一切。但是有时候正相反，过去不注意、没有深入考虑的事情，随着时间的推移，在回忆过程中，倒是觉得线索明晰了。消失已久的 1959 年在毛主席家谈话记录最近被发现，让我们联想起很多过去的事情，也对这几十年父亲的思想和为人有了深入的了解。

一、发现谈话记录

我们整理父母遗存的文稿、书籍时，无意间发现一个很旧的硬纸夹子，里面放着几个牛皮纸信封。打开其中一个，里边有两叠发黄的稿纸。一份留有我母亲的字迹，绿格 400 字稿纸（图 1），共 8 页，其中父亲做过个别的修改；另一份留有我父亲的字迹，红格 500 字稿纸（图 2），共 7 页，没有修改痕迹，应该是整理完最后抄写的版本。两份内容比较，主体部分完全一致，绿色稿纸内容稍多一些。这是两份手抄"毛主席接见任继愈谈话经过"的记录，记录的内容是父亲 1959 年 10 月 13 日和毛主席谈话的要点，是事后根据回忆整理的。

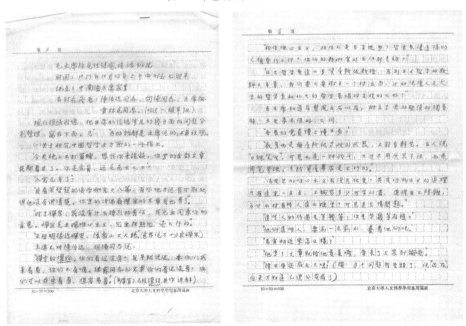

图 1　绿色稿纸的谈话记录

图 2　红色稿纸的谈话记录

绿格稿纸最后还注明，1967 年 4 月让任远抄过一次。那时"文革"正值高潮，造反派全面夺权已经开始，社会非常不稳定，家里也多次被各种"红色组织"抄过。也许父亲是为可能出现的复杂情况做个准备。但是抄的那份文稿至今未再见到。

父亲一辈子学哲学、教哲学、研究哲学，对个人荣辱之类的事物看得比较透、比较淡。他看不上有的人借着领袖的威望树立自己的形象。所以这次谈话，他完全是按照一项非常重要的工作任务来看待的，不但没有大肆张扬，甚至从未自己主动提及。他的同事、学生也都不太清楚谈话的过程，即便是我们问起来，他也是只言片语，从不多说。他去世后这几年，我们完全遵循他的一贯态度，他自己不说的，我们也不多讲。

二、旧事重提，只因"旧事不旧"

现在想根据这份记录多说几句，简单说，是因为半个世纪后，这件事还受到各方关注。

谈话之后的 1964 年，按照毛主席批示，成立了中国科学院哲学社会科学部（简称"学部"）世界宗教研究所，父亲是第一任所长。一开始，这个单位和学部另外几个同时建立的研究所都处于保密状态，叫作北京×××信箱。从筹建到 1966 年 5 月"文革"开始，主要是做聚集和培养人才、系统了解和掌握宗教动态几项工作，在马克思主义指导下做开创性的理论研究。研究所分成佛教、基督教和伊斯兰教三个研究室，首先进行了各国宗教概况的调查，并且出版了自己的期刊《世界宗教动态》。

"文革"运动中，学部是众矢之的，整体下放河南"五七"干校。"文革"结束，宗教所得以恢复工作。随着解放思想，各种思潮空前活跃，各种针对父亲的说法也就随之纷至沓来。

从这个时候开始，社会上对这次谈话也有截然不同的解读和评论。

肯定的说法和《毛泽东文集》的说法差不多，最常见的是"凤毛麟角"，"首创运用马克思主义研究宗教学，毛泽东主席肯定了他开辟的哲学史、宗教学研究的新途径"。

否定的评论不一而足，都很少涉及学理上的争论，似乎父亲的学术成就是靠着毛泽东才做出来的。

　　这些不同的说法，除去个人或团体的因素（立场、利益）外，人们对事实本身和产生谈话的情况背景不了解也是个原因。于是就想在这里抄录一些记录中的内容，以便让更多的人了解当时谈话的情况。

三、记录的基本内容

　　毛泽东接见谈话的时间是 1959 年 10 月 13 日凌晨 4 点半到 7 点半；地点是中南海毛泽东同志家里；当时在座者除了毛泽东同志和父亲外，还有陈伯达、胡绳和毛泽东秘书林克。

　　谈话记录分为以下几个部分：

　　1. 关于研究中国哲学史；

　　2. 关于哲学问题；

　　3. 关于逻辑学方面的问题；

　　4. 关于百家争鸣和学术批判问题；

　　等等。

　　这份记录中第一和第二部分的内容，包含哲学和宗教问题，和《毛泽东文集》所述及他人公开发表的文章说法一致。毛泽东在更早的中央政治局北戴河扩大会议上，谈过差不多的意思，一直到 1964 年还谈到过，前后意思是完全一致的。林克同志晚年的回忆录所述也是完全一致的。看来这是毛泽东深思熟虑后提出的意见，并非个人兴趣爱好使然。作为党的领导人多少年来一直关注这些哲学、宗教问题，应该是出于世界、国家的实际情况，为提高理论水平、了解现实状况、树立新中国社会共识、指导国家健康发展而提出的。

　　任重后来问过父亲，他和毛泽东谈哲学、宗教问题的感觉是什么。他说也没太想到，作为政治领袖，他在哲学、宗教方面书读过很多，而且真看透了，记忆也很准确，谈话中准确引经据典来加强对观点的支持。他说毛泽东视野宽，掌握社会情况，有自己独到的见解但并不偏颇，交谈轻松而且深刻。

　　毛泽东见面就说："今天晚上不打算睡了，想找你来谈谈。你写的全部文章我都看过了。""我看梁启超的《佛学研究十八篇》，有些地方还有可取之处，但他没有讲清楚。你写的佛教禅宗的文章我也看了。对于禅宗，我没有什么特别的看法，我完全同意你的意见。禅宗是主观唯心主义，完全抹杀它，是不行的。""王阳明接近禅宗，陆象山不太纯（不十分像禅宗）"。毛泽东对陈伯达说："禅宗的《坛经》你们看过没有？我早就说过，要你们找来看看。继愈同志的文章你们看过没有？你们可以找来看看，很容易看。"接着他背了几段《坛经》，并做讲解。在这份记录中未详细说明毛泽东是如何讲解的。林克同志的书中讲到毛泽东"对禅宗更为关注，对禅宗六祖慧能尤其欣赏，《六祖坛经》一书，他经常带在身边"①。"慧能自幼辛劳勤奋，在建立南宗禅时与北宗禅对峙，历尽磨难的经历，他不屈尊于至高无上的偶像，敢于否定传统的规范教条，勇于创新精神，以及把外来的宗教中国化，使之符合中国国情，为大众所接受等特征，在这方面与毛泽东一生追求变革、把马克思主义原理同中国革命实践相结合的性格、思想、行为，颇多相通之处。所以为毛泽东称道。毛泽东言谈幽默诙谐，有些话含蕴颇深，值得回味，不能说与禅宗全然无涉"②。

记录中毛泽东还说，"中国哲学史，古代先秦部分研究的人比较多，近代现代的已开始注意起来了。只有中间一段似乎注意得还不够。你们有人注意这一段，很好"。

"研究哲学史，对历史、经济、政治、法律、文艺也要注意，它们的联系很密切。你对历史注意不注意？对当前的问题关心不关心？"

"宗教史也要研究。佛教史你在搞，很好。道教、福音书有没有人搞？"

"基督教（福音书）还是要抽个把人搞，你们是一个 500 人的大系嘛③。研究宗教非外行不行，宗教徒搞不清楚，他们对它有了迷信就不行。"

"××搞阿拉伯哲学史怕不行吧，因他相信那一套。我们对旧中国没有迷信，我们就研究得透，蒋介石对旧中国有迷信，到死也没有办法。"

"'老子的问题你们争论得怎么样了？'毛主席指着陈伯达对父亲说：'你们的意见是一致的吧？'"

"古人有很多东西我们都值得学。禅宗的独创精神，成佛不要去西天。"

"《老子》的'不敢为天下先'，我们是不放第一枪。现在印度骂我们，我们不动，等到一定时机，我们就狠狠地还击一下。"④

"《礼记》的礼尚往来也学了，对敌斗争，要有理、有利、有节。《左传》的'退避三舍'也学了，我们打仗有时一退不止三舍，一舍三十里，三舍九

---

① ② 林克：《我所知道的毛泽东——林克谈话录》，中央文献出版社，2002 年，第 140—141 页。
③ 这里是指北京大学哲学系。当时父亲是北京大学哲学系教授。
④ 中印边界自卫反击作战从 1962 年 10 月 20 日开始，至 11 月 21 日基本结束，整理后的父亲亲手抄件略去了这一句。

十里，我们有时一退几百里。"

1978 年 12 月 20 日，父亲发表于《文汇报》的《忆毛主席谈古为今用》说，主席屈起一个手指，说我们学《老子》的"不敢为天下先"，在对敌斗争中坚持不放第一枪；然后又屈起一个手指，说要学《左传》的"退避三舍"，在井冈山反"围剿"时，解放战争中打莱芜城时，都曾经大踏步后退，甚至一退几百里，不止三舍；接着又屈着第三个手指说，我们学《礼记》的"礼尚往来"。对敌斗争，不无故寻衅。敌人挑衅，也不立即报复。等待时机，有理、有利、有节地反击敌人。《文汇报》讲的就是 1959 年 10 月 13 日凌晨毛主席的谈话。

记录关于哲学部分有这样的内容："历史唯物主义主要是讲社会发展的四个阶段的规律。现在把革命的理论、党的建设、伦理学、法律、文艺都放在里面讲，如何包得下？像革命的理论，党的建设，从前可讲得不多，经过这几十年的革命斗争实践，经验太丰富了，是不是要独立出来单讲呢？"

"一切东西都是发展的，动物是从植物发展来的，最初是先有的藻类。动物、植物将来未必有一条不可改变的界限，以后若干年，植物也可能动起来。如果动植物之间没有相互转化的可能，人吃植物就不能活下去。"

记录的最后是父亲的附注说明。他说，这份谈话过程是根据回忆整理，仅记录了毛主席的话，内容分类是整理时加上的。回忆会有遗漏。陈伯达和胡绳没有讲更多的话，毛主席鼓励个人的话觉得没有必要写在这里，未记录在其中。

"这次在毛主席家的谈话是大家围着一个方桌，交谈很随便，中间吃了一顿饭，边吃边谈。胡绳和我到毛主席家比较早，陈伯达因司机不在，晚到了一个小时。离开时林克同志还留了电话。"

记录还涉及其他问题，不再一一赘述。

四、宗教学研究与宗教信仰者的不同角度

毛泽东对父亲的佛学研究给予了充分的肯定，并且指出"研究宗教非外行不行，宗教徒搞不清楚"，"因为他们对它有了迷信"。

不"迷信"而研究宗教的，不仅在国外，在国内、在父亲之前也已经有了许多成果。父亲的导师汤用彤先生，就是一位"不迷信"而研究佛教并且

取得了卓越成就的学者。汤先生几十年前的研究著作，至今仍然是研究佛教的必读之书，成了经典著作，与他以严谨的、科学的、客观的态度和方法有着直接关系，也正是"圈外之人"的优势所在。毛泽东说的不迷信才能看到事物的本质的表述，信仰者听来也许不舒服，不过从研究取得的成果和对社会的贡献看，这种研究不能被替代，也是无法替代的。

父亲的佛教研究，是上一代学者传统的继承。他以马克思主义为指导的佛教研究，也是上一代学者传统的进一步发展。被毛泽东称赞的那几篇文章，结集出版以后，也得到了国际佛教研究界的高度评价。日本研究中国佛教史的权威学者、日中友好佛教协会会长冢本善隆，曾带着父亲的《汉唐佛教思想论集》，登门和父亲商讨佛教研究问题，以此为契机，建立了中日佛教研究互相交流的长期机制。

1982年，父亲在古籍整理规划会上提出，佛教典籍作为千百年流传下来的文化遗产，极需要通过整理进行保护。后经批准成立中华大藏经编辑局。他主编的《中华大藏经》，以《赵城金藏》为基础，用其他各种现存的大藏经进行比照，编成《中华大藏经（汉文部分）·正编》107卷，先后有160多人参与工作，历时十余年，集中了当时尽可能的大量人力物力。这是他的努力，也是全体编辑人员的成就。编纂过程中，不仅得到学术界的大力支持，也得到国际佛教界有识之士的大力支持。

《中华大藏经（汉文部分）·正编》，是中华人民共和国成立以后学术界整理佛教文献的重大成果，也是我国学术界在传统文化领域的一项重大研究成果。这套书先后获得全国古籍整理成果一等奖、全国图书奖荣誉奖、中国社会科学院优秀科研成果荣誉奖，被列入国家领导人赠送外宾的国礼之一。国际佛学界对《中华大藏经（汉文部分）》也给予了充分肯定。

《中华大藏经（汉文部分）·正编》上编完成以后，父亲即着手筹备续编的编纂工作。非常遗憾的是，续编尚未完成，父亲就去世了。

五、在宗教研究中坚持无神论，被批判成为生活的一部分

实事求是地对待宗教问题，包括尊重信仰者的信仰，是父亲一贯的学者的立场。这种立场在我们国家，本来是非常正常的事情，但是这种立场给父亲带来的，却是许许多多的烦恼和精神上的痛苦。

　　"文革"前的 1964 年，父亲离开北大哲学系到了中国科学院哲学社会科学部。在学部各个研究所，特别是一些老的、研究传统学科的，比如哲学、文学、经济、历史等研究所，聚集着众多高级干部和著名学术权威，所以 1966 年"文革"开始，重点批判的是那些院、研究所一级的"党内走资本主义道路当权派"和"反动学术权威"。学部的"红卫兵"也有着高涨的"革命激情"，也在"捍卫毛主席的革命路线"，抄家、批斗、劳改等各种方式样样俱全，我家也被学部和宗教所的"革命小将"抄过好几次，父亲也被挂牌批斗，每天劳动改造。不过和"文革"策源地的北京大学比，"红卫兵"不但人数少得多，组成也都是各所的研究人员和机关干部，他们行为的激烈程度比起大、中学"革命小将"要温和不少。父亲和在北大的同事们比较，因为工作单位不同了，是要幸运一些。这个"地利"，对他就是最好的保护了。

　　"文革"中期，整个学部去河南息县"五七"干校，运动相对稳定，政治压力依然很大。在干校没劳动多久就被集中起来，住在河南明港空置的部队营房里，抓"5·16"反党集团成为主业。父亲是在这里接到任务，要集中几个人编一本新的《中国哲学史》。能重新开展业务活动，对于科研人员来说，是个好消息。但是书刚刚编成，就是轰轰烈烈的"评法批儒"运动。《中国哲学史》被要求按照"儒法斗争"的观点进行改写。即必须贯彻法家是革命的、进步的，儒家是反动的、倒退的、要打倒。在这样的政治重压下，出于一个知识分子的良知，父亲没有照办。由于父亲主编的《中国哲学史简编》不合当时斗争的需要，刚刚出版，就受到党刊《红旗杂志》的批判①。

　　批判文章来势汹汹，很像是为了引导一个大规模的批判运动做舆论准备。父亲也做了最坏的打算。幸好这场高规格批判虎头蛇尾，过了一阵子似乎风头就过去了。多少年以后，为了解真相，我们问了可能知道些情况的人，结果都不甚了了。这位在党刊上批父亲的撰稿人，他自己从未涉猎中国哲学史而写出了所谓的批判中国哲学史的文章。事过这么多年，一直不曾听到这位仍然健在的教授对这次批判的起因、背后策划、目的做过任何解释或说明。

　　"文革"结束，改革开放，意识形态领域打破了禁锢，思想文化的春天真

---

　　① 《中国哲学史简编》成书于 1973 年 10 月。当年 9 月，"评法批儒"运动才刚开始。这个运动当年 5 月开始酝酿，但都是在政治局内部，9 月才公开。杨荣国那本《中国哲学史》，起初也没有按照儒法斗争的这条要求来写，是后来修改的。

的到来了，让压抑了十年之久的人们欣欣鼓舞，心潮澎湃。

而对于父亲而言，"文革"对他的批判结束了，新的一轮批判才刚开始。不同的是原来说他是黑帮、右派、反动权威等，是批他的"右"。改革开放后，思想解放，一时真的无禁区了，某些代表人物又把父亲当成了他们集中攻击的对象，说他"教条主义""思想僵化"等，不过这次批他是"极左"。"文革"中批判他，以政治内容为主，并未认真涉及学术研究内容和水平；而这次批判除了政治，还有很大不同，批判的主导者个个都如"学术大师"一般，除了批他以无神论的立场和方法研究宗教，"极左"之类，还有"世界上最没学问就是任继愈"诸如此类的评价。

父亲一辈子爱惜、欣赏人才，识别一个人的才能，他有过人之处。但是，对于突显的个人能力是因何驱动而来，他辨别力是很不够的。这次在改革开放的春风里对他的各种批判指责，像突如其来的一阵刺骨寒风，让他有些猝不及防。试图改变办所方针、反对无神论，关键的几个人几乎都是研究所骨干，其中有他自己的学生，也有他办所初期费尽周折才调进来的研究人员。按说他们完全清楚这些问题的历史由来和是非曲直，为什么这个时候如此积极"倒任"呢？

据我们所知，反无神论、批"极左"最有积极性的几个，其中就有货真价实"极左"出身的"文革"造反派领袖。有的人"文革"中引人瞩目，后来被调离京城。父亲一直很看重他的业务能力，一次任重出差，父亲让任重借这个机会去看他，除了带去的信还捎去瓶酒。记得此人当时非常感激地说："任公对我真好。"在聊天中他还说了一句："任公的政治敏感性还不如一个高中生。"后来费了极大力气和周折，把他再调回北京进宗教所。开始还好，可到了批无神论、批判办所方针，政治敏感性高，调门一下就变成了高音。另一位业务骨干，在反右运动时受到冲击，一直在基层工作，父亲费了很大的力气，把他从外地调进所里后不久，在一段时间里也是揣摩出上面的意思，营造自己的地盘，即使这样，大概还感觉憋屈，去了××大学。他的这种做派，在那里后别人慢慢也看出来了，自然不会姑息。没有达到自己预期，于是又要求回到宗教所来。父亲不计前嫌，还继续支持了他。还记得这个大学老校长这样说我父亲："这样的人你怎么能容忍他十几年！"

"文化大革命"以及以前，父亲挨批，是因为所谓的"右"；"文化大革命"以后，父亲又挨批，是因为所谓的"左"。其实"右"也好，"左"也好，都是标志政治倾向的概念，不是学术是非的标准。参与这种批判的人物，也多是政治风浪中的弄潮儿，在他们看来，父亲的政治敏感，甚至还"不如一个高中生"。实际上，父亲作为一个把"气节"看得很重的知识分子，根本是不愿意跟着政治风向行事，不愿随波逐流而已。

六、注意历史，关心当前

在谈话记录中，毛泽东强调，研究哲学史、研究宗教就要注意历史、关心当前，这是研究者的基本素质。

父亲喜欢京剧，年轻时在北大上学，为了省车钱，有时间就找几个同学一路从沙滩红楼走到南城听京戏，戏散场再走回来。他说在民众几乎都是文盲的社会里，戏曲等民间艺术对传承中国传统文化起到了重大作用。在清朝，京剧和各种民间文艺中岳飞、杨家将的形象塑造越来越多，中国尽管民族众多，但是大家共同接受了儒家的忠、孝思想，形成民族之间的共识。

按照当今的说法，为塑造社会共识，建立讲忠孝有气节的戏曲艺术形象也可算作是意识形态范畴中的吧。社会进步到今天，培育社会共识仍然是必要的。父亲说过："要做一个健全的学者，我认为，首先要爱国，这是个基础。"

"文革"前我们住北大中关园，傅鹰教授家和我们是一墙之隔。傅先生是1955年的中国科学院学部委员、政协常委、北大副校长，中国胶体化学奠基人。他放弃在美国研究所的重要位置，回到中国。他回国后的几十年里，国内一直以阶级斗争为主导，作为当时为数不多的"海归"，他的日子并不好过。他虽然有副校长头衔，回到系里还得受总支书记组织的批判。他所在的化学系划右派用他当参照，科研上控制使用，教学受到限制，很多项目不许参加。"文革"打砸抢最厉害的时候，他家除了房子没倒，房子内外都被砸得和地震后差不多。当他挨了一天的批斗回到这么个家，家人问他是否后悔当初决定回国，他仍然说："不！中国是我的祖国，我回来不后悔！"冯友兰先生当年从美国回来也是下定为国服务的决心。人家提醒说，绿卡留着，随时都可以回来。他说，"不要了，我不会回来"。有个学问很好的先生，抗战期间没有随学校南迁，而是留在了日本占领区，人是正直有良心的人，并没有去做过"伪"差。即使这样，冯友兰先生始终认为他这个做法不对，不应该留下。

这些都是父亲熟悉的同辈或长辈，他们对国家的态度，是父亲所欣赏、赞

71

同的。学术观点可以有不同，专业也可以有不同，但是底线是爱国，这就是气节。

有次聊起这些年来一些人的表现，父亲忽然问：你知道《贰臣传》吗？任重说，"听说过，乾隆编的"。大概这些"贰臣"永远想不到，帮助清朝入关，坐稳天下一百年之后，乾隆皇帝会做这么一手。也有人说，乾隆的意思是褒贬都有，但不管褒贬各有多少，贰臣的身份永远不能改变。

七、父亲与毛泽东

有人说任继愈的诸多经历中，最受人们关注的还不是哲学史、宗教学研究，而是他与毛泽东的交往。

他对这个谈话三缄其口，原因是他做人的准则。他特别喜欢竹子"未出土时先有节，到凌云处尚虚心"的风格，大概这是长期受中国传统文化熏陶的结果。以前住平房，后来住楼房一层，他都会在自己窗前种上竹子，长到最茂盛的时候有几百棵，俨然是个小竹林，晚上群鸟栖息，白天阳光透过竹林照进窗户，室内一片淡绿。父亲去世后，竹子就开花、枯萎，原来的一片竹林现在活着的竹子已寥寥无几，这是个巧合么？

他在研究哲学史、宗教方面和毛泽东的想法有共鸣。

毛泽东说，"研究宗教非外行不行，宗教徒搞不清楚，他们对它有了迷信就不行"。父亲的观点是，国家要研究宗教，是继承发扬中华传统文化、促进民族团结、参与国际交流和构建新的社会共识、促进社会各方面发展的大事；信徒可以研究宗教，但承担不起此重任。研究宗教讲无神论，避免先入为主、人为造成局限，使研究丧失科学性。学者和信徒的研究，如果要比喻一下，那就是：人站在神像前，能看到神像雕塑整体的完美；跪在神像前，只能看到神像脚的一个部分。

他和毛泽东谈话之前和之后多年的探索和实践也清晰地证明了这一点。他到国外去访问，很关心外国大学的神学院宗教研究和一般大学宗教学系有什么不同，其实这一字之差就是两个领域的差别，答案他心里早就清楚。

研究哲学史、研究中国传统文化就不能不研究宗教，尤其是儒、佛、道三家。毛泽东认为不错的文章，主要就是研究佛教问题。20 世纪 60 年代，父亲主编了那部影响很大的四卷本教科书《中国哲学史》①，他对其中以阶级分析为主线的原则是有自己的看法的。听他自己说过，作为大学教科书的写法只能是采用现阶段大家能接受的说法，不能借此只讲自己的观点；同时把能用的材料尽量搞准确，重要的观点不能遗漏。这部受欢迎的教科书在 20 世纪 80 年代虽然出版社有兴趣再版，他却不满意了。他认为 20 年前编书时的许多看法，或者已经过时，或者当时就不是他所同意的思想，现在必须根据新的发现和新的认识，重写成一家之言的《中国哲学史》。这就是他主编的《中国哲学发展史》。多少年来，父亲一直在考虑按照自己的思考，写一部具有最新材料、最新见解的哲学史。他认为，要写就要充分表达自己研究的成果，当没有条件时可以不做，省下的时间为后来做些资料的准备工作，相信后来人的学识和眼界会比我们好，能做出更好的成果。到了晚年，父亲又计划要写完全属于自己的一部哲学史。但由于主编《中华大典》《中华大藏经·续编》等繁重的组织和资料工作占据了他太多的精力，没有来得及写成，非常遗憾。

"文革"开始后，父亲看到瞬间让人们变得近乎疯狂的这场"革命"，丑恶灵魂的拙劣表演，思想、文化、经济的极大破坏，出于对于国家和民族的担忧，他心情非常沉重、非常苦闷。当时学校停了课，任重无学可上，就学着做半导体收音机，后来给一个简易电唱机装了放大线路和喇叭，能直接播放唱片。父亲买了一张《国际歌》的唱片，是红色塑料膜的那种，在我们记忆中，这台唱机也就只放过这一张唱片。他就经常一个人反复听，并说，《东方红》多了，《国际歌》少了。当时我们并不明白他说的是什么。

"文革"给人们留下噩梦般的回忆，粉碎"四人帮"，"文革"结束，不少人写了回忆文章，父亲也说，有可能他应该写一部"文革"史，还着手收集了不少素材。大多数人写"文革"是记录遭受的磨难，非人待遇。他则考虑中国哪里出了问题。他认为"十年动乱期间的造神运动之所以得逞，千百万群众如痴如醉的心态，它的宗教根源不是佛教、不是道教，而是中国儒教的幽灵在游荡"，"中国宗教势力太大，又和政治结合在一起。从朱熹以后，教皇和皇帝就是一个人，政权可以转移，但宗教没法消灭，可随着皇权的颠覆，儒

---

① 《中国哲学史》（四卷本）直到 20 世纪 90 年代，仍然在出版。90 年代初，父亲就组织修改，未及完成，暂时搁置。1997 年，李申教授参加修改，约 2003 年修改版出版。

教也就垮掉了。但它的影响还在，我们的困难也就在这里"①。

父亲认为儒教不只是哲学学说而更是宗教，也正因此，"文革"中把封建主义当成社会主义推广，摧毁民主，实行家长制，大兴造神运动，毛泽东负有重要责任。神都是人造出来的，没有希望造神的人就不会有神，所以把毛泽东当成神，儒教影响之下，出现了全民族和党政干部中的群体性愚昧。以儒学为核心的中国传统文化对中国几千年的发展起到过至关重要的作用，虽然其中很多东西值得我们今天去继承、去研究甚至发扬，但另一方面，儒家思想符合的是封建社会小农经济的基础和封建帝王的要求。早在1979年他就指出，"宋明以后的儒教，提倡忠君孝亲、尊孔读经、复古守旧，都是文化遗产中的糟粕，是民族的精神赘疣"②。还说："如果我们的广大群众和海外侨胞都照儒教的规范行事，那就要脱离生产，轻视劳动，'畏天命，畏大人，畏圣人之言'，他们神龛里供奉着'天地君亲师'的神位，虔诚礼拜，终日静坐，'如泥塑人'，天天在'存天理，去人欲'，将是什么样的精神面貌，又怎能立足于世界呢？"③

父亲病重期间还对"儒学治国"的类似说法颇感忧虑。在这以前他就说过，"历史事实已经告诉人们，儒教带给我们的是灾难，是桎梏，是毒瘤，而不是优良传统。它是封建宗法专制主义的精神支柱，它是使中国人民长期愚昧落后、思想僵化的总根源"④。在他看来，因为现在工作做得好，经济发展快，有人就归结到是传统文化发挥了优势；但这就像赢了球，你高调如云都没关系，话可以随便说，可要输了球，你说什么也没人听。

父亲从他自己熟悉的哲学、历史的视野观察，认为中国五千年最主要的是两件事，第一，"建成了多民族大一统封建国家"；第二，"摆脱帝国主义侵略势力和封建势力，建立现代化的人民民主国家"。第一件事已经完成，第二件事正在进行中，毛泽东是"参与者、推动者和领导者"。他在文章中写道，毛泽东之所以不朽，因为他参与并领导了中华民族的这一不朽事业。中华民族的历史使命不朽，毛泽东的业绩同样不朽。

从1959年的那次谈话到现在，半个世纪过去了，哲学史主线变化，宗教

---

① 访谈记录见《南方周末》2009年7月16日。

② 任继愈主编：《儒教问题争论集》，宗教文化出版社，2000年，第20页。

③④ 同上，第21页。

研究的指导思想摆动、研究队伍的组合分化、"文革"动乱中人们扭曲的行动、改革开放后的大浪淘沙、消灭传统文化和崇拜传统文化，等等，发生了如此多的变化。我们父亲的一生也经历了军阀混战、抗日战争、国共内战，经历了诸多政治运动。他这一辈子，不畏疾病，不畏逆境，尽自己最大的努力，为中国文化做出了一份贡献。各种磨炼使他的意志更加坚强，思维更加敏捷、锐利，看问题更加深刻、有远见；无论做人、做学问，都是我们学习的榜样。

任继愈先生和日本国立国会图书馆

［日］冈村志嘉子（日本国立国会图书馆）

中国国家图书馆和日本国立国会图书馆从 1981 年就开始业务交流，迄今为止已有 35 年的历史。两馆每年互派代表团，就两馆所面临的种种业务课题共同探讨，交流经验。任继愈先生在担任国家图书馆馆长期间，为两馆业务交流的发展发挥了很大的作用。通过交流，他给我们日本国立国会图书馆的工作人员留下了非常深刻的印象。我有幸多次见到任继愈先生，陪他做翻译，跟他一起度过一段又美好又宝贵的时间。趁此机会，让我来介绍一下两馆交流过程中我耳闻目睹的任继愈先生。当时我们日方都习惯于叫他任馆长，以下我也称他任馆长。

任馆长和日中业务交流

任馆长两次参加国家图书馆的业务交流访日代表团，第一次是 1988 年，第二次是 1994 年。此外，任馆长在任期间，也就是从 1987 年一直到 2005 年，我馆代表团每次访华都有机会拜会任馆长。我早在 80 年代就开始从事翻译工作，也参加过几次业务交流代表团访华。任馆长访日时也为代表团做翻译。所以我在我馆历代工作人员当中见到任馆长的次数最多，跟任馆长接触得最亲近。对此我觉得非常幸运，也觉得非常骄傲。

我记得任馆长在我馆很热心于参加业务交流。他不是做报告的人，会上发言并不多，但是他说的一句一句很有道理，对我们有所启发，有力推动两馆交流向前发展。任馆长为人朴实，但举止那么大方，学识那么渊博，讲话也非常动人。日方能有机会见到任馆长的没有一个不佩服他。

1994 年 10 月，任馆长第二次参加代表团访问我馆。在业务交流的总结会结束之前，他做了总结性发言。这个发言给人印象特别深刻。他不仅仅做了交流的总结，而且为我们讲了一堂课似的。他那些高瞻远瞩的卓见让我们开阔眼界，重新认识图书馆业务的要点和今后我们要努力的方向。我馆全体人员都认为这个发言对我国图书馆界有很大的参考价值，要公开发表，决定在我馆月报上刊载其全部内容。任馆长富有修养，洞察力敏锐，给我馆的全体人员留下了最深刻的印象。这次业务交流的主题是面向 21 世纪的国家图书馆的未来规划。任馆长在业务交流总结会上的讲话提到这个主题的核心内容，参考价值很高，对我们有很大的启发，所以让我们从会议记录中引用其发言，介绍给广大的读者：

我们正在面临着激动的时代。人类曾在没有文字的时代过日子。文字的发明给人类带来了书籍。这样的变化对人类的影响很大。书籍的发明就产生了管理书籍的地方，即图书馆。图书馆要图书馆员，也就是馆藏的管理人员。根据史书记载，老子是中国最早的国家图书馆馆长。老子是孔子的老师。

现在，我们面临着最新的时代，也就是电子时代。载体从印刷品转移到电子化的新载体，在那段过程中出现了叫作电子图书馆的新概念。

鉴于世界的全体情况，经济发展的中心从西欧逐渐转移到东方。所谓欧洲中心主义逐渐衰落下去。中国有中国独特的想法。有一句话"十年河东十年河西"。河就是黄河。黄河每次发洪水，其河道就不一样。在漫长的岁月中，黄河的东边可能会变为其西边。

经济的发展带来文化的发展，文化的发展带来图书馆的发展。随着经济的发展，人们对图书馆的要求年年增多。对图书馆的评价并不是由我们图书馆工作人员自己决定的。图书馆评价的唯一标准是图书馆能否满足社会发展和读者要求这一点。

如何提高图书馆工作人员的素质标准是我们的当务之急。我们这一代的学问已经高度专业化了。反而未来的科学发展必将需要跨学科的种种知识。我们社会对图书馆的要求越高，我们的责任越重。

我们为实现图书馆共同的目的和作用一起合作向前发展是非常重要的。我们不能改变过去，但是未来是无限的。我建议我们为无限的未来共同协作，共同前进。①

很遗憾的是，我馆月报上的文章是基于国家图书馆金凤吉先生的日文口译，这次我把它重新翻成中文。由于我中文水平有限，只能表达任馆长发言的大体内容而已。

任馆长和我的中文

2001 年 9 月，我来北京。这是我第五次参加业务交流代表团访华。到达北京第二天上午，我们在国家图书馆的客厅拜会任馆长。这时也由我做翻译。当年两馆业务交流是第二十一次了。交谈中双方回顾交流的历史，一致认为两馆交流继续下去最为重要。日方团长也提到两馆交流对日方业务的发展所起到的作用很大，同时提到两馆促进人员交流的意义也很大。

任馆长点了点头，就指着我说："是的，她的中文也好多了。"

"什么？"我真没想到任馆长说这样的话，心理就失去正常，完全忘掉做翻译的任务，就慌慌张张地问任馆长说："您说什么？是真的吗？您说您记得……我开始的时候……我的中文……那样……"任馆长没有回答，微笑地说一句："越练越好。"

我非常激动。任馆长记住了我，关心我，承认我的中文水平有所进步。对此我感到非常光荣与自豪。同时我心里充满了对任馆长的谢意。因为我相信，我中文水平有所提高、翻译技能有所进步都是托任馆长的福。我初次见到任馆长以来，一直向任馆长学习中文。当然任馆长不会知道这个事实，我也不敢说！

1987 年 10 月，我以我馆第七次业务交流代表团团员的身份访问国家图书馆。这是我第一次访问国家图书馆，也是第一次与任馆长见面。

"这位老人太聪明了！脑子怎么那么好？我从来没有见过这么聪明的人！"这是我对任馆长的第一个印象。

任继愈先生的大名在这以前我没有听说过。会见之前，国家图书馆的同行告诉我，他是一位非常著名的学者。开始的时候，我紧张得很，说不出话来，

① 《中国国家图书馆代表团访问日本——第十四次业务交流报告》，《国立国会图书馆月报》1995年第 1 期（总 406 期），第 18—19 页。

日方的发言几乎都没有翻好。尽管如此，任馆长一直忍耐地倾听我的话，努力了解我说得乱七八糟的话。虽然有很多我翻得不周到的地方，甚至有翻得不妥当的地方，他一点也没有误会，我想说的意思都猜中了，很快就发出最理想的应答。每次我做翻译，任馆长为我提供很大的帮助。因此，会见非常顺利地进行，得到令人满意的成果。

任馆长说的话简洁平易，逻辑清晰，语法标准，内涵丰富，虽然要求一定程度的文化素养，翻起来却比较容易。任馆长说的话对我来说是一个最理想的活生生的翻译教材。我很愿意陪任馆长多做一些翻译。我很喜欢听任馆长说的中文。它富有一种节奏感，生动活泼。我以为他的话有背诵价值的。我时常梦想，有一天我能说像任馆长那样的中文多好啊。就这样，任馆长的中文成为我学中文的最终目标。

以后，1989 年、1991 年、1997 年以及 2001 年，我参加我馆业务交流代表团访华，每次都见到任馆长。1988 年和 1994 年，任馆长访日时我也参加接待工作，陪他做翻译。陪他的次数越多，我心里越轻松。我做翻译也积累经验，比以前稍微好一点。

任馆长在日本——1994 年的回忆

1994 年 10 月，以任馆长为团长的国家图书馆代表团访问日本。代表团访日日程为期两个星期，前一半在东京，后一半到京都、冲绳、福冈等地。这次全部日程我陪代表团做翻译。这是我陪任馆长时间最长的一次。特别是去外地的一周期间，代表团一行 5 人、我馆国际协力科科长和我过得非常愉快。不用说业务方面收获很大，其他活动也很有意义，印象很深刻。20 多年过去了，到现在我都忘不了。下面让我来介绍一下其中一点点。

代表团乘新干线离开东京去京都。在京都，有一家佛教报社社长等候任馆长。听说那家报社曾经请任馆长撰一些稿子，任馆长对那家报社的贡献不少，其社长趁此机会一定要向任馆长表示感谢。为此，代表团一到京都分两班，我陪着任馆长和那家报社社长一起过半天。这半天对我来说真是最难得的时刻，也是我一生中最宝贵的经历之一。我陪任馆长过得非常愉快，同时从任馆长身上学到了很多东西。

那位社长对任馆长的款待太热情，中午我们在一家有日本传统风味的饭庄品尝京都名菜，访问一家有名的扇子老铺欣赏日本和扇等工艺品，然后到社长家里作客。社长在自己家里也非常热情，把他自己访华的印象、他和中国朋友们之间的交流历史等详细地介绍给任馆长，同时又再三再四地向任馆长表示他由衷的感谢。我们在社长家里两个多小时，任馆长看来渐渐地有点不方便了。任馆长偷偷地跟我说："我该说什么？没什么说的……"他告诉我，他和那位社长不那么熟的。社长夫妻再三请任馆长在家里一起用晚饭，任馆长却郑重地谢绝了。多年以后，我在书上看到任馆长的"三不"主义，不赴宴，不过生日，不出全集，我才明白了，原来是这样！

顺便提一下，三年以后，我又参加我馆业务交流代表团访华。我们给国家图书馆准备了一个小纪念品，京都那家老铺子买到的日本和扇。这是我的主意。其理由有三个，在日本，扇子意味着吉祥繁荣，那家老铺子的字号和我们代表团团长的名字相同，还有我暗自期待着任馆长可能会记得那家老铺子。果然，任馆长一看那把和扇，确认其字号，就跟我说："啊，是那一家……"我高兴地问他："您还记得吗？"任馆长轻轻地点头就加上一句："那家的菜也很好吃的呀。"我心里激动极了。那天的事对任馆长来说也成为一个美好的回忆，而且只有我一个人能够和任馆长共享这美好的回忆！

"任馆长每天早上4点起来写稿子。"1994年我陪代表团一起到外地的时候，有一位团员告诉我。听说这是任馆长每天的生活习惯。他连去国外出差时都把这个老习惯坚持下去。代表团的日程安排很紧张，任馆长每天都忙于参加代表团的种种活动。尽管如此，日程安排中如有一段时间留作机动，短暂的也好，他就要回到饭店的客房里继续写稿子。对此全部团员都表示钦佩。

任馆长对待团员们和和气气，团员们什么时候都能积极地跟任馆长说话。像师生那样，他们时常对任馆长问这个问那个，对此任馆长一一回答得一清二楚。团员们说："我们在国家图书馆和任馆长接触的机会并不多。这次我们有幸和任馆长一起度过两个星期，对我们来说也是很难得的机会啊。"任馆长很温和，很幽默，喜欢说俏皮话。我在他们旁边听着他们的话，非常羡慕他们。他们都尊敬任馆长，爱戴任馆长。除了这次团员们以外，我所认识的国家图书馆的朋友们提到任馆长的时候都得意满面，没有一个不爱上他。我就看得出来，任馆长是国家图书馆全体工作人员的精神纽带，随时随地安慰他们，鼓舞他们。

任馆长一方面平易近人，另一方面非常严格。有一件事我不能忘记。

当时，我馆有一部分人认为两馆业务交流没有得到预期的效果，代表团的接待工作也有所负担。有人甚至说，两馆业务交流规模要小一点。我对此有点着急。我很想知道中方特别是任馆长的意见。代表团即将回国的时候，在机场的候机室里，我坐在任馆长旁边问他："任馆长，这次我们接待工作您觉得怎么样？有没有不周到的地方？如有问题，请不客气地提出来！还有，您对两馆交流的现状怎么想呢？您的评价怎么样？我们很想知道您的宝贵意见。哪些方面的意见也好，请坦率地告诉我吧！"结果呢？任馆长假装什么都没听见，一言不发。我等着等着，任馆长却没有开口。

几年之后，国家图书馆参照我馆的支部图书馆制度决定设立部委分馆。还有，多年来国家图书馆重点研究我馆立法决策服务方面的工作经验，很快发展这方面的业务。国家图书馆充分利用两馆交流的机会取得了这些业务成就。反过来，我馆呢？图书馆工作只追求短期的效益是不够的，业务目标要长远一些。任馆长那时沉默不语的用意也许就在此。

老子与《道德经》
——读任继愈先生《老子绎读》

一、《老子绎读》简介

任继愈先生是我国著名的人文学者、人文学术大家，国家图书馆原馆长。"文津讲坛"是他倡议设立的。他是我的老师，1946至1950年我在北京大学哲学系学习，听过任先生的"隋唐佛学"课，当时我写的一些读书笔记，经过他的指导和审读。任先生今年已是93岁高龄的长者，他一直关心国家图书馆的学术讲座。今年他要我在元旦做学术发言，师命不可违。我想介绍任先生在90岁高龄写作并出版的《老子绎读》一书。

《论语》和《老子》（亦名《道德经》或《道德经五千言》），是我国古代人文经典中最重要的两部著作。要把它们译成现代汉语，并力求准确讲出其中的要义，没有深厚的学术功底，是做不到的。关于《论语》，学者杨伯峻先生的《论语译注》受到人们的好评。至于《道德经》，任继愈先生的《老子绎读》则是一部功力很深的阐释老子思想的著作。

任先生对《老子》书的研究，跨越了两个世纪。从20世纪50年代开始，他为了教学方便（给来自东欧保加利亚的留学生授课），开始将《老子》译成现代汉语，称为《老子今译》。后来有所修订，称之为《老子新译》，这两种译本都公开出版过。它们均根据魏人王弼的注本，即《老子》通行本。1973年在长沙马王堆发现了大量帛书。经修复后，通过整理和考订，其中有《老子》甲、乙本。这是西汉时期的《老子》。将帛书本与通行本《老子》互相对照比较，有助于深切了解《老子》。任先生对照通行本和马王堆帛书本做《老

子全译》。

1993 年 10 月，湖北荆门市沙洋区郭店一号楚墓出土了一批竹简，其中有《老子》甲、乙、丙本，这是战国时期的《老子》。研究郭店楚墓的简本《老子》，并与通行本《老子》对比研究，国内学者在这方面做了不少工作。

基于以上情况，任继愈先生以《老子》通行本为底本，并参照楚墓出土的竹简本，对《老子》进行第四次今译，名《老子绎读》，2006 年 12 月由北京图书馆出版社出版，至今整整两年。对于书名，任先生有这样的说明："'绎'，有阐发、注解、引申的涵义，每一次关于《老子》的翻译都伴着我的理解和阐释，因此，这第四次译《老子》称《老子绎读》。"（《老子绎读·后记》）从以上叙述，大家可以看到任先生的严谨治学精神。

任先生对老子思想的历史价值做了全面的分析。他说："《老子》文约而义丰，有很多精到的见解，值得很好钻研。有五千年文明的中国，流传广泛的哲学流派不少，号称百家，其实只有两家，一个是儒家，一个是道家……老子用诗的语言表达深邃的思想，善于正话反说，善于用浅显比喻说明深奥的道理。"（《老子绎读·前言》）

在《老子绎读》中，任先生对老子思想的来源进行了分析。他认为，老子思想来源有三：一是继承荆楚文化的特点，贵淳朴自然，反雕琢文饰；二是吸取古代文化遗产，总结前人经验，他在东周做过管理王室图书的工作，便于他接受并审视他以前的文化成果；三是来源于社会现实，他是春秋末期人，亲眼看到春秋时期社会的混乱、旧礼制的崩坏和仁义口号的虚伪性，思考怎样才能拯救时弊。

任先生还分析了老子思想对后代的重大影响。一是对哲学思想及宗教思想的影响。产生于东汉中叶的道教，尊老子为教祖，以《道德经》为主要经典，并加以宗教性解释，宣传人们经过一定的修炼，可以使精神、肉体长生永存，成为神仙。一是对中国古代政治的影响。封建王朝为恢复社会经济而采取的与民休息政策，其指导思想多来自《老子》。老子和中国古代军事思想也有密切的关系。这些评价会有助于人们去了解老子及其著作。

还应当提到，《老子绎读》在体例上将古代人文经典的深厚学术内涵与今天一般读者所需要的文化普及性有机地结合起来。全书包括前言、译例、译文、索引四部分。索引又分为重要名词索引和内容分类索引两部分。结尾有附录：一、马王堆汉墓帛书《老子》释文（甲、乙本）；二、郭店楚墓竹简《老子》（甲、乙、丙本）；三、老学源流；四、我对《老子》认识的转变；五、寿命最短的黄老学派，效应长久的黄老思想。这样完备的"附录"，有助于读者深入理解《老子》。在学术观点上，学者们对我国古代人文经典的解说，自古以来就有多种说法；任先生对《老子》的疏解和阐释，只是一家之言，供读者朋友们研读，以便进入《老子》的精神殿堂。不过，任先生的阐释，是有特色的，他更加着重对《老子》哲学思想进行提炼和说明。他说："哲学包罗万象，哲学理论是高度抽象思维的精神产品，好像与现实生活不那么密切，但是越是高度抽象的哲学，它的根基却深深地扎在中华大地的泥土之中。"（《老子绎读·后记》）如果要将抽象还原于社会现实，任先生则认为，老子思想的社会基础是中国古代农业社会中的农民；"反映农民呼声最早、最系统的是《老子》"（《老子绎读·前言》）。在贯彻学术"百家争鸣"以推动哲学社会科学发展和繁荣的今天，这也是一种认真思考过的学术观点，可供读者参考。

现在我们提"中华文明走向世界"，我国人文经典在国外译本最多的，大约要数《老子》。不过，它往往不是外国译者所能理解的。季羡林先生在《展望比较文学的中国学派》一文中说："比如我见过他们（外国译者）的几十种《老子》译本，能准确反映《老子》思想的很少，多是夹杂着许多译者主观的东西。"① 因此，使"中华文明走向世界"，就要有准确的好的外文译本，首先要有高质量的现代汉语译本，这会有助于译成外语本。

二、《老子》的"道"论

老子是我国古代哲学大家、思想家，道家学派的创始者。他对中国传统思想文化发展做出了重大贡献（以下有些是阐述任继愈先生的观点，也有一些是我个人的看法）。

司马迁在《史记》中记载了老子的事迹（《史记·老子韩非列传》）。老子姓李名耳，春秋末期人，比孔子岁数略大，楚国苦县（今河南鹿邑）人，曾任东周王室管理藏书的官吏。有时称他为"老聃"。"聃"指耳长，"老聃"即耳长的老者的俗称。据说东周王室衰微，老子离职而去，不知所终。我赞同有

---

① 《季羡林文集》第 8 卷，江西教育出版社，1996 年，第 334 页。

些学者的意见：《老子》不是老子亲自写成的，是他的后学在战国时期写成的，属于战国时期的韵文体，它忠实地记录了老子本人的思想。

《老子韩非列传》记载，孔子曾向老子请教。孔子（前551—前479年）是儒家学派的开创者，他创立"私学"，授徒讲学，周游列国，宣传自己的主张。孔子从人的亲情出发，倡导仁爱哲学，提出"己所不欲，勿施于人"（《论语·颜渊》）、"己欲立而立人，己欲达而达人"（《论语·雍也》），道理平实、深刻。他不谈人的生死，"未知生，焉知死?"（《论语·先进》）不言"怪、力、乱、神"（《论语·述而》）。他主张通过教育改造社会，在形式上维护西周的礼制，但灌注了新的思想，即仁爱思想，以达到"君君，臣臣，父父，子子"（《论语·颜渊》）相互和谐的社会境界。所有这些主张，在老子看来，都是功利性的，世俗性的，不予肯定。老子说："良贾深藏若虚，君子盛德，容貌若愚。"（《史记·老子韩非列传》）并认为像孔子这样直白地阐述自己的主张，表现出"骄气"和"多欲"，应当把这些毛病去掉。"骄气"和"多欲"，用今天的话来说，就是功利化、世俗化。这很像是老子的口吻。

与孔子不同，老子所要探求的则是世界的本原问题，用哲学名词说，就是本体论问题。

老子哲学本体论可叫作"道"论。"道"是《老子》思想体系的核心。全书81章，直接谈及"道"的有77章。"道"字出现74次，运用形象、概念和推理方法，从不同层面阐述关于"道"的哲学。

在老子看来，"道"乃是勉强提出的一个概念，而不是对世界本原的准确描述。人们可以认识"道"，可以用语言文字来表述"道"，但人们所认识到的内容，语言文字所表达的内容，并不是"道"本身。《老子》第1章是全书的总纲，对"道"做了扼要论述：

> 道，可道，非常道。名，可名，非常名。"无"，名天地之始。"有"，名万物之母。故常无，欲以观其妙；常有，欲以观其徼。此两者，同出而异名，同谓之玄。玄之又玄，众妙之门。

这段文字可以译成如下白话文："道，可以用语言文字来表述，可是并不是常道。名，可以用文字来表述，但并不是常名。'无'才是天地的开始。'有'才是万物的开端。人们用'无'去了解道的奥妙，用'有'去体会道的创造。'有'与'无'同源于道，不过表述不同，它们都可以说是深远的。极远极深，这种玄妙是天地万物产生的根源。"这里，老子提出了三个概念：道、无、有。什么是"道"？道是有、无的统一。什么是"无"？"无"不是什么都没有，而是指没有形象，没有体积。它和具体的事物不同，指的是空间，是不确定性的存在。什么是"有"？"有"是万物的开端，指能够被人感知的事物的确定性。万物来源于"有"与"无"。有与无的作用是玄妙的，"玄妙"才是万物产生的根源。

关于世界的本原，老子并未用创造万物的"神"（上帝）的概念，在我国商周时期，"上帝"原指祖先神，能够创造一切；老子也并未用不同的物质形态加以描述，如金、木、水、火、土，作为世界万事万物本原的所谓"五行"。老子是真正的哲学家。什么是哲学？哲学是智慧之学，是从"多"中求"一"的学问，从"多"中抽象出"一"来，这种抽象是理论思维能力的表征；以此为土壤，才产生出不同的世界观、人生观与价值观。老子认为，这个"一"叫作"道"，分而言之，即"无"与"有"。战国时期儒家也接受了这种观点，在《易传·系辞》中称"形而上者谓之道，形而下者谓之器"。这里，"形而上"并不是一个贬义词。后来，宋明时期的思想家们则认为研讨关于世界的本原、心性关系等都属于"形而上"范畴。也有思想家认为，形而上的"道"，即存在于具体的器物（或事物）之中。近代有人翻译希腊哲学家亚里士多德的哲学名著，名《形而上学》，这是采取了日本学者的译法。原来，亚里士多德写了讲义《物理学篇》（*Physics*）以后，开始探讨哲学问题，将其著作命名为"metaphysics"，即《物理学后篇》（也就是"写在物理学著作以后的哲学论著"），其实，这是十分简洁明了的。20 世纪，"形而上学"渐变成与"辩证法"相对立的名词，成为静止、孤立、片面的同义语。这里要说明的是，《易传·系辞》中的"形而上者谓之道"并无此义。

在 2500 多年前，中国古代哲学已经达到如此高的水平，为什么后来没有引导创建近代自然科学？不久前有学者撰文《自然科学为何没有诞生在中国？》，认为最主要的一条原因是"中国传统文化缺乏追求理性而是重于应用"[1]。但是我们从《老子》论"道"中可以看到深刻的理论思维，中国古代并不缺乏对理性的追求。历史的事实是，老子提出的理论思维，到东汉时期被宗教化了，被引导到追求长生不死的宗教信仰上去了，没有成为近代科学的来源。不过，在道教的一些典籍中也包含着丰富的中国古代科学的内容。

---

[1]　尤广建：《自然科学为何没有诞生在中国？》，《北京日报》2008 年 11 月 24 日。

老子的"道"论，在《老子》第25章体现得分外鲜明：

> 有物混成，先天地生。寂兮寥兮，独立不改，周行而不殆。可以为天下母。吾不知其名，字之曰道，强为之名曰大。大曰逝，逝曰远，远曰反。故道大，天大，地大，人亦大。域中有四大，而人居其一焉。人法地，地法天，天法道，道法自然。

译成白话文，即："有一个东西是浑然一体的，它存在于天地之先。无声无息，又无形体，它不依靠外力，循环运行永不停止。可以称为万物之母。我不知道如何称呼它，把它叫作'道'，勉强叫它为'大'。大叫作消逝，消逝到极远，从极远又返还。所以道大，天大，地大，人亦大。国中有四大，人是其中之一。人效法地，地效法天，天效法道，道效法自然（自己）。"值得注意的是，这段文字中"域中有四大，而人居其一焉"等，王弼通行本"人"均做"王"字，但却是按照"人"字注解的；"域中"，马王堆甲、乙本做"国中"。"天""地"没有意识，但"人"是有意识的；人体验到"道法自然"的真理，即世界是自然而然地形成的道理，进而在"自然而然"上下功夫，不自以为是，人才能称之为"大"。

那么，"道"怎样演化为万物？《老子》第42章这样写道："道生一，一生二，二生三，三生万物。万物负阴而抱阳，冲气以为和。"对这一章，任继愈先生解题："这一章的前半从'道生一'到'冲气以为和'讲'道'是万物的总根源。这里的道理并不复杂，道生一，一生二，二生三，只说明事物由简单到复杂逐渐分化的过程。前人注解虽多，但失于穿凿，替老子说了一些老子没有说过的话。可供参考，但不能当真。"关键是"一生二"的"生"，是否像人一样去制作一件器物？不是的。这里"一生二"与"一到二"是一个意思，不是任何人（神）的有意制作。万物处于什么状态？在老子看来，万物都背负阴气而怀抱阳气，阴阳二气交互影响形成和气；和气就是对立面的统一，相反而相成。这是中国古代的辩证法。这种辩证法的形成，归根到底也是源于对农业生产经验的总结。例如，山的向日面，即阳；山的背阳面，即阴。人们在生产实践中提炼出抽象化的"阴""阳"概念。西周时的文献《周易》就试图用阴阳去解释自然和人类社会，从而预测人的吉凶。《周易》中的阴阳变易思想对儒家和道家都有影响。《老子》有丰富的辩证法思想，处处提醒人们不要走极端，强调"有无相生，难易相成，长短相形，高下相倾，音声相和，前后相随"（《老子》第2章）、"祸兮，福之所倚；福兮，祸之所伏"

（《老子》第58章），已经看到了矛盾的转化。

不论是中国的古代还是西方的古代，当时的哲学家们都认识到事物中包含着相互对立的方面。在中国，思想家们强调的是相反而相成，即一元的和谐论，虽然儒家和道家在"相反"与"相成"中哪一方面占主导问题上有异议，比如儒家强调刚强，主张自强不息，而道家则强调柔弱，主张以柔克刚，但最终他们都希望对立的两个方面能够"相成""合一"，落到一个"和谐"的"道"上去。然而西方古代有些哲学家则是二元对立的思维，强调差别、斗争的意义和作用。这从一个方面展示了中、西方文明存在着差异。中西方古代哲学基本面貌的差异比较，更能突出各自的学术特色，这不好说哪一个更好，因为人类文化自古以来就具有多样性，各有特色，互相补充、借鉴。

可见，老子的"道"论包括："道"是世界的本原；由"道"到万物，是一个逐渐运动、演化的过程，即"道法自然"的过程；"道"是万物变动的根源，它在万物演化中体现出相反而相成的作用。

三、老子"贵柔"的人生哲理

作为老子"道"论的逻辑延伸，老子强调阴、即柔弱的作用，提出了一套以贵柔、守雌为特点的辩证法思想。他从农业生产中发现，植物的幼苗虽然柔弱，但它能从柔弱中壮大；当它壮大了，反而接近死亡（《老子》第76章）。他认为人们对待生活的态度，最好是经常处于柔弱的地位，这样就不会转为坚强，即可避免走向失败、死亡的结局。

老子主张"反者道之动，弱者道之用。天下万物生于有，有生于无"（《老子》第40章）。道的运动是向相反方面转化，"反者道之动"，即物极必反。那么，人应当如何做？"弱者道之用"，柔弱谦和就是"道"的具体运用。老子对此有详细的论述。他问天下最坚固的是什么？一般回答：几个人合抱的大树也许是最坚固的，他的回答则是：不然。水才是最坚强的，表面柔弱，处于卑下地位，其流动不舍昼夜，有时甚至会摧毁一切。人应当像水一样，所以《老子》第8章说：

> 上善若水，水善利万物而不争；处众人之所恶，故几于道。居善地，心善渊，与善仁，言善信，正（政）善治，事善能，动善时。夫唯不争，故无尤。

这段文字可译为："最高尚的善像水那样，水善于帮助万物而不与争利；它停留在众人所不喜欢的地方，所以最接近'道'。居住要（像水那样）安于卑下，存心要（像水那样）深沉，交友要（像水那样）相亲，言语要（像水那样）诚实，为政要（像水那样）有条有理，办事要（像水那样）无所不能，行为要（像水那样）待机而动。正因他（像水那样）与万物无争，所以才不犯过失。"

"上善若水"，老子称之为"无为"原则，"无为"不是什么都不做，而是"道法自然"原则在人生哲理中的体现或具体运用。"上善若水"在今天依然有借鉴意义。如：人愿意把自己摆在"卑下"的地位吗？"自视甚高"是人之常情，处处自觉自己只是平民百姓中的一员，并非易事。愿意和社会的弱势群体做朋友吗？不受攀龙附凤、依靠权势观念的束缚，而自愿为弱者呐喊奔走，才真正领悟了"上善若水"的真谛。生活中谦虚谨慎，诚实守信，从水的流动中吸取智慧的启示。如果肩负重要责任，能不走极端，不搞大起大落吗？"致虚极，守静笃"（《老子》第16章）、"无为而无不为"（《老子》第48章）、"治人、事天莫若啬"（《老子》第59章）、"治大国若烹小鲜"（《老子》第60章）、"为无为，事无事"（《老子》第63章）等，都在告诫人们不要强作妄为，用今天的话说就是"不折腾"。在名利面前，能淡然处之吗？能堂堂正正做人吗？这些都可从"水"中获得启示。

老子所说的"柔弱"有两方面内容，一是指"人道"应当效法"天道"，一是指要有包容天下的宽阔胸怀。

"人道"效法"天道"，在老子看来，"天之道不争而善胜，天之道不言而善应，天之道不召而自来"（《老子》第73章）。即：天之道不争而善于获胜，不说而善于回应，不召而自动到来，是自然而然的。然而，"天网恢恢，疏而不失"（《老子》第73章），天道包含一切。在治理国家上，"圣人"依据"天道"，也就是"以百姓心为心"（《老子》第49章）；当政者"功成身退，天之道"（《老子》第9章）。人们无论做什么，都是随其自然，不要勉强、强求，保持平静淡泊的心境。

为政者要有包容天下的宽阔心怀。《老子》第16章："知常容，容乃公，公乃王，王乃天，天乃道，道乃久，殁身不殆。"意思是："认识'常'（即常道），才能包容一切；包容一切，才能坦然大公；坦然大公，才能担当首领；担当首领，才能符合自然；符合自然就是'道'；符合'道'，才能长久。"

　　将"柔弱"的这两方面内容综合起来，就叫作"常德"。"知其雄，守其雌，为天下溪。为天下溪，常德不离，复归于婴儿。"（《老子》第28章）意思是："虽然知道什么是刚强，却安于柔雌，甘作天下的沟溪。甘作天下的沟溪，永恒的'德'永不相离，重新回到纯洁的状态，像个婴儿。"《老子》之所以被称为《道德经》，因为它的主旨论述了"常德不离，复归于婴儿"的"贵柔"人生哲学。因此，老子哲学没有人类中心主义的弊端，其"道法自然"的理论阐述了人认识的某些局限性，提醒人们谦虚谨慎，对自己的才智不要过度自信，以为自己了不起。他从反面论证，"俗人昭昭，我独昏昏。俗人察察，我独闷闷……众人皆有以，而我独顽似鄙。我独异于人，而贵食母"（《老子》第20章）。意思是："世人都那么明白，我却这样糊涂。世人是那么精明，我却在一旁沉闷……世人都有一套本领，独我又笨又无能。我跟世人不同，在于我找到了根本（母）。"从某种意义上说，这种思想认识是消极的，但从事物的辩证发展角度分析，它却时时提醒世人不要张扬，保持头脑清醒，谨防事物向坏的方面转化，把握"道"的大体，才能使自己立于不败之地。也许这并非消极悲观，而是一种清醒剂！

　　同时，在中国古代，老子的"贵柔"思想对人们的养生理论和实践也做出了贡献。这要做专门的分析，这里从略。

　　总之，老子的"道"论思想和"贵柔"思想具有内在的联系，"贵柔"的人生哲理是老子"道"论思想在人生领域的体现和延伸，也揭示了"道"与"德"的密切关系。

（2009年1月1日上午张岂之教授在国家图书馆
"文津讲坛"所作学术演讲，由陈占峰博士整理）

任继愈： 我们一定要编纂出无愧于时代的新型类书

伍杰（《中华大典》办公室，中宣部出版局）

任老是《中华大典》的总主编。他是《中华大典》的旗帜，是一位国人尽知的著名学者、专家，中央文史研究馆馆员。他有相当的影响力、号召力、凝聚力。他从1988年接受《中华大典》总主编的聘任以后，直至2009年7月11日仙逝，20多年里，始终认真主持《中华大典》的编纂工作。他还亲自主编了《中华大典》24个典中的《哲学典》《宗教典》。《哲学典》是《中华大典》中最先完成的一个典。

在他生命的最后20年里，几乎时刻都为《中华大典》的编纂而奋斗着。他身体不好，眼睛几乎失明，用放大镜才能看东西。从2006年起，发现身患绝症，但他始终没有放弃《中华大典》的编纂。他说，这是他生命中学术活动的最后两件大事之一。

任继愈先生从一开始就是站在时代的高度来编纂《中华大典》。他在两次试点工作会上，在《大典》正式启动的会上，反复强调编纂《中华大典》的重要性、必要性和可行性。在1989年的第一次试点工作会上说，我们是具有高度文明和文化传统的民族，要多出有用、有价值的图书占领文化领域，以振奋民族精神。1990年在第二次试点工作会上他又说，国家稳定后，文化建设要跟上去。我们要为下一两代人积累资料，为学术高潮的到来、为文化建设的高潮打基础。准备工作做好，高潮就容易来。1992年他说，《中华大典》是在继承、弘扬我国类书优良传统的基础上，参照现代图书分类法，进行编纂的巨型类书。是上自先秦，下迄"五四"，我国古代典籍的资料总结。《大典》除了体例创新之外，资料搜辑，要超过历代任何一部类书。为了创建新的，一定要继承旧的。直到 2006 年 5 月 20 日，在《中华大典》工作会议上他还说："现在许多国家的学者，在考察、研究中国，呼吁我们提供中国文献资料，编纂《中华大典》的必要性已经超出中国的范围，具有世界意义。"他还说，现在大专院校任务不饱满，老先生不在第一线，可以多发挥作用。有可能，也有需要。有国家支持，有社会各界人士的支持，用现代化技术设备，发挥社会主义大协作优势，在版本选择、校勘标点、资料全、选择求精等方面，我们要超过古人所编的类书，使类书的发展在我们这一代达到一个新的水平。我们一定能编纂出一部无愧于时代的新型类书。他充满信心。

为了编好《大典》，他亲自点将，亲自选拔人才，招兵买马，组织一个出色的班子。1992 年刚开完《大典》工作会，他便亲自选人组建了《大典》编委会的 10 人班子：程千帆、戴逸、席泽宗、葛剑雄、刘乃和、庞朴、李学勤、戚志芬、马继兴、任继愈。这是常委班子，他说，有了这个班子，就有希望。后来又不断做了些调整。1993 年在《文学典》工作会上说，三军易得，一将难求。现在不仅是将，还有程老这样的帅在，我们很放心。这个编纂班子是令人信得过的。在全面铺开之后，他特别邀请柯俊、吴文俊、傅熹年参加编委会，为副主编，他说，没有这样一批著名的专家帮助，《中华大典》的自然科学典就不能保证质量。他对院士吴征镒愿做《生物典》的主编，十分高兴，他说，他是我在西南联大时的同学，他人品好，学问出色。我一定要去参加他们的编纂会，他肯出马，《生物典》一定能做好。2007 年 6 月 7 日，他专门给大典办写信推荐柴剑虹，他说，柴剑虹似可进编委，他能力、学识都有功底，看稿也仔细。《军事典》的编纂，2007 年以前一直没有落实，他说，我来给军委负责同志写一封信，请他们帮助。他们很快就批示请军科院组织学者编纂。我在电话中告诉任先生说，军委负责人同意了，任老耳朵不太好，他问我，什么?! 同意了。我再次大声重复后他笑了。后来他住院以后，我到医院去看他，他又十分高兴，带着几分幽默地说：我说哩! 军委同意了，《军事典》现在就有希望了，24 个典都落实了。他为有一批军事史专家来编纂《军事典》而高兴。他还为《大典》的编纂出版树立了一个榜样。《文学典》全部完成后，2009 年 3 月 12 日，他说：《文学典》是启动最早的一个典，创造了很多经验，给后来其他典开了个好头，能善始善终。他盛赞编纂处主任高纪言，说高纪言"树立了大家学习的榜样，他的工作令人敬佩。谦虚谨慎、从善如流、举一反三，把后半生全献给了《文学典》"。是啊，要编纂成《大典》必须有出色的人才。

任继愈先生从试点开始，就到处奔波，从北京到南京、上海、成都、武汉。对《大典》的编纂，抓得很细、很实。研讨框架、普查资料、论证样稿、版本校勘等等，他总是真心倾听专家学者的意见，也认真发表自己的见解。1992 年 4 月，他到上海参加论证《历史典》《教育典》的会议。他说：编辑班子很强，现在的框架很好，符合传统的东西；还说，编时一定要考虑检索方便，资料搜集时限要往上推，不要往下延。现代化的东西别多弄。过了半年，1992 年 10 月，又到成都参加论证《医药卫生典》《法律典》的会议。他肯定了学者们的做法，但提出吸收编纂学者要宽一点，要吸收北京、南京的专家。要抓紧，争取快一点。1994 年，又参加《语言文字典》的讨论会。他说，《语言文字典》的框架可以，几个分典较为清楚，交叉重复少。和别的典比较，有许多优势，人力集中，主编选得好，使人放心，书稿能反映出国家水平。1996 年在南京讨论《文学典》的书稿。他说，看了样稿，心里有底了，达到了出版水平。拿出来可以立得住，内容充实，比较可信。还说架子弄好以后，精力要放在减少差错上。重复问题要好好掌握，尤其是典内重复要考虑。引书格式、标点、版本、卷次、异体字，不要弄错，要规范化。尤其是少用复杂的标点，少用问号、惊叹号，多用逗号、句号。在后来的多次样稿讨论、书稿审定中，他一再强调，一定要坚持质量第一，留给后人一部出色的古籍文献资料，还反复提出资料要"竭泽而渔"，体现"全"字。"小家要全，大家要精"。要搜集不同学派的资料，体现历史上学术派别的争鸣。2008 年，他还认为《文学理论分典》在美学思想中选用了老子《道德经》中的第一章第一句"道可道，非常道……"选得不准，特给我打电话，说老子的美学思想是在第二章，应换上第二章第一条。

在 2003 年 12 月 24 日给大典办的信中，也充分体现了他的编纂思想，原信是：

大典办公室：

转来高纪言同志关于大典"清三"问题的下限信。仅提出我的意见，供高纪言同志参考。《大典》启动时，《文学典》起了带头试点的作用，《文学典》开创了一些好经验。《文学典》首先提出选材的标准，"大家取精，小家求全"。也是后来几个典共同认同的标准，遵守不渝。"大家取精"为了避免冗长、重复，方便了检索；"小家求全"是怕漏掉有价值的资料。在浩如烟海的原始资料中，我们编选者选材时只是举手之劳，一旦漏掉，后来人找材料有如大海捞针般麻烦。来函所列举的清末民初几位作者和他们的著作如果不被选入《大典·清三》，将会漏掉有价值的资料，给使用《大典》的检索者、研究者带来不便，这是我们编纂《大典》应当避免的。以辛亥革命为下限，可能作品尚未完成，可能只有半部或三分之一部。我们《大典》规定下限为辛亥，这是从中国全部文化状况考虑的，为现代及今后的读者着想，古代的材料比较分散，古文字不易读。辛亥以后，材料易得，《文学典》所反映的是文学发展流变和时代文学思潮。这一点，程千帆先生的文学典"序"中已明确指出过："……长达数千年的创作中，经历了漫长的发展历程。"程先生规定的原则有深意存焉，我们予以充分的重视。从选材可以显示出作家的作品随着时代、社会的变革而发展。这一点是《丛书综录》《清人别集》所不能反映的。程千帆先生说的"个别地方有点不一致是可以的"，是为了防止重要材料因未选而被遗漏。来函所举的这几位作者，辛亥以后，都受到重视，重视程度甚至超过辛亥以前。我们还是按照作品出版年代划分。不要照顾全书而向后延伸下限。如果每一个"典"都严格遵守这个原则，诸典，特别是文、史、哲、教育几个典，汇集一起，就更能反映清末民初我国学术界变化至深且钜的实况，功莫大焉。

任继愈
2003. 12. 24

每个典的终审会，他都参加，而且有明确的意见，直到 2008 年 6 月 30 日，终审《教育典》的书稿时，他还参加，早退一会儿，还特别留言：

永湛、伍杰两位同志：全部稿子，我分别抽看了一部分，（原稿今天全部带来，请交与魏同贤及出版社。）这部分书稿，与已出版的几个典比较，基本上达到要求，可以在专家提出意见的基础上，加以改进，（举一反三），我初步认为可以通过。修改后，正式出版。我遵医嘱，魏同贤发言后请假先退席。麻烦你们费神主持！拜托，拜托！

2008. 6. 30

直到 2009 年 2 月，他在医院里还关心着《政治典》的框架，给大典办公室的几位同志写信说：

《政治典》的主编对《大典》的理解还未进入角色，只是罗列了一些事件、人物，与"辞海"差不多，条目不少，但与中国的五千年，特别是秦汉统一以后的中国政治的实质并未了解，材料多，只是一部"辞典"，有些条目辞书上都有，我们又何必重复？总的纲领是多民族统一大国，这一事实，（五千多年国情）结合不紧，比如"科举""九品中正"是什么关系？中外关系方面的地位变化，鸦片战争为界限，从此中国的性质从天朝变成半殖民地，比如香港、澳门，原是广东的小渔村，被英国等割去后，才有了政治、政府建制，那是英国的，葡国的，不是中国的。收回香港、澳门是新中国的事，建议以中国历史发展的阶段为纲，横断切面。先秦为一大段、秦汉以后为另一大段，大段以后再为若干小的段落，这样，《政治典》是中国历史实际缩影。然后再讲各种制度，才有着落。世界列国，中国秦汉毫无了解，外国与中国的往来，也是明以后才逐渐增加。先请编者理一理中国历史，适量参看已出版的《教育典》《历史地理典》及我国史书记载与外国的交往。然后再立框架，不是条目越多质量越好，而从历史发展的实际情况，中国中央政府如何探索管理这个多民族的大国越来越完备，而人民的权利越来越小，才造成从一个几千年的多民族大国，沦为半殖民的地位的。条目，随时代发展，才有改变，变法以至改朝换代。治乱交替的局面。总之，框架要重新构建，彻底根据五千年的国情，才能编成高质量的成品，先设字数，不可能有几分材料，说几分话。此意见供政治典主编参考。

    此致

敬礼

任继愈

2009 年 2 月 16 日

他对质量的要求，并不只是一句空话，而是从自己做起，以身作则。他说，《哲学典》一定要高质量，我主持搞的不能有损名誉，我搞的作品，一贯都讲质量。要将原稿、出版社的意见和《哲学典》的报告都印给编委会常委，讨论怎么办，讨论了再定。《哲学典》怎么处理好质量问题，要找几个人通读一遍，花几个月工夫。总之，有问题就解决。他常说，质量不能放松。顾炎武曾说，作前人之未作，后人之不可无。要避免低水平的重复建设。代表国家水平，为国增光，为学术负责。文化成品不是用金钱能衡量的。《哲学典》一直到他认为已经合乎质量要求了，才批准出版。

任老为《大典》的经费多方努力。《中华大典》的经费，原来想工委自己集资、自己出版补充，向国家借一点钱（只向国家借了一千多万元），我们一方面编纂，一方面自己筹钱，实际上经费十分困难，到 2001 年时，还只启动了一半，只完成了《文学典》，工委和编委都十分着急，总主编任老更急。他从 2001 年至 2003 年先后联络季羡林，副总主编戴逸、席泽宗、傅璇琮等几十位专家，向工委、向中宣部领导、向出版总署领导多次建言，向刘云山、李岚清、丁关根等领导同志报告，请求帮助。他说，《大典》只启动了一半，已启动的典，因经费困难，进度慢，难以完成，将给后人留下极大遗憾，请求中央支持。任老几经努力，终于引起国务院重视，决心第二次启动，国家由借款一千多万元改为拨款两亿元。解决了经费，大大加快了进度，任老功不可没。

任继愈先生从 1988 年直到 2009 年 7 月 11 日去世，20 多年的时间里在《中华大典》这块园地里默默地辛勤耕耘，不论在顺境和逆境中，都无怨无悔。20 世纪 80 年代推举他为总主编时，没有给他一分钱的报酬，他不推卸地担当起了总主编的责任，21 世纪初国家投资了一些钱，应该给他一些报酬，他仍然不要。大典办给了他一张补助卡，开始他不明就里，收下了，后来给他讲明可以取补贴工资，他一听笑说"我不要"，将卡退回了办公室说："放在那儿吧。"一放就是十年，他始终没有取一分钱。大典工作委员会是《中华大典》的领导机构，主任开始是中宣部的一位副部长，中宣部和新闻出版总署请他当工作委员会副主任，他又是笑着说："官我就不当了，我当我的主编吧！"硬是辞掉了。他说："名利于我如浮云。"

就在他去世的前一个月，2009 年 6 月 2 日，他还那么惦念着《中华大典》，关心着与他共事的人们。那天，我到北京医院病房去看望他，他满怀信心地鼓励我，"你们有能力、有水平，能干好《大典》"。还说，"你和老赵做了很多工作，特别是你，我知道受了委屈，没有埋怨"。他笑着说："《军事典》也有希望了，24 个典，都已启动，我们的大典成功在望。希望你通观全局，继续推进，下次来，希望你讲下步怎么干。"

令人伤心，没有等我"下次"去，他已驾鹤西去，如今，他虽已仙逝，他的功绩，将永远留在中华民族的文化史上。

任老一定在天堂里等待着见到全部修成的《中华大典》。

怀念任又之 （继愈） 先生

白化文（北京大学）

一

任继愈先生字又之，山东省平原县人。诞生于 1916 年 4 月 15 日，2009 年 7 月 11 日逝世，得年 93 岁。先生少年时即才智颖发，特立独行。1934 年自北平大学（不是北京大学）附中毕业后，即以优异成绩考入北京大学哲学系。对于先生个人来说，这是个经过深入思考的决定。因为，哲学是出名的难学，在当时，毕业后出路也很窄。任先生的中学国文（今称"语文"）老师就是哲学系毕业的；当时已经全国知名的文学家朱自清先生是北大哲学系的老前辈，毕业后也一直教语文、文学课程。前车之鉴并没有动摇任先生终生从事哲学研究的信心与决心。晚年时，先生对我和许多人都说过，那时选择学哲学，是希望对世界和宇宙的终极性问题"寻根究底"。

1937 年"七七事变"后，任先生随校西迁，并参加了西南联大校史中著名的从湖南步行赴云南的"湘黔滇旅行团"。后来，任先生在许多场合，包括与我的个别谈话中，都表达过："这次旅行，使自己有机会看到了中国农村的贫困与败落，震动很大。"

我在 1950 年入北大中文系沙滩校本部读书，曾休学一年，1952 年大学院系调整，我开始在燕园读二年级。那时，任先生在哲学系任教，他的夫人冯钟芸先生是中文系的青年讲师（很快就升为副教授）。冯先生原来是在清华中文系任教的。清华来的同学说，冯先生是学生的慈母。例如，一位华侨同学，因为来自当时反华的国家，生活费用断绝，就常到冯先生家里借钱。冯先生总是如数照给，从不提还账。有时，只有任先生在家，也不多说少道，照发不误。

此种事不仅对个别人，而是只要有人提出要求，认为合理，马上有求必应。其实，当时两位先生家境并不富裕，他们的女儿任远刚几岁，为了照顾孩子兼顾上课，还得请保姆。我因家里那时有钱，就不敢去任先生家，深恐误会是去借钱的。但是，一见两位先生，必然肃立鞠躬。但也就仅此而已。可惜的是，我至今没有上过两位先生一堂课，只能说是"门生"（采用《后汉书》中"门生故吏"的宽泛称呼），连"及门"都算不上。终生遗憾！

二

任先生于 1964 年受命筹建中国科学院世界宗教研究所（现属中国社会科学院），离开了北大。1987 年，又调任北京图书馆（今中国国家图书馆）馆长，直至 2005 年，离休后离而不休，除了总持许多国家级项目外，每周一、四上午一准到馆办公。我因系北大信息管理系（原图书馆学系）人员，与国家图书馆有着千丝万缕的联系，任先生到馆后，我谒见的机会和次数就越来越多了。

拙见以为，在抗战前后直到新中国成立初，也就是 20 世纪 30 年代末到 40 年代末这十几年中，中国文、理、工、医、农各科都产生出世界级的人物。任先生是其中很有特点的一位。突出的一个特点是，没有哪一位先生像任先生那样，真正组织和领导了那么多开创性的国家级大项目。

如《中华大藏经》及其"索引"（《续藏》正在编纂中），《中华大典》二十四个典（其中包括百余分典，约八亿字，是《古今图书集成》一亿字的八倍），点校本"二十四史"及《清史稿》修订工程，《国家图书馆藏敦煌遗书》，等等，原希望先生在日全部完成，今先生已不及见其蒇事，真让人深深地遗憾。

另如《中国文化史知识丛书》，整套 100 种，1998 年出齐。还有一些没有想到未曾列出的项目。这些大型项目中，莫不闪耀着任先生的身影。这方面，可以说是前无古人，同辈人亦无人比肩。拙见是，此后很长一个时期，恐怕也后无来者。应该说的是，任先生从不当挂名主编。后来我因种种事务，追随任先生多年，深深感觉到这一点。即以《中华大典》为例，这部大类书发轫于 20 年前，进度缓慢，中途停顿。原来与任先生没有什么关系。《中华大典》项目重启时，在新闻出版署曾开会讨论，我参加过两次，坚决反对重新启动，认为时移世易，现在已经是"新编大百科"时代，已有汽车、飞机，硬轱辘老式马车无用。

任先生是在温家宝总理主政初期接手此事。一上来，他就抓试点，自己兼任《哲学典》主编，组织了一个精干班子，如钟肇鹏、李申诸位，按"儒释道"的主线搭架子，很快地开动。稍后，任先生派人找我，说明编纂《中华大典》之必要性，并要我参加《哲学典》的工作。我面子上磨不过去，只好说，我只念过一门哲学课，是"辩证唯物主义与历史唯物主义"，杨宪邦先生亲授，别的不会。我是图书馆学系的，给编索引吧。老师无奈，凑合着应允。可是，关键词得原编者来划定，大伙儿嫌麻烦，不了了之。后来听说《哲学典》编成。我长长地出了一口气，暗中庆幸得脱此劫。

2006年5月份，任先生忽然打电话来，说："《中华大典·民俗典》由你担任主编。一切编纂人员由你招募，联系出版社由你负责。"毫无思想准备，不啻晴天霹雳！我赶紧说：您知道，我快80岁了，又有严重的糖尿病、高血压、脑血管隙性梗塞、白内障，手里还有签了约的点校的活计。再说，我连中国民俗学会的会员都不是，我要干这事，他们对您会有想法的。"老师说："我都90岁了。我的病比你多多了，严重多了。我一只眼睛都看不见了。我还在干。你算年轻人，将来还会担任更多更大的事。别人我不找，就找你！"爷儿俩谈不拢，老师最后撂下一句话："就是你了！"电话挂了。

在《民俗典》编纂工作中，我发现，老师胸有成竹，掌握全局，不断从原则上发出指示。例如，"三百年一修典。盛世修典。要以清朝编纂的《古今图书集成》为蓝本，为出发点。那部书里引的，我们尽可能收入，但一定要与所引原书核对。在此基础上，搜寻他们没有引过的。涸泽而渔，多多益善。清朝人引录一亿字，我们要辑录八亿字"，"尽可能引用最原始的资料"。这时，我提问题："许多笔记小说，现在能找到的源头也就是《太平广记》。可是，后人据《太平广记》所做的辑本，特别是解放后新推出的点校本能不能用！"老师说："优先使用！那是能显示出我们解放后古籍整理成果的！"似此等原则性指示不胜枚举。对我们提出的合理意见，任先生也欣然采纳。如，我建议，《民俗典》中涉及自然地理和人文地理的具体问题，应以《嘉庆一统志》为准，自该书所载上溯。老师深表赞同。

三

任先生是一位蕴含极深感情、极富友情而又深藏不露的人。他很能识人，很会交友，一旦建立友谊，几乎终生不渝。而且，给予友人的，往往是在关键时刻，为之解决别人解决不了的问题。并且不求回报，事成后决不张扬，若无其事。他的友人几乎没有一位给予他同样大的帮助的。这种友谊是"一边倒"。试举一例：

与任先生同在西南联大做研究生的人不多，但个个成才。其中，马学良先生（1913 年 6 月 22 日—1999 年 4 月 4 日）与任先生同为山东人（但一在鲁东，一在鲁西北），私交甚笃。马先生师从罗常培先生，学习语言学。西南联大以昆明为根据地，放射性地派出研究生和个别大学高年级学生，深入云南少数民族地区，开展对少数民族语言、进而对文化的研究。当时参与语言调查的研究生，后来多数成为新中国成立初期中国科学院语言研究所和一些高等学校的研究与教学骨干。教过我的，就有张清常、邢庆兰、高华年等位先生。这几位先生常在闲谈时眉飞色舞地讲述调查中的趣事。罗常培先生《语言与文化》一书中的"附录四：语言学在云南"对此做了概述性质的说明。请有兴趣的读者自行寻览，不赘述。

马先生被派研究彝族（包括"撒尼""黑夷"）的语言与文化，大体上在昆明以东的宜良、陆良，以北的禄劝、寻甸一带进行，条件艰苦。有时，马先生就会给好朋友任先生写信，说有点顶不住了。任先生就利用假期，携带物品、书报，等等，下乡探视。马先生的毕业论文等虽然片断发表了，但全部书稿弃置箧中多年未加整理。任先生似乎比马先生还着急，与我"闲谈"时常提及此事，说材料难得，若是不印出来，十分可惜。我说，得找机会，前提是马先生自己找人协助整理好。大约任先生把我们的意见转达过去了。由马先生的两位助手朱崇先、范慧娟帮忙，此书稿基本成形，定名《彝文经籍文化辞典》。

时任北京市新闻出版局局长的何卓新、副局长孙向东二位颇有雄心壮志，常为北京市拿不到"国家图书奖"等奖项着急，我就向他们推荐此稿。1996年 2 月 12 日，出版局召开专家会议，讨论寻找优秀稿件向国家图书奖攻关等问题。任先生屈尊出席，力挺马先生的稿件，我敲边鼓。会后，出版局派人与我协商，取来原稿，交局直属的京华出版社。该社社长齐莉女史倾全社之力，不算经济账，终于在1998年12月出书，印成500部，每部售价680元。即使全部售出，也得大大赔钱。我被派做两件事，一件是，将样书送季羡林先生府上，说明成书之艰辛，报告马学良先生身体已经欠佳的事实，顺致任先生的问候。另一件是，写书评一篇，在《北京日报》上发表。马先生于1999年4月辞世，总算目睹大功告成。此书后来获得"国家图书奖"大奖。任先生此后与我每每谈到此事，辄以弘一法师"欣慨交心"一语结束。

其实，此事与任先生毫无切身关系，连马先生自己后来都不抱任何奢望了，反而是任先生异常执着，非玉成此事不可。我在家中对山荆说："全世界也就任先生一个人冒这种傻气。"

以上仅仅从个人闻见，侧面记述。若论任先生的学术与立身荦荦大节，断非门生如我之辈所能饶舌，游夏何敢赞一辞。应国图之请，谨提供两点，供当代与后来知人论世者参考。

一点是，随着我国经济、文化水平的不断上升，许多与文献整理有关的国家级大项目提上日程。多年来，担当这类大项目领导的，学术界主要是任先生。

拙见以为，中国现当代的大学者中，学问道德文章与任先生相埒者不少，但是，为什么时代只选中了任先生担当多种重任，这是个比较复杂的问题，不是一两句话能说清楚的。单纯埋头搞学术的学者往往缺乏领袖群伦的能力，学术上没有卓越成就的人大家又不服气。环顾国内，也就只有学术上卓有建树、为人冲和恬淡但又极有主见的任先生堪此重任矣。

另外一点，则是可以衔接着上一点来说。我观察任先生为学的轨迹，大约先生最早是想研究西方哲学"本体论"那一套，进行"寻根究底"的。抗战时期，逐步取向中国哲学史范畴。新中国成立初，以研究道家特别是《老子》为切入点。后来，经过毛主席、周总理亲自剀切指示，儒释道兼修，旁及世界几大宗教。改革开放后，逐步开始领导整理与保护我国古典文献的事业。他的事业越做越大，路子也越走越宽。任先生有时与我闲谈，昭示说，不宜把个人钻研的内涵与社会需要割裂，而要跟随国家、社会的大需要，团结多数人一起来做，那样，前景一定光明，要跟大家一起前进。这些话使我豁然开朗。这些年来，任先生不嫌弃我，有工作常常找我参加。命我担任《民俗典》主编后，"二十四史"的事，续编大藏经的事，把我也列名在内。好在不是主力，跟在后面摇旗呐喊罢了。想起任先生"跟大家一起"的教导，心想，有老师当主心骨撑着呢！大树底下，且先乘凉再说。而今已矣！正当闻鼙鼓而思中原主帅之时，何处更得先生！

四

任先生患癌症多年，但好像满不在乎，一直上班上到最后住院，无视病之滂深，不知老之已至。去世前的几年，他老人家在国家图书馆参加某些会议，如给捐款修复敦煌卷子的人发证书，往往领导人在前面站成一排，我们这些人倒叨陪末座。我看一些领导人物身高体胖，站一会儿不算回事，任先生也挂着拐杖站在那里，实在不落忍的，就让馆里工作人员搬一把椅子过去。可是老师坚决不坐。老师太要强了。老师累坏了！老师住院时，我探视三次。头一次是坐周绍良先生的女儿、我的师妹周启瑜的车，后两次馆里派车。2009年7月9日下午，馆里程有庆陪我前往，见老师已不省人事，戴着氧气面罩，气喘。胸部起伏甚大，显出十分痛苦的样子。原来有两位女同志站在床的两侧，各拉老师一只手。我到后，她俩撤下来。我跪在床前，抚摸老师左手，老师就把右手从胸前移过来，好像希望我握住双手。但是，那样右手压迫胸部，更不成了。赶紧放手。这就是师生永别。一天半以后，7月11日晨4时半，老师在痛苦挣扎中逝世。有的报道说是"安然辞世"，完全失实。如果老师能像季羡林先生那样，始发病时就长期住院，或者能在此际比较安然地辞世。我蓦然想到，老师真像诸葛武侯，硬撑着，"鞠躬尽瘁，死而后已"。

任先生逝世，国家图书馆善本部、北京大学图书馆善本部、国家古籍保护中心三单位合送挽联一副：

> 秘阁失元老；
>
> 弘规荫后生。

任先生是中央文史研究馆馆员，文史馆送的挽联（馆员程毅中撰写）是：

> 论衡三教，传承国学千秋业；
>
> 出入百家，守护文明一代宗。

作为追随多年的老门生，我也从个人角度勉力做成挽联一副：

> 虎观仰音容，辄觉平生亲炙少；
>
> 樗材承顾遇，长怀感激负恩多。

慈爱宽厚的老师，幼稚任性的学生

——任继愈先生100周年诞辰之际的怀念

韩敬（云南省社会科学院）

　　今年4月15日是恩师任继愈先生100周年诞辰。我自1965年研究生毕业来到云南后，几十年中很少有机会进京，和任先生见面的机会很少，但任先生却一直关心着我，还曾几次想把我留在北京或调往北京，为我创造更好的学习和工作环境，由于我自己的幼稚任性，辜负了任先生的关怀和厚望。即便如此，任先生也没有怪罪我，仍然在学术上、工作上尽可能指导和帮助我。现在回想起来，真是"别有一番滋味在心头"。往事已逝，追悔无及，只能把这些事记录下来，算是我这个幼稚任性的学生祭奠慈爱宽厚的老师的一瓣心香吧。

　　我是1961年北京大学哲学系哲学专业本科毕业后分配做任先生的研究生的，专业是中国哲学史，方向是两汉哲学。在我读研究生期间，1963年12月30日，毛主席作了加强宗教问题的研究的批示，指出"对世界三大宗教（耶稣教、回教、佛教），至今影响着广大人口，我们却没有知识，国内没有一个由马克思主义者领导的研究机构，没有一本可看的这方面的刊物"。"用历史唯物主义观点写的文章也很少，例如任继愈发表的几篇谈佛学的文章，已如凤毛麟角，谈耶稣教、回教的没有见过。不批判神学就不能写好哲学史，也不能写好文学史或世界史。这点请宣传部同志们考虑一下。"根据毛主席批示的精神，中央决定成立世界宗教研究所，并任命任先生负责筹建。当然，这些情况我是在很久以后才知道的。

　　由于此前我国几乎没有开展宗教研究，当时宗教研究人才奇缺，所以只好把北京大学哲学系东方哲学教研室整体划入筹建中的世界宗教研究所。即使这样，宗教研究力量显然还是极为薄弱，非常需要增加人手。所以有一次任先生就问我，愿意不愿意研究佛教。任先生的意思很明显，如果我说愿意，研究生毕业后，任先生就会把我要到世界宗教研究所来。这在当时可以说是毫无问题。比如比我晚一届同为任先生的研究生的牟钟鉴同志，毕业后就分到了世界宗教研究所。但因为自己当时非常幼稚，根本不懂得研究宗教的意义和重要性，也不懂得做学问特别是做中国古代文史哲研究留在北京的巨大优势，只觉得宗教非常烦琐，所以竟脱口而出说不愿意研究佛教。我想任先生听后肯定很失望，但任先生没有任何不满的表示，仍然热心指导我学习和研究中国哲学史，还主动写信介绍我去找当时北京图书馆的赵万里先生，以便到北京图书馆去查找资料。

这样，我研究生毕业后分配到了当时的中国科学院哲学研究所。因为此时我们正在农村参加"四清"运动（社会主义教育运动），所以没有通知我们。事有凑巧，正在这时，云南历史研究所的侯方岳所长来到北京，找到当时哲学研究所的所长潘梓年同志，要求潘梓年同志从哲学所调人支援云南。支援云南干什么呢？侯方岳同志认为，新中国成立前夕，云南的少数民族，有的还处在原始社会末期，有的还处在奴隶社会阶段，也有的处在封建农奴制社会或封建地主制社会，可以说是一部活的社会发展史。因此，他雄心勃勃地要组织人来写恩格斯的《家庭、私有制和国家的起源》的续篇。潘梓年同志告诉他，从现有的科研人员中调人给他，工作不好做。但有刚从北京大学毕业分配到哲学研究所的研究生，因为他们正在农村参加"四清"运动，所以还没有通知他们。你如果想要谁，我们就把谁退回北京大学，再由北京大学分配给你。不知为什么，侯方岳同志看上了我，于是我就被分配到了云南历史研究所。当年北京大学哲学系毕业的七个研究生，除了一个人因为妻子在山东，自己要求去了山东，其余六个人，五个人都留在了北京，只有我一个人千里迢迢来到了祖国的西南边疆——云南。当然，这些情况我也是很久以后才知道的。

实际上，侯方岳同志的这个伟大设想还根本没有落实，所以我来到云南历史研究所后，被分配到南亚研究室，搞起了南亚研究。说是研究，因为此前根本没接触过这方面的内容，其实一窍不通，只好从头学起。不过练习着翻译了一些资料，对提高英语水平，特别是笔译能力，倒是有不小的收获。接着就是"文化大革命"，然后又下放到"五七"干校搞"斗、批、改"，再后来又到公社生产队"插队落户"，一切学术研究工作全部停顿。1972 年以后虽然有所恢复，仍然不能正常进行。改革开放后，1980 年成立了云南省社会科学院。原云南历史研究所划归云南省社会科学院后被一分为二：历史研究所和东南亚研究所。因为我原在南亚研究室，所以被分到东南亚研究所。1984 年又受命筹建云南省社会科学院宗教研究所。直到 1992 年，才调到哲学研究所，算是可以名正言顺地研究哲学了。但这时我已经 57 岁，离退休不远了。所以在这之前，自己只能抽业余时间主要是晚上做点哲学研究特别是中国哲学史研究。常常白天顾不上休息，晚上又搞到两三点，有病也顾不上去看，结果把眼睛搞坏了，致右眼从 1973 年起就完全失明，左眼也高度近视，裸视力只有 0.01，矫正视力最好也只能达到 0.4—0.5，而且至今视力还在不断下降中。

不仅如此，来云南以后，通过科研实践，我才深深体会到，在云南，如果研究云南少数民族或云南地方史，自然具有外地不可比拟的优势，但像我这样做中国古代哲学研究，条件却非常不利。不但学术信息闭塞，学术交流缺乏，像《礼记·学记》说的"独学而无友，则孤陋而寡闻，"学术资料更是奇缺。后来我也到外地查找过资料，发现即使是上海，比起北京来也远远不如，更不用说其他地方。幸亏校注《法言》的资料我在读研究生时已大体搜集完备，否则还真难办。但是要开展新领域的研究，就困难了。现在随着学术交流活动的繁盛，特别是互联网的发展，情况或许已大有改观。但真正的巨变，大概是新世纪的事了。面对这些情况，我才体会到任先生对自己的关爱，但已悔之晚矣。其实当时自己就是答应任先生从事佛教研究，再抽出部分时间从事中国哲学史研究，任先生也不会不答应。如果能把二者结合起来，更可为自己的研究开拓出一片新领域，岂不是一举两得。但人的一生不可能从头再来，事后诸葛亮又有什么用处？

我虽然辜负了任先生的关怀和期望，任先生却仍然一直关心着我。当 20 世纪 70 年代末，学术研究逐渐恢复，学术书籍开始出版时，任先生就向中华书局推荐了我的《法言注》。因为《法言注》的材料在我读研究生时基本上已经准备就绪，只是因为后来去农村参加"四清"运动，才未能正式着手，这时候做起来还是比较顺利。每完成一章，就先刻版油印出来，分送多位师友征求意见，参考收到的意见进行修改后定稿。比如庞朴、牟钟鉴等同志就曾提出过宝贵意见，任先生更是悉心予以指导。由于众多师友的帮助，加上原来的准备比较充分，所以进展还是比较快。虽然当时自己还不得不参加研究所里和中国哲学史毫不相干的一些业务工作，但《法言注》的整个校注工作到 1982 年年底就基本完成。任先生对书稿也比较满意，还专门为书稿写了序言，在序言中对我的工作给予了充分的肯定。并把序言的稿子寄给我，征求我的意见。我看后一方面感到高兴，一方面又觉得任先生没有提到书稿的缺点和不足，为此深感不安。于是擅自加了一段关于缺点不足的文字。序言中"金无足赤，人无完人，书也是一样"那一段话，就是我自己加的。任先生也同意了。

书稿虽然完成了，但出版却遇到了原来没有想到的麻烦。当时出书还没有作者和出版社双方签订出版合同的做法，大家都是口头协定。《法言注》的事原来是王国轩同志负责时决定的，但此时已换了别的负责人，虽然没说不出，还是说要出，却一直拖着。又是任先生热心关怀，积极推动，才终于于1992年正式出版，离书稿的完成已经过去了十年。期间也有别的出版社的同志向我要稿子，说他们愿出。比如当时中国社会科学出版社的王生平同志，在牟钟鉴同志把我的油印稿推荐给他看了以后，就向我提出，把稿子交由他们出版，可以很快见书。但任先生一直不太赞成，我也感到不好辜负王国轩同志当初的热情以及前期责任编辑李元凯同志所做的工作，所以就一直没有向中华书局索要书稿。当然，虽然晚出版了这么多年，书最后还是出来了。而且这还是第一本比较详尽的用现代汉语标点校注的《法言》。

遗憾的是，我所搜集整理的关于《法言》的历代书目著录和《法言》的旧刻序跋，由于中华书局编辑的坚持，未能附在《法言注》后面一起印出供读者参考。这个缺憾一直到1999年出版的《法言全译》才得到弥补。《法言全译》是任先生主编，由巴蜀书社出版的《中国古代哲学名著全译丛书》中的一种。《法言全译》和《法言注》还有一个重要的不同，就是增加了《法言》原文的现代汉语译文。当时作《法言注》时之所以没有要今译，除了是中华书局编辑部的意见外，我也觉得《法言》原文过于简奥，今译要添加许多原文省略的成分，否则难以清楚地表达其含意。但这些添加的成分，如果不标示出来，似乎不合规矩；如果都标示出来，又太烦琐，徒然增加阅读的困难，所以不如干脆不要今译，必要时疏通一下大意就行了。

按照《中国古代哲学名著全译丛书》的体例，必须要有今译，而且可以说是以今译为主，放在全书的前面。原文及注释倒退居其次，放在全书的后面了。好在此前我已经做过《法言》的今译，即1992年出版的《评析本白话法言》。此书是王宁同志主编、由北京广播学院（中国传媒大学的前身）出版社出版的《评析本白话诸子集成》中的一种。这套书更是只要现代汉语译文，不要原文。因此必须细加斟酌，不仅译文要忠实于原文的旨意，而且要力求文字晓畅，并保持原著的风格特点。为了读者阅读的便利，对翻译中添加的原文省略的成分，也一律未加标志，做起来确实相当不易。不过经过一番努力，还是取得了较好的效果，获得了主编及审校等学者的肯定。《法言全译》的译文就是在这个基础上进一步修改校订而成。

《法言全译》的出版经过了一些波折。由于《法言全译》体例的要求，我对《法言》原文另作了注释。可惜这个注释被搞丢了。当时我手头上又有别的工作，实在抽不出时间重作注释。只好又麻烦任先生请人从我的《法言注》中摘录一些注释作为《法言全释》的注释。当时任先生请谁作的摘录，我不清楚。摘录的稿子我也没看到，是书正式出版后我才看到的。《法言全释》附录的"历代书目著录"、《法言》旧刻序跋以及《法言》原文索引，也曾被遗漏过。有人还说书是全的，没有遗漏。幸亏我发现得早，总算补上了。

从20世纪80年代初开始，任先生已经着手《中国哲学发展史》的编写工作。因为我做任先生的研究生时，毕业论文就是关于扬雄的，只是因为去农村参加"四清"运动而未能完成。来云南后利用业余时间写成一篇长文《扬雄思想研究》，连载在云南历史研究所的《研究集刊》上，后来又部分发表于中国哲学史学会的刊物《中国哲学史研究》（《中国哲学史》的前身）。所以任先生就让我写了《中国哲学发展史》秦汉卷的扬雄部分，并且有意让我参加《中国哲学发展史》秦汉以后各卷的写作。我明白，任先生是考虑借这项工作把我调进北京。当然，任先生说话还是留有余地的。所以跟我说，是否能把我全家调进北京，他没有把握。其实我知道，任先生为此事肯定是会尽全力的。而且从其他一些同志的情况也可以看出，在任先生的努力下，这件事情在当年应该不会得不到解决。但一则因为当时我的眼睛已经出了问题，读书写作都比较吃力，生怕参加任先生主持的编写《中国哲学发展史》其他各卷的工作后，由于自己写作速度缓慢而影响整部书的进展。二则我也发现，由于离开任先生已经太久，在学术上已经跟不上任先生的思想和要求。比如我写的《中国哲学发展史》秦汉卷的扬雄部分，就是经过很大的改动才收入书中正式出版的。后来在《中国哲学发展史》再版时，通过李申同志的说明，我才知道是牟钟鉴同志修改的。还有，我的爱人是四川人，不习惯北方的生活，加之她在云南大学工作已经很长时间，不想再到一个生疏的单位一切从头重新开始。所以我就没有参加《中国哲学发展史》以后各卷的写作，当然也就没有调进北京。

只是又辜负了任先生的关心和期望，使自己又一次失去了在任先生身边亲聆教诲的机会。

虽然我又一次辜负了任先生对我的关怀和期望，但任先生还是没有怪罪我，还是想努力改善一下我的科研环境和工作条件，使我有机会更多地到北京查阅资料、读书写作，与学界人士交流切磋，以取得更大的进步。所以当任先生建立世界宗教研究所云南工作站时，就又想到了我。在一些宗教研究资源比较丰富的地方建立工作站，是任先生推进世界宗教研究所的宗教研究工作，使之更接地气的一个重要考虑。而云南以其在全国独具优势的丰富的宗教研究资源，使任先生考虑在地方上建立工作站时，首先就想到了云南。任先生这个想法，得到了云南民族学院（云南民族大学的前身）当时的院长马曜先生的赞同，所以云南工作站一建立就挂靠在云南民族学院。云南工作站刚建立时，由云南民族学院的宋恩常同志兼管。但因宋恩常同志工作比较忙，有时顾不过来，所以任先生就想把我调过去，由我负责。最初我想，这样确实可以增加自己和全国特别是北京学术界的联系和交流，有利于开阔眼界，增进学养，还可以常到北京出差，查找图书资料，方便学术研究，就答应了。

然而就在任先生已经完成我在世界宗教研究所的调入手续，上报中国社会科学院院部等待批准期间，我了解到世界宗教研究所云南工作站有一个经常住医院的重病人，需要别人长期陪伴照顾。当时还没有护工可请，而云南工作站既没有行政后勤人员，又没有必要的设备保障，我自己又是一个体弱多病，本来就需要别人照顾的人。在自己只有七八岁时，因为日寇的残酷统治，在北京生活困难，全家由北京迁往河南，途经蒋介石炸开黄河花园口大堤造成的黄泛区，因为找不到车子可坐，只好跟随大人天天走路，结果引起心脏扩大，从此遗留下心脏病，随着年龄的增加而日益加重。眼睛又只有一只高度近视的左眼能看见。像我这样一个人，哪里还有力量长期陪伴照顾别的重病人，考虑再三，只好还是鼓起勇气向任先生提出不去云南工作站。我想任先生听了我的陈述后肯定又很失望，还会因我的失信而生气。但任先生没有任何不满的表示，而是爽快地答应了我。世界宗教所云南工作站终于因为没有找到合适的负责人而半途夭折。其工作人员除一个重病人外，都转入了云南民族学院。那个重病人去世后，还是由世界宗教研究所从北京派人来为其办理的丧葬事宜。

还有一件事，也是在任先生的关心、指导和帮助下做成的。20世纪80年代，不管什么专业，评职称都有外语的要求，或者参加考试，或者有外语译文。我在云南历史研究所和东南亚研究所，虽然有一些英译汉的译文刊发，但都是关于南亚的。我很想借此机会提高自己阅读和翻译哲学特别是中国哲学方面的英语文章的能力。云南历史研究所和东南亚研究所虽订有外文报刊，其中大部分还是英文报刊，但都是有关南亚和东南亚的报刊，很难找到关于哲学特别是中国哲学的内容。我只好又向任先生求助，任先生得知后，很快就给我寄来了一些材料。

我翻阅了任先生寄来的材料后，首先选择了一篇杜维明先生评介钱穆先生的著作《朱子新学案》的文章。因为当时国内对海外甚至港台研究中国哲学的情况都很少了解，杜维明先生的这篇文章不仅涉及朱熹学说产生的背景、其学术传承、学说内容，而且涉及一些海外和港台学者研究朱熹的情况，并在这个大背景下来定位《朱子新学案》的特点、地位和价值，因此对国内学术界了解海外和港台学者研究中国哲学主要是宋明哲学的情况有参考价值。翻译完成后，因为自己是第一次翻译中国哲学内容的文章，自觉没有把握，就寄给任先生，请任先生审阅。任先生接到我的译文后，不但亲自看了，指出了一些问题，改正了一些错误，还将我的译文转给王世安、徐梵澄先生，请两位先生再审阅一遍。两位先生审阅后，又把译文交还任先生，再由任先生寄给我。为我这一件事，真不知花费了任先生多少精力和时间。

拖了很长时间，这篇译文才发表在《孔子研究》1987 年第 1 期上。发表时编辑为其加了一个副标题"钱穆《朱子新学案》评介"。这样一来文章的主题是更清晰了。遗憾的是，由于编者的疏忽，把翻译者和校审者的名字都漏掉了。直到《孔子研究》1987 年第 3 期，才在第 56 页刊登了一个"更正"，说是"中文译者：韩敬。王世安、徐梵登校"，但又把徐梵澄先生的名字误为"徐梵登"。编校工作粗疏到这种程度，真让人难以理解。

后来我又从任先生寄来的材料中选择了一篇成中英先生的文章《走向构造调和化的辩证法——中国哲学中的调和与斗争》。这是一篇长文。翻译成中文近三万字。文章介绍了中国古代哲学中（主要是儒道两家）的辩证法思想，及其在伦理、社会和政治哲学中的表现，并与所谓"斗争的辩证法"与"超然的辩证法"进行了比较，而且广泛涉及海外的研究状况。虽然有些说法不够准确，但有参考价值。译完后我又寄给任先生审阅。任先生又把译文转给王世安先生审阅。但这时王世安先生因身体欠佳，不久就从北京迁到武汉养病，把译文也带到武汉，然后将译文又从武汉寄还给我。并附信说，他已无力仔细审校，但大致看了一遍，觉得也无大错，可以就这样拿去发表。我也不想再为一篇译文大费周折，就放在了一边。直到1993—1994年，才刊发在云南省社会科学院哲学研究所的刊物《哲学与文化》上。

由于自己身体不好，又远在祖国的西南边疆，所以除了为《中国哲学发展史》的秦汉卷写了扬雄部分外，没有参加任先生主持的其他学术项目。《中华大典·哲学典》由云南教育出版社出版，让我有了一个参加任先生主持的学术工作的机会。因为《哲学典》的分类、选文、摘编等工作都由外地的同志负责，所以我只以特约责任编辑的名义参加了审校，而且也只是《哲学典·儒家分典》的审校。即便如此，也让我体会到任先生工作的艰难。说实话，在当前人人趋利的社会风气下，要想组织一大帮人从事这种既难得名又得不了多少利的事，实在太难了。若不是有任先生这样的威望和决心，绝对是不可能的。即使这样，有的人还是很不负责，常常敷衍了事。见此情形，我不得不数次向任先生反映，为此还得罪人。不过在北京图书馆胡双宝、曹月堂先生，云南师范大学伍雄武老师，人民出版社王粤同志的共同努力下，还是尽可能保证了书稿的质量。

退休后，我想把自己写的有关中国古代哲学和传统文化的文章加以选择，出一本论文集。因为过去发表的文章散见于不同时期的众多报刊，在现在这种传媒发达、信息爆炸的情况下，时间一长，难免湮没在浩如烟海、良莠不齐的信息大海中。然而，在当前这样一个天下攘攘、皆为利忙的时代，自己作为一个没有多高知名度的普通学者，写的又是引不起群众阅读兴趣的学术文章，要想出一本自己的论文集，谈何容易。于是我又想到了任先生，心想如果任先生能够推荐一下自己的论文集，肯定会比较容易出版。

自己也有顾虑。因为任先生虽然很关心自己，多次帮助过自己，那是为了让自己能更好地在学术上取得进步。至于发表文章，获取职称这些事，任先生一贯是严格要求的，经常告诫我不要急于发表文章，不要急于争取职称。只要踏踏实实做学问，能做出成绩，一切自有公论。任先生还曾举熊十力先生为例，说一直到抗日战争爆发时，熊先生还只被北京大学聘为讲师。因此也不能享受学校南迁时对教授的待遇，只能自谋出路。但熊先生并不介意，依然专心于著述讲学，终于得到学界的认可。何况自己文章中的一些观点，和任先生不同，任先生肯定不赞成。想到这些，心里未免有些打鼓，不知道任先生会不会推荐自己的书稿。犹豫再三，最后还是决心试一试，就把书稿寄给了任先生。

书稿寄给任先生以后，任先生很快来电话说，稿子收到了，等他看看再说。此后就很久没有音讯。自己心里不免又嘀咕起来。心想恐怕是任先生看了书稿，不赞成自己的观点，不会推荐了。一直等了好几个月，终于等来了任先生的电话。任先生说，书稿他看了，觉得可以，特别是有些观点不同于流行的观点，有特色。他也不能直接推荐，是否达到出版水平，能否出版，还是要由出版社定。所以，他请人把书稿拿给中国社会科学出版社，中国社会科学出版社编辑部经过审阅，认为达到了出版水平，可以出版。但提出，如果有出版资助，就可以尽快出版；如果没有出版资助，就要排队等候。任先生说，一排队，就不知道要等到什么时候了，不如拿到北京图书馆出版社（国家图书馆出版社的前身）出版，问我是否同意。我一听当然同意，此前我本来就向任先生表示过，是否可以由北京图书馆出版社出版。因为在我眼里，作为国家图书馆的出版社，北京图书馆出版社并不比中国社会科学出版社差。

因为书稿得到了任先生的肯定，我就又对任先生提出，希望任先生为我的书写篇序。因为知道我书中的有些观点和任先生不同，直接评论书稿可能让任先生为难，所以提出任先生可以借此谈谈怎样培养研究生，这对当前的研究生教育是很有意义的。任先生表示不同意。我就又提出，请任先生为我的书题写书名，还可以留作纪念。但任先生还是不同意，并且对我说，你现在学术上已经成熟了，要靠自己在学术上立身。我当时很不理解，因为过去别人通过我请任先生为其书题写书名，任先生都没有拒绝过。为什么任先生就不肯为我的书题写书名呢？直到书正式出版以后，任先生才告诉我，原来他没有自己把我的书稿拿给北京图书馆出版社，他不想让出版社知道他和这部书稿以及书稿作者的关系。他是请别人把我的书稿拿给北京图书馆出版社的。直到这时，我才理解了任先生的苦心，但还是认为，任先生未能给我的书写个序或题写书名，是一个莫大的遗憾。当时任先生在电话里告诉了我，他是托谁把我的书稿拿给北京图书馆出版社的。我当时没听太清楚，因为接着说别的事，也忘了再问。后来还是阎韬同志告诉我，应该是白化文先生。我也没有直接和白化文先生联系，向他表示感谢，只是后来寄了两本书给他，算是表达了一点谢意吧。

最后需要说明的一点是，我一直以为北京图书馆出版社是免费为我出了这本《中国古代哲学和传统文化》，没有要出版资助。所以在该书的《后记》中专门表示了感谢，说："一个普通读书人想把自己的文章结集出版谈何容易。因此我特别感谢北京图书馆出版社能够为我出版这样一本普通的书。"云南教育出版社的一位同志还告诉我，按照此书的价格、印数，只要能销售完，出版社不会赔钱。直到 2015 年年初，在第 699 期《中国社会科学报》上，看到李申同志的文章《任继愈的主张》，其中最后说："还有一件事，最后想讲一讲……有位朋友告诉我，先生曾经资助过一位多年前的学生出书。我最近见到了当时的出版社社长，他说后来知道是任先生的钱，就退还了。几天以后，先生交给这位社长一本以出版社名义捐赠的证书，说：这样我们双方都心安。最近我和他的女儿任远谈及这些事。任远说：我们都没有指望过他的钱。我们都有工作。"看了这段话，我意识到，这个"多年前的学生"，应该就是我了。因为据我所知，"文化大革命"前任先生指导的研究生，现在只有我和牟钟鉴同志两个人了。而牟钟鉴同志已经功成名就，他出书是不会找任先生推荐的。除了他，那不就是我了吗？想到这里，起初心里不免对任先生有些埋怨：任先生，您为什么就不告诉我真相呢？这个钱本来应该是我出的呀。任先生是为我着想，想帮助我，减轻我的负担。从在任先生指导下读研究生开始，由于自己的幼稚任性，多次辜负了任先生对自己的关怀和期望，任先生不仅从不计较，而且仍然以慈爱宽厚的心怀，时时处处关心着自己，帮助着自己，尽一切可能努力给自己创造更好的科研环境和工作条件，希望自己更快地进步，希望自己的学术成果能得到学界的认可。这种对学生的深厚的爱，培养学生的良苦用心，又岂是一般人能够理解、能够做到的。

恩师虽逝，风范长存。任先生教导、帮助我的事情可以说数不胜数。所有这些，我都将永记心中，作为对自己的鼓励和鞭策。在任先生百年诞辰之际，谨以这篇小文献给恩师的在天之灵，并让世人知晓我这个学生是如何幼稚任性，屡次辜负了恩师的关怀和期望，而任先生又是如何慈爱宽厚，几十年如一日地关心、教导、帮助我这个不争气的学生。愿普天下的学生都不要学我，要"见不贤而内自省"；希望普天下的老师都"见贤思齐"，努力向任先生学习。

任继愈先生论儒家与儒教

许抗生（北京大学）

　　任继愈先生论儒家与儒教的思想，较集中地反映在他所撰写的《具有中国民族形式的宗教——儒教》《论儒教的形成》和《朱熹与宗教》等论文中。在这些文章中，任先生首先指出儒家与儒教的不同，认为春秋战国时代，孔子所倡导的儒家，尚只是一个学术流派（哲学学派），还不是宗教，作为宗教的儒教是后来才形成的。任先生说："在先秦它（指儒家）还不是宗教，只是作为一种政治伦理学说与其他各家进行争鸣。由儒学发展为儒教是伴随着封建统一大帝国的建立和巩固逐渐进行的，曾经历了千余年的过程。"① 诚如先生所说，孔子所创立的儒学主要是政治伦理学说，其核心思想是仁学，讲的是"修身齐家治国平天下"的道理，很少讲到超自然力的"怪力乱神"的东西。至于之后的孟子宣扬"性善"说，提出"人皆有不忍人之心。先王有不忍人之心，斯有不忍人之政"（《孟子·公孙丑上》）的思想，讲的也是仁心仁政的问题，很少讲到超自然力的宗教问题。可见孔孟儒家重点讲的是伦理政治学说，是先秦百家争鸣中的学术流派之一，尚不是宗教。然而我们也应看到，孔孟儒学思想中，确实存在着宗教思想，有着对超自然力"天"的敬畏与崇拜，但尚不是它的思想重心而已。正如任先生所说："春秋时期孔子创立的儒家学说本来就是直接继承了殷周奴隶制时期的天命神学和祖宗崇拜的宗教思想发展而来的。"②这一传统的宗教思想，就是所谓的"奉天法祖"的思想。孔子主张"畏天命""死生有命，富贵在天""获罪于天，无所祷也"等命运之天的思想，就是受到传统天命论神学思想影响的反映。孟子则把人的性善论的根源归结为"天命"，认为人的道德观念是上天赋予的，从而提出了"尽其心者，

---

①② 王守常主编：《师道师说·任继愈卷》，东方出版社，2013 年，第 325 页。

知其性也。知其性，则知天矣"的思想，把天道德化了。正由于孔孟思想中本具有这些宗教思想的内容，所以先秦儒学"本身就具有再进一步发展成为宗教的可能"。①

任继愈先生在这些论文中，重点探讨的就是作为先秦学术流派（学派）的儒家，之后又是如何进一步发展成宗教——儒教的。为此，任先生首先考察了秦汉以后中国封建社会的特点，指出秦汉之后的中国是一个大一统的中央君主专制和封建宗法专制制度的社会。儒家之所以发展成儒教，完全就是适应着这一国家社会的需要而产生的。地上的至高无上的皇帝权力，就需要有至上神上天的权威来加以保障和维护，上天的神权就是地上王权的投影。所以任先生说："由儒学发展为儒教是伴随着封建统一大帝国的建立和巩固而逐渐进行的。"这一逐渐进行的过程，正如任先生所说，由儒家发展成儒教在历史上曾经经过了两次大的改造：第一次在汉代，为董仲舒倡导的天人感应神学目的论的儒教，当时得到了汉武帝的支持，并逐步地成为汉代官方的国家宗教。第二次则在宋朝，就是当时形成的程朱理学，尤其是它的集大成者朱熹理学，它是一种不同于汉代董仲舒的新儒教，并成为我国封建社会后期的官方国家宗教。

任先生在论说汉代的儒教时说："汉代的儒家，先按照地上王国的模型塑造了天上王国，然后又假借天上王国的神意来对地上王国的一切活动发指示。这就是汉代从董仲舒到白虎观会议的神学目的论的实质。"②确实，以董仲舒为代表的汉代儒家思想，把"天"当作自己思想中的最高概念，把"天"视作有意志的能赏善罚恶的至上神（"天者百神之大君"）。"天"是人格化的神，并具有人性，人的道德性（"察于天之意，无穷极之仁也"）。维护地上封建君主专制的王国的"三纲五常"思想，就是"天"的意志的表现（"王道之三纲，可求于天"），地上王国的君主，就是上天的儿子（"天子"），君权是神授的，等等。很清楚，董仲舒宣扬的是一种宗教思想。但董仲舒倡导的儒学，是否就能称为宗教呢？在学术界里还是有不同看法的。有些学者认为，宗教尚有一个基本特征。即把世界两重化，相信在现实世界此岸之外，还存在着彼岸世界，存在着人的现世之外，还有来世世界，人死之后可以升天，进入天堂、佛

---

① 王守常主编：《师道师说·任继愈卷》，第 325 页。
② 同上，第 327 页。

国的极乐世界。然而汉代的儒学，并不讲这些，重视的是现实世界的"修身、齐家、治国、平天下"，讲的是三纲五常之道。因此，汉代的儒学尚不能称作宗教。对此任先生提出了自己的看法，他认为宗教并不一定要讲来世、讲天堂与佛国、讲世界的两重化。比如我国的禅宗就不讲这些东西。他引用禅宗的话说："菩提只向心觅，何劳向外求玄？听说依此修行，西方只在眼前。"（《坛经》）这即是说："禅宗主张极乐世界不在彼岸而在此岸，不在现实生活之外，就在现实生活之中，所谓出家、解脱，并不意味着离开这个世界到另一个西天。"① 由此可见，禅宗佛教并不主张世界两重化，不承认在现实世界之外，还有什么彼岸世界。这是我国禅宗佛教的一大特点。其实当前的"人间佛教"思想，同样也具有这样的特点。以此可知，汉代的儒学，乃至而后的程朱理学，虽都不讲"彼岸世界"，它们重视的都是现实世界，都是为现实的大一统的封建帝制国家服务的国家宗教——儒教。我认为，任先生的这一论证，是有道理的，是有说服力的。

至于主要以程朱理学为代表的宋代新儒学，是否也是儒教宗教呢？对这一问题的看法，学术界里的分歧就更大。为此，任先生还专门撰写了《朱熹与宗教》一文加以阐说。任先生认为，我们看宗教问题，首先应当看宗教的本质，事物的性质是由事物的本质决定的。任先生说："宗教之所以为宗教，有它的本质部分和外壳部分。外壳部分，是它的组织形式、信奉的对象、颂谈的经典、宗教活动的仪式，等等。这些方面，因教而异，各不相同。宗教之所以为宗教，还有它的本质部分，本质指它所信仰、追求的领域是人与神的关系与交涉。用中国古人习惯的说法即"天人关系"②。从外壳部分（即宗教形式）上说，宋代儒家信奉"天"（天理），有祭天、祭祖、祭礼的仪式，以孔子为教主，以"四书""五经"为经典，孔庙则为宗教活动的场所，等等，这是儒教的外壳部分。至于从本质部分上说，任先生则详细地分析了朱熹的思想，认为朱熹的思想之所以为儒教，至少有这样一些内容：（1）朱熹崇尚天理（天即为理），把"天理"当作自己思想的最高概念，是至上的、绝对的、永恒的。天理亦称为太极，太极"总天地万物之理，便是太极"（《语类》卷九十四）。因此"天理"是决定一切万物万事的性质的。天理落到人身上就成为人

---

① 王守常主编：《师道师说·任继愈卷》，第 334 页。

② 同上，第 304—305 页。

的天命之性（即天地之性），可见人的纯善的天地之性是由天理赋予的。在这里"天理"虽说没有人格神的意味，但具有人性化的内容。所以朱熹说："太极只是个极好至善底道理。人人有一太极，物物有一太极，周子所谓太极，是天地人物万善至好底表德。"（《语类》卷九十四）可见天理（太极）具有道德属性，其具体内容就是仁、义、礼、智四德性。正如朱熹所说："性是太极混然之体，本不可以名字言，但其中含具万理，而纲理之大者有四，故命之曰仁、义、礼、智。"（《答陈器之》）在这里朱熹的思想是与董仲舒的"天者仁也"的思想相一致的。以此任先生说，董仲舒的儒教的天是人格化的神，是直观的感性的神，而"朱熹的天（天理）不是活灵活现的人格神，而是封建宗法化的理性之神"。朱熹的儒学实是思辨的理性化的宗教（儒教）。（2）朱熹的修养学说，是一种带有僧侣主义的禁欲主义思想。朱熹的修养学说，总的指导思想，就是"存天理灭人欲"的思想。程颐说："甚矣，欲之害人也。人之为不善，欲诱之也。欲之而弗知，则至于天理灭而不知反。"（《宋元学案·伊川学案》）朱熹则说："圣贤千言万语，只是教人明天理灭人欲。"（《语类》卷十二）这即是说，程朱理学一直把"存天理，灭人欲"的思想当作自己修养学说的中心思想。这确实是一种带有僧侣主义的禁欲主义思想，在封建社会后期起到了禁锢人们思想的作用。（3）朱熹与禅宗佛教一样，采用"顿悟"的方法，获得一种带有宗教性的精神境界。朱熹说："所谓致知在格物者，言欲致吾之知，在即物穷理也……是以大学始教，必使学者即凡天下之物而益穷之，以求至乎其极。至于用力之久，而一旦豁然贯通焉，则众物之表里精粗无不到，而吾心之全体大用无不明矣。"（《大学章句·补格物传》）对朱熹的这一大段文字，任先生解释说："他（指朱熹）的格物说虽然包含有求知于外物的因素，但重点不在于认识自然界……而是一种封建道德修养方法……而是要达到众物之表里精粗无不到，吾心之全体大用无不明的境界。这种精神境界是一种顿悟的境界，是全知全能的境界。"① 禅宗佛教通过顿悟而成佛，成为一种悟彻佛教真理，成为自在自由的人（即佛）。朱熹通过顿悟获得全知全能的境界，其实就是能通晓封建道德三纲五常，能自觉地自然地按照三纲五常封建道德言行的圣贤之人。不论是禅宗，还是朱熹都是把主观的精神境界当作追求的目的，都不追求什么彼岸世界。由此可见，朱熹的儒学也类似于禅宗，是一

---

① 王守常主编：《师道师说·任继愈卷》，第316页。

种宗教（儒教）。如果说禅宗是亦宗教亦哲学的思想，那么朱熹的儒学是否亦可称之为亦哲学亦宗教的思想呢？这确实是可以认真讨论的。

　　以上就是我理解的任继愈先生有关儒家与儒教的论说。如有不妥之处，望大家批评指正。

怀念师长任继愈先生

曹月堂（国家图书馆）

七年匆匆，个人的平静生活中没有多少难忘之事，只有任先生的离世是我生活中的大事。我常常提醒自己，那是 2009 年夏天，不是昨天，不是去年；即使如此，我还是时常设想再去三楼东头敲敲门，虽然明知他已不在。

20 世纪 80 年代，我在三联书店，责编《当代学人学记》丛书。熊十力《玄圃论学集》及贺麟《会通集》《郑天挺学记》中都有任先生的忆师之文。因工作的需要，我与先生通过信，印象深刻。

1989 年春，我调到书目文献出版社。不知为什么，刚来不久，我就要拜见他，而且似乎是一见如故地熟悉起来。退休前的九年，虽然住得远，我也时常骑车来看他。2000 年，迁往新楼，对我最大的方便就是离先生近了。他参观新楼宿舍，看望员工，头一户竟也是我家。

退休前我在《文献》编辑部，看他时自然谈到刊物状况：稿源、订户以及学术交流，他一直关心着，问得很细，也多有指点。更多的时候是关于学术的聊天，比如王国维介绍西方哲学的贡献，民国时期特别是抗战时期中国文化状况，以及如何评价新儒学，等等。因为是聊天，自然比面对媒体更随意些。有一次，我说学了几十年历史，没有做出什么成果，快退休了，身体尚好，却彷徨起来，不知静下来钻研什么更好。先生说："你就接着搞明清史吧，当年郑天挺先生教过你们，应有基础。"还似有夸奖地说："看来你们南开毕业的，知道自己的不足，这不错。"

任先生有时让我看一些他收到的文稿、书稿，我自然愿意尽力。凡是给《文献》的稿子，他都嘱咐，质量不高的不要迁就。说实话，我多是不客气地退掉了。有一些外地的学者合作搞成的大书、工具书，或请他题字，或请他推荐，总之是想借先生的盛名出版，我如发现硬伤太多，就如实报告给先生，估计是退掉了。

忘记是哪一年了，任先生找我，让我看启功先生弟子的博士论文，是讲南北朝文学的。我看过之后，写了几页审读意见。他没有先问我，而是先讲了他的看法，而且谈得很细，原来他已把这十几万字的论文全看了，这把我吓了一跳：多亏我认真看了，认真写了，如草率应付，这次必然"露馅"！如那样，我还有脸见他吗？！

自2003年起，任先生推荐我担任《中华大典》特约编辑。先是他主编的《哲学典》。我前后干了四五年。起初进行得不够顺利，审稿中与编者往往意见有分歧，于是就请他定夺，他不厌其烦地一一审视，甚至细到一个标点的正确与否，也从不放过，而且不止一次地亲自主持会议讨论。后来清样排出来了，有关儒学的部分，编者与出版方发生了分歧，甚至不快。任先生当机立断：返工重审。出版方急于出版，说最好赶在任先生九十大寿之前出版，任先生毫不客气地说："我从来不考虑做寿的事！"终于上千万字的清样，几个人返工重审了四个月，保证了质量。有一次，我开玩笑地说："您是九十岁的老帅，率领几位七十多岁的老兵，这样的队伍世间少有。"他也笑了。

后来是他主编的《宗教典》，工程很大，直到去世前，他一直不太放心。我遵他的遗嘱，又承接下来。七年来，《儒教分典》已经出版，《佛教分典》正在做最后的努力。我对佛教一无所知，从没读过佛经，先生走了，只好以他主编的《宗教词典》为师，天天翻阅，算是补学补教吧。

先生在学术上，明确提出"儒教"之说。过往千年，在中国传统文化中，从来是儒、释、道三家鼎立，且相互渗透，但是又有儒学不是宗教之说。通过编辑《佛教分典》，我接受了任先生的观点。

因先生的推荐和大典办公室的邀请，我先后参加了几十次各分典样稿的审读或会议。任先生多次亲自出席，尽管他年事已高，身体已不是很好。记得有一次，某分典样稿问题较多，他就说："你们（指出版方）应该花些钱另请人重新审改，一定不要草率。"

2008年冬，在中苑宾馆开会，讨论某分典的样稿，先生带病出席。我已好久没见他了，这天一见，我大吃一惊：不好！先生的气色太暗，病情已重。散会后，我没有，也不便过去说什么，只是心里着实担忧了。一个月后，馆里举行新年团拜，他还是出席了，并且和往年一样向大家讲了话。这是我最后一次见到他。后来他住院了，几个月中，因客观上的限制，我没能去看他，只是

知道他还为《宗教典》的事挂心。这是赵含坤先生转告我的。

　　不久，先生终于离世。虽然已有思想准备，但我还是受到重重的痛击。这些年，我的几位南开老师相继离世，他们多是任先生的同辈、同学。沉思之，前辈们的离世，自是人生常规。逝去的先人与在世的晚辈之间，无论是家人还是师生，割不断的是因缘、遇会而有的人情。我本不是出自先生门下，却因工作原因来到国家图书馆，有缘受教于先生 20 年，这是难得的缘分吧。回想此生上学 17 年，现已年近八旬，中学、小学的老师，似乎印象依然清晰，音容笑貌都没忘记。只是大学的 5 年，大批判的年月，学生自编讲义，教学颠倒，难有师生之谊。"文革"后，是专业也是情感的需要，往日师生关系一度补救起来，但毕竟时过境迁，情谊可认，而学业难续。完全想不到的是，我竟然有幸与任先生结缘，不是门生胜似门生。20 年啊，岂不是四次本科，多次读研吗？传道授业不限门庭或专业而在人生人情。作为学贯中西的学者和任期最久的国家图书馆馆长，任先生是令人仰止的丰碑；于我而言，他更是此生授教最久、帮助最大、亲如冬日的老师。

我与任继愈先生难忘的岁月

孙承鉴（国家图书馆）

　　任继愈先生从 1987 年 5 月至 2005 年 1 月任中国国家图书馆馆长，我从 1987 年 12 月至 2000 年 3 月任副馆长，有幸与先生在一个领导班子共事十余载。在我退休前，先生送我八个题字"锲而不舍　金石可镂"，以此来鼓励鞭策我人老心不能老，还要发挥余热，多为社会做点事。认识先生到他去世的 20 余年的时间里，先生给我的关怀、支持和指导，我永生难忘，受用不尽。本文回忆与先生接触的几件事，深情缅怀任继愈先生。

　　任先生是著名哲学家，他在领导岗位上注重抓大事、抓根本。20 世纪 80 年代末，任先生对我说，中央有位领导向国务院提议要我们的分馆馆舍（现古籍馆），准备筹建"国史馆"。文化部主要领导认为国图新建 14 万平方米新馆馆舍，可以考虑让出分馆 3 万平方米，征求我们的意见。任先生深情地说，分馆位于城区中心位置，城区市民借还书、阅览方便，又是一座专为图书馆设计的仿古建筑，具有历史价值，我很不情愿交出。现在馆领导班子只有你在新馆筹建处任过副主任，了解情况，现又分管后勤基建，如何应对，请你提出初步方案。

　　根据任先生的要求，我提出了应对方案。首先是不同意交出，理由是 1974 年根据周恩来总理的指示，在西郊找一个地方规划扩容国家图书馆馆舍，达到"一劳永逸"，即解决长远发展问题。该规划是核定了分馆馆舍面积，若上交分馆，就达不到"一劳永逸"。假如国务院认为非要上交，建议将新馆（现总馆）西侧南长河以北归属北京紫竹院公园的用地，划给国图馆舍建设用地，国家投资在此建设 3 万平方米馆舍，以此替代分馆功能。

　　该方案得到任先生的支持，形成书面文件递交文化部。此后再无信息。数月后，一次与任先生交谈时，他说，分馆上交事由于占用方认为 3 万平方米馆舍面积不够使用，设想在文津街一侧加盖楼房，遭到北京市城市规划委员会的否决，让其另寻馆址。

关于分馆产权的另一件事，任先生的处理方式对我的工作也给了很大支持。20 世纪 90 年代初，一位副馆长拿着一张国图分馆与北海公园草签的"意向协议书"与我交谈，他以兼任分馆馆长的名义同意将分馆东侧让出一块土地，大约有近百平方米送给北海公园，支援北海公园在北海西岸扩建售货摊位，方便游客，让我同意由基建房产处与北海公园正式签订让地协议。我当场表示反对，我说，土地房产是国家赋予国家图书馆的不动产，是履行国家图书馆职责的基石，我们无权处理。当即我们两个发生了争吵。事后，班子里其他成员先后找我交谈，大意是让出一块有限的土地，支援北海公园创收，不会影响我馆今后发展。

图 1　作者与任继愈先生亲切交谈

我思忖再三，应该向任馆长汇报。我拿着"意向协议书"送给任先生并谈了我的意见，他问我有什么理由不同意，我说档案室保存有 1928 年民国政府时期的地契，保存有 1949 年人民政府签署的文件，清楚说明这块土地是国图的不动产。任先生听后毫不犹豫地说"寸土不让"。此事自此不了了之。

在与先生交往的 20 余年期间，每过两个月左右，先生就叫我到他办公室，询问图书馆现代化方面的发展及存在问题，并说他做馆长主要关心图书馆三大业务：善本收藏保护、图书馆自动化和读者服务。先生说善本收藏保护是国家图书馆的根基，是国家悠久历史文化的体现；自动化是图书馆发展的驱动力，是提高服务深度和广度的手段；读者服务是图书馆的办馆宗旨，是实现社会教育的天职。先生说，抓住了这三个方面就是抓住了根本。

任先生来国图前，曾因古籍文献的破损而于 1982 年上书中央领导，呼吁加强珍贵文献的保护工作，建议以缩微的方式抢救濒临毁灭的孔府档案和古籍文献。文化部为此在国家图书馆成立了全国图书馆文献缩微复制中心，并获得中央财政每年的抢救文献专款支持至今。

为使缩微事业发展与时俱进，在先生的倡导与支持下，1994 年成立了中国缩微摄影技术协会，先生被推选为名誉理事长，我先后担任副理事长、理事长至 2008 年。协会工作上的事情常向任先生请教，交流甚多。随着 IT 行业的发展，数字影像技术不断被引入文献的保护与利用中，任先生指出，文献保护与利用要并重，做好文献保护是为了提供更好的利用，文献利用越普及就更利于文献的保护，缩微与数字两种技术应该互补、相得益彰。为此，在协会会员多年研讨达成一致意见的基础上，协会于 2006 年更名为中国文献影像技术协会。任先生于 2007 年 3 月为协会题词"愿中国文献影像技术协会人丁兴旺、事业发展"，勉励协会会员和文献影像技术工作者奋发努力，推动事业发展。

1994 年 10 月，任先生带团访问日本，我以副团长身份在日本国会图书馆发表"中国国家图书馆的历史、现状及发展"的演讲，重点是中国国家图书馆自动化下一步发展设想，受到好评。在宴会上，任先生指着我向日本同行介绍说，这是中国国家图书馆的自动化专家，希望多对口交流。当晚我对先生说，图书馆自动化专家我有差距和困难，我向先生汇报了国图外文书刊目录数据完全靠自己编目，速度慢、时间滞后，而且差错率高。先生问我怎么办，我说书刊出版发行所在国图书馆编制的计算机目录数据质量高、即时性好，我们若从国外购买原版编目数据，添加我馆馆藏信息就可以解决我们的困难，是一种又快、又好、又省的途径，但馆内意见难于一致。先生听后说，你讲得有道理，这叫拿来主义，回去后你提议上馆长办公会讨论，我支持。

回国不久，我提交馆长办公会讨论外文书刊计算机目录数据编目自动化的议题。任先生出席了本次馆长办公会，并论述了外文书刊目录数据采取拿来主义的利弊，支持从国外购买原版计算机目录数据的方案，解决即时性和质量问

图2　作者与任继愈先生访问日本

题。在我这里是老大难的问题，先生出面就迎刃而解了。

"生也有涯，学无止境"，这是任先生晚年的题字。先生以此来要求自己，晚年不忘编写中华哲学史。2008年年底，先生得知我参加文化共享工程督导组要去甘肃，问我去张掖否，我说有安排，先生让我去张掖路过永昌时，顺路了解一下有关两千年前古罗马东征后裔考证进展情况。

　　甘肃省文化厅知道我有此项任务，十分重视，在去张掖的路上专程走下高速，进入永昌县。永昌县文化局局长找来两位古罗马东征的后裔，其面貌极像意大利人和日耳曼人，与我交谈并摄影留念。参观永昌县博物馆开办的"骊轩文化"展厅时，我将有关文物、图片都拍了下来。文化局局长还向我介绍了"骊轩文化"的来历，并选了两本当地出版的有关古罗马东征后裔考证的图书送给我。

　　回来后，2009年1月，我将有关材料整理好，制成光盘，连同两册图书一起送到先生办公室，并将光盘内容给先生演示。任先生十分高兴，对我说，他主编的《中国哲学史》有不足之处，准备编写《中华哲学史》，需要了解各少数民族的历史资料，你带回的资料对我很有用。我听后吃惊地问先生，您手中还有三个大型文化工程还未完成呀，先生笑笑说，这是做准备呀。我们在先生的办公室相互交谈足有两个小时，他还问我有关甘肃和青海的一些见闻和趣事，先生是多么渴望了解全国各地的经济建设和社会发展啊！

图3　作者与任继愈先生参观计算机生产厂

　　我最后一次有机会与先生交谈是 2009 年 4 月 16 日，下午我去医院探视，先生很兴奋，又一次向我讲起他主持下的三大国家项目，大约谈了一刻钟，医生来病床前诊疗，我示意告辞，先生不允，让我在外间等候。医生离开后，先生又与我谈起了高等教育。我对先生说，我在清华读书时，蒋南翔校长有一个一支猎枪和一筐面包的理论，说你们毕业时应带走一支猎枪而不是一筐面包，形象比喻在学校要学会分析和解决问题的方法和能力，而不是死记硬背书本上那些理论。任先生很欣赏这个比喻，并教导我，你是学理工科的，要多了解社科文史的知识，对参与建设现代图书馆有帮助。先生还说，自己是研究历史哲学的，在"五七"干校时，见到乡下农民没钱治病，买了针在自己身上做针灸试验，然后给周边农民治病，还学会了中医把脉的原理，能开出中医药方。先生说，中医与哲学是相通的，现在的教育分科过细，给就业带来许多麻烦，也难以培养出高水平的人才。

　　我见先生很疲劳，怕影响他的休息，就说我期盼着下次在您的办公室向您请教，然后告辞。可谁知这是最后一次与先生面对面的交谈呢！

　　任继愈先生是任职时间最长的国家图书馆馆长，是图书馆界的一面旗帜。任先生积极推动国家图书馆人才队伍、基础业务、国际交流等各项工作，关心关注各地图书馆建设和发展，为中国图书馆事业的发展，乃至中国文化事业的发展都做出了巨大贡献，赢得了全国图书馆界同仁的敬仰和爱戴。

　　老馆长任继愈先生的高尚品德和辉煌业绩将永远载入史册！

哲人其萎　风范长存
——任继愈先生百年冥诞纪念

黄润华（国家图书馆）

　　任继愈先生就任北京图书馆馆长的情景至今记忆犹新。那是 1987 年 5 月的一天上午，任先生由文化部部长王蒙亲自陪同到馆与馆部处主任以上干部见面，王蒙部长在会上赞扬任先生"才贯中西，学富五车"。任先生的大名早已如雷贯耳，他的大作也读过几篇，如今仰慕已久的学者来馆就任馆长，使我兴奋不已，于是提笔写了一篇报道《任继愈先生北图履新》，刊登在刚刚创刊不久的《北图通讯》上。

　　真正与任先生有较长时间的近距离接触是 1988 年访日期间。北京图书馆与日本国立国会图书馆早就建立了业务交流机制，两馆访问团隔年访问对方。1988 年任先生率团出访，这是多年来首次有正馆长访问日本国立国会图书馆，日方十分重视，做了精心的准备。我方当然也准备充分，每个细节都做了周到的安排。我当时在馆长办公室工作，馆里让我随任先生出访。出发前夕，随团翻译、外事科的小周突然来找我说：与日方会谈过程中，万一出现任先生话少的情况，你一定要接上，千万不要冷场。我明白小周看到任先生平时话语不多，担心会谈时影响气氛。我早已把在日期间正式场合的讲话稿起草完毕，其他非正式场合只能见机行事了。谁知到了日本以后，除了当天晚上的欢迎宴会上任先生用了我起草的讲话稿，其他的稿子一篇没用。在会谈中，任先生侃侃而谈，妙语连珠，不少地方都是引用佛经里的典故，这时小周有些焦急了，因为佛教故事有些不太好翻。好在日本人对佛教也比较熟悉，听得津津有味。整个会谈的气氛和效果都非常好。

　　访日期间，每天晚上当天全部活动结束以后，我们都会不约而同聚在任先生的房间，一来是只有任先生的房间稍微大点（特别是在东京），二来是任先生有一种亲和力，大家愿意到他那里聊天。每天的日程很紧张，只有到晚上这个时候才是最轻松的时刻。那时社会上出现了"第二职业"，即下班后从事另外一种工作，这种情况在广东一带尤盛。大家七嘴八舌地说自己能做些什么，后来问任先生如果有"第二职业"您做什么？任先生莞尔一笑说，我就在图书馆大门口摆个摊算命。大家都笑起来。平时很多人对任先生的印象是不苟言笑、沉默寡言的一位学者，在一个特定的时空里，我们发现他好像变了一个人，博学多才又不乏风趣幽默。

任先生对善本古籍的重视和关注是超乎寻常、始终如一的。1987年白石桥新馆落成，10月6日举行开馆典礼。但是用以存放善本图书的地下二、三层书库还有积水，任先生对此十分关心，他听过汇报后还不放心，一天叫我陪他下库去实地察看。当时地库还没通电，不但没有照明连电梯也不能用。我拿了一个手电筒照亮，任先生拄着拐杖拾级而下，负二层看过还坚持要看负三层。一位年过七旬患有眼疾的老者，在昏黄的手电光照引下，一步步地行走在地下库房的楼梯上，我为先生这种认真执着的精神深深感动。空旷黑暗的地库，地上一摊摊积水，还有散落在水里的砖头，墙壁上洇出的水珠，这些给老先生留下深刻的印象，后来在办公会上断然决定推迟善本搬迁，直到善本库达到使用标准为止。很多年之后，一次谈到善本库时他还回忆起那次踏勘的情形。

任先生对善本库的日常管理也十分关心，我到善本特藏部工作后，他常常问起善本库的情况，有时还提出一些具体的意见。比如将善本书柜安锁，责任到人，分别管理，就是先生提出来的。他提出的具体意见都是用商量的口气与你探讨，允许你提出不同意见，从来没有以势压人，强令执行的情况。

大约在1999年年初，馆里举行例行的工作总结和部署会议，各部处在会上汇报上一年的工作，我汇报之后，主持会议的馆领导突然对善本库的管理提出了严厉的批评，认为管得太严太死，要求善本库大幅度对外开放，并提出具体要求，在善本库内开辟一条几百米长的展线，以便读者参观。这么大的事情事先没有一点风声，更没有通气，突然提到大会上，我当时有点懵了。善本库管理规则是馆里规定的，我只是在执行这个规定，自认为没有走样，至于向读者开放，这涉及许多问题，有的还是刚性的框框，不是一两句话能说清楚的。这件事情困扰着我，不知怎么办才好。忽然想起了我离开办公室工作岗位时任先生与我的谈话，他说，以后你遇到问题随时可以来找我，在我这里，你什么话都可以说。于是我向任先生汇报了情况，道出了自己的困惑和意见。他耐心听完我的话后沉默了片刻说，你回去准备一下展览的事情，不要焦急，做得细致一点。对这件事情本身没有表示任何看法，我对此也能够理解。1999 年 5 月 8 日，美国军机轰炸我驻南斯拉夫使馆，几枚钻地导弹将我使馆夷为平地，还牺牲了几位工作人员。这件事情震动了世界，也引发了我国广大民众的强烈抗议。事发后不久，我遇见任先生，他突然问我，善本库开放的事还找你吗？我说没有。他说，这件事情以后不会再提了。就这一句话，没有任何解释。果然，以后没有任何人再提及这件事，好像从来没有发生过一样。我回味先生对此事的态度，我不知道他在上层是否说了什么话，做了什么沟通，但对先生遇事的冷静应对，善于审时度势的睿智，对属下工作的理解与体恤，感到由衷的钦佩和感动。

任先生对馆里许多事情都投入了很多关注，有些事是一般领导想不到或认为不用管的，他也下了很多功夫。1987 年新馆开馆之初，东大门前没有任何交通标志和设施，读者来馆要过马路很不方便。馆里几次向北京市有关部门反映都无下文。任先生对此十分关心，一次听说当时的北京市最高领导人来馆参加一个会议，他便直接找那位领导谈这个问题，不久馆东大门前画出了两道醒目的人行横道线。很多穿行马路的读者可能不知道脚下这条生命线饱含着国图老馆长对众生的盈盈关爱之情。

1987 年，新馆的东大厅被命名为"文津厅"，这是因为"镇馆之宝"之一的文津阁《四库全书》来自承德避暑山庄的文津阁。任先生指名"文津厅"三个字要用钱玄同的字。我理解，一是钱玄同是近代史上的文化名人，二是北京图书馆老馆院内有一通钱写的"北京图书馆记"的石碑，新馆文津厅用钱的字，同样表现了一种历史的传承。这种蕴意深刻的做法是典型的中国特色的思维逻辑。"文津"两字好办，钱玄同题碑上就有，"厅"这个字却难倒了很多人，遍寻不见。一天，任先生刚来上班便把我找了去，兴冲冲地说，"厅"字找到了，边说边从公文包里拿出来给我看。我问是从哪儿找到的，他说是用两个钱玄同写的字拼的，合起来倒也天衣无缝。于是就用这三个字制作了铜字镶嵌在东大厅的墙上。任先生平时一般不苟言笑，喜怒不形于色。这一次看他非常高兴，还有一种如释重负的样子，知道他为了这件事确实费了不少心思。

80 年代至 90 年代初，图书馆的对外交往比较简单，除外事工作有些宴请外，国内交往一般都没有饭局。1987 年新馆落成后，来馆参观参会的人多了，往往中午有客饭安排。客饭是严格按照国管局的文件要求，只是把客人要交粮票这一条免了。任先生很少参加外事宴请，但他对这些事情很重视，一再要求严格按照文件办。到80年代末，国内图书馆间的交往越来越多了，他提出把分馆食堂隔出一个小间，略微装修一下，用于招待国内的客人。老先生的出发点就是既要热情待客又要节省经费，可谓用心良苦。

任先生自奉甚俭，在馆十多年，从未看见过他穿新衣服。冬季一件半新的浅灰色呢子大衣，一条浅色围巾，一顶博士帽，算是冬装的标配。衣服不新却极其整洁，他的办公室、办公桌也是这个风格，简约、整齐、干净。平常有事写个便条，从来不用新纸，都是把别人给他的信件的信封裁开，在反面写字。他的办公室在三楼，我从来没有见他乘过电梯，不论上下都是走楼梯。他的车一般也不会停在办公楼门前，他上班准时下班没点，有时弄到很晚，一手拄着拐杖一手提着装得满满的公文包慢慢地向司机班走去，从来不会叫司机把车开过来等他。

他律己甚严，有时到了常人难以理解的地步。1988年出访日本，那是他来馆后首次出国，按当时规定有一笔置装费，但他无论如何也不肯收，说我有衣服，不需再买。推却了几次，就是不要。后来秘书科负责人出了个主意，把这笔钱放在秘书科，建立专档，用来支付与老先生有关的一些开支。原来任先生到馆后经常接到各地读者的来信，有的是他认识的，大部分都不认识，这些来信很多是请他帮助查资料，有些还要求复制。复制有个费用问题，经办人往往为难。现在有这笔经费就从里面列支了。一位老处长还告诉我一件事，一天，任先生拿一笔钱让他交给司机班，他去了后才知道，前两天先生用车，他的孙子搭了一段顺路车，先生就把这次用车作为因私用车交了费。我们听了都感叹不已。

1995年我回到善本特藏部工作后一直在酝酿编一部图录，把善本特藏有代表性的馆藏介绍给社会，让广大读者都能欣赏到中华民族文化遗产的精华。1998年我拟出了编辑提纲，经部里同事反复讨论后形成了比较成熟的目录草稿。关于这本图录的主编，大家一致同意请任先生担纲。1999年年初，我向任先生汇报此事，他对担任主编的事欣然同意，并对提交给他的编辑提纲、图片目录提了一些很重要的意见。我提出希望他能为图录写一篇序言，他也很爽快地答应了，这倒有点出乎我的意料。原来我觉得他手头事情很多，如果没有时间亲自动笔，我们起草一份稿子请他厘定也行。到6月份他亲自打电话说

"前言"写好了，叫我去拿。一篇"弁言"，短短不到 500 字，把国家图书馆善本特藏的来历、编辑出版图录的目的说得清清楚楚，言简意赅，文如其人，读了不由得让人折服。早就听说先生主编系列图书都是亲力亲为，果然名不虚传。社会上不知从什么时候开始，编著图书往往要把相关的领导大名署上，其用的名义各式各样，什么"主编""策划""顾问"等等不一而足，实际上这些大名头往往什么事情也没有做。任先生与这些人相比真是有天壤之别。

进入 21 世纪后，每年春节前离退休老干部都要团拜，馆领导给大家拜年，任先生也会即兴讲话。他都是根据新年的生肖来做主题，龙年说龙，马年说马，一是贺年，二是鼓劲，讲话风趣又富有知识性，不论是研究馆员还是工人师傅，大家都听得兴趣盎然。2008 年是国家图书馆建馆百年的好年头，当年春节前先生照例发表演讲。他没有按常规讲国图的百年史，一开头便讲了一个很多人熟知的故事：一个地主看见别人盖楼自己也要盖，但见到工人先挖地基就大喊楼房不是这样的……话锋一转说只有地基坚固大楼才能建得高，国图百年也是因为历代国图人地基打得牢固，这里面也有在座各位的功劳。他的讲话朴实无华，妙趣横生，给大家留下了深刻的印象。我突然悟到，真正的大师能把深奥玄妙的哲理讲得妙喻取譬，引人入胜，譬如佛经里有那么多的故事，流布开来，妇孺皆知，这些故事里蕴含的深刻佛理如春雨一样润泽了众生的心田。而那些夸夸其谈，满嘴时髦新名词的所谓学者往往是把简单的道理变得玄之又玄，满篇高论却让人不知所云。任先生就是真正的大师，当你靠近他的时候，会觉得他十分高大，即古语说的"高山仰止"，会觉得他非常深沉，他的学识如宽广的大海。如果和他接触多了，就会发现他不但智慧而且幽默，平易近人，有很强的人格魅力。

任先生离开我们六年多了，我常常怀念他。特别是遇到难题时总是想，要是任先生还在就可以请教他了。能与这位著名学者有一段近距离接触的机会，我自感幸运。与漫长的人生相比，尽管接触的时间只是片刻，感知的空间只是片段，就像面对高耸入云的大山，只走到了山脚；就像面对浩瀚的大海，只在海边拾贝，但毕竟亲耳聆听了先生的教诲，亲眼得见先生待人接物的垂范，亲身感受到先生展现的大师风范。这一切都会永久留存在我心中，成为我终生享用不尽的精神财富。

谆谆教诲　金针度人
——缅怀任继愈先生

史金波（中国社会科学院）

　　七年前的 7 月 11 日，我正在中央民族大学参加"庆祝中国少数民族双语教学成立三十周年暨马学良先生教育思想研讨会"，上午突接白化文先生电话，告知：任继愈先生凌晨不幸去世，中午又得到另一噩耗：季羡林先生与世长辞。两位大师，一代贤者，同日驾鹤西游，令人不胜悲悼。7 月 14 日，敦煌吐鲁番学会几位同人相约一起到北京大学季羡林先生灵堂悼念、告别季先生，随后我又到国家图书馆任继愈先生灵堂悼念、告别任先生。两位先生学问渊博，造诣精深，通贯中西，桃李天下，堪称学界领袖，在哲学社会科学领域有深厚影响。近 30 年来，两位先生于我都有教诲之恩，令我永生难忘。

　　今年是任继愈先生 100 周年诞辰，学界集会缅怀，学人为文悼念，可见先生在人们心目中的崇高地位。先生是著名的哲学家、宗教学家、历史学家、图书馆学家，他关心国家教育问题、民族问题，关注相关学科建设，重视培育新人，甚至对西夏这样的特殊学科也给予热情关注。我亲历几件事至今记忆犹新，追思怀念，感佩不已。

一、鼓励我撰著《西夏佛教史略》

　　1929 年，北京图书馆（今国家图书馆）曾购得一批在宁夏灵武出土的西夏文佛经，凡百余册，至为珍贵。20 世纪 70—80 年代，我多次到北京图书馆整理这批佛经，发现其中有多种关于西夏佛教史的重要资料，如西夏文《现在劫千佛名经》前的"西夏译经图"，《过去庄严劫千佛名经》后的发愿文，《金光明最胜王经》的流传序，以及一些题款，里面有关于西夏佛教流传、译经、校经、印刷以及西夏灭亡后西夏文佛教继续流传的重要资料。依据这些资料我陆续发表了几篇论文。我这个并非佛学科班出身的人，撰写佛学专业的论文，尽管自己也付出了一定的努力，但难度仍然很大。当时恶补了不少有关中国佛教史研究的著述，任继愈先生的《汉唐佛教思想论集》和他主编的《中国佛教史》是我经常学习和参考的必读书。当时，我请教本所的佛学专家王森先生和宗教研究所的佛学专家郭鹏先生，他们都给了我很多的指导和帮助。他们还鼓励我以此为基础，撰写西夏佛教史，以补中国佛教史上的这段空白。经过几年的研究、撰稿，1987年5月初，《西夏佛教史略》初稿已经完成，我便冒昧地给时任中国社会科学院宗教研究所所长的任继愈先生写了一封信，汇报了《西夏佛教史略》的提纲，并给先生寄去了已经出版的拙著《西夏文化》和苏联汉学家缅什科夫（孟列夫）新出的西夏汉文佛典目录。不虞业务、所务繁忙的任先生很快给我回信：

史金波同志：

寄来的尊著《西夏文化》与苏联缅什科夫编制的汉文佛典目录一册，同时收到，十分感谢。

《西夏佛教史略》极盼早日问世，补上学术界这一空白。

此致

敬礼

任继愈

一九八七年五月十一日

信中，先生对我这个佛学研究的新人鼓励有加，使我感到这位学术大家对青年学子的殷切期望和热心关怀，令我十分感动，同时也给了我完成此项任务的自信心。

1988年8月，拙著《西夏佛教史略》出版。此书有幸得任继愈先生激励，赵朴初先生题写书名，郭鹏先生作序。为继续请前辈指点，给任先生寄去一本。不久，中国宗教学会召开理事会，本人忝列其中。任先生在会上找到我说："我看了你的《西夏佛教史略》，写得很好。过去对西夏佛教知道很少，你的书填补了这方面的空白。现在苏联的西夏文资料很多，希望你利用懂西夏文的优势，把西夏佛教深入研究下去。"

此后我遵循任先生的教导，继续搜集、翻译新的资料，不断有新的收获，又发表了一些有关西夏佛教的著述。

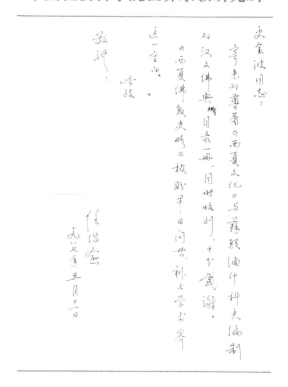

中国社会科学院世界宗教研究所

图1　1987年5月11日任继愈先生的来信

二、撰写《佛教大辞典》西夏词条

1998年秋，我到日本东京外国语大学亚非语言研究所讲学一年。1999年9月甫从日本回国，中国社会科学院宗教所杜继文先生找到我说："任先生主编《佛教大辞典》早已开展工作，西夏佛教部分任先生建议请你来写，尽量把西夏佛教的内容通过词条表现出来。"杜继文先生是《佛教大辞典》的副主编，负责《大辞典》的组织工作。他还对我说，任先生提出此次编纂《佛教大辞典》要邀请最合适的人选撰写他擅长的条目，任先生认为有关西夏佛教条目非你莫属。我们早就和你联系，后知你去日本讲学一年，任先生说等你回国，立即与你联系，请你抓紧时间撰写。

过去有关宗教、佛学的辞书皆缺乏西夏佛教内容，主要原因是传统历史文献中对西夏佛教的记载十分稀少。任先生此次主编《佛教大辞典》为新中国成立后最大佛教辞典编纂工程，将西夏部分纳入其中，体现了任先生突破旧囿，注重创新的学术思想。当时给我的时间很紧。我便放下手头其他工作，集中精力按先生要求编写西夏佛教词条。除利用汉文文献中的资料外，主要利用近代出土的西夏文献和考古实物资料。因为有撰写《西夏佛教史略》的基础，用了约半年时间，完成西夏佛教 110 多词条，计 5 万多字，内容包括西夏的佛教传播、发展、政策、制度、译经、校经、施经、经典、僧人、寺塔、宗派、艺术等诸方面。

2002 年，《佛教大辞典》正式出版，学术界反映良好。杜继文教授又给我打电话说，《光明日报》要刊登几篇文章介绍其中亮点，任先生和我们研究，认为西夏部分很有特色，请你写一篇介绍文章。之后我遵照任先生的指示，撰写了《反映西夏佛教特点　融入最新研究成果》的文章，介绍在新出版的《佛教大辞典》中利用新的西夏文献和考古发现，展示西夏佛教内容和特点，如西夏仅用 53 年就译完西夏文大藏经 3579 卷，译经速度之快堪称译经史上的创举；国家图书馆保存的"西夏译经图"是中国现存唯一真实反映译经场面的形象资料；西夏在藏传佛教东传过程中，有举足轻重的地位；西夏首先封藏族佛教大师为帝师，对元代的帝师制度产生了重大影响等。

后来西夏佛教的研究渐次深入，已成为西夏学中成就突出的分支，也成为中国佛教史中进步较快、成就显著的亮点，这多赖任先生的宏观指导和具体点拨。

三、编辑新的《西夏文专号》

国家图书馆的前身国立北平图书馆曾出版《国立北平图书馆馆刊》，《馆刊》又增刊过 3 期专号，皆为当时学界所关注者，一是第二卷二、三号合刊的《永乐大典专号》，二是第四卷三、四号合刊的《西夏文专号》，三是第七卷三、四号合刊的《圆明园专号》。这些《专号》都是结合馆藏的珍贵文献所编，突出特色，彰显国故，内容丰富，影响深远；加之刊布时有著名学者的考证研究，更加令人瞩目。当时的北平图书馆重金收购西夏文献和重点出版《西夏文专号》，反映出北京图书馆重视国宝级文献、注重基础资料的搜集和保护、关注新兴学科发展的远见卓识。

1932 年，北平图书馆适时推出《国立北平图书馆馆刊·西夏文专号》，刊登中、日、俄三国专家撰著的新作。《专号》中既有对新入藏的西夏文献的介绍和整理，也有对西夏文碑文的译释，还有对流失海外西夏文文献的介绍和研究，其中有王静如先生的《西夏文专号引论》，向达先生的《俄人黑水访古所得记》，罗福苌先生的《宋史西夏国传集注》和《西夏赎经记》，周一良先生译的《西夏语译大藏经考》，苏联聂历山先生和日本石滨纯太郎先生的《西夏文八千颂般若经合璧考释》，聂历山先生的《西夏语研究小史》，周叔迦先生的《馆藏西夏文经典目录》等。其中颇多原始文献的图版，涉及文献种类颇多，成为后人学习西夏文的教科书和资料库。《西夏文专号》的出版成为当时西夏学的一次盛会，反映出当时西夏研究的最高水平。不少后学者皆通过此《专号》比较全面地了解西夏学的相关资料和研究历史，从而步入西夏研究的殿堂。可以说，《专号》在西夏学的形成和发展进程中起到了重要的推动作用。

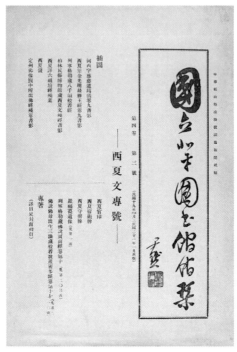

图 2　1932 年出版的《国立北平图书馆馆刊·西夏文专号》封面

经过几十年发展，西夏学因资料的丰富和各国学者的努力，至21世纪初，进展更为显著。2002年是《西夏文专号》刊布70周年，我想联合《国家图书馆学刊》出刊新的《西夏文专号》，以达到纪念和进一步推动西夏学术之目的。此事先与《国家图书馆学刊》常务副主编王菡女士达成共识，当然还要请示国家图书馆馆长任继愈先生。2001年元月19日，我和王菡女士专门到任先生办公室汇报此事，先生表示很支持，并答应做此《专号》顾问，还提出编好《专号》的具体指导意见。聆听先生谆谆教诲，如沐春风。

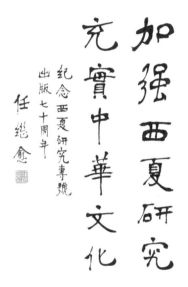

图3　《国家图书馆学刊·西夏研究专号》封面　　　　图4　任先生为《西夏研究专号》题词

《国家图书馆学刊·西夏研究专号》由中国社会科学院西夏文化研究中心和《国家图书馆学刊》编辑部合作编辑。我们向中、俄、日各国西夏学专家约稿，期望将近年的最新资料和最新研究成果结集出版，呈现给学界一份新时代的西夏研究前沿作品。西夏研究学人纷纷响应。此后《专号》顺利出刊，内含各国西夏学专家的30篇佳作，以西夏文献或文物考释为主，涉及历史、考古、法律、经济、语言、文化、艺术等领域，显示出西夏研究的最新进展和最高水平。任先生为专号亲笔题词"加强西夏研究，充实中华文化"，季羡林先生也欣然为专号题词"加强西夏研究，扩大国学范围"。两位学术泰斗不约而同地把西夏研究纳入中华文化、大国学范畴，对西夏研究示以殷切寄托，令人感动。

任先生还亲笔为《专号》撰写前言，他精炼地概括了中国的历史、信仰、文化特点后指出："过去由于资料不足，我们对西夏文化研究得很不够。现在地下文物不断出现，为我国西夏研究开拓了广泛前景。"又提到"早年王静如先生，对西夏研究有开创之功。现在有史金波同志带动了一批研究西夏文化的中青年学者，埋头钻研，成绩斐然。假之以时日，我国的'西夏学'必将呈现异彩"。

2002 年 8 月 1 日，在国家图书馆举行西夏珍贵文献文物展览开幕式暨《国家图书馆学刊·西夏研究专号》首发式，时任全国政协副主席的罗豪才和任先生出席，他们兴趣盎然地参观展览。我在陪同参观和介绍西夏文献、文物过程中，感到他们对中国传统文化一隅的西夏文化的深切关怀。

四、参加编纂《中华大典》

进入 21 世纪后，任先生虽年事已高，但仍精神矍铄地主持多项重大学术项目，有的项目我也被约参与，如"中华再造善本"工程，任先生任指导委员会副主任，我任编委会委员；《中华大藏经·续编》编纂工程，任先生担任主编，我也被聘为编委；《中华大典》编纂出版工程，任先生担任总主编，我被聘为《民俗典·地域民俗分典》的主编。每一个项目都是学术含量高、学术结构复杂、参与人员众多的大工程。凡有重要编纂工作会议，先生每每亲临，并做有充分准备的指导讲话。先生的发言，往往高屋建瓴，思维缜密，深入浅出，游刃有余。他精深的学识和把握庞大学术体系的卓越能力，使大家赞叹不已。

《中华大典》是任继愈先生主编的一项重要文化工程，是以国家的名义和力量来组织编写的一部中华古籍大型系列类书，被列为国家级重点古籍整理项目，同时也入选国家"十一五重点社科规划项目"。《中华大典》参照现代图书分类方法，对先秦至 1911 年中国优秀文化典籍进行梳理汇编，涵纳了儒家、诸子百家、佛道诸教以及志书等优秀文献资料，是一部中国历代汉字古籍的新型类书。全书类分为 24 个典，包含 110 多个分典。其中由白化文先生主编《民俗典》。白先生热情邀我主持编纂《民俗典》中的《地域民俗分典》，主要是按一定编纂框架和体例，将中国历史上各种文献中少数民族和边疆地区的民俗分门别类进行编纂。鉴于中国古代文献中对各少数民族和民族地区民俗记载得十分丰富，这也是一件不小的工程，当时设计时预计编纂成果400多万字。

2006年9月7日，《中华大典·民俗典》召开正式启动会议。已经90高龄的任先生亲临指导，发表重要讲话。他希望《民俗典》突出特色，要求大家"默默无闻，沉下心来"积累资料，要"广前人之所未备"，要用第一手资料，对相关文献要竭泽而渔。

我负责的《地域民俗分典》不仅工作量大，且学术把握难度高。先生对此特别关注。当我们将编写框架提纲送任先生后，先生仔细审看，亲笔写了一页的批示，其中提到怎样界定国内外民族范围，具体到北狄、胡、匈奴、鲜卑、龟兹、于阗等民族如何编纂，都提出要求和注意事项，强调要保持体例的一致贯通。我们根据先生的意见反复讨论，统一认识，最后使框架更趋科学完善。

先生后来仍不断关心我们这一分典的编纂工作。他提醒我们，在历史文献中，由于封建社会统治阶级的偏见，对少数民族记载有污蔑称呼，有偏颇的记

图5　《中华大典·民俗典·地域民俗分典》书影

载，在辑录文献时要注意选择，不要伤害到少数民族。同仁们对先生耳提面命、诲人不倦、一丝不苟的负责精神感到极大鼓舞，也切身体会到先生作为学术大家不做挂名主编，认真行主编之责的踏实学风。任先生言教和身教并行，金针度人，给我们做学问树立了可资效法的楷模。

如今，《地域民俗分典》在 20 多位从事民族史研究专家的共同努力下，精心编纂，反复修改、核校，历经 10 个寒暑，已经完成，该书最后积累成果已达 500 万字，于年前分 3 册出版。先生虽未能见到此书，但这厚重的书中渗透着先生的心血。看到此书，不禁想起先生指导我们工作的音容笑貌，令人唏嘘怀念。

先生离我们而去，实为学界重大损失。但先生等身的学术成果已成为社会和学术界的宝贵精神财富，先生优良的治学精神和高度负责的工作态度，也已为后学竖起高山仰止的丰碑。

智慧澄明愿力宏

——缅怀任继愈先生在振兴民族文化方面的远见卓识

熊国祯（中华书局）

我是北京大学中文系古典文献专业 1961 级的学生。当年，每次从 32 斋学生宿舍出发，到第一教室楼去上课，都要从燕南园的东墙外经过。燕南园林木翁郁，幽深静谧，里面住的都是我们仰慕已久的文化大师，包括副校长、佛教史专家汤用彤先生和哲学大师冯友兰先生等。这是一块文化圣地。作为一年级学生，我们常常驻足门前，窥探园中的景物和动静，希望见到一两位大师的身影，然而却难得有这样的幸运。哲学系有一位老师和上面两位大师都有密切关系，他就是任继愈教授。他是汤用彤先生的亲传弟子，又是冯友兰先生的侄女婿，这是多么了不起啊！在校学习期间，后来又听说他的《汉唐佛教思想论集》得到了毛泽东主席的崇高评价，是用马列主义观点研究宗教问题的，毛主席誉之为"凤毛麟角"。

我们古典文献专业重视读史，无论通史、文学史、哲学史，都要高标准要求，通史要跟历史系本科生一样要求，文学史要和文学专业本科生一样要求，哲学史要和哲学系本科生一样要求。我们的中国哲学史课讲了一年，是由朱伯崑教授主讲的，朱先生有自编的讲义发给我们，任继愈先生主编的四卷本灰皮的《中国哲学史》则是我们的必读书。我们虽然没能聆听任先生亲自讲课，却在中国文学史课上意外地听到了冯钟芸先生的响亮声音，她给我们讲唐代诗文。平静的学习生活没有持续太久，后来下乡"四清"和"文化大革命"先后发生，大家都经历了剧烈的社会动荡。

我真正见到任继愈先生是在"文化大革命"以后。在南京大学举行的中国无神论学会成立大会上，任继愈先生被推举为理事长。这是"文革"后最早筹建的学术团体之一，当时各大专院校中国哲学史专业的老师和社科院宗教研究所的许多同志都参加了这个学会。我在中华书局哲学编辑室工作，曾担任南京大学哲学系王友三老师主编的《中国无神论资料汇编·先秦编》的责任编辑，因而有幸参与该会，成为会员。任先生身材清瘦，面色白皙，沉静深思，不苟言笑，给人印象比较冷峻，有严肃深沉的学者风度。后来各种学会如雨后春笋一样蓬勃生长，一些研究项目也陆续开展起来。我当编辑，在专业发展方向上偏重于佛教、道教和理学方面，这样，在各种有关的学术讨论会上，我见到任先生的机会就多起来了，但都属于一般接触，缺乏深交。

1981 年 9 月 17 日，中共中央根据陈云同志的提议，发出了《关于整理我国古籍的指示》，随后国务院决定恢复古籍整理出版规划小组，由老革命家、老文化人李一氓同志出任组长。李老高瞻远瞩，懂行务实，首先从五至十年规划抓起。当时中华书局是古籍规划小组的办事机构，李老有事就抓书局的正、副总编辑李侃、赵守俨，要求动员组织力量起草 1982—1992 的五至十年规划。李老曾经提议影印出版佛教大藏经和道藏，可是中华书局拟定的规划草稿比较谨慎，在宗教典籍方面只列入了《中国佛教思想资料选编》《中国佛教典籍选刊》《中国道教典籍选刊》等项目。这是因为文史哲古籍整理工作全面铺开以后，工作战线必然很长，而中华书局作为实施规划的主体，编辑力量又十分有限，制订规划时不能不顾虑到实际完成的可能性。1982 年 3 月，全国古籍整理出版规划会议召开。这是拨乱反正以后全国文化学术方面一次重要会议，各方面的专家学者都对这次会议寄予厚望，提出了许多亟待安排的重大出版项目。任继愈先生建议的《中华大藏经（汉文部分）》是较早得以顺利实现的项目之一。这里关键的因素有两个：李老的英明决断和鼎力支持是首要条件，其次就是任先生的坚定执着、敢想敢干和善于拿主意、用干部。汉文大藏经版本众多，卷帙浩繁。任先生建议，以《赵城金藏》为基础影印，以《高丽藏》及其他七种木版大藏经配补和校勘，这既克服了当年铅字排印能力的严重不足，又汇集了各版木刻大藏经的优长，集异会同，为佛教经籍的研究者和使用者提供了前所未有的全面资料和使用方便。一藏在手，众版齐集。这个编印方案提出之初，曾为不少人诟病和讥评，认为《赵城金藏》虽然是海内孤本，但它是民间募集资金镂刻的，不如官版大藏经品质完美，又残损漫漶严重，难以充当底本。任先生调查研究在先，胸有成竹，坚定不移。《赵城金藏》现存5300 余卷，虽有缺佚，但《高丽藏》和《赵城金藏》都属宋代《开宝藏》的覆刻本，开本版式十分接近，用《高丽藏》配补《赵城金藏》，既协调自然，又方便快捷。底本资料问题解决以后，还有一个工作人手问题。任先生依靠几名助手和学生，创造性地向社会招聘人员，组织了一个用优汰劣、能进能出的流动性的编校班子，对外号称"中华大藏经编辑局"。这个"局"并不是一个行政实体，只是个"假名"，没有编制，没有经费，所有开支和劳动报酬都由古籍规划小组划拨的项目经费和中华书局的校对费、抄写费支付。没有这样一个用人制度上的大胆突破，《中华大藏经》的编撰工程就无从谈起。

任先生是一个富有领导工作经验的著名学者，他有胆有识，敢于担当。《中华大藏经（汉文部分）》共收录佛教经籍4100余种，篇幅多达23000余卷，从1982年开始筹备编辑，到1996年将正文106册全部出齐，前后历时15年。而《中华大藏经总目》延迟至2003年才正式出版。在如此复杂漫长的编辑出版过程中，任先生始终主持其事，大主意都是由他最后敲定。他所以能举重若轻，指挥若定，除本人学养深厚外，还得力于几个助手。北京大学南亚研究所的童玮先生是他最重要的助手。童先生朴实平易，亲切和善，是佛教典籍方面难得的版本目录学家，他的足迹踏遍南北各省，凡有重要佛教典籍的地方，他都不顾年高体弱，亲自探访考察，目验手摩，确证无误。他基本摸清了全国各地佛教藏经的存佚和收藏情况。他凝聚毕生心血精心撰著的《二十二种大藏经通检》于1997年由中华书局正式出版，这已是童先生去世四年后的事情了。另外两位年轻一些的助手是李富华和方广锠，李富华是1959年宗教所筹建阶段即入所的，原是该所图书馆的馆长。自参加《中华大藏经》编撰工作以后，即全力以赴，善始善终。中华大藏经编辑局的所有事务，只要是任先生不具体管的，全都由他总管，无论组织领导、业务把关、对内安排、对外联系，他是一个总枢纽。他任劳任怨，尽职尽责，从不懈怠。上下左右各方面，谁有意见和不满都可以发火，他却要妥善回应，统筹协调。他脾气好，性子慢，另有一番执着与坚韧。方广锠参加《中华大藏经》的工作要晚一些，他是南亚研究所的博士生，专攻版本目录之学，治学非常勤奋刻苦。他揽事之广、头绪之多，令人常常体味到时不我待的急迫。他追求程序化的科学管理，对加快加强大藏经的编撰工作发挥了重要作用。

作为中华书局哲学编辑室主任、《中华大藏经》最早的责任编辑，在任先生刚刚提出建议时，我就参加了《中华大藏经》的研讨设计工作。开初到北京图书馆善本部找薛殿玺主任交涉借阅《赵城金藏》缩微胶卷事宜，后来与北京图书馆复制部研究增添进口高级照相仪器设备的方案和经费等问题，再后来研究照片洗印的规格大小、黑度、灰度等技术标准等。随着工作的逐步开展，编撰方和出版方的交流探讨日渐深入。我们在中联部李一氓同志办公室开过会，在北牌坊李一氓同志家里碰过头。1983年前后，比较多的时候我们是在南沙沟任先生家里商量具体方案和工作进度。每次去都是下午2点左右，我和童玮先生、李富华在南沙沟住宅小区院子里会齐了，然后敲门，任先生亲自开门，把我们让到右手边一个小客厅里，房间不大，但窗明几净，整洁宜人。我们的讨论往往都开门见山，直奔主题，坦诚务实，以实际工作为重，说明情况和问题，研究解决办法，有商有量，商量好了就分头去办。任先生说明议题后，多数时间是听情况，听意见，轻易不插话，我们讨论得有个眉目了，再正式请任先生表态定夺。万事起头难。1983年下半年，《中华大藏经》的第一、二册将要发稿，从照片规格、洗印质量到目录卷次，到每条校勘记的写法，每种木刻大藏经的标记、简称等，我们都反复磋商、修改，然后试做影印书底，请各方面领导和专家学者表示意见，请专职印制人员鉴定。几经周折和反复听取意见，第一、二册终于在1984年1月14日正式发稿，责任编辑是我，印制装订等工作由朱关祥等同志负责，在上海印刷七厂和上海装订厂完成。规格和程序定好以后，后续各册就基本沿袭下来，工作比较顺畅。由于有一个明确的共同目标，我们合作得相当融洽愉快。

1986年8月，我被上级领导任命为中华书局副总经理，要转行从事经营管理工作，具体负责抓基建处（盖印刷厂、业务楼、职工宿舍）、影印部和财务处。我恋恋不舍地向大家辞行，任先生满面笑容地看着我说："中国古代文人都是先文章，后经济，以经国济民为己任。年轻人，多一点经历和锻炼，有好处。"期待与勉励之情溢于言表。那次会上，我把跟随黄永年先生研习唐史的硕士毕业生毛双民介绍给大家，说以后《中华大藏经》的责任编辑由小毛担任，参加碰头会的事也由他代表了。我还分管影印部，大藏经的印制还在我的分管范围之内。今后有什么事要商量，我还会继续关心和支持的。1994年年底我改任中华书局副总编辑。不久，我又负担大藏经的三审。1996年，经过大家持续而艰苦的努力，《中华大藏经（汉文部分）》的正文106册终于全部出齐。在第三届国家图书奖评奖筹备过程中，新闻出版署图书司综合处曾转给中华书局一份编校质量检查记录材料，认定《中华大藏经》编校质量差错超过万分之一，属于不合格。检查者是从现代汉语的文字规范着眼的，没有考虑到古籍图书的特殊性，材料转到我的手里，我从古籍整理图书文字规范特点入手，说明了古体字和今体字、正体字和异体字的辩证关系，并根据几部权威的字典辞书，对该材料提出的例证逐条进行分析答辩，保全了《中华大藏经》的评奖资格（洋洋106册的超大型图书，仅凭抽查的一两万字定终身，还要强调"一票否决"，以示对"编校质量"的重视，这种形而上学的思想方法真是要不得）。后来《中华大藏经》获得了第三届国家图书奖荣誉奖、第一届全国古籍整理优秀图书一等奖等多项表彰。2006年中华书局编辑出版《皓首学术随笔》，任先生在自己那一卷的《自序》中曾说："我与中华书局打交道多年，出版《中华大藏经》前后历时十二年，共107册，双方协作善始善终，很难得。"这是由衷之言，是对那一段合作的充分肯定。任先生说的"107册"，包括了在2003年才出版的《中华大藏经总目》。有了这一册总目，《中华大藏经》才是完整而方便使用的。

和许多老先生一样，任先生对中华书局始终怀着一份特殊的感情，这份感情不是对哪个人的，而是对民族文化的。任先生说："记得一次在中华书局的纪念会上，邓恭三（广铭）说过，中华书局兴旺发达，说明中华文化的兴旺，中华书局和中国文化共命运。这话有一定的道理，因为中华文化出版建设是中国兴旺的一面镜子。"任先生不止一次地对我说过："中国近代出版企业，商务印书馆要比中华书局资格老，但是中华书局也有自己的优势。现在讲'振兴中华'，唱《爱我中华》，中华书局都可以沾光，自然而然，毫不牵强，商务印书馆就不行。你们要充分利用这种客观情势，振奋精神，把自己的工作做好。"众多老专家老学者对中华书局的特殊眷顾之情是令人深深感动的，作为中华书局的一员，我们对此要有清醒而自觉的认识：不是我们的工作做得多么好，也不是哪位领导面子大，而是这里寄托着民族文化兴旺发达的集体期望。正像任先生在那篇自序里说的，"中国老年知识分子命运大致相似。这些人，专业各异，经历不同，他们在各自岗位上表现出爱祖国、爱中华文化，为中华文化献身，生死不渝的愿力"。正是出于这样一个根本原因，中华书局凡举行重大活动，任先生是有请必到。也正是出于这样一个根本原因，任先生90多岁高龄还毅然出任"二十四史"与《清史稿》修订工程的总修纂。

任先生有强烈的历史感和使命感，对自己所处的时代有清醒的认识。旧中国培养的知识分子，历次运动都是被批判的对象。经过"文化大革命"以后，任先生借用一首赠诗表达迎接科学春天的愿望："不敢妄为些子事，只因曾读数行书。严霜烈日皆经过，次第春风到草庐。"他说："时代赋予我们的使命

是迎接二十一世纪，为创建社会主义新文化准备充足的思想资料。""我们的时代要求这一代人从资料整理开始，为下一时期文化高潮的到来准备条件，做些铺路奠基的工作。"他坚定地认为：文化学术的基本建设离不开资料的汇集与整理，而且资料工作必须先行。只有资料充实、齐备，才有可能孕育新建国家的文化高潮。没有充足的资料为依据，谈论学术文化，势必流于空谈。任先生热心参加的几个重大文化工程都具有基本资料的性质，他利用自己的社会地位和学术影响为这些文化工程争取到了高层领导的重视和丰厚的财政支持，也以自己的经验和智慧为这些工程出谋献策，竭尽心力。

任先生走了。他和其他老一代知识分子的热爱伟大祖国、振兴民族文化的生死不渝的愿力将永远推动我们前进。

（原载《书品》2009 年第 5 期）

任继愈先生和国家图书馆敦煌吐鲁番学资料中心

柴剑虹（中华书局）

1983 年 8 月，中国敦煌吐鲁番学会创建伊始，季羡林、唐长孺、任继愈等专家在商议中国敦煌吐鲁番学的发展规划时，就特别强调要注重国内外相关研究资料的搜集、整理、使用问题。学会领导与各方协商后，决定从中央领导亲自批准拨付支持学会的经费中，拿出专款筹建三个资料中心，即：（1）与北京图书馆共建"敦煌吐鲁番学北京资料中心"，由参加学会筹备工作的北图徐自强先生负责；（2）请兰州大学历史系敦煌学研究室在原有相关资料的基础上筹建"敦煌学资料室"，由学会副秘书长齐陈骏教授负责；（3）由学会副秘书长、新疆考古队负责人穆舜英研究员负责筹建"吐鲁番学资料中心"。

据《中国敦煌吐鲁番学会研究通讯》（1984 年第一期，总第一期）载徐自强先生《国内敦煌吐鲁番研究机构及其工作情况简介（一）》，成立"中国敦煌吐鲁番学北京图书馆资料中心"筹备工作开始后，当前拟进行下列工作：首先，将北京图书馆现存的敦煌遗书原件，在鉴别分级的基础上，逐步地用传统方法加工修理，使之能得到更加妥善的保护；其次，通过各种渠道，收集现存于国内外各单位的敦煌遗书资料，使本馆的收藏更加丰富齐全；复次，编辑出版有关敦煌遗书目录和资料，为系统研究提供更方便的条件。

据国家图书馆出版社原社长郭又陵先生告知，大约是 1987 年秋季某天，学会会长季羡林教授专门为共建敦煌吐鲁番学北京资料中心之事，到文津街北图贵宾接待室与任继愈先生商谈。北图当时在座的除了负责记录的郭又陵外，还有唐耕耦先生。作为北京图书馆新任馆长的任先生，对建设敦煌吐鲁番学资料中心的工作尤为关切。因为前任馆长根据国外一些国家图书馆的职能，曾设想将北图改变成为专为高层决策提供信息依据及为专业研究人员做资料服务的国家馆，与一般的公众图书馆相区别。而任老认为，鉴于北图的实际情况和我国公共图书馆资源的欠缺，还是希望普及与提高两者都能兼顾。而北图善本特藏部（现古籍馆）藏有举世瞩目的敦煌遗书及相关资料，应该有条件建设专门服务于敦煌学吐鲁番研究和普及敦煌文化的资料中心。其时，徐自强先生已经完成北图新馆规划办公室主任的工作任务，即将就任设于文津街老馆址的北图分馆常务副馆长。因为徐自强先生曾任善本部的代理主任，对相关"家底"较为熟悉，又有坚实的考古学专业素养，有较强的协调能力，所以任老决定将筹建资料中心的任务交给他，很放心。当时，我作为敦煌吐鲁番学会的理事，又做中华书局《文史知识》杂志副主编的工作，与文史界学者联系较广，加之当时书局位于王府井大街，与文津街相距不远，所以学会季羡林会长、宁可秘书长让我与老徐共同协商来筹建北京资料中心。

任老曾就北图敦煌吐鲁番资料中心的建设，提出过非常明确的设想。为此，他找徐自强先生谈过多次，我也曾在旁聆听。北图原有的敦煌遗书及王重民、向达先生早年在欧洲所摄敦煌吐鲁番写本照片等，入藏于该馆的善本特藏部；其他相关资料则分散在其他部门。任老提出：这是世界上首个也是唯一一个敦煌吐鲁番学的资料中心，应该是北图的一个有自己特色的常设机构，不仅要从其他部门调拨相关资料，而且除了学会提供的筹建款项外，北图也应列支日常的购书经费，使其资料得以逐渐增添、扩充、完备；不仅人员编制要落实，而且要有对外开放的专门阅览室，既要为国内外的学者专家服务，也应承担培养北图自己年轻专家即"学者型馆员"的任务。他还多次提出，能否创造条件，将特藏部的敦煌写本也归入资料中心统一管理。敦煌所出写本，因为历史的原因，遭劫掠后分藏在世界各地，过去查阅不易，现在藏在英、法图书馆的已有条件地向学者开放，藏在俄罗斯、日本的家底还不很清楚，劫余部分主要藏在北图，过去的编目工作做得早，也很有影响，但必须要继续推进；当然，查阅工作也应该跟得上。

徐自强先生在具体的筹建工作中，认真贯彻了任老的意见，协调工作虽然繁难，还算顺利。中心就暂设在文津街分馆内，资金基本有了保障，资料逐渐充实到位，尤其是人员配备也考虑了老中青三结合，中心主任由老徐兼任，除了有图书馆工作经验的几位老人外，还特别安排了几位有良好的敦煌吐鲁番学研究基础的青年学者，如孙晓林、李锦绣、孙学雷等。至于任老将特藏的敦煌写本划归资料中心管理的建议，因种种原因，一直未能实施（在任老去世前几年，他还跟我提起此事，总觉得仍有遗憾）。这样，到 1988 年 8 月 20 日，趁中国敦煌吐鲁番学会在北京举办一次规模较大的敦煌学国际研讨会之际，北图的敦煌吐鲁番资料中心正式宣告成立，向来自世界各地的敦煌学家敞开怀抱，提供资料服务，为促进学术交流创造广阔的平台，赢得了学界的好评。中心成立伊始，北京图书馆联合北京大学图书馆、天津市艺术博物馆、旅顺博物馆共同举办"敦煌吐鲁番珍品展"。展览开幕式上，任老饶有兴致地与中心工作人员合了影。

"敦煌吐鲁番珍品展"开幕式上，任先生与工作人员合影

中心建成近 30 年来，一直与中国敦煌吐鲁番学会保持密切的联系；学会还协助中心设立了敦煌学学者的信息库，有不少敦煌学学者及时向中心赠送自己的学术著作，这一做法延续至今。

今天，在国家图书馆各级领导的关心、指导与具体工作人员的不懈努力之下，敦煌吐鲁番资料中心在国图古籍馆以科组编制（敦煌文献组）负责图书馆敦煌吐鲁番资料阅览室的资源建设、读者服务及图书馆所藏西域文献的收藏、管理与整理等基础业务，承担国家图书馆藏敦煌写卷的数字化工作并维护

国际敦煌项目（IDP）中文数据库，负责中国典籍与文化系列讲座的组织、出版等工作，曾承办"敦煌与丝路文化系列讲座""中外关系史系列讲座"等反响强烈的学术讲座。中心下属敦煌吐鲁番资料阅览室是国家图书馆特色专藏阅览室之一。室藏包括《国家图书馆藏敦煌遗书》《敦煌吐鲁番文献集成》等敦煌吐鲁番文献图录在内的敦煌吐鲁番学研究著作 3 万余册，中外期刊 2300 余册，敦煌吐鲁番文献照片 1.3 万余幅，敦煌吐鲁番文献缩微胶卷 100 余卷。中心作为我国敦煌吐鲁番学研究资料保障基地之一，以前所未有的新面貌为中外读者及专家学者提供专业服务，展现其无限的发展前景，诚可告慰于季羡林、任继愈、唐长孺、宁可、徐自强等老一辈学者的在天之灵。

岁月琐忆

——回忆任继愈先生

张国风（中国人民大学）

任继愈先生去世快七年了，我早该写一点文字来纪念我所敬重的先生。这些回忆非常琐碎，七宝楼台，拆卸不成片段，但写下来，对于大家了解一位大哲学家的风貌，或许有一点点的帮助。

1968 年，我从东北工学院（今东北大学）金属物理专业毕业。先后在抚顺铝厂、辽宁冶金设计院工作。1978 年，我决心改行，报考北京大学中文系古典文学专业的研究生。结果如愿被北大中文系录取，导师是冯钟芸先生。主要方向是魏晋南北朝隋唐文学史。我也因此认识了任继愈先生。中国治学的传统，文史哲不分家。为了研究魏晋时期的文学，必须对魏晋玄学有所了解，所以我有时候就向任先生请教有关玄学乃至于中国哲学史上的一些问题。

第一次去冯先生家，恰好任先生在家。面对一位大哲学家，我心中忐忑，非常拘谨，不知说什么好。越紧张就越说不出话。又怕耽误任先生的时间。渐渐的，见得多了，就放松了许多。再往后，比较熟悉了，就觉得非常亲切，聊起来，如沐春风。我对任先生说："我是半路出家，原来学物理的。'文革'中当过工人、技术员。"任先生说："这些经历对你的研究都有帮助。"冯先生插话："你从理工转为学文，或许是受到了传统文化的吸引。"

我曾经对王弼的《老子指略》很感兴趣。当然是不自量力。花了一个月时间，把《老子指略》翻译成了现代汉语。请任先生给我看一下。任先生看了以后，对我说："翻译古代哲学家的著作，要弄清他使用的主要概念，它的内涵和外延。光用古汉语的方法是不够的。古人抽象思维的水平，无法与今人相比，他们所用的概念，不能达到今人所达到的高度抽象的水准。"我听了以后，非常惭愧。回去以后，又重读了任先生的《老子新译》，初步明白了任先生的方法，譬如"道"这个概念，任先生把《道德经》里出现"道"字的句子都找了出来，结合上下文，分析它的含义。看老子所谓的"道"，有几种含义。

任先生家里有一副对联："为学须入地狱，浩歌冲破云天。"我体会这副对联的意思：做学问很苦，要有下地狱一般的决心。但其中自有一番乐趣，靠的是献身科学的壮烈情怀。他还经常说，一天不看书的话，就觉得心里空落落的。

硕士生阶段，我跟冯钟芸先生学的是魏晋南北朝隋唐的文学史，主要是学诗歌。1985 年，因为林庚先生当年不想招生，我只好改学小说，报考了吴组缃先生的博士生。当时我已近不惑之年，无法等第二年再考。冯先生送了我一套人民文学出版社出版的《金瓶梅词话》，任先生送了我一句话："你虽然改为攻读小说了，平时还是要读读唐诗宋词，去俗。"我想是这个道理。明清小说多写酒色财气，多写世俗的生活，而诗歌的秘密在于提炼优美的形象，与世俗比较远。虽然以后主攻的方向变为小说了，但还是要经常读读唐诗宋词，保持诗歌高远飘逸的境界。我也由此联想到，天长日久，研究对象对于研究者有潜移默化的作用。

我的博士论文是《儒林外史及其时代》，分析吴敬梓对科举、对八股的批判。任先生提议我写一篇八股文，找找感觉。可是，因为懒，我没有去写。对八股的认识，确实是不深的。任先生说："八股文，也是一种智力测验。"我体会任先生的意思，对八股和科举也不能一味地否定。

有一次，与任先生谈到国际上的宗教现象，向任先生请教。任先生说："有的宗教在历史上经历过宗教改革，有的宗教没有经历过改革，它们的面貌和作用就不一样。"

我问："吃素是不是对身体有好处？"任先生说："不一定。据统计，历史上和尚的平均寿命还不如一般人。"

谈起现在教育的问题，任先生说："现在的年轻人，主要的问题是缺乏历史知识。"

我问任先生："好像唐朝没有出色的哲学家。"任先生回答说："不能这么说。唐朝的哲学家在和尚里面。"我由此而明白，不懂中国的佛教，也就不能说是明白了中国的哲学。

我问任先生："明朝是不是比清朝腐败？"任先生回答："明朝的历史不是

清朝人写的吗?"我醒悟道:历史是胜利者写的。

我曾经向任先生请教一个问题,"像陈先生这样的学者,他受中国传统文化的熏染这样深,为什么对钱谦益这样的人物有那么多的谅解和同情?"

"现在对陈先生的赞扬是有点过分了。他有一种遗民情结,虽然他没有这么公开地表示过。他的家族与清朝的关系很深。抗日战争的时候,他认为中国打不过日本,有他的诗为证(略)。没有民族的自信。中国打败日本,靠民族的自信心。比武器装备,中国不如日本。一个人的看法如何,那是一种主观的精神。大家都那么看,那就会成为一种物质的力量。陈缺乏这样一种民族的自信。当然,他的民族意识很强。西南联大的时候,我和他住一个楼,从未和他来往,也未向他请教。有一天晚上,邓广铭和另一位先生在楼下,讨论一个问题,声音很大。此时陈先生刚睡下,听得楼下有人大声喧哗,非常生气,就用他的拐杖使劲敲打地板。邓先生他们就不再讨论,顿时鸦雀无声。"

"他的学问还是挺好的。"

"那是当然。他在西南联大开课时,很多教授都去听他的课,被称为'教授的教授'。但他的学问主要是魏晋南北朝隋唐。他的外文,说是好几种,真正好的,只有德语。其他几种,能读,不能说。"

谈到历史上的农民起义,任先生说:"农民意识,重个人恩怨。要突破个人恩怨,看到全局。洪秀全到了南京,搞等级制,很厉害。臣子见他,目光不能超过他的肩膀。"

谈到知识分子,任先生说:"司马迁,汉朝对他并不好,但他的《史记》还是赞扬汉朝。他之所以伟大,也在这些地方。朱光潜、冯友兰也是这样。虽然个人受了很多委屈,但还是爱我们这个国家。鲁迅之伟大,不是针对个人,而是针对国民性。旧社会培养出来的知识分子,新中国成立以后,成为历次运动整肃的对象。但他们的大多数,还是爱我们的国家、我们的民族。我们以前的教育目标,是培养合格的劳动者。"

讲到红学,任先生说:"以前讲'不破不立,破字当头,立在其中',现在看来,光'破'还不行,还得有自己的东西。俞平伯的书,周汝昌的书,现在还在读。"我的理解是,光批判不行,还得提出新的理论,而新的理论并非单纯地从批判中就能产生。

1988年春天,我来到北京图书馆。先是到参考研究部。大约一年以后,又被调到了古籍善本部。

任先生说："图书馆不应该是一个仅仅借书的地方，要有学术品位。工作人员要有学术素养。"为此，在任先生的建议、安排和推动下，善本部办了一个有关《书目答问》的讲座。演讲人是社科院宗教所的钟肇鹏教授。每周讲一个下午。坚持了半年。钟教授知识渊博，有坚实的文献功底，确是非常合适的演讲人。这个讲座举办得很认真，使大家有了不同程度的提高。钟教授已于前年去世，但我依然记得他当年讲课的风采。

超星，一个制作收集名师授课录像的公司，仰慕任先生的名声，希望采访任先生，请我去动员。任先生婉言谢绝了，说他的时间很紧："我一年比一年衰弱，就好像银行的存款，你们的存折上还有 100 元，我的存折上只有 5 元了。我的任务很重，还有一些项目没完成。我要集中精力，把这些项目做完。"

说到中华书局的一位老先生，任先生说："他政治上受了打击，去搞资料，人又聪明，结果因祸得福。"谈到朱自清，说他"性格平和，能容人，所以他那儿人才多。不是像王伦，嫉贤妒能。好妒之人，目标不会高远。但是，王伦能够识别人才，这是一个长处"。

谈到历史上一些思想超前的人物，任先生说："思想太超前，不被当时人认可。东汉的王充就是这样。"

谈到"文革"，任先生说："'文革'时期，考古学没有停滞，有很重大的发现……造神不是一个人造起来的，大家都有责任。"

2001 年，由任先生推荐，我在国图文津街老馆讲了一次《红楼梦》。主持人是蔡萍老师。讲完以后，蔡老师告诉我："任馆长来听讲座了。"我一惊，问蔡老师："任先生现在在哪儿？"蔡老师说："走了。"我说："你怎么没告诉我呢？"蔡老师向我解释说："任先生不让告诉。怕你紧张吧？任先生经常来听讲座。"

从人民大学退休后，带女儿张岩一起去见任先生。因为女儿很想见见这位大哲学家，大概是出于一种好奇心吧。记得有如下的一段谈话：

"退休了，有什么好处？"

"不用老填表了。"

"当年冯友兰先生也不喜欢填表，说是'临表涕零，不知所言'。"

我和张岩大笑。任先生问张岩："笑什么？"张岩回答："这是诸葛亮《出师表》里的话。"

谈到某某老先生新出的大部头史学著作，任先生说："概括力不强，没有抓住主要的东西。要挑主要的讲，看哪些是最重要的。司马迁写《史记》，才60万字，该讲的都讲了，从黄帝讲到当代。就好像搬家，哪些要扔，哪些要留，要抓主要的。"我由此明白，书不是越厚越好，著作的价值与部头的大小没有必然的联系。

任先生常常问起我《太平广记》校勘的进展。可惜，我的进度很慢，先生生前未能看到《太平广记会校》的出版。他说："《太平广记》有用，别人要用。你以前写的那些东西，都没有校勘《太平广记》这么大的意义。"我对任先生说："像《太平广记》这样的项目，我一辈子也就只能做一个了。"任先生说："做一个就够了。"

我自己觉得在图书馆，不适合搞学问。任先生说："要学王阳明，一边做官，一边搞学问。"我心想："我哪能与王阳明相比呢！"最后还是离开了北图。离开后，有一次见到北京大学的袁行霈先生，袁先生惋惜地说："那么重要的一个岗位，你怎么离开了？"我解释说："有行政工作，搞不了研究。"我告诉袁先生，我和任先生的高足、佛教文献研究的权威，也是当时的同事方广锠，建议在北图成立一个研究机构，有学者专门在图书馆搞学问。譬如说20个人。任先生当时没有表态。可能认为时机还没有成熟吧。

讲到研究文学的学者的知识结构，任先生说："光是艺术分析，不搞考证，是缺腿的。"我回想起来，自己经历了几次知识结构的调整，先是从理工科转为文科，接着是从诗歌转为小说，又从文学研究，补了文献学、版本学的课。可以说是恶补。其中就受到了任先生的启发和影响。在国图的几年，我完善了自己的知识结构，也培养了对古籍的敬畏之心。

有一次，我问冯老师，任先生如此高龄，身体是如何保养的。当时任先生有80多岁。冯老师说："每天泡枸杞吃。"我也从此喝枸杞，从2000年到现在。任先生说："枸杞利肝利肾，药性温和，副作用小。"

我给《文史知识》写了一篇文章，谈到重文轻武的历史现象。我问任先生："是不是从隋唐实行科举以后，重文轻武的倾向就越来越严重？"任先生想了一下，说："是从宋朝开始的。"

有一位名气很大的中年学者，写过一本中国文学与禅宗的书，是当时的畅销书。因为我没有佛教知识，就问任先生："您认为这本书写得如何？"任先生淡淡地回答说："他不懂禅宗。"

我去见冯老师和任先生，从来不带东西。倒不是有意脱俗，只是书生不明

世故。只有一次例外，从家乡回北京，带了一盒无锡的三凤桥酱排骨，送给老师尝尝。冯老师说："张国风也学了一点小世故。"说得我不好意思。任先生一笑而已。

任先生生命的最后时光，住在北京医院。我去看任先生。任先生的女儿任远在。任先生说："医院不愿意病人长住，占着床位。"我说："医院考虑的是收益……先秦的法家，认为人与人的关系，只有利害关系。"任先生说："只讲利益，就不能长久。"任远告诉我："你和他谈别的，他就困。你和他谈学问，他就来精神。"我觉得任先生虽然病得很重，又已经是90多岁的高龄，但思维依然非常清晰，非常敏捷。不一会儿，国家图书馆的领导来看望任先生，我就与任先生告辞，退了出来。没想到，这就是我和任先生最后的一次见面，最后的一次谈话。

我的回忆如此琐碎，不成为一篇文章，只是一种记录，希望这些琐碎的记录，能够挽住渐行渐远的回忆。

探前贤之未及　启后学以成规

——追忆任继愈先生对我的教诲

李福禄（山东省东明县政协）

　　"探前贤之未及，启后学以成规"，是我于 2007 年重阳节拜谒任继愈先生时为他书写的一副对联，并署有任老当之的上款。这一联句表达了我对任继愈先生发自内心的敬佩之情，这种敬佩之情正是来自他的谆谆教诲。

　　任继愈先生长我 30 岁，是我的前辈。我 15 岁便回乡务农，后被推荐到师范进修，是"文革"后参加电大自修完成大学学业的，自此后虽有十几年的从政经历，但未忘学习，退二线后更是一心从事地方文史方面的学习与研究。由于学习的缘故慢慢接触到任继愈先生。

　　任继愈先生的大名进入我的视线是 1973 年年底，那年毛泽东主席发出了"认真看书学习"的号召，全国出现了学习的高潮。应这一学习高潮的需要，任继愈先生主编了一部《中国哲学史简编》，我千方百计终于谋求到这部名著。该书共分八章，从奴隶社会写到民国，从孔子写到了孙中山，系统地阐述我国哲学的产生和发展，对孔子以下的历代哲学家、思想家的哲学思想做了客观的评述，对中国哲学史的地位给予了充分的肯定，他以无可辩驳的史实论证了中国哲学萌芽于商周时期并指出，"约与古希腊哲学同时进入了他的繁荣时期，之后延续发展二千余年，产生了许多光辉的唯物主义辩证法和无神论思想，这在世界哲学史上也是少见的"，这无疑是对当时中国哲学在世界哲学史上没有位置的严重挑战，这种挑战体现了任继愈先生大无畏的民族精神。《中国哲学史简编》注重民族文化遗产的传承，他认为哲学家、思想家的哲学思想都是历史产物，都是承上启下的链条，这就从根本上阐扬了中国哲学的民族性和传承性。任继愈先生对历史上的哲学扬弃遵循着唯物主义历史观，体现着他运用马克思主义、毛泽东思想原理与中国哲学发展具体实际相结合的原则，因此这部书对我的影响很大，可以说是这部书引领我学习中国历史、中国哲学、中国的经典。我正是在这部书的影响下，冲破"文革"时期的封闭，如饥似渴地阅读范文澜的《中国通史》，杨荣国的《中国古代思想史》，并在河南大学、曲阜师范学院、菏泽师专等处借阅古文。

任继愈先生还有一部书对我影响更大，那就是《任继愈学术论著自选集》。这部书包括任继愈先生50余篇学术论文，达36万多字，涉及儒道佛三家哲学的方方面面，是一部涵盖广博、研究精深的名著。阅读这部名著使我对儒道佛三家的哲学有了基本的认识，更使我获益的是任继愈先生的治学精神，他敢于开创先河，敢于打破禁区，敢于走前人未走的路，正是这种精神鼓舞着他完成了中华民族哲学史的构建，正是这种精神把中国佛教纳入了中国哲学的体系，也正是这种精神使中国哲学屹立于世界哲学之林。

任继愈先生著述甚多，他编纂了《中国哲学史》《中国佛教史》《中国哲学发展史》等数十部著述，发表了数百篇文章，耄耋之年又主持《中华大藏经》和《中华大典》等中华经典巨著的编辑工作。虽然这一浩繁工程尚未告竣，但他的未竟之业亦由众多的后学继承，人们沿着他开创的道路奋勇向前创造更加灿烂的文化辉煌。任继愈先生以无私的奉献为我们树立了一块学术丰碑，他学为人师，行为世范，不愧是学界的楷模。

我除因阅读任继愈先生的著述而获益受教外，还有长达十几年的多次电话、通信联系和一次登门求教。

缘分始于1995年在山东东明召开的全国庄子研讨会，那时中国社会已进行了20年的改革开放，出现了经济发展文化繁荣的景象。人们感知到文化对经济发展的促进作用是很大的，于是许多地方主办与地方历史文化有关的学术研讨会。当时山东滕州主办了墨子研讨会，任继愈先生参加了。在东明召开的庄子研讨会，向任继愈先生发出了邀请，但由于工作原因，先生未能参加。我有幸参加了会议，会议还印发了我的两篇文稿，会后我受领导委托向任继愈先生通报了会议研究成果，即：与会专家依据东明有庄子为吏的蒙漆园、有垂钓的濮水、有借粟监河侯的河，有著书授徒生儿育女的南华山，形成了东明是庄子长期生活工作的地方，为其故里的共识，但会议也指出了东明属宋蒙的依据还不充分，应加大研究力度。任继愈先生听后，对取得的研究成果表示祝贺。我还告诉任继愈先生，自己想从事庄子里籍、思想的研究，任继愈先生给予了鼓励。自此我按照专家和任继愈先生指出的研究方向加大了学习研究的力度，自 1996 年到 2002 年的 6 年中，先后完成了庄子的普及读物《南华经注》校释、《南华故事选》、文论集《学海泛舟》，还有书法、文学性著作《历代书论阅赞》和《心声录》。其中《历代书论阅赞》是由东明籍学者、河南教授讲师团副团长、《辞源》河南组责任主编穆青田先生作序的，成书前他给我寄来了武汉大学教授刘禹昌先生的《司空图二十四品义证》一书，该书由任继愈先生作序。我认真阅读了该书，十分佩服任继愈先生对该书和刘禹昌先生的评价。特别是对刘禹昌先生渊博的学养、严谨的治学精神充分肯定的同时，强调学术研究本应注重文化的整体性，指出"学术可以分科，但研究者的知识面却不宜过狭，这样才能知人论世，触类旁通"。这里任继愈先生是在说他自己的治学观点，把刘禹昌先生的治学实践作为例证，他说："禹昌从事古典文学教学研究数十年，自少年到耄耋，无一日不读书，无一日不考虑学术问题，日积月累，学问造诣博大而深厚。他是文学史方面的专家，对训诂、考据、哲学都有深厚的修养，对西方美学、文艺、心理学也有独到造诣。"任继愈先生对刘禹昌先生著述的学术成果、写作技巧、语言风格、高尚情操都在论述中上升到治学的高度。这篇《序言》对我的教益很大，为我从事学术研究指明了治学的方向。

出于对任继愈先生的敬仰，我逢年过节总要给任老打电话问候，有时出版或计划出版读物也会给他做个汇报或请示。任继愈先生总是鼓励我多读书、多读经典。2006 年，我曾动念将历代的庄子注疏择其异同编一汇注，电话征求任继愈先生的意见，先生当即答复说不宜选此命题，过了几天，先生就给我来了信，具体阐述了不宜选此命题的原因，阅后，我真正体会到任继愈先生对后学真挚的关爱和极端的负责。先生来信全文如下：

李福禄同志，您好！

来信及书两种收到了。多谢！

经过慎重考虑，我认为《庄子南华经会注》的编撰，困难太大，不宜轻动。因为这一项大工程，不是一个人的力量所能办到的，已有的古今庄子的注释，很多很多，粗粗理一遍，就不容易，从中选出来，汇成一部书，实在不易。

还要选出当代学者的注解。目前不只中国有很多专家的著作，日本、欧美也有很多研究庄子的专著，如果不摸一摸已出版的那些注，我们写成书，他们认为他们早已说过了，又发生知识产权的问题，也会引起麻烦。

因此，我的意见是不宜选择这个课题为妥。

　　此致

　　敬礼

任继愈

2006.10.16

北京图书馆

THE NATIONAL LIBRARY OF CHINA

Address: 39 Bai shi Qiao Road, Beijing, China Telephone: 8315061 Telex: 222211 NLC CN

　　2007 年重阳节，我登门拜见了任继愈先生，他热情地接待了我，耐心地听我介绍在东明召开的第二次全国庄子研讨会的情况和我接受省志命题《庄子志》的编写打算，任继愈先生听后，和善地问起我的学习，我告诉他最近正在阅读古代庄子的注疏，有 20 余部，总觉得时间不够用，任继愈先生说："学问是一种积累，不是朝夕之功。这本书有意义，但写好不容易，先不要动手，要打基础，有几个底子要排查清，对庄子里籍、庄子原著真伪、古今对《庄子》一书的注疏及研究成果都要系统排查，一一掌握，最低标准，大的重要的不能疏漏，在这个基础上进行研究，做到庄子的事情都明白了，才好下笔。"我认真记下了先生的教导。

下午我看望何兹全先生，告诉他《庄子志》写作前我要做功课的想法，他说很好，这是任老给你提出的治学大道，不管《庄子志》早出晚出，我相信你都会有大的收获。

我从北京回来不久接到了任继愈先生的来信：

李福禄同志：

来信和照片收到。多谢！

《庄子志》编写是个艰巨的工程，有意义，但开始动手以前要做的准备工作必不可少，不可贸①然动笔。动笔以前先做一番普查工作。因为不普遍摸清学术界过去、现在的进展情况，有的见解别人已先说过了，已出版了。我不知道，还以为是自己的创见，别人认为抄袭人家的成果，这是应当避免的。

其次，把过去已有的关于庄子的生平，汇集在一起，排排队，庄子生年的前后，有多种说法，这些说法都有当时作者的根据。您的新说，要站得住，必须指出他们的错误何在，为什么不能成立。过去的一般说法，包括前人的，如汉人、宋人，明清学者的各种考证，也要尽量普查一遍。前已解决了的问题，我们当作一个新发现，内行认为我们孤陋寡闻，也不好。

光用庄子书中提到几件事只能是孤证，而且庄子书"寓言十九"，有真有假，不可完全当真。因此要有旁证。著书不难，只要手勤快，肯动脑筋就行。著书能经得起别人的驳难，立于不败之地，就不那么容易。

因此，我建议，动笔以前先到大一点的图书馆普遍浏览一下。比如济南图书馆，就必须去。住在济南，天天看看，前人是怎么说的，他们根据何在，特别是几个大家的有关庄子的生平的著作。如朱子的，王船山的，

---

① 原信作"冒"。

清人的。民国以来，钱穆①、顾颉刚、胡适、梁启超、马叙伦等人的书。然后再动手，就心中有底了。我们这个时代，不能离开图书馆，靠自己买参考书不行。现在新书要看，但不可能买全。新书并不是完全对，也有无知妄说的，下判断还得靠你自己。

　　总之，先普查一遍，然后再动笔，是个可行的方法，提出来供你参考。

　　此致

　　敬礼

任继愈

2007. 11. 13

---

① 原信作"程"。

　　先生在信中给我列出了一个做功课的书单，我按照他的教诲学习、研究，一点一滴地积累着自己的学识，十年才完成《庄子志》的草稿。虽通过了专家评审，但我并不满意，又按照专家的意见重新做功课，又逾三载尚未修改完备。按照任继愈先生的教诲，"著述要经得起历史的检验、经得起专家学者的驳难"的要求，做不懈的努力。

　　"探前贤之未及，启后学以成规"，任继愈先生当之无愧，作为后学决心继承他的精神文化遗产，像他那样博学之、慎思之、笃行之。

《老子绎读》读后

李申（上海师范大学）

任继愈先生四次今译《老子》的工作，受到学界包括社会各界的广泛关注。先生百年诞辰之际，重读先生的《老子绎读》，收益良多。

一

先生早在高中时代，就关注当时学术界关于《老子》问题的讨论。1956 年，为了给保加利亚到北大读书的留学生讲老子哲学，他今译了《老子》，书名《老子今译》。后来又对这个今译本有所修订，称《老子新译》。到 20 世纪 90 年代，巴蜀书社请他主编《中国古代哲学名著全译丛书》，他自己又第三次今译《老子》，命名《老子全译》。由于《老子》马王堆帛书本、郭店竹简本的相继出土，使先生决意重译《老子》，这就是国家图书馆出版社出版的《老子绎读》。

四次今译《老子》，不仅表现出先生对《老子》内容的理解不断趋于深刻，而且语言也不断趋于简练和准确。这里我们无法把四个版本一一比较，只就《老子绎读》和第三次今译本《老子全译》比较，向读者做一简单介绍。

二

《老子绎读》和《老子全译》相比，第一个特点，也是最重要的特点，是对内容的理解更加深刻和准确。

（1）此两者同出而异名。

《全译》：这两者（有形和无形），同一个来源，只是名称不同。

《绎读》：这两者（有形和无形）讲的一回事，而有不同的名称。

评："同出"译为"同一个来源"，字面意思是正确的。然而这个"来源"是什么呢？就是被论述的对象。所以，译为"讲的一回事"，就字面看，似不如"来源"准确；但就内容看，则更加符合原意。

（2）万物作焉而不为始。

《全译》：[任凭]万物生长变化，而不替它开始。

《绎读》：[任凭]万物生长变化，而不加干预。

评："不为始"译为"不替它开始"，字面意思完全正确。那么，是否替它结束呢？老子当然不会这样主张。其实这里老子讲的，实际上也不应是仅仅不替它开始。译为"不加干涉"，符合老子一贯的无为思想，也更加准确地体现了"不为始"的意义。先生还进一步考证，"不为始"，王弼本做"不辞"。辞，古文也写作"嗣"，意义同"司"，本来有"管理""干涉"的意思。这就进一步为自己的理解找到了版本上的根据。

（5）（天地之间，其犹橐籥乎？虚而不屈，）动而愈出。

《全译》：愈排除，它产出愈多。

《绎读》：愈挤压，风量愈多。

评：这里"动"的是风箱。风箱动，就排出空气。所以译为"排除"，也是正确的。相应于后面的"愈"字，这里加"愈"，也是完全正确的。"愈出"，译为"产出愈多"，也是正确的。问题是，这里讲的是风箱，"排除"，如何排除？后世较为进步的风箱，是推拉式的。老子说的"橐籥"，则是一个不断被挤压的皮囊。不论哪一种，要能使其中不断地向外供风，靠的都是挤压。所以把"动"译为"挤压"，就更加准确。"产出愈多"，虽然不失"愈出"本义，但出的是什么？也不明确。译为"风量愈多"，字面上离开了"出"字，但更进一步说明了"出"的是什么，因而也更加准确。

（6）是谓天地根。

《全译》：叫作天地的根。

《绎读》：是天地之根。

评："叫作"天地的根，那么，它是不是天地的根呢？显然，这里的"是谓"译为"就是"，应该更加符合原意。

（9）功成身退。

《全译》：功成身退。

《绎读》：功成快抽身。

评：功成身退，是今天也被经常提及的话题，而且几乎成为成语，似乎大家都明白。但"身退"是主动退，还是被动退？早退还是晚退？都有许多含混、不明确的地方。而从古以来，不少人就是在这样的犹豫中，坐失良机，甚至遭遇祸灾。译为"快抽身"，不仅意思明确，表现出主动、适时的意义，甚至具有非常形象的效果。对人们的行为，具有直接的指导意义。也是更加深刻地理解和表现了老子"功成身退"的本来意义。

（13）吾所以有大患者，为吾有身。及吾无身，吾有何患？

《全译》：我所以有大患（虚荣），由于有了我的身体；若没有我的身体，我还有什么祸患呢！

《绎读》：我所以有患得患失毛病，由于遇事总是考虑自己。若不考虑自己，我还有什么忧患呢？

评：这一篇前面讲的是宠辱问题。所以把"大患"译为"患得患失"，就比译为"祸患"为宜。"有身""无身"，古来也都是把"身"看作自己的身体。然而，大患虽然可以说是因为"有身"，可是如何才能做到"无身"呢？就是死亡，可以说是无身了，难道就没有祸患了吗？死后遭人批评甚至咒骂者，并不是少数，所以无身也难以避免祸患。因此，把"有身""无身"理解为身体的有无，不仅这里难以说通，和前面的意思也不连贯。像《绎读》理解为"考虑"还是"不考虑"自身的得失，不仅是思想境界提高了一层，也更加符合原意。一个不考虑自己得失荣辱的人，是不会患得患失的。

（21）惚兮恍兮，其中有象；恍兮惚兮，其中有物。

《全译》：它是那样的惚恍啊，惚恍之中却有形象；它是那样的恍惚啊，恍惚之中却有实物。

《绎读》：它是那样的惚恍啊，惚恍之中是它的形象；它是那样的恍惚啊，恍惚之中是它的实体。

评："其中有"译为"（惚恍或恍惚）之中却有"，文字是挑不出毛病的。问题在于，之中"有"形象，"有"实物，那么，还有没有别的？而且"惚恍"或"恍惚"本身又是什么？《绎读》译为"之中是"，并且明确指出是"它的"，对于《老子》本义的理解就又深入了关键的一步。就是说，"惚恍"或"恍惚"本身，就是道的形象，是道的实体（物）。综合《老子》书中说道"视之不见""听之不闻"云云，把"其中有"译为"之中是它的"，就更加符合《老子》本义。

（42）道生一，一生二，二生三，三生万物。

《全译》：道产生统一的事物，统一的事物分裂为对立的两个方面，对立的两个方面产生新生的第三者，新生的第三者产生千差万别的东西。

《绎读》：宇宙原始处于混沌状态，混沌开始分化，分化再分化，产生千差万别的东西。

评：道生一生二生三，是古往今来多少注释家都特别关注的焦点之一。一、二、三都意味着什么？可说注释家们都只能凭借当时所能找到的思想材料，加以猜测。比起《周易》中说的"太极生两仪，两仪生四象，四象生八卦"中的两仪、四象，猜测的难度更大，因为它仅仅提供了数字，而没有任何提示，比如"仪""象"之类。要在天地之间找到和一、二、三、四这些简单数字相对应的事物，可说是手到擒来；然而擒来的种种不同，就说明擒来的这些可能都不正确。《绎读》抛开了对这些具体数字的猜测，用"混沌"不分解释"一"，用"分化""再分化"说明二、三，把二、三不是当作分化出来的东西的数量，而是当作分化的步骤：第一步、第二步。不能说这个解释就一定符合《老子》本义，但至少说，是为理解生一生二生三，提供了一条全新的思路，而免除了许多无谓的、搜肠刮肚而且不会准确的猜测。

（47）不窥牖，见天道。

《全译》：不望窗外，能认识天道。

《绎读》：不望窗外［的天空］，能识天道。

评：窗外的事物很多，不望什么？《绎读》做了进一步交代：天空，因为那里是天道的主要所在地。

（49）善者吾善之，不善者吾亦善之。

《全译》：百姓的意志，善的，我认为它善；百姓的意志，不善的，我也当作它善。

《绎读》：百姓的意志，善的，我好好对待它；百姓的意志，不善的，我也好好对待它。

评：不善者吾亦善之，译为"不善的，我也当作它善"，字面的意思也不错。然而，把不善的也当作善，就有点不分是非了。《绎读》改为"好好对待它"。不善的，我未必赞同、照办，但也要好好对待，这是一个好的统治者的正确作法。在今天，也有借鉴的意义。这样地理解《老子》，就更加深刻，也更加趋近本义。

又：圣人皆孩之。

《全译》：圣人都使他们像无知无欲的婴儿。

《绎读》："圣人"像对待婴儿那样对待百姓。

评："皆孩之"，译为"都"和"无知无欲的婴儿"，是正确的。问题是，即使圣人，能否做到"使他们（成为）"？这是不可能的。《绎读》改为"像对待婴儿那样"，这是可以做到的，也当是符合《老子》本义的解说。

（70）夫唯无知，是以不我知。

《全译》：由于人们的无知，他们不能了解我。

《绎读》：由于人们的无知，彼此难以沟通。

评："不我知"译为"不了解我"。字面意思也完全正确。问题在于，"不了解我""不理解我"，有多重含义。在今天，更是常常被许多人挂在嘴边的话。究竟是怎样的不了解或者不理解，就不免多生歧义。译为"彼此难以沟通"，不仅明确指出了"不我知"是怎样的一种不了解，也更深刻地体现了老子以有道者自居的苦闷和无奈。

三

类似的例子还有很多，不再列举了。除了准确和贴切之外，这个译本还有以下几个特点：

首先是语言更加简洁。比如（45）"大辩若讷"。《全译》：最好的口才好似不会说话；《绎读》：好辩才好似木讷。省掉四个字。《全译》本中的虚字，能省掉的，几乎都省掉了。在这个地方，如鲁迅先生所说，把可有可无的字句全部去掉，也是《绎读》本的目标。

第二是用词更加准确。比如"民"，《全译》"人民"，《绎读》多改为"百姓"。"天下"，《绎读》多改为"全国"或"国家"。"国"，《绎读》多改为"城镇"。这些改动，也都更加符合历史状况。

第三个特点是语言更加通俗易懂，甚至使用日常生活中的俗语或常语。如（28）为天下式。《全译》："天下的轼。"但"轼"是什么？一般人也难以弄懂。《绎读》改为"平凡的工具"，就使意思更加明白。（73）勇于敢，则杀；勇于不敢，则活。"则杀"，《全译》本译为"就会死"，《绎读》译为"是找死"。"找死"，是日常的俗语，说明这种行为十分危险。不仅意思更加准确，也为读者容易理解。（67）舍后且先，死矣。《全译》将"死矣"译为"结果只有死亡"。比较文雅，但缺乏力度。《绎读》将"死矣"译为"死定了！"不仅准确传达了作者的意思，而且体现了作者在这里所表现的感情力度。

《老子绎读》的有些句子使人感到，那里不仅有着先生对《老子》的深刻理解，也体现着先生自己对于人生的深刻体验。如（28）"知其白，守其黑"。其"守其黑"，《全译》作"却安于暗昧的地位"，《绎读》译为"却安于沉默的地位"。使我立即想起了我们研究生入学时先生告诫我们的："如果处于不能讲话的地位，可以不讲，但不能乱讲。"该章"知其荣，守其辱"。《全译》将"知其荣"译为"深知什么是荣誉"，《绎读》则作"看透了荣誉"。"深知"变为"看透"，可说是入木三分。

先生去世以后，我一遍遍地翻阅先生的《老子绎读》。绎，抽丝也。找到丝头，然后随着丝本身的绪路，把丝理顺。所谓"绎读"《老子》，也就是找到《老子》思路的头绪，把它本身的意思理顺，准确传达出《老子》的意思。而我在翻阅的过程中，深深感到，《老子》的今译本可谓多矣，然而像先生这样的准确而贴切的译文，实在是不多见。我试着在先生的文字之外，换一种译法，也不是不可以，但对比起来，就是不如先生的译文朴实和贴切。

任继愈先生与国图敦煌遗书

方广锠（上海师范大学）

从1910年清政府学部将从敦煌押运进京的敦煌遗书交由中国国家图书馆①保存以来，国图收藏敦煌遗书的历史已跨入第二个百年。任继愈先生始终对敦煌遗书、国图所藏敦煌遗书及其整理工作极为重视，从1984年起，即指示、指导我从事敦煌遗书的整理、编目；进而组织团队，为国图敦煌遗书的修复、编目、出版付出巨大的心血。现国图敦煌遗书的编目、出版工作已基本结束：馆藏敦煌遗书的图录，即《国家图书馆藏敦煌遗书》总146册已全部出版；《中国国家图书馆藏敦煌遗书总目录》正在陆续出版。原计划中的书法与彩版专题正在加紧筹划。国图敦煌遗书的修复也取得巨大成绩：创新性的修复理念与方法被世界同行认可并逐渐推广，大批遗书已经被修复。

本文拟对任先生怎样组织与指导我们对国图敦煌遗书进行整理做一个简单的回顾，以此纪念先生百年冥寿。

一、缘起

要讲任先生就敦煌遗书对我的指导，要追溯到1983年。

---

① 清宣统元年（1909），张之洞（1837—1909）掌学部，奏请设立京师图书馆。9月9日，清政府准奏，京师图书馆开始筹备。但未及开馆，清朝便颠覆。1912年民国政府成立，京师图书馆由教育部接管，继续筹备。1912年8月27日，京师图书馆在北京广化寺正式开馆。1928年6月，国民政府定都南京，北京改名为北平。7月18日，京师图书馆奉大学院令改名为"北平图书馆"。1949年10月1日，中华人民共和国成立，北平改名为"北京"。北平图书馆移交文化部，改名为"北京图书馆"，英文馆名为"The National Library of China"。1998年12月12日，经国务院批准，中文名改为"国家图书馆"，对外称"中国国家图书馆"，英文馆名不变。

本文为行文方便起见，除特别需要之外，不区分不同历史时期的不同名称，一概称之为"中国国家图书馆"，简称"国图"。

1983 年夏天，中国敦煌吐鲁番学会在兰州宣告成立。作为签名上书、呼吁成立学会的 40 多位学者之一，任先生参加了这个成立大会。我则因为一个偶然的机遇，也参加了这次会议。

所谓偶然机遇，是因为当时我的专业方向是印度佛教研究，并没有进入敦煌学领域，自然没有参加这个大会的资格。但恰巧当年夏天在敦煌有一个关于佛教因明的研讨会，我被邀参加。而我的硕士导师黄心川先生接到了参加兰州会议的邀请，但他因为某些原因不想参加，就把邀请信交给我，说：两个会议的时间刚好能够衔接，你就代表我去参加吧。这样，敦煌的因明会结束以后，我就来到兰州。由于自己的兴趣是印度佛教，所以到了兰州以后，首先挤出时间与杨化群先生一起跑了一趟甘南拉卜楞寺，目的是想寻访嘉木样一世撰写的《大宗派源流》。据法尊法师介绍，那是一部讲述印度佛教史的藏文典籍，是藏文中论述印度佛教的三部著作中最为重要的一部（另两部是《多罗那他佛教史》与《布顿佛教史》），且唯有此书，至今尚无汉文译本。此前我刚刚学了一年藏文，此时想把这部著作翻译成汉文，通过翻译更多地掌握印度佛教史的资料，并进一步提高自己的藏文水平。但拉卜楞寺之行没有能够得到这本书，我们怏怏返回兰州。杨化群去塔尔寺，我则参加中国敦煌吐鲁番学会的成立大会。

虽说敦煌名气很大，虽说我对莫高窟、敦煌遗书、外国探险家盗宝之类的故事耳熟能详，但毕竟自己的专业不是敦煌学，且仅代替黄先生参会，所以对会议本身没有很重视。记得会议开始，我与李正宇、荣恩奇三人住招待所同一间房。荣恩奇向我承诺，任何时候都可以到他担任馆长的敦煌博物馆考察所藏的敦煌遗书原件，我则哼哼哈哈答应之。等到自己后来到各地从事敦煌遗书调查，真正切身体验到查看原卷之难，才为当时未能抓住机会去考察敦煌博物馆所藏敦煌遗书而后悔。

会议期间，任先生由张新鹰陪同，住在兰州宁乐庄。不巧，张新鹰病了，要提前返回北京。他与我商量，让我代他陪同任先生并陪护任先生返京。我自然义不容辞，于是从招待所搬到宁乐庄。会议期间，任先生除了开会就是看书、写文章，几乎没有聊天的时间。但返回北京的火车上，我经常到任先生的软卧去聊天，先生给我讲了敦煌遗书的来龙去脉，特别讲了敦煌遗书在佛教研究中的价值。这时候，我才真正对敦煌遗书重视起来。会议期间看的一些论文、听的一些发言，犹如埋下的种子，此时这颗种子渐渐在心里抽芽。我后来在《敦煌佛教经录辑校》①的"前言"中谈到过这段经历。

1984 年，我考取任先生的博士研究生，跟随任先生攻读佛教文献学。先生给我的任务，是一号一号清理敦煌遗书，找出未入藏佛教文献，以为正在编纂的《中华大藏经》所用。有关情况，我在《任先生是怎样培养学生的》一文中有简单记述：

> 原来以为这个任务并不难，按照现有敦煌遗书目录进行核对、整理，列出未入藏佛典目录即可。但真正动手才知道，现有的敦煌遗书目录，实在不足以反映敦煌遗书的现实，无法真正依靠。这才明白先生为什么让我一号一号去整理。于是我开始一号一号地阅读、记录、整理、研究。

> 在整理的过程中，深感没有一个完整、翔实、编排科学的目录，对研究者从事相关课题研究是多么不便。敦煌遗书又是中华民族如此重要的珍贵文化遗产，于是萌发自己编一个敦煌遗书目录的想法。我把这个想法向先生汇报，先生非常支持。但敦煌遗书数量巨大，编目工作量非同小可。先生当即决定，由我招聘一名助手，工资由他设法解决。80 年代中期，一个文科博士研究生，可以有自己的专用助手，我大概是绝无仅有的一个。接着，先生又向季美林先生、宁可先生打招呼，在中国敦煌吐鲁番学会为敦煌目录立项，给予 1 万元课题经费。80 年代中期，那是一笔大数字。

> ……

> 开始，我的工作依靠台湾出版的《敦煌宝藏》进行。但是，深入工作才知道，光凭图版无法真切把握敦煌遗书。北京图书馆收藏大量敦煌遗书，能否与北图合作从事这项工作呢？我向北图的有关人士提出，最终未能有积极回音。没有想到，1987 年，先生被任命为北图馆长。1988 年，我博士毕业。1989 年，先生把我调到北图，任善本部副主任。从而为北图敦煌遗书编目铺平了道路。1990 年年底，北京图书馆敦煌遗书的编目，克服种种障碍，正式启动。但工作量大，缺少人手，依然是一个巨大的困难。最终，这个困难依然是在任先生支持下得到解决，使编目工作得以顺

---

① 方广锠：《敦煌佛教经录辑校》，江苏古籍出版社，1997 年。

利展开。①

我曾经说过，国图敦煌遗书的工作，"没有任先生创造的条件，是不可想象的"，完全是一句大实话。

二、四个阶段

任先生组织的国图敦煌遗书的整理，迄今为止，大体可以分为四个阶段：

（一）1984—1990 年

如前所述，自从跟任先生攻读博士学位开始，先生就给我指定了整理敦煌遗书这一任务，并由"中华大藏经编辑局"出资为我配备了助手。依据最近从我书库翻寻出来的资料，我当时先后聘请过两位助手，一位叫王子温，一位叫李瑷云。至于当时编目的具体情况，我在《任先生是怎样培养学生的》一文中已经有所叙述，在即将付印的《中国国家图书馆藏敦煌遗书总目录·馆藏目录卷·序》中还会谈到，为节省篇幅，此处不赘。

（二）1990—2004 年

1989 年 3 月，按照任先生的安排，我从中国社科院调到国图，任善本部副主任。这样，依据原卷推进《国图敦煌总目录》的可能性便浮现出来。在馆长任继愈先生的提议与支持下，《国图敦煌总目录》项目开始提上议事日程。根据目前资料，从敦煌遗书入藏国图以后的数十年间，国图已经为馆藏敦煌遗书先后编过 8 个目录。这 8 个目录总计收入敦煌遗书约达 11000 号，约占国图敦煌遗书总数的 66%。此时计划编纂的则是第 9 个目录，拟将国图藏敦煌遗书全部纳入。所以，新的敦煌遗书的编目工作本身既属于国图对馆藏藏品应做的基础工作，也是赓续国图前辈的编目工作而发扬光大。

编目的准备工作，从 1990 年年初善本库搬库工作结束后陆续开始。我们首先清理藏品，并把相关资料全部集中到敦煌库中。比如 1990 年 8 月初，把

---

① 方广锠：《任先生是怎样培养学生的》，原载《社会科学论坛》，2009 年 10 月。收入《我们心中的任继愈》，中华书局，2010 年；又收入《随缘做去　直道行之》，国家图书馆出版社，2011 年。

韦力、拓晓棠所著《古书之媒》（广西师范大学出版社，2014 年）对我如何进入敦煌学领域、由谁指导从事敦煌遗书的编目与研究，有完全不同的另一种描述，可与本文对照、参看。

原来散存在新字头柜中的简编号遗书取出登记，集中存放。同年 8 月 16 日，把原来存放在战备书库中的新字号敦煌遗书共 29 号、唐卡（佛画）4 幅提存敦煌库。紧接着，我与杜伟生、王扬等几位同仁一起，用大约一周时间把年初善本书库搬家时新发现的两箱敦煌遗书残片①逐一清点、分类，做简单登记。1990 年 10 月，清点了当年京师图书馆时期、北平图书馆时期所编纂的各种馆藏敦煌遗书目录的稿本及当年写经组留存的各种资料。

由于国图不少敦煌遗书残破较甚，故编目之前，必须先解决敦煌遗书的修复，否则编目工作无法正常开展。我把有关情况向任先生汇报，先生指示我，这是一件大事，务必谨慎，只能做好，不能做坏。他让我多听取老专家的意见，并特别指出，冀淑英先生是这方面的专家，有着丰富的经验，要多听她的意见。于是我出面组织了多次敦煌遗书修复论证会。会上，冀淑英、丁瑜等先生对开展敦煌遗书修复工作大力支持并提出指导性意见。善本部图书修整组组长杜伟生同志刚从英国图书馆参加敦煌遗书修复回来，也带来国外的经验与他的思考。国图敦煌遗书修复工作的顺利开展，为敦煌遗书编目工作的开展奠定了坚实的基础。关于国图敦煌遗书修复的情况，在我的《中国国家图书馆藏敦煌遗书总目录·馆藏目录卷·序》中有所记述，为节省篇幅，此处不赘。

由于善本部人手不足，按照任先生的指示，我与国图敦煌吐鲁番资料中心协调，决定编目工作由双方合作进行。1990 年 12 月 25 日，编目工作正式开始，任继愈先生在编目成员全体会议上做了动员讲话。

任先生指出，担任国图馆长以来，看到国图保存着许多珍贵资料，但因为没有整理编目，不能公布使用，常以为忧。现在已经具备对敦煌遗书进行编目的条件，感到很高兴。这一编目工作对国内外都会产生重大影响，而且只有国图的工作人员才有条件承担这一工作。我们应该把它做好，承担起这一责任。

他说，讲到善本，传统重视经史子集。但佛教、道教也是中华传统文化的组成部分。清朝编纂的《四库全书》虽然庞大，收入佛教典籍只有 13 部 300 多卷。实际上佛教典籍远远超过这个数字，仅《赵城金藏》就收经 7000 卷。所以，以往对传统文化的观点需要改变，要重视对佛教典籍的研究。敦煌遗书

---

① 关于这两箱埋没达 60 年之久的敦煌遗书的"再发现"经过，可参见拙作：《两箱敦煌经卷残片的再发现》，原载台湾《南海》杂志 1998 年第 9 期。略加删节后收入《随缘做去，直道行之》，国家图书馆出版社，2011 年。未删节原文可见本人博客"水源之行"（http://blog.sina.com.cn/s/blog-53c23f390100095t.html）。此外还有另一种说法，则可参见前述《古书之媒》。

中佛教典籍较多，有必要先做好这一部分的工作。现在的编目，就属于基础性的工作，既是对馆藏藏品的基础工作，也是对佛教典籍的基础工作。

他要求参与者不但要学习佛教知识，还要学习隋唐史，要熟悉隋唐的社会，要练就扎实的基本功。希望参加这项工作的年轻人要有长远的眼光，不要急功近利。对自己的发展要有一个规划，要培养自己发展的后劲。他说，参加敦煌遗书编目，实际上就是为自己将来的发展培养后劲。

最后他强调，集体劳动要注意职业道德。不能公布的东西不公布，不能发表的东西不发表。世界很多单位都有类似的规定，要遵守这一规定。不要沾染抢先发表资料的坏学风①。

肇创初始，工作环境比较艰苦，犹记得春节前那段时间，资料中心的同志黎明、尚林、李德范、李锦绣、孙晓琳等同志克服种种困难，顶风冒雪赶到紫竹院新馆，在狭小的办公室中参加编目的情况。后来由于种种原因，除了黎明同志外，资料中心的其他同志不再参加。再后来，黎明同志从敦煌资料中心正式调归善本部。

编目工作开展后，工作量大、人手不足的矛盾严重凸显。根据这一情况，任继愈先生决定从"中华大藏经编辑局"抽调人员，参与国图敦煌遗书目录的编纂。先后调来的有赵瑞禾、陈刚、张桂元、牛培昌、余岫云、马彤谨、苏燕荪等。这些人大多是退休人员，唯有最年轻的牛培昌先生是返城知青。其中张桂元女士原是退休工人，其后为了敦煌遗书几乎投入后半生的精力。她虽然只有高中学历，但勤奋努力、细心周全，后来成为我们编目工作的主力之一。她虽然终生没有写过什么专著或论文，但通过长期接触原卷，实际已成为敦煌遗书编目的专家。拿起一件敦煌遗书，她便可以大体鉴别真伪、判定年代，有时可以根据笔迹，大体判定某号残卷属于什么文献，有些遗书甚至可以说出是哪个写经生写的。赵瑞禾先生是青海回京的退休教师，工作执着认真，一丝不苟，一直坚持到著录初稿全部完成。陈刚先生原为武警军级干部，当时已将近70岁，每天与其他工作人员一起朝九晚五，勤勤恳恳，一纸一纸地量，一字一字地抄，一段文字、一段文字地查核原文。诸位先生原来对佛教都不了解，而国图敦煌遗书绝大部分为残破佛经。当时还没有电子版大藏经，我们的工作全部靠人工查阅《大正藏》。为了核对那些残卷到底属于哪部经典，先生们翻

---

① 1990年12月25日任先生讲话，据李际宁记录稿整理。

烂了一部《大正藏》、一部《大正藏索引》。"中华大藏经编辑局"条件有限，给予的待遇非常菲薄，每月只有几十元的补贴。但先生们出于对民族文化的热爱，不计报酬，不辞辛劳，执着地投入这一工作，并以今生能够参加这样的文化工程为荣。后来，"中华大藏经编辑局"聘请的工作人员中有一位老先生因脑溢血逝世，我担心陈刚先生年龄较大，身体又不是很好，经受不了我们这样高强度的工作。经再三动员，他才很不甘心地退出这一工作。其后，还经常抽空来看看，来坐坐。由于善本部本身参加这项工作的人员有限，所以《国图敦煌遗书条记目录》的初稿，绝大部分由这些先生完成。这些初稿至今完整保存在我家，看着上面工工整整的铅笔字，私心区区，实不能已。

我于1993年5月调离国图，回到中国社科院。离开前，与善本部签订协议，承诺继续承担编纂《国图敦煌总目录》工作；善本部则承诺给予我在馆时同样的工作条件。该协议经当时主持工作的唐绍明常务副馆长签字生效。此后，我经常到国图去，由于解脱了行政职务，可以安心从事编目。有一段时间，因为家住得较远，又需要集中工作，国图还在招待所给我安排了一间宿舍。但我毕竟已经不是国图的工作人员，许多具体的事情更多地由李际宁挑起重担。其后李际宁担任善本部副主任，工作担子更重，但对《国图敦煌总目录》的编纂从不松懈。黄霞同志除了参与编目外，一直负责敦煌库的管理，在保证敦煌遗书安全方面，做出重要贡献。遗憾的是同样做出重要贡献的黎明同志其后辞职离馆。

大约在20世纪90年代中期，《国图敦煌遗书条记目录》的初稿全部完成，国图敦煌特藏的主体部分均已著录，当时能够查得到的文献，大体均已查出，并对部分文献做了录文。

初稿完成以后，到2004年《国家图书馆藏敦煌遗书》（大型图录）编辑以前，我们做了这样一些工作：

（1）将全部铅笔手写目录初稿录入电脑；

（2）对初稿原稿与电脑录入稿进行反复校对；

（3）设计数据库，将电脑稿输入数据库；

（4）在数据库中对著录数据进行规范与整合。

1997年，我提出的《敦煌遗书总目》被中国社会科学院列为重点项目，社科院先后两次，共计给予12万元课题资助。国图敦煌遗书目录实际是《敦煌遗书总目》的一个组成部分或阶段性成果。社科院这笔费用的拨付使上述输入计算机、建立数据库等工作成为可能。

这一阶段中，在任先生的主持下，国图与江苏古籍出版社合作，出版大型图录《中国国家图书馆藏敦煌遗书》，1999 年出版了五册，2001 年又出版两册，总计七册。配合图录的出版，对相关遗书的条记目录进行修订，纂为定稿。遗憾的是，由于种种原因，这一合作未能继续。

（三）2004—2012 年

2004 年下半年，在任继愈先生的推动下，在时任国家图书馆馆长詹福瑞先生、副馆长陈力先生，时任善本部主任张志清先生的大力支持下，国图敦煌特藏图录的出版再次启动，成立了专门的编辑委员会与出版工作委员会，由任先生担任主编，将图录定名为《国家图书馆藏敦煌遗书》，由北京图书馆出版社负责出版。

2004 年 12 月 21 日，时已 88 岁高龄的任继愈先生与参加图录编纂工作的全体人员见面，并讲了如下一番话：

  ……文化建设不能那么快就看到明显的效果，可是有所感觉。看报上深圳地铁开通，几十万人挤啊，挤来挤去。咱们看挤公共汽车，一拥而上。有力气的就捷足先登，老弱就被挤下来了。诸如此类。排队时加塞啊，司空见惯。民族文化品位真正地提高不是很快就能够见效，要长期积累才行。不长期积累，光靠突击恐怕不行。搞卫生，大扫除，扫除一阵也就行了。但经常讲卫生，养成讲卫生的习惯，一个民族那才是干净的。我们到日本，那里平常就比较干净，不是客人来了打扫打扫才干净。我们这个工作，说大了是改善我们中华民族文化品位的工作。这个工作当时看不到效益，效益在若干年以后慢慢才开始出现。这是慢工，不是速效化肥，投上几天以后苗就返青，就旺了。没有那种效果，但非常重要。

  现在我们国家，文科没有受到足够的重视，文科建设也没有受到足够的重视。现在我们印刷出版敦煌遗书是开始重视文科的表现，引起注意了。

  我们这个工作意义比较重大，因为它是中华民族文化建设不可缺少的一个部分。文化建设先行部分就是积累资料。这又是一个第一步，就是积累数据。积累资料就好比打仗要粮草先行。文化的粮草就是积累数据。看来，真正的文化高潮大概你们到了中年以后才赶得上，这个世纪的中叶就会看到一些苗子。现在我们做一些准备。就因为开始做准备，这个意义就比较大了。人家还没有注意，我们先走一步，这是很值得自豪的一件事情。

再一个是大家都很敬业，这一点我也很佩服。比如我知道黄霞同志并不热爱这件事，但她的敬业精神非常好。这一点我有同感。我来图书馆时，本来想干个两三年就回去了。但来了以后看回不去，既然来了就尽心尽意地做这件事情。（方插话：黄霞倒不是不热爱敦煌。干了这么多年敦煌，她对敦煌非常有感情。但她对佛教没有兴趣。）

大家还要认识到，我们这个工作没有什么显著的引起社会重视啊，出名啊。不像别的人那么照耀啊，那么光辉啊，灿烂啊，没有那种情况。这个要耐得住寂寞。我记得我们编《中华大藏经》，方广锠也在，先后有十二三年呐，106本。那个书我是主编，大家看书上，没有我的名字，没有出现过。与中华书局订合同时，甲方、乙方，当然有我的名字，那是合同上的，书上没有。最后出目录的时候，讲编纂经过，才提到我怎么参加的，书上也没有。要为了出名的话，花十几年搞这个事情，划不来。实际上我们是为中华文化做贡献，这是我们感到很安逸的地方，这比什么鼓励都好、比什么奖励都好。我们为中华文化出了一分力量，出的力量还是比较长远，很不容易。现在有些流行的书，寿命也就是三五年，甚至于出版以后马上就不行，就销毁了，这样的书很多。我们的书不是这样的，是经得起时间考验的。所以不要求速效，求实际的。方广锠同志念博士学位的时候，一般是三年毕业，毕业以后打算怎么怎么了。他的工作没有完，论文做起来也不大踏实，他就延长一年，晚毕业。为了这个晚毕业，工作做得挺好。他也没有计较这些。我觉得这很好。人要拿点奉献精神才行。大家要认识这件事情的意义，大家共同共事，对文化建设做一份应尽的工作。这件事，我觉得说伟大也够伟大，说平凡也够平凡。就是这么一件工作，很值得做一做。

现在有这么个机会，国家肯拿出钱来做这件工作。咱们就兢兢业业地把它做好。很高兴看到大家这么认真负责地做这件工作。我也很愉快，了一件心事，完成一件任务。全世界等着我们这个呢，英国、法国都有了，我们的还没有拿出来。而且我们加了一个说明提要（方按：指图录所附《条记目录》），很有意义。这个有什么意义？他们都没有这个东西，我们有。他们是印出来就完了，我们是拿了我们的判断、加上说明，等于一人一个户口本，他的职业、年龄，等等。一般的就是一个相片，贴一张相片，而我们有职业、年龄，等等，多了一点。顾炎武说著作不一定要求多，要"必古人之所未及就，后世之所不可无"者，这样的任务做起来就有意义。《日知录》那本书一条一条的，后来他自己发现前人已说过的，就删掉一些，不是越厚越好。咱们也不要赶时髦。咱们的这件工作就是前人没有来得及做的，后人非做不可的，我们做了这么一件事情。这不是意义很重大吗？这不是很好吗？报材料写什么"填补了空白"，那是随便一说，什么叫空白？咱们这个事情真的是个空白，因为从来没有嘛，外国也没有过，咱们开始做，这就很好嘛。做点实际的，不要图虚名。做一点实事，心里就很踏实。这就不容易。我就这么个想法。少做些后悔的事，心里就健康了，就踏实。做些遗憾的事情，心里也不踏实。

这里谈一点初步的想法。大家要苦几年，把它做完。希望大家共艰苦、共甘苦、共患难。有什么难题，共同解决，一定把它做好。大家有什么要求、愿望，提出来，我愿意为大家服务。不能在第一线像你们那样艰苦地工作，我摇旗呐喊、帮帮忙、协助协助还是可以。做些力所能及的工作，让我们大家共同做好。①

那天先生开始讲话以后，我才想到应该录音，所以该录音缺失先生讲话的开头部分。先生在讲话中阐明了这项工作在中华文化建设中的价值与意义。强调要不务虚名，耐得寂寞，不企求荣誉与光辉，唯求为中华文化做一点实实在在的奉献。强调不求速效，唯求实际。并针对新组班子中大多数人以前没有接触过敦煌遗书，特地以黄霞同志为例，提倡敬业精神。

配合图录的出版，我们再次对照馆藏敦煌遗书原卷将《国图敦煌遗书条记目录》草稿逐一全部核对，解决遗留问题，正式纂为定稿。2004年，在征求任先生意见之后，我从中国社科院世界宗教研究所调到上海师范大学，上海师范大学将《敦煌遗书总目》列为特别资助项目。为了让我有更好的条件做好国图敦煌遗书的工作，2005年，经任先生推荐，国家社科基金将《中国国家图书馆藏敦煌遗书总目录》列为特别委托项目。2007年，任先生又同意减轻我在《中华大藏经》承担的工作，以便集中精力来完成国图敦煌遗书整理编目工作。

---

① 任先生讲话，据录音整理。

2009 年 7 月 11 日，任继愈先生辞世，这对我们是巨大的损失。我们按照先生的教导，不讲名、不讲利；讲工作、讲奉献；不求速效、唯求实绩，继续一步一步地将这项工作推向前进。

2012 年 6 月，大型图录《国家图书馆藏敦煌遗书》146 册全部出齐，标志着第三阶段顺利结束。

（四）2012 年—现在

这一阶段主要进行《中国国家图书馆藏敦煌遗书总目录》的定稿与编纂。《中国国家图书馆藏敦煌遗书总目录》共分四卷。分别为：《中国国家图书馆藏敦煌遗书总目录·馆藏目录卷》《中国国家图书馆藏敦煌遗书总目录·分类解说卷》《中国国家图书馆藏敦煌遗书总目录·索引卷》《中国国家图书馆藏敦煌遗书总目录·新旧编号对照卷》。其中《中国国家图书馆藏敦煌遗书总目录·新旧编号对照卷》约 150 万字，已于 2013 年 4 月由中国人民大学出版社出版。《中国国家图书馆藏敦煌遗书总目录·馆藏目录卷》约 1600 万字，最近即将付印。下余两卷，我们正在努力工作，争取早日完成。

如我在《任先生是怎样培养学生的》一文中所说："先生在编纂北图敦煌遗书图录、目录的指导思想方面，给予很多具体的指导。他多次指出：我们做的是工具书，一定要详尽、扎实、正确。不但要让使用者信得过，而且要让人家用得方便。要我在这方面多动动脑子。他还反复强调指出：'工作要精益求精。不做则罢，做就要做到最好。做过的工作，不要让后人再做第二遍。'这些年，我们的图录、目录编纂工作就是在先生的上述指导思想下展开。北图的敦煌遗书，哪怕一些很小的残片，乃至背面揭下的古代裱补纸，只要有文字，一律收入图录。北图的敦煌遗书目录，将遗书上各种信息，依照文物、文献、文字三个方面，尽量予以著录。就文献而言，我们尽力对遗书上的每一行字都有所交代，以尽可能为研究者提供有关信息。"总之，从 1984 年到 2009 年，25 年中，我们的每一步工作，都是在先生的指导、支持下完成，有什么困难，都是先生为我们解决。

三、为新文化建设积累资料、培养人才

1964 年，任先生受命组建中国科学院社会科学部世界宗教研究所。他为

宗教所确定了八个字的办所方针："积累资料，培养人才。"我认为任先生组织、指导、支持国图敦煌遗书的整理，依然贯彻了他的这一方针。

为什么要"积累资料"？任先生对此有深刻的思考。他说：

> 我们自己几千年的历史经验证明，建立新国家，首先应该发展生产，然后才是文化建设、思想建设……

> 新中国建立刚五十年，目前我们正处在承先启后、继往开来的伟大转折时期。二十一世纪将是经济有长足发展、建设有中国特色的社会主义、多民族统一大国取得成效的时期。我们"继往"，继的是五千年文明灿烂之"往"；我们"开来"，开的是五千年从未有的社会主义新文化的未来。

> 时代赋予我们的使命是迎接二十一世纪，为创建新文化准备充足的思想资料。①

为中国新文化的崛起而"积累资料"，这也就是他在 2004 年 12 月 21 日所说的"粮草先行"。正因为出于上述思考，任先生提出："敦煌遗书的佛教文化当然受到应有的重视。"② 他宣布，"只有我们所处的新时代，才有可能摆脱前人的局限，吸收古今中外前人的一切有价值的遗产"③，指明了"积累资料"的方法与目标。

为什么要"培养人才"？

任先生说：

> 建设中华民族文化，主力军只能依靠中国人自己，客卿（指外国学者——方按）有他们的优势，可以备一格，但不能任主力……路虽长，靠我们自己走；问题复杂，靠我们自己群体解决，我们的路子会越走越广，前途光明无限。④

由此，任先生特别注意国图敦煌遗书整理团队的建设，不仅对工作抓得很紧，而且对工作人员有严格的要求。如前所说，先生要求大家要遵守团队工作纪律，要不讲名、不讲利、讲奉献。由于先生的严格要求，几十年来，国图敦煌遗书工作团队真正做到不讲名、不讲利，讲工作、讲奉献。举例而言，2012年，《国家图书馆藏敦煌遗书》图录 146 册全部出版。团队的成员没有一个人提出报酬之类的要求。坦率说，作为常务副主编，我觉得对不起大家付出的劳

---

① 任继愈：《中国国家图书馆藏敦煌遗书·序》，江苏古籍出版社，1999 年，第 1—2 页。

②③④ 同上，第 2 页。

动，所以一直惦着要在将来设法予以补偿。但大家却毫无怨言，在此后的工作中，依然心甘情愿，团结一心，奉献奋斗。我为我们这个团队感到自豪。

先生晚年特别关心国图敦煌遗书接班人的培养问题，曾多次要我关注此事，负起责任。有一次还特意交代，一个不够，至少要选两个。先生还把这一层意思告诉了国图有关负责人。我已经离开国图多年，希望国图的敦煌遗书工作能够后继有人。

在记忆里呼吸

——追思任继愈老伯

单嘉筠（任继愈研究会）

　　今年 4 月 15 日是我国学术宗师、文化巨匠任继愈先生 100 周年诞辰纪念日。任老与先父单士元（1925—1998）自 20 世纪 80 年代始，相识相交近 20 年。两人相识于 20 世纪 80 年代一次宗教工作会议上，之后多年相交共事，至 1998 年父亲病故，是近 20 年的学术挚友。而任老是我的父辈，任老伯生命的最后 10 年中，我又有幸受教于他，如师如父。在任老百年诞辰之际，写下记忆中的几件事，以寄托我的怀念与追思。

图 1　任继愈先生（左）与单士元先生合影

　　任老一生研究史学、哲学、宗教学等，对北京的城市规划也是相当关心与热心的。在我珍藏的任老手迹中，有一封任老致父亲的信，事情的前因后果我不得而知，父亲在信封上写的是"著名学者北京图书馆任继愈馆长意见"。信的内容是任老关于恢复、保持北京古都面貌的建议，"恢复保持北京古都面貌，建议重建东单、西单、东四、西四牌楼，东单牌楼是解放前拆除的，西单牌楼是解放后拆除的，新建牌楼可以改为过街人行道，仍保留牌楼的形式（附手绘示意图），东四、西四也可以与过街道结合起来"。让我惊奇的是任老伯不仅关心北京古都传统风貌，而且以"市民任继愈"的身份提议，让我感受到了一代大学者谦虚平易的风范。

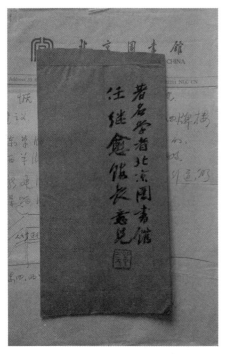
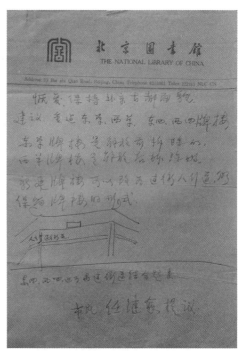

图 2　任继愈先生致单士元先生信札（1）

　　我曾经写过一篇文章《任继愈单士元二老与孔府档案的保护》。孔府档案是一种极为特殊的私家档案文献，是研究我国封建社会制度极其珍贵的历史文献。1956 年新中国成立之初，部分档案文物被盗出贩卖，情势十分严重，当地政府向中央政府反映，并要求派专家协助清理已追回的档案文物。中央人民政府文化部文物局立即派父亲等人前往曲阜进行残档清理。

20多年后，1982年任老到山东曲阜孔府内查阅档案资料，发现孔府档案有损毁的情况。于是7月初任老写信给中央主管文化文物工作的胡乔木同志，提出了"关于妥善保存和充分利用孔府档案的建议"。任老在建议信中首先特别强调，孔府作为儒教圣地，相当于基督教的耶路撒冷。同时，有针对性地提出了关于孔府档案文献的保护与利用意见，建议将全部档案进行缩微复制以保护原稿，以胶片提供给借阅者、研究者使用。不但给使用者提供了方便，也能避免这些珍贵档案资料毁于天灾人祸。如果天下只有一份孤本，一旦损失将无法弥补。假如我们这一代未能充分保护，就是犯了历史性的大错误。很快，胡乔木就将任老的建议转发给邓力群同志，同时附上了重要批示，"这些问题一向无人注意，拖久了必致损失，又档案缩微事业关系我国文化遗产的保存，意义很大，并告图书馆局、文物局和档案局一并从速进行为荷"。在任老的建议和中央领导高度重视下，不久，全国图书馆、档案馆等收藏文献档册史籍的单位，都逐步建立了缩微复制的专业部门，对历史档案文献进行再生性保护抢救工作。

父亲在1997年9月初，出版首部学术论文集《我在故宫七十年》。父亲拿到书后，马上让我代表他敬呈任老指教，不久任老回信写道：

士元先生道席：

惠赐新著，未及细读。浏览一过，十分敬佩。此书取材翔实，为后来治档案学之津梁。此书有益于学林，其学术价值将随时日而益增。

昔年伏女传经，班女授史，今先生得嘉筠为助手，雏凤声清，令人钦羡。

翻阅此书292页，第8行及第10行，两"孚"字，均应为"事"字（语出《孟子·梁惠王下》）再版可改过来，此小疵，无伤全书之光辉也。

敬祝

秋祉

任继愈顿启
1997.9.7

不幸的是，转年即1998年5月，父亲因病逝世。在父亲过世后，我对父亲的遗作文稿进行整理，凡遇疑难，就求教于任老伯，一直到任老伯2009年7月病故，前后达10年之久。

当年我在先父遗作中发现留存较为完整的《故宫史话》手稿一部，但多

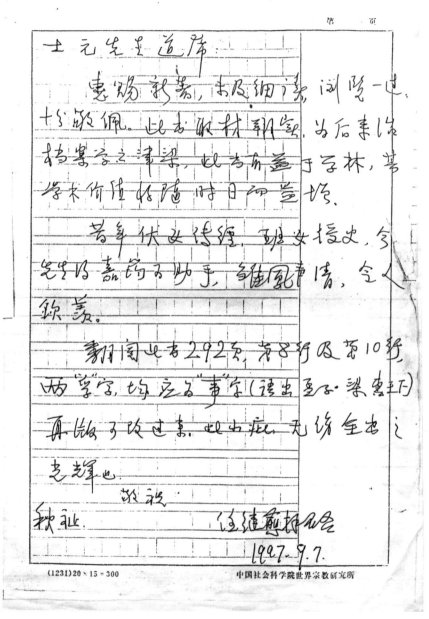

图3 任继愈先生致单士元先生信札（2）

年来因故未能出版。在 2002 年年初我抱着书稿求教任老，他对我说，你先仔细校对稿件，字字句句要认真，文有出处，不可马虎做事。有问题分别记下来，我如果忙，可以介绍你去求教我熟悉的相关学科研究者，请他们帮助你。在稿件基本整理就绪后，任老又在百忙中联系出版事宜。2004 年，该书终于在新世界出版社出版。任老特为《故宫史话》作序。在任老指导下，我才得以完成先父的遗愿。同时在先生的教诲下，自己文化知识也有不少长进。

老伯曾经对我说，你很努力，但文化底子薄，今后要系统学习一下历史。可以读范文澜《中国通史》和《古文观止》等书。《中国通史》可以先通读，一定要做笔记。《古文观止》可以先看下册，按时代顺序，并把注释看清楚，最好抄写下来。这样，既练字又加深理解。对于原文中的名句逐渐学会，理解其意牢记不忘，最好达到会背的程度。还说，学习做学问如上山，回头看才知道有提高。

2008 年 3 月 31 日，我如约到老伯家，刚进客厅坐好，老伯就从台案上拿起一本《墨子与墨家》，这是任老伯主编的《中国文化史知识丛书》中的一本。我翻开一看，老伯竟早已题签"送给单嘉筠小朋友，任继愈北京，2008.3.31"。我感动万分，暗下决心要多读书，提高文化水平和做人的修养，才不愧对任老伯。是年 8 月，我在老伯指导下，编写完成先父单士元的传记——《中国文博名家之单士元》，由文物出版社出版。当时出版社领导及我本人，拟请任老写前言或跋。然而此时老伯身体已明显大不如前了，时常住院，我不敢打扰。同时我求教的次数也少了许多，只有老伯打电话或他家人转告时才前去。

2008 年年底，我给任老贺年。他身体看上去已大不如前了。多年的眼疾更重了，说话有些喘，倦不可支。我想告辞，但老人家还是叫我坐下，慢慢地对我说："你很努力，有学习知识的上进心。我近来身体不太好，你现在要培养独立学习，制定适合自己的学习计划。我看主要还是以单老在故宫一生所从事的学科和他的经历为主，来安排你的学习内容。你的专业知识欠缺较多，尽量多找到该学科原著原文书籍学习与校对。还要有字典、《辞海》等工具书，自己搞明白一分，就写下这分文字。千万不要想当然，更不能抄袭，别人错你错，别人对，你又不知为何对。踏踏实实认认真真才是学习做学问的态度。"回忆先父在时也是这样告诫我，然而数年后任老伯如此教诲，使我认识更加深刻了。告辞时，任老特别叮嘱，让我再来时说一说我的学习计划，他要听听。

最后还对我说："读书是生命的过程，不要做表面文章，不要急功近利，要耐得住寂寞。"可以说从此我改变了过去的自己，明白了读书在人一生中的重要性。但后来听说老伯住院治疗，再也没见到他。没想到，这是老伯给我的最后一次教诲。

先生离开我们已经七年了，七年来，每当我读书写作时，抬头看到案头与任老的合影，往事一幕幕浮现于脑海，泪水常常模糊双眼。心里又常常感觉他并没有走，只是我很久没去看他了。也时常想起2009年7月先生告别仪式上大厅门前的一副挽联：

　　　　中哲西典，解佛喻老覃思妙理，一代宗师风范；

　　　　金匮石渠，理册修书继往存绝，万世馆员楷模。

这是对任老伯一生的最好诠释。

科学无神论的真理与智慧

——纪念任继愈先生100周年诞辰

习五一（中国社会科学院）

在当代中国文化思想领域里，任继愈先生一生辛勤耕耘，硕果累累。任先生的研究领域，从哲学、历史学、宗教学到图书馆学、教育学，等等，丰富多彩。对于任先生的学术贡献，多数人是有口皆碑；而对于任先生的思想贡献，却是见仁见智。当前，对五四运动以来思想学术大家的评价，众说纷纭。人们往往对专门学术领域贡献突出的先辈赞扬声很高，而对于那些引领时代精神的思想家，却由于种种原因，褒贬不一。

目前，我主要的科研工作是，努力将科学无神论——这个濒危学科建设起来。这也是任先生生前的殷切嘱托。我想结合自己的工作，谈一谈对任先生科学无神论思想的认识。

一、"马克思主义宗教学本质上是一种科学无神论"[1]

任继愈先生是当代中国马克思主义宗教学的开创者和奠基人。他指出："马克思主义宗教学本质上是一种科学无神论。"[2] "科学无神论是人类在近代产生的最伟大的思想成果之一" "是在近代科学发展的基础上产生的，所以我们称其为科学无神论。这个真理极大地解放了人类的思想，使人类数千年间被压抑的智慧，如同火山爆发一样喷涌而出。" "科学无神论告诉人们，主宰个

---

[1] 任继愈：《为发展马克思主义的宗教学而奋斗》，《任继愈文集》第1册，国家图书馆出版社，2014年，第3页。

[2] 同上，第2页。

人吉凶祸福、国家前途命运的，不是神，也没有神。这是诞生近代意义的国家的重要基础。国家元首不再需要神的加冕，而是要选举产生。从这个意义上说，科学无神论乃是近代国家的立国的思想基础。"①

"科学无神论"创于建立西方资本主义国家制度时期，因为它吸取近现代自然科学的成果，以科学的精神和科学的方法为武器，对科学发展起着推动作用，所以被称为"科学无神论"。近代西方的无神论思潮，由于具有鲜明的反封建主义制度和批判神学政治的性质，又被称为"战斗无神论"。它起着巨大的解放思想作用，是民主宪政和个人自由的基点。

自然科学的新成就，特别是达尔文进化论对宗教神学的强烈而持久的冲击，否定上帝创世及其对自然进程的干预，成为各种无神论思潮的推动力。自然科学对宗教的批判，常常发展为哲学上的无神论。英国哲学家罗素认为，只有自然科学才能提供正当有效的知识，它不向上帝、灵魂不死之类的信仰提供任何基础。"宗教最重要的起源在于恐惧感"，人类应当不断发展自然科学和社会科学，从一切恐惧中解放出来②。

任先生指出："马克思主义宗教学在无神论问题上的彻底性，并不在于它主张科学无神论的坚决性，而是在于它科学地揭示了宗教的本质及其发生、发展和走向消亡的客观规律。"③

马克思、恩格斯从费尔巴哈关于人异化出宗教世界的观点出发，进一步探索宗教产生的社会基础。他们发现，宗教作为颠倒的世界观，其产生的根源是有一个颠倒的世界，即人剥削人、人压迫人的社会。他们指出，单纯批判宗教不能克服宗教异化，只有进一步消灭产生宗教异化的社会制度和社会条件，才有可能克服宗教异化。于是，马克思、恩格斯从对宗教的批判，转向对政治、法和社会的批判，从理性主义的启蒙无神论，发展为辩证唯物主义和历史唯物主义的科学无神论。

马克思和恩格斯联合撰写的《德意志意识形态》，创立了历史唯物主义的历史观。就社会科学的方法论而言，唯物史观的创立是具有划时代意义的变革。马克思将费尔巴哈的宗教批判思想，即"宗教是人的本质的异化"，扩展

---

① 任继愈：《科学无神论给人真理和智慧》，《任继愈文集》第 1 册，第 382—383 页。

② 罗素著，曹荣湘译：《罗素文集：我为什么不是基督徒》，见《自由之路》，文化艺术出版社，1998 年，第 642 页。

③ 任继愈：《为发展马克思主义的宗教学而奋斗》，《任继愈文集》第 1 册，第 2 页。

为两种"异化"的结果。一种是人的本质的自我异化为外在的"神圣形象",即上帝、天国和救赎等虚幻的观念;另一种是人的本质的自我异化为"非神圣形象",即人所生活的物质和社会环境,这种环境具体地讲就是不合理的剥削制度。费尔巴哈的启蒙思想只揭示了第一种异化,而马克思不仅阐明两种异化的内涵,而且论述了第二种异化是第一种异化的基础。要消除宗教对人本质的异化,必须变革其依托的社会制度和经济基础。

任先生指出:"马克思主义认为,宗教的产生、发展和消亡,有其历史的客观必然性;'人'是社会关系的总和,宗教是颠倒的世界观,是颠倒的社会关系的虚幻反映。因此,宗教的本质必须从产生它的社会条件中寻找,解决宗教问题,必须从变革社会关系上着手。就此而言,马克思主义政党把解决宗教问题列为自己革命的建设的组成部分,反对用单纯的思想教育替代实际的社会变革,更反对脱离党的总路线孤立地'与宗教斗争'。就是说,宗教有自己的社会根源,马克思主义的任务,是团结信教群众一起,去除宗教的社会根源,而不能停留在思想斗争上。"①

2009年1月4日,任继愈先生抱病约我到家里谈话,他提出,请我从世界宗教研究所调到马克思主义研究院,承担起科学无神论学科建设的任务。我学习任先生关于马克思主义和科学无神论的论述,在编写科学无神论学科前沿报告时,写道:"马克思主义无神论是科学无神论的高级形态,是人类思想史上的壮丽日出。它继承了17—18世纪英国和法国唯物主义、19世纪德国费尔巴哈人本主义等人类优秀思想的成果,通过唯物主义历史观和剩余价值论的发现而展示出来。科学无神论作为马克思主义世界观的出发点和基石,由思想文化领域,进入科学社会主义运动的实践。"②

在创立苏维埃社会主义国家的事业中,列宁继承和发展了马克思主义无神论。在实践上,科学无神论是对俄罗斯神权政治进行批判的思想武器,也是防范和肃清宗教对工人政党侵蚀的重要举措。在理论上,列宁特别从哲学基础上,即从唯物主义和辩证法认识论上,批判宗教思维方法的谬误,其锋芒指向被基督教神学奉为哲学依据的柏拉图和被近现代神学广泛利用的新康德主义哲

---

① 任继愈:《理直气壮地宣传科学无神论》,《任继愈文集》第1册,第393—394页。

② 习五一:《无神论是人类社会文明和思考的结晶》,《科学无神论与宗教研究》,中国社会科学出版社,2012年,第7页。

学，揭示了宗教神学产生的认识论根源，为探索唯物辩证的思维方法做出重要贡献。

中国的社会基础决定着马克思主义无神论中国化的实践方向。与西方社会的文化传统不同，中华民族在数千年的历史长河中，人文主义思潮丰富，宗教信仰多元兼容。世俗政权始终支配教权，宗教只能服从世俗政权的统治，没有成为独立的社会政治力量，主要作为文化方式存在社会中。因此，在中国的新民主主义革命和社会主义建设中，宗教问题一直不是社会的主要问题。中国共产党人，面对中国的具体实际，将宗教问题纳入统一战线的范畴，妥善地解决了革命事业中的宗教问题。

据此，"马克思主义无神论的中国化形成两条基本原则：第一，保障宗教在信仰层面完全自由。在社会政治和经济层面，宗教必须适应中国人民的总体利益，适应社会发展的历史进程，不允许利用宗教威胁国家安全与民族团结，不允许利用宗教颠覆社会主义制度。从而把信仰问题与政治问题严格区分开来。第二，宗教有神论的观念是错误的，与科学和唯物论相对立的，但它属于世界观思想问题，不能动用行政手段解决，只能采取说服教育，而且主要通过社会的实际变革，由信仰者自觉决定。'引而不发，跃如也'，这是对人民群众讲的；在思想文化和教育领域，与争夺文化阵地和青少年的'文化神学'而言，就需要分辨是非，理论批判，即所谓'研究宗教，批判神学'"①。

二、"研究宗教，批判神学"②

这是任先生为纪念毛主席逝世一周年撰写文章的主标题。按照任先生文集编委会的分工，我们负责整理编辑第一编《宗教学与科学无神论》。重读任先生的这些文章，深深感到"研究宗教，批判神学"是他一生坚持的学术理念。

1963 年 12 月 30 日，毛泽东主席在中共中央转发中央外事小组、中央宣传部关于加强研究外国工作的报告上写下批语："对世界三大宗教（耶稣教、回教、佛教），至今影响着广大人口，我们却没有知识，国内没有一个由马克思

---

① 习五一：《无神论是人类社会文明和思考的结晶》，《科学无神论与宗教研究》，第 8 页。
② 任继愈：《研究宗教，批判神学》，《光明日报》1977 年 9 月 27 日。

主义者领导的研究机构，没有一本可看的这方面的刊物。《现代佛学》不是由马克思主义者领导的，文章的水平也很低。其他刊物上，用历史唯物主义的观点写的文章也很少，例如任继愈发表的几篇谈佛学的文章，已如凤毛麟角，谈耶稣教、回教的没有见过。不批判神学就不能写好哲学史，也不能写好文学史或世界史。"①

毛主席批示的精神，从国际战略角度提出研究宗教问题的重要性，对于创立当代中国马克思主义宗教学，具有战略性的指导意义。我们认真分析这一批示，有三个要点：一是宗教研究要掌握在马克思主义者手中；二是要坚持用历史唯物主义的观点研究宗教；三是要批判宗教神学。

第一，宗教研究要掌握在马克思主义者手中。1959 年 10 月，毛泽东主席请任继愈先生到中南海菊香书屋面谈。毛主席对任先生说："你写的那些研究佛教史的文章我都读了。我们过去都是搞无神论，搞革命的，没有顾得上这个问题。宗教问题很重要，要开展研究。"毛泽东第一次对学者提出研究宗教的重要性。他说："研究宗教需要外行来搞，宗教徒有迷信，不行，研究宗教也不能迷信。"他强调科学世界观对宗教研究的重要性。所谓"《现代佛学》不是由马克思主义者领导的，文章的水平也很低"，这就是说马克思主义学者与宗教信徒不同，研究宗教，要坚持唯物论和无神论，而不能坚持唯心论和有神论。

毛泽东在延安讲授辩证法唯物论时，就明确指出宗教有神论是唯心主义。他说："哲学的唯心论是将认识的一个片段或一个方面，片面地夸张为一种脱离物质、脱离自然的神化的绝对体。唯心论就是宗教的教义，这是很对的。"②

第二，要坚持用历史唯物主义为指导研究宗教。实事求是，是马克思主义的根本观点。习近平同志将其视为"毛泽东思想活的灵魂"③。马克思主义学者研究宗教必须从客观实际出发，用历史来说明宗教，而不能用宗教来说明历史；坚持社会存在决定社会意识，从一定历史时期的物质生活中寻找精神生活的秘密；坚持一分为二的辩证态度，既肯定宗教积极的一面，也批评其消极的一面。

---

① 毛泽东：《加强宗教问题的研究》，《毛泽东文集》第 8 卷，人民出版社，1999 年，第 353 页。

② 毛泽东：《辩证法唯物论（讲授提纲）》，《毛泽东著作专题摘编》上册，中央文献出版社，2003 年，第 19 页。

③ 习近平：《在纪念毛泽东同志诞辰 120 周年座谈会上的讲话》，《人民日报》2013 年 12 月 27 日。

从政策策略上分析，马克思主义者认为，宣传科学无神论与贯彻宗教信仰自由的政策并不矛盾。1927 年 3 月，毛泽东同志在《湖南农民运动考察报告》中说："菩萨是农民立起来的，到了一定时期农民会用他们自己的双手丢开这些菩萨，无须旁人过早地代庖丢菩萨。共产党对于这些东西的宣传政策应当是：'引而不发，跃如也。'菩萨要农民自己去丢，烈女祠、节孝坊要农民自己去摧毁，别人代庖是不对的。"①

共产党人既要坚持历史唯物主义和辩证唯物主义的科学世界观，又要团结爱国进步的宗教界人士，建立统一战线。1940 年 1 月，毛泽东同志在《新民主主义论》中指出："这种新民主主义的文化是科学的。它是反对一切封建思想和迷信思想，主张实事求是，主张客观真理，主张理论和实践一致的。在这点上，中国无产阶级的科学思想能够和中国还有进步性的资产阶级的唯物论者和自然科学家，建立反帝反封建反迷信的统一战线；但是决不能和任何反动的唯心论建立统一战线。共产党员可以和某些唯心论者甚至宗教徒建立在政治行动上的反帝反封建的统一战线，但是决不能赞同他们的唯心论或宗教教义。"②

第三，研究宗教要批判宗教神学。毛泽东要求我们的研究机构和刊物是"由马克思主义者领导"的，研究文章是"用历史唯物主义的观点写的"。这种马克思主义的宗教研究，必须坚持无神论立场。批示中明确地要求"批判神学"。

马克思主义经典作家指出，神灵观念是宗教教义的哲学核心，是宗教区别于其他意识形态的关键要素。宗教神学属于唯心主义哲学范畴。毛泽东在延安讲授辩证法唯物论时，指出："一切哲学的唯心论及宗教的神道主义的本质，在于它们从否认世界的物质统一性出发，设想世界的运动及发展是没有物质的，或在最初是没有物质的，而是精神作用或上帝神力的结果。"③ 比如，基督教说上帝创造世界，佛教将宇宙万物运动发展归之于神力。有神论观点本身虽然完全不能支撑起宗教的大厦，然而，它是走向宗教的坚硬桥梁。研究宗教问题如果不坚持无神论，不批判神学，就离开了马克思主义，就不是马克思主

---

① 毛泽东：《湖南农民运动考察报告》，《毛泽东选集》第 1 卷，人民出版社，1991 年，第 33 页。

② 毛泽东：《新民主主义论》，《毛泽东选集》第 2 卷，人民出版社，1991 年，第 707 页。

③ 毛泽东：《辩证法唯物论（讲授提纲）》，《毛泽东著作专题摘编》上册，中央文献出版社，2003 年，第 21 页。

义的宗教研究。

根据毛主席的批示，任继愈先生创办当代中国第一个宗教学研究机构——世界宗教研究所。任先生坚持以马克思主义为指南，领导全所科研人员研究宗教。他指出："只有马克思主义宗教学应用辩证唯物主义和历史唯物主义的科学世界观来分析和研究宗教问题，才是最彻底、最科学的无神论。"① 科学无神论就是马克思主义宗教学的哲学基础，"它既要揭示宗教发生、发展和走向消亡的规律，就必须具体研究各种宗教产生的根源和发展的历史；它既要说明宗教的本质及其在社会历史中的作用，就必须具体研究各种宗教的历史、教义、教派、经典、理论及其社会意义，具体研究宗教与社会上的阶级斗争和其他意识形态（哲学、伦理、法律、文化、艺术、科学）的关系"②。

任先生说："自然科学认识自然，为创造物质财富提供知识；社会科学认识社会，认识人类自身，说明人类社会发展的规律。人类的前途，国家的命运，事业的成败，人文科学、社会科学有时起着决定性的作用。"③ 科学是反映自然、社会和思维发展客观规律的科学知识与方法体系，主要包括自然科学和社会科学。自然科学主要是研究自然和揭示自然界规律，社会科学主要研究人类社会和揭示社会产生、存在和发展的规律。科学的本质在于创新，科学的特性在于讲实话和揭示真相，"只有在讲实话、揭示真相的基础上，人类才能获得真正的自由。人类获得自由绝不是建立在对鬼神的畏惧、谄媚、贿买和奉献财物的基础上"④。马克思主义宗教学者始终坚持马克思主义科学真理，始终坚持树立科学世界观、人生观和价值观，始终坚持科学无神论宣传，批判宗教有神论。

在任继愈先生的领导下，当代中国的马克思主义宗教学健康发展，成绩斐然。任继愈总主编的大学教材《宗教学原理》（出版时更名《宗教学通论》）、《佛教史》《基督教史》《伊斯兰教史》等，成为我国宗教学各主要领域的奠基性著作。任继愈主编的《道藏提要》《中国道教史》《宗教大辞典》《佛教大辞典》《中华大藏经》影响深远，其"持论之严谨，学术立场之公正"，获得海内外学术界的高度评价。

---

① ② 任继愈：《为发展马克思主义的宗教学而奋斗》，《任继愈文集》第 1 册，第 2 页。

③ 任继愈：《无神论教育与科教兴国》，《任继愈文集》第 1 册，第 380 页。

④ 任继愈：《弘扬科学精神，提高民族素质》，《任继愈文集》第 1 册，第 372 页。

三、"科学无神论是我们国家的立国之本"①

2005年11月，中国无神论学会在北京召开学术年会。在会议上，我被推举为第三届学会的秘书长，接替李申老师的工作。在开幕式上，任先生即席发表讲话。他说："中国无神论学会责任重大，它关系到上层建筑问题，关系到国家兴亡问题。为什么这么说？因为科学无神论是我们国家的立国之本。中国共产党领导人民群众进行革命和建设，把马克思主义思想作为指导思想，就是要劳动人民自己解放自己，创造幸福……如果科学无神论在我们国家站不住、立不稳，老百姓安身立命要靠求神，那么我们立国就失去了根本，就可能国家衰败。这是一个根本性问题。"②

任继愈先生生前三十年如一日，担任中国无神论学会的理事长。他多次论述科学无神论的道理。他指出，无神论就是实事求是，认为世界上没有鬼神上帝，也没有天堂地狱，不存在任何超自然的力量；人类的命运掌握在自己手里。"就像《国际歌》中所说的，创造人类的幸福，要靠自己的力量，而不是靠神仙皇帝。"③"科学无神论的宣传和教育，是一项需要长期坚持的工作，是科教兴国战略的重要组成部分，也是马克思主义宣传教育的重要组成部分。"④

任先生论述说："马克思主义接受宗教信仰自由的原则，但必须指出，它的含义绝不能解释为只有信仰宗教的自由。它也主张，宗教应该与政治分离，与教育分离，但更强调，只是对国家来说，宗教信仰应该成为个人的私事，信教或不信教，信这种教或那种教，个人拥有完全自由的选择权，任何外力不得干涉；而对于马克思主义政党来说，宗教信仰不是个人的私事。我们党的世界观是辩证唯物论和唯物史观，与有神论是对立的，不容调和的；党组织是统一的，不允许有其他组织的渗入和非组织活动的存在。党必须维护公民宗教信仰自由的权利，在世界观上则必须保持自己的独立性。"⑤

任先生指出："在政治上维护和尊重宗教信仰自由的公民权利，与思想上

---

① ② 任继愈：《无神论学会对国家兴亡肩负重要责任》，《任继愈文集》第1册，第388页。

③ 任继愈：《无神论教育与科教兴国》，《任继愈文集》第1册，第381页。

④ 任继愈：《不仅要脱贫，而且要脱愚》，《任继愈文集》第1册，第299页。

⑤ 任继愈：《理直气壮地宣传科学无神论》，《任继愈文集》第1册，第394—395页。

坚持和宣传科学无神论，是对立统一，而不是形而上学的矛盾：如果只有信仰宗教有神论的自由，而没有宣传科学无神论的自由，那是自由的缺失，公民就失掉了最重要的选项；相反，如果以无神论名义，向信教民众发动政治上或人格上的攻击，那就侵犯公民的神圣权利，就会破坏人民的团结，干扰党的总路线和总任务的实施。"①

科学无神论是马克思主义世界观的前提和思想基础。科学无神论世界观诞生在近代自然科学发展的基础上，彻底否定了神的存在。马克思主义无神论是科学无神论发展的高级形态。它进一步指出鬼神观念存在和传播的社会根源，只有消除有神论赖以生存的现实基础，人类社会才能最终抛弃有神论的观念。一个时期以来，有种舆论，力图把科学无神论从马克思主义宗教观和社会主义意识形态中剔除出去，这是危险的，既不符合人类历史和当代社会世俗化的潮流，也与中国的人本主义传统相悖。

任继愈先生一生经历丰富多彩。他为中华民族贡献了许多宝贵的精神财富。其中最重要的贡献之一，就是高举科学无神论的旗帜。

我认为，自改革开放以来，科学无神论事业的发展，经历过两个重要的转折点。第一次是 20 世纪 90 年代末。第二次是 2009 年冬至 2010 年春。这两个重要的转折点都与任继愈先生密切相关。

我们大家都知道，1978 年年底，"文化大革命"刚结束，任先生就创建了中国无神论学会。其后，由于种种原因，学会的工作曾一度沉寂。

20 世纪 90 年代，打着"特异功能"旗帜的新有神论泛滥成灾，成为影响社会稳定发展的重要问题。1996 年，在任继愈先生的倡导下，中国无神论学会恢复工作。1999 年，在党中央的直接部署下，任先生领导学会同仁创办了《科学与无神论》杂志。这是当代中国科学无神论事业发展的第一个重要转折点。十多年来，中国无神论学会和《科学与无神论》杂志为宣传科学精神、开展无神论教育、推动科教兴国的战略，做出了重要贡献。

2009 年冬至 2010 年春，科学无神论事业的发展迎来了第二个重要的转折点。2008 年至 2009 年年初，任继愈先生抱病多次找中国社会科学院陈奎元院长商谈，研究科学无神论事业的发展。1 月 6 日，任先生致函陈奎元院长，提出"急需建立一个无神论研究机构"。陈院长批示说："任继愈老先

---

① 任继愈：《理直气壮地宣传科学无神论》，《任继愈文集》第 1 册，第 395 页。

生为宣扬无神论奔走呼号，其精神令我们钦佩。中国社科院理应为研究、弘扬无神论做出贡献。这与落实'三个代表重要思想'和'科学发展观'是完全符合的。如果广大人民群众经常去跪拜神佛，'以人为本'岂不成了空话。"①

在任先生去世两个月后，2009年9月，中国社科院发布了《加强马克思主义理论学科建设与理论研究实施方案》。根据任先生的信函和陈院长的批示，这个方案包括，在马克思主义研究院组建"马克思主义无神论研究室"，成立中国社科院"科学与无神论研究中心"。这是具有转折性的重要举措。这一举措不但能够推进科学无神论学科的建设，有利于社会主义核心价值体系的建设，而且必将影响全国有关领域的思想趋势和学术结构向良性转变，对先进文化的建设和民族素质的提高，都能产生积极的作用。

宋代的爱国诗人陆游，在其绝笔诗中写道："死去元知万事空，但悲不见九州同。王师北定中原日，家祭无忘告乃翁。"在任继愈先生100周年诞辰之际，我们可以告慰他老人家的英灵。任先生，在您去世5个月后，"科学与无神论研究室"成立。这是自20世纪您创建的"科学无神论研究室"被更名后，目前中国再次出现的实体性无神论研究机构。在您去世9个月后，2010年4月，中国社科院批准成立了"科学与无神论研究中心"。这是当代中国第一个"科学与无神论研究"的社会平台。

该研究中心自2011年以来，开始出版《科学与无神论研究丛书》；自2012年以来，在中国社会科学院创新工程的资助下，每年编辑出版《马克思主义无神论研究》专题文集；自2013年以来，在中国社会科学院马克思主义理论学科建设与理论研究小组的支持下，每年举办科学无神论论坛，将论坛论文汇编出版。七年来，科学无神论这个濒危学科，招聘专业研究人士，出版学术研究丛书，选编专题研究文集，举办科学无神论论坛，已经迈出了可喜的步伐。

任先生指出："在以马克思主义为指导的社会主义国家，宣传科学无神论是义不容辞的责任。大力加强科学无神论的宣传和教育，是巩固马克思主义思

---

① 习五一：《科学无神论前沿研究报告》，王伟光主编：《马克思主义理论学科前沿研究报告（2010）》，中国社会科学出版社，2012年，第355页。

想基础的需要，也是提高全民族素质的需要。"①

我们一定要继承任继愈先生的崇高精神，锲而不舍，百折不挠，将科学无神论学科逐步建设起来。让任先生的遗愿化为实际的宏图。

---

① 任继愈：《理直气壮地宣传科学无神论》，《任继愈文集》第 1 册，第 394 页。

亲切的教诲

——回忆任继愈先生对我做古籍出版工作的关心与指导

郭又陵（国家图书馆出版社）

一

任继愈馆长离开我们已经六年多了。在这段时间里，我也退休离开了工作十多年的国家图书馆出版社。但是，只要提起在出版社的工作，看到我们出版的图书，我心中就会想起与任先生相处时的点点滴滴，脑海中常常浮现出坐在任先生家客厅的藤椅上向先生请益的情景：暖暖的灯光下，任先生温润的目光，专注的神情，嘴角慈祥的微笑……我想我是幸运的，能够有十年的时间，在老馆长麾下聆听教诲，为古籍整理出版事业做一点事情。但任先生思虑深阔，我与他的相处，多是谈出版社的工作，谈古籍整理与出版，并未能完全接触到他那丰富而睿智的整个思想世界。

文化部原部长孙家正在宣布任先生请辞国家图书馆馆长、改任名誉馆长的会上，称赞任老是"我国图书馆界的一面旗帜"。作为代表一个时代的大学者、哲学家，深具影响力的古籍整理专家，任先生同时也是哲学界、宗教学界、史学界、古籍整理界，乃至整个文化界的一个旗帜性人物。2015年，《任继愈文集》在国家图书馆出版社出版，任先生的治学与为人可从中得到一个集中的展现。我们看到，即使在"文革"中荒废了几多岁月，即使在晚年，他仍潜心古籍整理，甘做文化建设的铺路人。任先生在各研究领域的成果亦可称丰赡宏富，著作等身。我们也看到，任先生的一生，爱国思想是其为学为人的原动力；他的言行，展示了中国传统思想中最为优秀的品质，无论在新旧时代，都体现出一个知识分子的高贵人格。正因如此，有很多前辈时贤撰写过任先生在哲学、宗教学、史学等学术研究领域的成就，撰写过他在图书馆界和古籍整理界等实践领域的成就，也撰写过他的爱国情怀和他在个人修养上的高风亮节，等等，无不是深刻认识了先生的思想或接触过先生本人而作。

现在，恰逢任先生 100 周年诞辰之际，国图希望我从个人角度写一篇对先生的纪念文章。同时，出版社已经以机构的名义撰写了一篇文章，主要讲任先生对出版社工作的关怀与帮助。这些方面我再写也只是赘述了。这一阵我回想了与任先生接触过程中的一些情况，想从一些细节，谈谈任先生对我在出版社工作上的关心和指导，对国图出版社建设以古籍影印为主的专业出版社的支持和指引，并以此文寄托我对任先生的深切怀念。

我于 1999 年 2 月担任国家图书馆出版社（原为北京图书馆出版社）社长，到 2011 年 12 月退休，一直做这项工作。这期间，我的直接领导是分管出版社工作的馆领导——张彦博、詹福瑞、陈力、张玉辉、张志清，他们都非常爱戴、尊重任馆长，重视他对出版社工作的意见。此时我已在国家图书馆工作多年，同样爱戴、尊重任馆长，并对先生有一种亲近感，所以经常向任先生汇报、请教甚至求助，听取他的指导意见。任先生晚年以主要精力投入传统文化典籍的整理编纂工作，出于对古籍出版工作的关心，也经常会询问出版社的工作情况并谈出自己的看法。我感觉，由于古籍出版工作与任先生晚年一直致力的古籍整理工作密切相关，他对古籍出版工作非常关注，既有着成熟的思考，又有着实际的工作经验。可以肯定地说，我担任出版社社长后，工作取得进展，取得一定成绩，离不开馆领导和全社员工的关心、支持、共同努力，也离不开任先生的关怀指导和支持帮助；这期间国图社的发展，与任先生的设想是一致的。出版社的经营思路和主营方向，得到任先生的充分肯定；出版社的一些重要图书项目，更是在任先生直接参与和指导下最终完成的。

二

国家图书馆出版社如今以出版历史文献影印书籍著称业界，30 多年来，走出了自己的独特道路，也因此获得了社会和经济两方面的可观效益。回顾历史，如何寻找到适合自己发展的业务方向这个问题，曾经困扰了出版社很多年。20 世纪八九十年代间，出版社的经营受到社会思潮和内部经营管理的一些影响，走过一段弯路，效益不佳。有一段时间，似乎文化学术类书籍与经济效益势不两立，社内也追求出版所谓"畅销书"，效益没见起色，声誉却受到很大损失，到1995年甚至出现亏损。任先生为此曾深感担忧。这时张彦博同志来任社长，对出版社工作进行了整顿，逐渐理顺了人事格局，又依靠古籍影印编辑室几部重点图书的出版发行实现扭亏，情况好转；但底子薄，规模小，而且业务上的经营思路和方向问题还有待进一步明确。

1999年我初到出版社工作时，了解到出版社的一些历史情况，思想上有些顾虑。此前我在馆里的企业工作了十年，对出版是外行，怕做不好这个工作。印象特别深刻的是，我刚到任几天，任先生就打电话叫我到家里去，问我到出版社工作有什么想法。我汇报后，任先生说，不要有顾虑，我相信你能做好。先生说，他一直在关注我的工作，认为我做事情非常认真，也善于学习，只要一直保持这样的态度，就一定会把事情做好。我说自己没有受过全日制高等教育，学识水平不够，先生说没关系，当社长首先要会管理，不懂的东西可以学，在工作中学习。他说，办出版社不需要很精深的学问，但是一定要把握好方向，不要只看钱，当然也不是不谈钱，而是要用正确的方法赚钱，绝不能"一切向钱看"。老话不是说，"君子爱财，取之有道"嘛。他说，曾听说有人兜里揣着出版社的合同章到处找选题，什么赚钱出什么，签订出版合同极其草率，又完全没有审稿过程。这些都是丧失出版责任的行为，坚决不能做。最后，任先生说，你放开手，大胆干，有什么困难，看看我能给你们帮什么忙，你就告诉我。任先生的一席话给了我很大的鼓舞，没想到先生对我之前的工作就这么关注并给予肯定，更重要的是，这次谈话让我彻底消除了顾虑，先生的话给了我信心，也点醒了我对出版社经营思路的思考，也就是"财"取之何"道"的发展方向问题。当社长要把握好这个问题。

这以后，我过一段时间就会到任先生那里去，有时是家里，有时是办公室；有时是他有事找我，更多的是我去看望、汇报、请教。"当社长首先是把握好方向"，"不能只为了钱"的话题，任先生多次提起。他对改革开放以来图书出版的发展感到欣喜，但对20世纪90年代出版界出现的经济效益至上、图书质量下降的一些乱象深感痛心。他认为出书是为了"育人"，出坏书、伪劣书就是"害人"，这种事绝不能做，这是出版社的责任。任先生提醒我，国家图书馆的出版社一定不能被这种风气所熏染。他给我的要求是，在"不折本"的基础上，一定要出版高质量精品书，注重图书的社会效益。先生的谆谆教诲我们始终牢记，国图社一直把图书的社会效益放在第一位。为此我在社时曾数次推掉过虽有经济效益但内容质量把控不了的出版项目。一次有位书商通过有关领导介绍来社里，希望协作出版教辅资料，一年可以给社里带来 700 多万元的收益。而当时我社一年的利润才四五百万元。但在社务会讨论后我们拒绝了，因为这个项目不符合我们的出书方向，也难以控制其内容质量。事后我向任先生汇报，受到他的称赞。

三

国图出版社在 20 世纪 80 年代中期开始把国家图书馆收藏的一些珍贵古籍影印出版。在时任总编辑杨讷的主持下，新成立的影印室主任徐蜀对古籍影印从理论到实践不断摸索，经过一段时间的经验积累和探讨，认为我们社应该将古籍影印作为主营业务，作为发展方向。到我来社工作时，影印古籍已占全社年出书品种的三分之一和印张数的 60%。

古籍影印兴盛于民国，当时以石印为主，而新中国成立后直至 20 世纪八九十年代，古籍影印一直都是某些专业古籍出版社偶一为之，并没有一家社大规模做，更没有专门做影印的出版社。有的领导和学者认为古籍影印是"拿来就印"，只是简单复制，没有技术含量。当时从馆里到出版社内部都有很多不同的意见，不少人认为我们应该去追畅销书的潮流。我经过一段时间的了解，发现影印编辑室虽然只有两到三个编辑，但是全社利润的 70% 是影印图书创造的；而费很大劲模仿畅销书的选题，品类很杂，零零碎碎，效益并不高。我到社后也试过财经、励志、艺术等方面的选题，感觉做起来很费劲，效果却不明显。所以我同意徐蜀的意见，认为应该发挥图书馆出版社的优势，走古籍影印特色发展的道路。在这个思路酝酿到确立的过程中，得到任先生的大力支持和思想上的指引帮助。

任先生给我讲过一个故事：他到图书馆工作后不久，一次在阅览室遇见季羡林先生，季先生并不看书，而是陪他的学生来馆，自己坐在椅子上休息。一问，原来图书馆有规定，为了保护古籍，善本书只有教授可以阅览，而这位学生因为研究需要看某些善本，所以季先生只好以自己的名义来借书给学生看。任先生说，图书馆的书是要让人看的，如果藏起来不给人看，就死了，发挥不了作用。国图馆内有一副字，写的是屈原的"路曼曼其修远兮，吾将上下而求索"，学问需要求索，但是图书馆的书应该尽可能开放，不能让读者"上下求索"，看不到。任先生说，我就反对这样的规定，一定要改了。但是古籍善本又迫切需要保护，这个矛盾怎么解决呢？任先生认为，把古籍印出来给人看，就是一个解决的办法。

有一次我给任先生送去一些新出的样书，并汇报我们做古籍影印的情况。他说，我看了你们最近出的书，很好，都是支持学术的。又问，出这样的书，你们不会"折本儿"吧？我说这些书印数很低，主要是卖给图书馆和研究机构，当然不能和畅销书比；但还是能赚钱的，在我们社是主要效益来源。任先生很高兴。他说，能赚钱就好，不要和那些书比，光赚钱还有够吗？你们做的事情，既保护了善本，又对古籍的传播有很大的帮助。把书印出来分散到各个图书馆去，读书人就不用千里迢迢跑到国图来看书了。国图所有的古籍资源，你们都可以考虑择机开发和利用。图书馆有多少古籍啊，你们都印不完。任先生还对我说过，图书馆的出版社，应该有自己的特点，就是要出好书，要揭示馆藏，为学术研究服务，为图书馆服务。你们就这样出书，坚持下去，一定会有成就！我感到，任先生每次说的话不多，但针对性很强，是经过深思熟虑的。他对国图出版社的发展和古籍影印出版的认识，是站在解决古籍保护和利用的矛盾、发挥古籍的价值和图书馆的功能的角度上谈的，是把古籍影印出版纳入整个国家的古籍整理和文化传承的层面来考虑的，这对于我们明确发展思路有着方向性的指导意义。

明确了以古籍影印为主的发展方向，我们班子逐渐统一认识，采取改革措施，调整社内机构人员，调整规章制度，在政策上适当向影印倾斜，逐步地把各方面资源向影印集中，使发展思路贯彻落实。比如在选题建设上做到有取有舍，曾顶着压力终止了一部分不赚钱又耗费人力的大型排印书出版，放弃了一些零散的选题方向，也顶住诱惑拒绝了与书商合作做教材教辅和畅销书的流行做法，心无旁骛地专精古籍影印。

十多年来，影印书的品种数量稳步增长，每年都有若干种大型古籍影印项目，如《永乐大典》《中国国家图书馆碑帖精华》《墨子大全》《国家图书馆藏敦煌遗书》《子藏》《原国立北平图书馆甲库善本丛书》等等，以及成系列的人物传记、方志、书目、档案、史料等专题丛书，不断推出。尤其是2002年以后，文化部、财政部组织实施"中华再造善本工程"，这是新中国成立后规模最大的古籍影印项目，由我社负责出版，做了十多年，更是形成巨大的影响。这些项目不仅给我们带来了良好的企业形象和社会声誉，还带来了可观的经济效益，真正实现了任先生对我们的期望。2008年国图社被评为"一级出版社"时，参与评审的财务和出版专家都惊讶于我社财务和资产的优良程度。曾经有业内同行说，国图社是少有的不做其他图书，纯粹靠古籍出版盈利的"古籍社"。对于这样的评价，我们是颇感自豪的，我们自认没有辜负社名中"图书馆"三个字的文化内涵。

四

从2007年开始，我们在古籍影印取得令人瞩目的成绩的基础上，又按照相同思路，开展了民国文献的整理出版工作。现在民国文献影印也已形成规模，据说数量已经占到业内总出版量的二分之一，在社内的数量和效益也已经与古籍影印平分秋色。而国图社对民国文献影印的经营思路也与任先生对于历史文献整理的思考一脉相承。

2007年11月，国家图书馆举办"文明的传承——国家图书馆古籍影印出版成果展"，集中展示了我社揭示馆藏的主要成果。时年91岁的任先生拄杖参观了展出的所有图书，充分肯定国图社近年来在古籍影印出版工作中取得的成绩。在开幕式的发言中，任先生用简洁的语言谈了古籍保护和利用的问题后，话锋一转，着重强调了保护民国文献的紧迫性和重要性。他指出，由于民国距今未远，人们对民国文献保护的重视程度不够；但实际上民国时期图书都用现代化机器造纸印制，纸张酸化程度高，毁损程度比用宣纸印制的古籍要严重得多。民国文献的传藏正面临非常严峻的危机，许多有重要价值的民国文献需要进行抢救性保护与开发利用。他提议在座的专家学者共同努力，呼吁全社会都来重视这个问题，呼吁政府采取措施做好民国文献保护和整理出版工作。会后，国家图书馆成立了由詹福瑞馆长挂帅的"国家图书馆民国文献资料编纂出版委员会"，国图社成立了民国文献影印室，将馆藏民国文献的系统整理出版提上日程，迅速展开。此后，全国政协委员周和平馆长和陈力馆长、全国人大代表詹福瑞馆长也先后以民国时期文献保护为议题提交了议案。议案得到了国家层面的支持。后来，国家图书馆联合国内文献收藏单位，策划了"民国时期文献保护计划"项目。国图社作为国图民保计划的主要出版单位，目前已出版5000余册、8000余种民国专题文献，这是国图社继古籍影印外，形成的又一个品牌出版方向。到我退休之前，出版社的历史文献（古籍和民国文献）影印出版已占到每年图书出版品种的 50% 以上，印张数和利润额则占到全社总量的 80% 以上。

五

我们依托图书馆的丰富馆藏，以古籍影印出版为主的发展思路，得到馆领导的肯定和支持，在工作中排除干扰，逐步落到实处。十多年来，国图社的古籍影印图书出版规模迅速扩大，质量稳步提高，受到图书馆界和学术界的广泛关注。在这个过程中，任先生始终关注着我社的图书出版，不仅在思想上给予引导，对一些大型项目更是直接参与，具体指导帮助。

2002 年 4 月，国家图书馆召开"《永乐大典》编纂 600 周年国际研讨会"，配合这次会议，馆领导同意国图社仿真影印国图"四大镇馆之宝"之一的《永乐大典》。但在会上会下，也出现了一些不同意见，如这批书过去印过，还有必要再印吗？非真即假，何仿之有？等等。任先生支持我们的做法，认为应该设法把所有存世的《永乐大典》都用这种方法印出来，分藏在一些大型图书馆，使原书得到更好的保护和利用。先生出席了会议开幕式并讲话。他呼吁海内外有关各方都来参与，共襄盛举，将散落在世界各地的《永乐大典》汇集刊印，回归中国，也为更多的人研究利用提供方便。先生的讲话修改后成为"呼吁书"，印在我社仿真影印的《永乐大典》目录册上。他说："《永乐大典》是十五世纪人类文化史上的丰碑……（仿真影印《永乐大典》）这一夙愿的实现尚有赖于全世界《永乐大典》收藏机构、收藏家及有识之士予以合作，大力支持。望世界各地藏书机构、收藏家，群策群力，共襄盛举，慨允借用《永乐大典》原书提供拍照、制版之用，用后归还，使这一文化遗产重现于世，垂之永久。衷心企望海内外热心文化事业、关心人类文明的学术机构和人士，对人类文化遗产作出贡献，你们的义举必将与《永乐大典》一道流传后世。"

任先生的呼吁产生良好影响，上海图书馆、四川大学博物馆等内地的《永乐大典》收藏馆对我社都给予了很好的配合。海外部分学者和收藏机构也给予了应有的配合和互动。这里还有一个有趣的插曲。参加《永乐大典》编纂 600 周年国际研讨会的美国学者艾思仁教授说："海外的收藏者应该把所有的《永乐大典》都归还给中国。这个逻辑很简单，因为它是中国的东西。"他还将呼吁的公开信放在了互联网上。这引起一些误解，有的学者以为任先生和国图这次研讨会是在要求把国外收藏的《永乐大典》原书收回中国。我和徐蜀与哈佛燕京图书馆郑炯文馆长商洽影印哈佛大学藏三册《永乐大典》事宜时，郑馆长告诉我们，一位哈佛燕京学社的著名汉学家向他表达了这样的疑问，请他先把中方的意图了解清楚。其实任先生的呼吁书已经说得很清楚，我们也给予了很好的解释，所以"数字化复制回归"的办法得到哈佛燕京图书馆的大力支持。英国牛津大学博德利图书馆东方典籍部的何大伟（David Helliwell）说："即使由于各种原因不能归还，也要让中国了解散存各地的《永乐大典》的情况和相关信息，因为它是中国的文献。"现在，哈佛、普林斯顿、牛津这三所大学图书馆所藏20余册《永乐大典》已经由国图社仿真影印出版面世。事实证明，任先生的呼吁真正为国外图书馆同仁认同并接受，他的遗愿正逐渐变为现实。

任先生还为《永乐大典》项目争取了经费补贴。当时国图社经济实力还比较薄弱，社里同时做着几种大中型影印丛书，而仿真影印《永乐大典》的成本又特别高，有一定的困难。任先生知道后，亲自出面找有关领导汇报谈话，申述项目的意义和实际困难，请求资助。此项目得到政府150万元的出版补贴，顺利展开。到2004年2月，我社即把中国大陆保存的163册《永乐大典》全部仿真影印完成。后来国家领导人曾将它作为"国礼"赠送给俄罗斯。2014年，社里又重印了这套书，习近平主席访问澳门时将这套书作为官方礼物赠送给澳门大学图书馆。

出版《国家图书馆藏敦煌遗书》的启动经费，也是请任先生帮助争取来的。这个项目原来由另外一家出版社负责出版，但出了几册后预期经费来源中断，就搁置下来，一停十年。这时编纂工作已基本完成，如果有关人员转做其他工作，将来再接续就很困难了。馆领导经过研究，决定由国图出版社和馆内有关部门配合，自己来出版。徐蜀通过反复试验，调整了某些技术参数，解决了利用缩微摄影来复制底本，印制原件质量极差的敦煌文献的问题，取得了令人满意的印制效果。这样，编委会（任先生主编，方广锠先生具体负责）、善本部、缩微中心、出版社一条龙流水作业，可以大大提高制作出版进度。但是由于项目规模庞大（预计8开精装本160册），需要较大的经费支持，一开始由我社少量垫支，全面展开运行后就会出现困难。我们向任先生汇报了具体情况，他亲自给有关领导写了信，还上门当面谈话，获得支持。有关领导同志帮助协调解决了 200 万元专项资金，使项目顺利开展。经过所有参与部门和人员几年的努力，到 2012 年项目圆满完成。

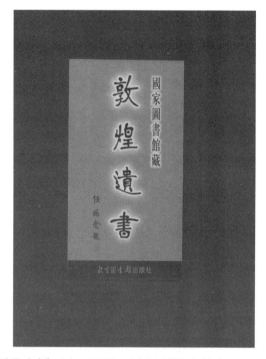

图 1　《敦煌遗书》（全 146 册），国家图书馆出版社，2006—2012 年

六

　　任先生也给出版社推荐过一些选题，古籍影印中印象深刻的是赵西陆先生的《世说新语校释》。一天任先生打电话叫我到家里，交给我书稿，说是赵先生的后人提供的，问我国图社能不能出版。我打开线装本的《世说新语》，看到书中空白处满是赵先生用工整至极的蝇头小楷写就的校释文字，不由肃然起敬。任先生告诉我，赵先生的批注是从西南联大时期就开始做的，当时条件很差，这些蝇头小楷经常是用毛笔在油灯下书写的。这部书稿曾交给一家出版社，拟录文排印出版，但因为字迹太过细小，竟一直找不到合适的人来过录，压了十年，令人痛心。我翻看过稿子后说，我们可以出版，但是能不能用影印的方式？任先生加重语气说："就是要影印出版。"任先生的意思是，以影印

形式出版此书，一方面可以使前辈学人的学术成果尽早面世，另一方面可以让读者看到书稿原貌，从中领悟、学习过去学者们做学问一丝不苟、严谨细致的可贵精神。为此，任先生还饱含感情地为该书撰写了作者简介。我们影印图书，一般都是按照原大或略为缩小，以使图像紧致。这次为使读者看清字迹，责任编辑经过试验，特地用 1.2 倍放大比例印制。从这件事情我感到，任先生支持我们影印古籍，不仅有披露馆藏、传播文献的考虑，他对影印这种形式的特点也有充分的认识和准确的把握。影印是古籍整理的一种重要方式。这种印制出版形式，其"存真性"具有丰富的内涵，它和标点校释等排印出版文献可以形成有益的互补。而它操作相对便捷、制作出版速度快效率高、可以较逼真地反映原书样貌、不会产生再整理和排版中的新差错等优点，使它在古籍保护和整理事业中有着不可替代的作用。

图 2　赵西陆先生《世说新语校释》内页，北京图书馆出版社，2006 年

七

古籍出版是古籍整理保护工作的一个环节，而出版事业和古籍保护又都是文化事业的组成部分，任先生对国图社古籍影印出版的哲思远虑，其最终源头都是为了国家文化事业的发展，是为了他一直念念不忘的为迎接文化高潮到来而做的准备。为了文化传灯，任先生潜心于古籍整理工作，他将我们也看作同道，对国图社时时呵护有加，对我们的古籍出版工作处处支持帮助。任先生多次对我说过，"工作上有什么困难你告诉我，看看我能不能帮上忙"，或者"需要我做什么，你尽管说"，这些话句句实在，绝非虚言。2008 年，我社由北京图书馆出版社更名为国家图书馆出版社。1979 年书目文献出版社成立时，是请茅盾先生题写的社名；1996 年改称北京图书馆时，"北京图书馆"是用的邓小平题字；这次请谁题写新社名呢？我和徐蜀总编辑多次商议，也征求了主管馆领导的意见，觉得还是任先生最合适。当时正值任先生手术后出院静养之际，馆里已对外宣布任馆长不再为人题字，但我向先生冒昧请求后，先生还是欣然同意，认真对待，四次提笔，选取最好字样交人送来。如今，先生所题社名已经成为出版社的标志，以标准化的样式印在国图出版社所有出版图书的封面上，镶嵌在出版社迎门照壁上，也以一种纪念的温度摹写在出版社每一位员工的心里。

图 3　任先生为国家图书馆出版社题写社名

最后，还想说一件自感对不起任先生的事情。任先生晚年四译《老子》。学术界对任先生的《老子绎读》期待很高，这部书如果放在一些老牌大出版社出版，一定会有很高的影响力、很大的发行量和很好的版税收益。当时也确有这样一家出版社在做任先生的工作，希望把书拿到他们那里出版。但那个时候，我们考虑到国图社排印的古籍整理图书出版较为薄弱，希望《老子绎读》能放在我社出版，以提高国图出版社的声望。我们把这个愿望说给任先生，任先生只是问："我的书在我管的出版社出，合适吗？"在我们陈述了"合适"的理由后，先生就同意了，而且强调这个书不要谈价格，以"不让你们赔钱"为准。事实上，这本书确实经得起学术的考验，首印5000册很快发完，二印5000册没有多久也都发出去了，马上又三印。然而，因为我社排印书的宣传和发行力量较为薄弱，这样一部书，印数和销量与其他大社比，差距仍然是巨大的。任先生把书放在我们这里出，完全是为了帮助出版社，而这部书正是因为在国图社这个小社出版，并没有给任先生带来我们预想的影响力和收入。我们是为了出版社的利益，而牺牲了任先生的利益，我至今为此抱憾！

图4 《老子绎读》，北京图书馆
出版社，2006年

图5 《老子绎读》精装本，国家图书馆
出版社，2015年

哲宗学者，志士仁人，合乎君子风范；入墨出佛，究儒研道，归入继绝存真。在我做国家图书馆出版社社长的日子里，我与先生的联系多了起来。望之俨然，即之也温，近距离接触后，我深感在任先生身上，积淀了中华民族知识分子最为深厚而优秀的品格与风骨。正如他的文集一样，任先生的一生是一部"大部头"的可称"经典"的书，有着丰富的思想内容的书，值得我们认真地

读，不断地从中汲取养分。任先生已离我们而去，我想最好的纪念就是捧读其作品，奉行其言行，秉承其思想，延续其遗志。哲人逝矣，道犹在斯。让任先生一生守望的中华文明的薪火在我们手上继续传递。

绵绵追思何时已

王菡（国家图书馆）

自从做《文献》季刊工作以来，逐渐和任馆长有直接接触，所受教益，终生难忘。

上任之初，我曾请教如何办好刊物，任馆长指示我，要重视本馆文献研究，特别强调分馆也有很多重要文献，希望我有机会向分馆从事古籍工作的同事转达。

有一段时期，各地刊物纷纷求新、变脸，任馆长又嘱咐我，千万不要变，一定要遵循《文献》以往的朴素学风。《文献》季刊后来在学术界获得良好声誉，与一直坚持朴素学风密切相关。

当大家纷纷追求核心期刊之时，我也很着急，曾设法争取，任馆长告诉我，不要管那些，只要认真做好自己的工作。不几年，《文献》果然评上核心期刊，我很高兴，期待订数有大幅度增加，任馆长说，不会有太多变化，因为这个领域的研究者只有这么多人。后来，年底邮局送来订数，果然增加幅度不大。

当我退休时，我觉得很惭愧，本馆文献研究仍嫌不足，但任馆长说"欲速则不达"。还鼓励我继续努力，另外开辟阵地，说"退一步海阔天空"。

任馆长既给我工作学习以清晰明辨的指导，又待人亲切。李希泌先生在世时，每年春节前郭又陵社长和我都要前去拜年，常常得知任馆长已经来看望过李希泌先生。李希泌先生早年毕业于西南联大历史系，在北京图书馆曾任《文献》季刊副主编。

我的姑父曾与任馆长同为西南联大步行团团员，从长沙步行至昆明，自50年代起，与任馆长同住北京大学中关园多年。后来任馆长得知这层关系，数次询问我的亲属，颇为关切。

　　任馆长多次从哲学的高度，给我以思想指导，使我在工作中保持头脑清醒，减少盲目性，又对我的学习研究给予鼓励、指导，令我受益终生。他达观、冷静、超然物外的处世态度，永远成为后学楷模。

《中华大藏经（汉文部分）·续编》的最新进展

张新鹰（任继愈研究会）

在 2006 年 4 月第一届世界佛教论坛和 2009 年 3 月第二届世界佛教论坛上，中国国家图书馆馆长、佛教研究的著名学者、《中华大藏经（汉文部分）·续编》（以下简称《中华藏续编》或《续编》）主编任继愈先生曾先后委托笔者和常务副主编杜继文先生，分别报告了《续编》的编纂设想和工作状况。2009 年 7 月 11 日，任继愈先生因病逝世，但 6 年多来《中华藏续编》的编纂工作没有停止，并且在国家出版基金的支持下取得了重要进展。去年 10 月，笔者应邀参加以"同愿同行，交流互鉴"为主题的第四届世界佛教论坛，有机会提交本篇文字，再次向与会的国内外佛教界、学术界人士介绍《中华藏续编》的编纂情况。

2014 年 3 月 27 日，习近平主席在联合国教科文组织总部的演讲中谈道："佛教产生于古代印度，但传入中国后，经过长期演化，佛教同中国儒家文化和道家文化融合发展，最终形成了具有中国特色的佛教文化，给中国人的宗教信仰、哲学观念、文学艺术、礼仪习俗等留下了深刻影响。"同年 9 月 18 日，习近平主席又在新德里，用"佛兴西方，法流东国"8 个字，高度概括了中印两国佛教交流的历史成果。而在"法流东国"所催生的"中国特色的佛教文化"当中，汉文大藏经是非常具有代表性的一组标志。

佛教典籍随着在古印度地区不断的结集流布，形成了"三藏"的称谓，指经、律、论三大类基本文献。三藏之"藏"，在梵文中原为箱箧之义，乃是归类放置典籍的容器。历史上，经、律、论等佛教原典陆续传入中国并得到汉译、使汉文佛教典籍体系初具之后，以"三藏"这一汉语意译词汇来概称丰赡宏富的佛教法宝，逐渐成为佛教界和社会上的习惯。"大藏经"这一专有名词的出现则相对较晚，但据方广锠先生考证，至迟在唐贞元年间，即 8 世纪末 9 世纪初也已产生①。这个汉语词汇被创造出来，本身就是中印文化交流互鉴的体现。佛典汉译如果没有达到一定的数量层级，没有形成较多的受众群体，没有取得相当的社会认同，不会出现这样一个充满尊崇色彩并被普遍使用的词汇："大"，言其宏伟浩繁之规模，"藏"，言其丰富神圣之内蕴，"经"，言其高尚庄严之地位。可以说，佛教"大藏经"从被国人整体命名，到确定明细收录篇目，从使用《千字文》排列外在顺序，到选择纸本版式装帧，处处反映了印度渊源的佛教实现中国化演变直至形成汉语系佛教的进程和面貌。特别是大量"中国撰述"佛教论著的问世和入藏，在印度原典之外极大地扩充了佛教文献的范围，使佛教中国化的成就通过汉文大藏经这个权威的载体，得以稳固而集中地保存和展现。汉文大藏经的基本成形和世代沿袭，正是从一个特定的角度，显示了人类文明在平等、包容基础上的交流互鉴所能够激发出的创新动力。

由于佛教在中国社会信仰版图中赢得的重要地位，以雕版印刷术开始广泛普及的北宋初期为起点，历朝历代往往把编纂印制汉文大藏经作为展示皇威国力、推动精神文化导向的官方行为加以实施，由此又带动民间社会不断有人力财力投入同样的事业，以实现众多信徒弘法邀福的宗教愿望。在这个过程中，讫至清代，20 余种官私版本的汉文大藏经先后问世，篇幅从 5000 多卷增加到超过万卷；各版之间从时间上几乎头尾相续，迤逦不绝。这样一项在同一名义下绵延近千年的佛教文化出版系列工程，世界史上堪称唯一。受中国编印汉文大藏经的举措和传统的影响，同属汉语佛教文化圈的古代高丽、近世日本都曾编印过不止一种汉文大藏经，其中，日本《卐续藏》《大正藏》收录了不少中国各版刻本大藏经未能收录的篇目，具有较高的补缺价值。

然而，自 18 世纪前期清王朝完成《乾隆大藏经》（即《龙藏》）的刻印之后，200 多年间，中国再没有以国家力量编纂新版汉文大藏经的记录。直到改革开放新时期开始后的 1982 年，国务院古籍整理工作领导小组在时任中国社会科学院世界宗教研究所所长任继愈先生的倡议之下，终于在全国古籍整理出版规划会议上将编辑出版《中华大藏经（汉文部分）·正编》列入计划，并建

---

① 参见方广锠：《中国写本大藏经研究》，上海古籍出版社，2006 年，第 4 页。

立由任继愈先生主持的工作机构"中华大藏经编辑局"。经过 13 年、前后 160 人的艰苦努力，1994 年年底，全书编纂完成，共收录典籍 1939 种，一亿多字；1997 年，由北京中华书局出齐全部 106 册；2004 年又出版了《总目录》。《中华藏正编》至此告竣①。

《中华大藏经（汉文部分）·正编》的编辑出版，表明国家对佛教历史文化遗产的高度重视，是中华人民共和国成立以后我国学术界对浩如烟海的佛教文献进行集中整理的一项重大成果，是新时期文化建设具有里程碑意义的一件大事，也是任继愈先生对古籍整理事业做出的一个重要贡献。

《中华藏正编》先后获得全国古籍整理成果一等奖、全国图书奖荣誉奖、中国社会科学院优秀科研成果荣誉奖，还被列入国家礼品目录。

《中华大藏经（汉文部分）·正编》的圆满完成和巨大成功，促使学术界和社会上日益形成期盼《续编》的呼声。

实际上，早在 1982 年《正编》起步之初，编纂《续编》的设想就已在任继愈先生的酝酿之中，只是由于《正编》完成之后，经费来源中断，《续编》未能立即启动。

2006 年年底，任继愈先生经由国家新闻出版总署向国务院领导递交了关于启动编纂《中华大藏经（汉文部分）·续编》的论证报告。为增强国务院领导对《续编》形貌的直观感觉，任继愈先生事先组织精干队伍，用一年左右的时间编辑印制了一本样书，随论证报告一起上送。这本样书与《正编》各册装帧相同，厚度相当，由国家图书馆出版社印出 50 本，每本编有序号，现已成为极富收藏价值的珍品。

2007 年 3 月 29 日，时任国务院总理温家宝对任继愈先生的报告做出批示："此事对于保护和发扬中华文化有重大意义，请财政部支持，新闻出版署落实。"《中华藏续编》终于得到国家的立项支持。任继愈先生重新成立了《中华藏续编》编辑委员会，于 2007 年 11 月正式启动全面工作。

根据任继愈先生的论证报告和随后形成的立项申请，《中华藏续编》拟收录《正编》未能完全收入的各版大藏经中有《千字文》编号和无《千字文》编号的所有汉文中国佛教典籍，以及百年来新发现的佛教文献，如敦煌遗书、房山石经、西夏故地之新出佛典，六朝以来的散佚佛典；金石资料中的佛教文

---

① 关于《中华藏正编》的详细介绍，可见任继愈先生为《中华大藏经总目录》撰写的序言。

献；各地图书馆、博物馆保存的未为历代大藏经所收的古代佛教典籍；正史、地方史志、丛书、类书、个人文集中保存的佛教资料；还有近现代部分重要的佛教研究著作。预计数量在4000种以上，字数约达3.6亿字；采用与《正编》不同的标点排印方式，必要时附以校记，以方便读者阅读。

《续编》计划分设如下诸部：

1. 印度典籍部，收入印度佛教典籍汉译本。包括经律论、贤圣集传等。

2. 南传典籍部，收入南传佛教典籍汉译本。包括律、经、论三藏及三藏以外的其他南传佛教传统典籍。

3. 藏传典籍部，收入藏传佛教典籍汉译本。包括甘珠尔、丹珠尔，及历代传承的松绷文集。

4. 汉传注疏部，收入关于印度佛教、南传佛教、藏传佛教典籍的注疏及复疏。

5. 汉传撰著部，收入论述教义的佛教典籍及对这些典籍的注疏与复疏，以及佛教的论文总集、纂辑、僧人个人文集、类书等佛教文献，并适当精选近现代重要的佛教研究学术论著。

6. 史传地志部，收入各种佛教史传及佛教历史地理学著作，包括总史类、别史类、史料集、寺志、山志、僧人行脚纪、各种地方史志中的佛教资料，以及金石资料等。

7. 忏仪部，收入各种佛教忏仪。

8. 疑伪经部，收入各种疑经与伪经，即中国佛教信徒自己编撰、假佛名以流通的典籍。

9. 论衡部，收入中国儒、释、道三家论议佛教的典籍、言论。这是《续编》中极有特色的一个部类，拟从《四库全书》《四库存目丛书》《四库禁毁丛书》《续修四库全书》《四库未收丛书》及各代总集、别集和各种历史文献中选取儒道两家对佛教的评论和佛教与之论辩的篇什，全面反映历史上佛教与儒道两家的关系及其思想交融。

10. 外教部，收入历史上与佛教曾有交涉的其他外来宗教如印度教、耆那教、摩尼教、景教的相关典籍汉译本。

11. 目录音义部，收入佛教目录、音义等各种工具书。

2008年11月，按照国家新闻出版总署的决定，《中华藏续编》与此前中央领导批示立项的其他出版工程项目一起，被纳入新设立的国家出版基金的资助和管理范围。任继愈先生同意该书编纂完成后交由中华书局出版，中华书局同时成为向国家出版基金负责的该项目主管单位。中华书局负责人经与任继愈先生等反复讨论，提出了将《续编》调整为甲乙两部、分阶段出版的新思路。甲部包括《正编》未收的历代大藏经中有《千字文》编号和未以《千字文》编号的部分，计约 2100 多种，包括《嘉兴藏》《卍续藏》《频伽藏》《大正藏》《普慧藏》中符合此范围可作为点校底本的篇目；乙部包括历代藏外散佚典籍、近现代新译新编典籍及相关文献资料，大体涵盖前述 11 个部类当中的2、3、6、7、8、9、11 等部类，除"汉传撰著部"以外，大部分已初步编出目录，字数略少于甲部。

2009 年 6 月 1 日，任继愈先生在病床上与中华书局签订了《中华大藏经（汉文部分）·续编·甲部》出版协议书。这是他生前签署的最后一份出版文件。40 天后，任继愈先生与世长辞，享年 93 岁。他把自己对《中华大藏经》功业圆成的期待，用浓墨重笔的签名永远留在了人间。

任继愈先生逝世后，吕澂先生的入室弟子、中国社会科学院荣誉学部委员、世界宗教研究所第二任所长杜继文先生以常务副主编身份全面主持《中华藏续编》工作。六年来，他不顾八旬高龄和病痛侵袭，在完成诸多学术活动和研究生教学任务的同时，对《续编》的工作决策、机制安排、业务指导，做出了许多成效显著的积极努力。如依托南京大学组建点校审读的"南京团队"，决定尽可能以国内版本替换《卍续藏》底本，聘请专家编制准确详细的甲部工作目录，协调乙部遗留未竟工作扫尾，等等，都在其他各位副主编、有关专家学者和编委会办公室同仁的支持配合下，取得了切实的进展。

2012 年 11 月，中华书局就《中华藏续编》工作举行专家座谈会，邀请宗教事务部门、佛教界、学术界部分人士，对《续编》方案的合理性、可行性进行研讨。国家宗教局蒋坚永副局长、学诚法师、宗性法师、光泉法师及中国社科院、北京大学、南京大学等单位的知名学者，在会上充分肯定了《续编》的编纂计划和已经取得的成绩，并提出一系列有益的建议。

2013 年 11 月，国家出版基金办公室召开会议，对《中华藏续编·甲部》预算进行专家评审，全面认定了项目规模和最终目标，确定了资助经费总额。会议议定，《中华藏续编·甲部》应在 2019 年底完成出版，所需经费，国家出版基金逐年予以保证。《甲部》出版以后，《乙部》也将提上日程。

在国家出版基金的支持和全国上百位点校者的共同努力下，《中华藏续

编》目前可以向关注者报告的进展状况是：到 2015 年 9 月为止，《续编·甲部》已收稿 1273 种 8800 余万字，定稿 1086 种 7600 余万字。乙部在决定甲乙两部分阶段进行之前已与点校者签订协议的约有 3500 万字，现收稿 3301 万字，已全部定稿。甲乙两部合计收稿 1 亿 2143 万字，定稿 1 亿 948 万字。

我们相信，《中华大藏经（汉文部分）·续编》这项宏伟的文化建设事业，一定能够在国家的支持之下获得最后的成功，为传统文化在中国特色社会主义条件下实现创造性发展，为中国学术界、佛教界之间和与国际学术界、佛教界之间继续合作拓展"同愿同行，交流互鉴"的康庄大道，做出应有的贡献，告慰敬爱的主编任继愈先生。

（本文曾提交第四届世界佛教论坛，现略有改动）

他和我们没有距离

张彦博（国家图书馆）

2016 年 4 月 15 日是任继愈先生 100 周年诞辰纪念日。国家图书馆向社会各界人士发出信函，为即将举办的"任继愈先生百年诞辰纪念会暨学术研讨会"征集论文和纪念文章，我有幸收到了约稿函。按照约稿函要求，需要就"任先生在文化遗产整理和保护方面"的成就进行学术探讨，此实非我所长，力不能及，非敢妄议。因此一段时间以来，迟迟未能动笔。作为在任馆长领导下工作了近 20 年的老员工，我深感任馆长留给我们的不仅是丰硕的学术成果，其伟大、质朴的人格魅力，更为我辈之楷模。因此思来想去，找出了纪念任馆长的一篇旧作，该文刊载于 2009 年 9 月 8 日《中国文化报》，记述了我与任馆长在工作交往中的一些平凡小事。现将这篇短文奉上，以寄托我们的缅怀与追思。

今年 3 月 19 日，任继愈馆长因身体不适再次住进了医院，我一直想去探望他，又怕打扰了他的治疗和休息，只好托他身边的工作人员代为问候，也期待着他如前两次住院那样，尽快康复起来。

5 月间，他托人带话，说可以去医院看望他，我放下手头的工作，匆匆跑去医院。在病床前望着任先生儒雅清瘦的面容，轻轻地祝愿他多多保重，早日康复。7 月 2 日再次到医院探望他老人家时，任馆长已陷入深度昏迷中，只能握住他的手，心中默默祈祷，盼望奇迹再次出现。而 7 月 11 日一早，却不幸传来任馆长去世的噩耗。

任馆长去世后，社会各界人士对他给予了高度评价。我从 1986 年到国家图书馆（那时称北京图书馆）工作，在任馆长领导下工作了 18 个年头。更为有幸的是，从 1997 年作为国家图书馆班子成员，在任馆长直接领导下，工作了 8 年。也是由于有此经历，中国文化报社同志向我约稿，希望写点纪念任馆长的文章。写什么呢？国家图书馆时任馆长詹福瑞同志在任馆长去世后接受中央电视台采访时说，任馆长给他最深刻的印象是：治学和做人。我当年进入国图领导班子是从行政管理的角度，因本人才疏学浅，学问上从没有和德高望重的任馆长有过交流。但任馆长在做人上对我在履行党委副书记、副馆长的职务期间影响颇大，一直到我离开图书馆的今天。

任馆长是大家，毛泽东同志对其评价为——"凤毛麟角，人才难得"。仅从改革开放以来他担负的职务看：中国社会科学院研究生院教授和博士生导师、国务院学位委员会学科评议组成员和哲学组召集人、国家古籍出版规划小组委员、中国宗教学会会长、中国哲学史学会会长、国家图书馆馆长、中国社会科学院世界宗教所名誉所长、全国人民代表大会第四至第八届的代表，这些足以说明他对社会、对人民所做的贡献。任馆长一生著作等身，主要著作有《汉唐佛教思想论集》《中国哲学史论》《任继愈学术论著自选集》《任继愈自选集》《墨子与墨家》《韩非》《老子新译》《任继愈哲学文化随笔》等，足以说明他在学界的学术领导地位。但在我眼中的任馆长，更多的时候则是我们图书馆员工的良师益友。有几件小事，令我终生难忘。

我在领导班子中分管后勤工作，在 2000 年新馆员工宿舍落成之前，员工住房问题一直是困扰馆内发展的大问题。我在处理这类问题时，常出现顾此失彼的现象，特别是对一些普通员工的诉求关注不够，在这方面引起我警醒的恰恰是任馆长。现留存我手头，为解决普通员工住房问题任馆长写给我的便签有五六封之多。现举两封为例。

之一：

彦博同志：

这几年，由于住房困难，找过我的不少，有两户最困难，我记得很清楚：①报刊部的张星波（女）家住长辛店（或丰台）每天上下班，路上要 3 至 4 小时，这种情况已持续了十来年（她丈夫没房）。②退休工人田瑞兰（女）。丈夫瘫痪多年，她要全面护理。上厕所去公共厕所，男厕所妇女进去照护病人，很不方便。在室内大小便也很不卫生。子女都长大，二三十岁（大男大女）……现在馆里盖了房，以上这两户，如果没有她们的名字，请您过问一下务求公平合理。真正困难户，从分房中体会共产党办事公平合理。真正为员工解决实际困难。

此致　敬礼！

任继愈

1999. 9. 27

之二：

彦博同志：

　　我馆西编组员工李刚（男）在馆工作16年，这次分房，因爱人户口不在北京，不能分房。鉴于李刚的实际情况，是否可采取临时解决办法，暂借一间（或者地下室），等以后他爱人户口解决再全部解决，或者想其他办法解决一下。我馆员工住房改善提高方面解决得比较好，群众满意。现在重点放解决困难住房户，望多费点精力，对调动广大员工有利。

　　此致　敬礼！

任继愈

2000. 9. 21

　　可能在图书馆工作很长时间的同志未必能将张星波、田瑞兰和李刚这几位同志对上号，因为他们不是什么馆内学术带头人、什么职级的干部，就是这些普普通通员工，却挂念在任馆长的心上，他在倾尽心力为他们奔走呼吁！田瑞兰同志是在建图书馆新馆时进入图书馆的"农转工"。她家庭生活困难，收入偏低，为帮助她度过困难，任馆长每月从自己工资中拿出钱资助她达半年之久。

　　1995年，胡京波同志受组织委派去西藏图书馆工作3年。临行前，任馆长为他写下"行千里路，读万卷书"的题字。正是这一题字，鼓舞着这位同志圆满完成了3年的援藏任务。

　　国家图书馆"文津讲坛"是在京城颇有影响的讲坛，一些文化、艺术名流的演讲吸引了众多的读者，其中，王蒙先生和厉以宁先生更是率先垂范，每年为北京普通市民义务演讲一次。每当这一天，两位学者演讲时都能看到任馆长以读者身份在听众座上认真听讲，不仅两位主讲人深受感动，也深深地影响了听讲座的市民百姓。"文津讲坛"越办越红火，一个惠民学习、读书的好风气悄然形成。

　　在纪念任馆长的追思会上，我看到许多人都谈到任馆长经常用一些浅显的道理来解释深奥的问题，说他是平白、朴素、真实的长辈，最省事的馆长，他和我们没有距离，等等。我对此也有体会，也有同感。一次和任馆长闲聊，他

223

说："我这人觉悟不是很高，上学时只知钻研学问，而同学有人走上革命道路，后来对国家民族贡献很大。"我知道他指的是1935年"一二·九"运动中的组织者，一些人后来成为党和国家的重要领导人。我说："尽管道路不同，但您也同样为国家、民族做出了巨大贡献啊！"他摇摇头说："那是不一样的。"

2005年9月，我奉命从国家图书馆调到文化部全国文化信息资源建设管理中心工作。到任不久，任馆长亲自上楼来看我，让我诚惶诚恐。他叮嘱我一要注意身体，二要做好工作。说这项工作很有意义。交谈中我冒昧提出请任馆长为管理中心题写名称，他欣然接受。不久托馆办同志送来题字并附有一封信函："彦博同志：您交办的'管理中心'标志，写了，只能凑合着用吧，我写的字，您一看就知道是我写的，署不署名都一样。此致，敬礼！"

以上几件事，都是我的亲身经历。我讲述的不是任馆长严谨的学风，丰硕的学术成果。我说的是一些平凡的小事，但我看到了大家的风范，从中学到了做人的道理。任馆长曾说过："我没做什么工作，工作是大家做的。我给图书馆办公楼玻璃的门上贴了个条，省得大家撞到玻璃上，这可能是我做的工作吧！"这就是我们的任馆长！

不知是否是天人感应，在送任馆长远行之时，骤雨纷至，归来后我写下了一首小诗，摘录一段，以表达我的心情：

> 我不想惊醒您，
> 因为我知道您太累、太累。
> 望着您睡卧在鲜花丛中，
> 仍是那样的儒雅、安详。
> 我静静地从您身边走过，
> 任泪水流淌，任悲情洒扬。
> 此时此刻，
> 天公倾泻的泪雨啊，
> 与人们恋恋不舍的哀思，
> 不知谁的情重，谁的情浓！

回忆我与任继愈先生的一次交往

丁力（宁夏图书馆）

　　大约是 1988 年春天，我接到宁夏文化厅转来文化部副部长刘德有批示的一封信函复印件，信函是任继愈先生亲笔写给文化部的。信函的内容，主要是为一批文献的去向。信函中所说的这批文献，是原北京西什库教会藏书，后归藏于北京图书馆（今国家图书馆），在"文革"期间不明去向。任继愈先生给文化部的信函中说，原来以为这批文献已经遗失，而新近听说可能存于宁夏图书馆。信函中希望文化部能将这批文献的情况加以落实并且要求，如果这批文献确实存于宁夏图书馆，恳请文化部协调能将其归还北京图书馆。

　　根据信函及文化部领导的批示，宁夏文化厅领导要求我用最快的时间查明情况，以便向文化部汇报。看到文化部的信函后，我基本判断，信函中所说的这批文献，就是"文革"期间宁夏图书馆从北京柏林寺拉来的那批藏书。但是，我对当时入藏这批藏书的具体过程以及它的内容、价值并不清楚。我很快找到当时的几位老职工，从他们那里了解了详细情况。原来，这批图书原藏于北京图书馆分馆（柏林寺）。"文革"初期，当时的宁夏图书馆馆长何村带人到北京购书，恰好住在柏林寺附近。他们看到那里用汽车一车一车地往外拉书，从满车乱七八糟堆放的书来判断，这似乎是拟报废的图书，于是他们便前往交涉。果然不出所料，这些藏书被列为"四旧"，正在拉往造纸厂做粉碎处理。宁夏馆的同志进一步打听，得知造纸厂为此还须支付一定资金。当时，何村馆长考虑，宁夏是个藏书很少的小馆，不论这批书有无价值，如能拉回去充实馆藏数量，岂不是好事？他便将带来的人分为两路，分别去找北京图书馆和造纸厂去进行交涉。交涉的结果，以 6000 元成交并支付了几百元运费，将一火车皮、约数万册旧书拉回银川，这批书基本上全部是外文。只是，这批书最后究竟是与北京图书馆还是与造纸厂成交的，说法不一。书拉回后，"文革"

之风也随之席卷宁夏，这批书便一直堆放在银川玉皇阁的闲杂房中无人问津。

宁夏图书馆在 20 世纪 70 年代末期进行过一次大的搬迁，这批书的处理问题也被提上日程。当时我正负责搬迁事宜，在查看这批书时，从中发现不少 17、18 世纪的老书，因我的所学是图书馆学专业，从版本的角度，感觉到这批书应该具有一定价值，于是组织人力将这批图书搬入书库之中。但书中内容既无人识，也就更无人去整理。

在收到任继愈先生的信函之后，我感觉这批旧书可能有一定价值，加之文化厅的催促，我就召集了一个座谈会。在座谈会上，几位老同志都认为，这批书是当时花钱买来的，虽未整理，但已纳入图书馆财产，不存在归还的问题；同时，也希望能组织力量尽快将这批书整理出来。我将这次座谈会的意见，原原本本地向文化厅做了汇报。

大约是 1988 年 5、6 月份，宁夏文化厅副厅长叶波带我专程到达北京，拟就这批书的情况向文化部汇报。但到京后，我觉得这件事情源出于任继愈先生，我也还有问题需要向任先生请教，加之任先生刚出任北京图书馆馆长不久，我便没有随叶副厅长到文化部去，而是通过北京大学阴法鲁先生联系，直接到三里河任继愈先生的家中去拜见了任继愈先生。

由于阴先生在电话中已经告知，说我是宁夏图书馆馆长，所以，我一报出是宁夏来的，任先生就很热情地将我迎入家中。落座后，任先生便直截了当地问我，是如何认识阴法鲁先生的？又怎么知道通过阴先生联系他？当我简单地回答后，任先生说："你看，咱们都是同行，见我还拐这么大弯子呀。"从任先生流利的普通话中，还能感觉出些许的乡音。任先生的本意，大约是想拉近交流的距离，可我的感觉，这是任先生的自责抑或是对我的批评。我赶忙说："我是晚辈，不敢随意贸然打扰先生。"

我当过兵，在部队时就阅读过任继愈先生编写的《中国哲学史》，知道他是研究中国古典哲学和佛教的专家，能向他这样的国学大师请教知识，自感机会难得。为了不过多占用任先生的时间，我便开门见山地说明了来意，直接切入了正题——那批教会藏书。

据任先生说，他到北图后，是无意间听搞善本书的同志说起，宁夏有这样一批原藏于柏林寺的旧书，遂引起重视的。我首先将这批书的基本情况和我们的想法，简短地向任先生做了汇报，任先生认真听完汇报后说："咱们都是图书馆的馆长，可谓坐拥书城。但不能仅仅是我们自己'坐拥'，要不为什么叫公共图书馆呢？书是公共的，是要用，要让大家看的。"但任先生稍稍停顿后，也表示对我的想法给予理解，半开玩笑地说："这批书如果有价值，那可以是你们的镇馆之宝了。那就更需要加以保护，放在宁夏那里无论是使用还是保护，恐怕都是问题呀。"任先生接着问道："你们能否为这批书开辟专门阅览室？"我稍做思索后回答："恐怕有困难。第一是这批书还没整理出来，而且由于都是古外语且有英、法等多个语种，识别比较困难，仅靠宁夏馆也整理不出来；第二，即使这批文献被整理出来并确定其很有价值，恐怕利用它的人也是微乎其微，对宁夏这个小馆来说，也无力量为其开辟专门阅览室。"任先生听后，坚持认为这批书应移交到北京图书馆收藏，并且承诺对宁夏图书馆给予帮助。我提出，可否请北京图书馆支援力量、给予指导，先把这批文献整理出来。我还特别恳请任先生，能针对这批文献的整理，帮助提供一些线索或者开列一些有关的书目。

没有想到，任先生听了我提出的要求后，精神一下提振起来。一段流逝的历史被他像故事一样娓娓道来：

西什库教堂是天主教堂，有几百年历史了，但可不要简单认为它仅仅是个教堂，在这个教堂内还设有图书馆和学校，还有许多专门从事研究的神职人员，就是那些传教士。清朝末期闹义和团，打出的旗号是"扶清灭洋"，清政府支持义和团对教堂进行了很长时间的围攻，直到八国联军打进北京，才为教堂解了围。这是所知的屈指可数的清廷支持义和团的史实。

天主教是西方的宗教，西方的宗教在世界许多地方传播时，都同时推行西方文化。但进入中国几百年，却一直站不住脚。这让后来的传教者们变聪明了，他们开始学习中国的语言文字和习俗文化，开始寻找圣经和儒学的联系，开始搭建中西文化同源的架构，他们不但把西方的经书请到中国来，还翻译了许多中国古代的经典输出到国外。更重要的是许多传教士都著书立说，他们根据自己的认识和理解，诠释中国经典，成为最早的汉学家和中西文化的交流者。

任先生说到这里，特别加重语气："西方的宗教到中国，只有实行中国化政策、适应中国的文化环境，才能成功在中国立足，这不正说明了中华民族的文化是多么优秀吗？这可是一件大事情。"

任先生的一番介绍，令我在心中不由得赞叹——历史、学术还有政治，竟被他言简意赅、深入浅出地表述得如此明白，真无愧于国学大师。

但任先生却十分谦虚，他说天主教研究并非他的专攻，但哲学、道教、佛教、儒教的研究，却不能不关注天主教，这是相通的。他坦言，由于对这批书没有接触过所以并不了解，列不出更多的书目。他说，曾看到过一部比较全的介绍中国天主教文献的书稿，可惜没有出版，提醒我如果有兴趣可以关注。他建议我找一下张星烺、向达、冯承钧等人所著的有关中国天主教史、中西交通史方面的书，首先了解中国天主教的脉络，可能对了解、整理这批文献有帮助。说着，他还起身从书架上抽出他们的书，出示给我看。

"如果这批文献确属当年西什库教堂所藏，应该既有经书，也有供研究用的文献，还有传教士关于中国的著述，关于传教过程的记述等等，因为他们要学习汉语，还应该有中西对照的语言方面的书！"任先生做出这样的分析。

不知不觉已经一个多钟头了，我真正感受到一次学术的洗礼，任先生渊博深邃的知识和学问，敏捷直率的思维和言谈，以及对学术的知之为知之、不知为不知的科学严谨态度，都给我留下了难以忘怀的记忆。

我告别任先生回到宁夏不久，任先生就委派国家图书馆的一位同志（记不清姓名）带领两位先生（约五六十岁）来到宁夏，据说这两位先生曾经是北京某教堂教士。他们住下后，即投入了对我馆这批文献的整理工作。由于这批文献良莠不齐，他们工作的第一步是从堆放杂乱的书堆中挑选。挑选的标准，一是按照时间，先挑出年代早的书；二是根据图章，凡遇钤有教会藏书图章的书，均先挑选出来。从这些文献上搜集到的各式图章，大约不下 10 种。工作的第二步，是将挑选出来的图书书名逐一译出，并尽可能写出一个简单的提要。由于这批文献大都是古外语且专业性强，别人根本插不上手，所以工作进展很慢。大约从 8 月中旬进行到 10 月底，因天气渐冷而停止。

这次挑选整理出来的文献，有相当一部分是法文文种。其中的内容，确如任先生的分析，有传教士对传教过程的记载，也有对义和团的记载，它们应该当之无愧地属于中国的文化遗产。根据这次整理，宁夏图书馆陆续编印了几期目录——《馆藏西什库教堂藏书目录》，目录发出后，曾有荷兰、英国、法国、德国等多国使馆的人员来馆寻看，甚至提出要购买。

2008 年，好像也是春天，我到国图来联系工作，在国图举办的一个展览会开幕式上，又意外地与任继愈先生相遇。当我说出"我是宁夏图书馆的……"几个字时，任先生就想起了当年我对他的拜访，立即说："你就是那位固执的馆长。那批书现在怎么样？"此时，任先生已是 90 多岁高龄，竟对整整

20 年前的事情记得如此清晰。我完全明白，他所关心的，是那批未能如他所愿而入藏的教会文献；他所体现的，是图书馆人保护文献的情结；他所折射的，是学者的职责本能和时代先觉。受任先生这种精神的启迪，许多年来，我一直在努力寻求对这批文献进行整理和开发的机会。遗憾的是，如今已经又过去了将近 10 年，这批文献仍然沉睡在那里，默默地等待着这个功利社会的苏醒。有时，我也在想，可能任先生当年的想法是正确的。

如今，图书馆的发展已经从传统模式步入数字模式，科学技术的进步为这批文献提供了更大的揭示空间和可能。在缅怀任继愈先生之际，当年我与他老人家交往的情景仍历历在目，我又想，我们在纪念他的同时，是否更应脚踏实地地继承他的精神呢？

国家图书馆的 310 室

詹福瑞（国家图书馆）

老馆长任继愈先生的办公室原在三楼，紧靠东头的两间。外间是会客室，里间是办公室。说是两间，其实外间似走廊，极狭窄，摆着新馆开馆时的旧沙发，木扶手，灰布面坐垫和靠背。沙发虽小，摆在那里，人来去也要侧身而过了。就是在这样简陋的会客室，任先生接待中央领导，也接待普通读者。办公室也不大，一个写字台，四周排满书架。这里既是他办公的地方，也是他从事研究的所在。

任先生 1987 年任北京图书馆馆长，此前，虽经十年调整，恢复了图书馆的正常业务，但条件依然处在逐渐改善之中。十八年寒窑之苦，任先生率领员工，使国家图书馆终于显现出天堂的模样。为此，不仅本馆的员工，本国的同行，就是世界图书馆界，对这位出身于哲学家的管理者，也都充满了敬意。

我和任先生谈工作，一般都在周四。任先生坐在我对面的沙发上，倾下身来，认真听，再发表意见。他的语言如同其文章，极省练，却切中肯綮。2005 年，馆里按照上面的要求实行全面改革，工作人员要定为几等岗，矛盾很大。任先生听了我的汇报，讲了王安石变法的故事。王安石推行新法，极为神速，但是激化了矛盾，立足未稳，就被推翻。因此改革不宜速进，而应渐进。他虽然未对改革方案提出具体意见，但他的改革渐进的观点，显然是深谋远虑的意见。

早在 1999 年，任先生就预见，21 世纪的图书馆，存在和发展模式将有根本性的变化。国家图书馆要可持续发展，必须做出战略性、前瞻性的规划和部署。我到馆工作后，任先生就此与我有过多次长谈。2005 年，我馆提出的两大发展目标（建设现代化和国际化的国家图书馆）和三大发展战略（人才兴馆、科技强馆和服务立馆），就体现了任先生的思想，包含了他的智慧，多是我们交流讨论的结果。

我与任先生在一起，聊得最多的是人才问题。我曾经看过任先生历年在职工大会上的讲话，有一个不变的主题，就是人才。为什么如此？任先生说，现代化的核心是人的现代化。20 世纪，世界列强争夺的是自然资源，进入 21 世纪，已经转向人才资源，拥有人才的国家才有前途。以色列是世界 20 个最发达国家之一，但是它国土很小，被沙漠包围，缺水，靠什么成为强国？靠人才。所以建设现代化的图书馆，必须从抓人才入手。他给我分析过国家图书馆的队伍。"文革"后，百废待兴，国家图书馆缺少馆员，尤其是新馆开馆，更需要扩充队伍。但在当时，社会上还没有大学生，所以招来的馆员主要是回城知识青年和部分占地安置人员。这些人虽然学历低，但有极强的责任感和上进心，他们通过自学考试、上大专班等形式，取得中专或大专学历，成为馆里的业务骨干。80 年代初，恢复高考的大学毕业生陆续进入国图，队伍不断增强，但还不能适应快速发展的事业形势。因此，90 年代，他就提出实施人才发展工程，提高现有人员的水平，尤其是注重有影响带头人的培养，同时还要大力引进人才，为未来的事业准备人才。正是在这种思想指导下，馆里完善了馆员继续教育制度，出台了首席专家、外籍专家、资深馆员制度。

任先生重视科学研究与现代技术的应用，并且身体力行。他跟我讲，没有理论指导，我们的工作就是盲目的、低层次的，因此必须加强图书馆理论与应用的研究，解决发展的方向问题、政策问题，也要解决业务中遇到的具体问题。这些工作有人做，高校就是研究的主力。但是图书馆不能让出这个阵地，尤其是国家图书馆，要引领全国图书馆业务发展方向，不研究就无法引领。我到馆不久，任先生就叫办公室给我送来美国国会图书馆数字图书馆建设的书，要我读，嘱咐我关注数字图书馆的研究。

任先生对中华民族文化有过论断，他认为，中华民族过去有过春秋与汉唐三次文化大繁荣，我们将会迎来第四次繁荣期。而第四次文化繁荣期，预计将在 20 至 30 年后。任先生常说，文化没有暴发户，不似炒股，一夜暴富。文化的繁荣不是等来的，要靠长期的积累，现在就是文化积累期。当代人的工作，就是为迎接第四次文化大繁荣做好准备。而他和图书馆的任务，就是做好文献的整理，当后人的铺路石。正是在此种自觉的文化发展意识下，任先生任国家图书馆馆长以后，就率领《中华大藏经》、敦煌遗书、《中华大典》等几支整理与编纂队伍，开展了大规模的文献整理工作。而办公室就成为任先生领导这些工作的指挥部，也是他组稿、审稿的编辑部。所以办公室虽小，包蕴却甚大，涵载了继承并发扬中华民族传统文化的厚重信息。

图书馆的服务，任先生与我谈得最多的是文献揭示。国家图书馆收藏着中国历代最珍贵的图书，它既是国人的财富，也是世界的财富，但束之高阁，谈何嘉惠学林？任先生说，文献整理，对于国家图书馆而言，不仅仅是为了文化积累；同时也是为读者阅读使用提供方便。任先生讲到他组织编纂《中华大藏经》的最初缘由。有一年，他在本馆见到了老朋友季羡林先生。此次季老来国图，不是自己看书，是陪他的学生来看《赵城金藏》。任先生不明原因，问之，才知道，馆里有规定，似《赵城金藏》这样的文献，不给普通读者提供阅读。没办法，季老只能自己出面，借出此书，给学生使用。此事深深地触动了任先生。图书馆的职责就是为读者提供文献阅读，更何况学术乃天下之公器。躺在图书馆里的书，怎能发挥其作用，但是又如何克服文献保护和读者阅读的矛盾？任先生想到了文献整理与揭示。于是在1982年国务院古籍保护规划会上，任先生提出了在《赵城金藏》基础上编纂《中华大藏经》的项目，开始了历经十余年的《中华大藏经》编纂工作。而这一切，都是在这小小的办公室里酝酿、展开的。

我在任先生身边工作了六年，亲身感受到何为仁者。大儒必为仁者，好领导也应具仁者之风。仁者是真人，心胸坦荡。任先生早年信儒教，新旧中国比较，对儒家的格致诚正之学、修齐治平之道产生怀疑，改信马克思主义。为此，他给自己的老师熊十力写信，老师回复："诚信不欺，有古人风。"他的诚信，不仅在对老师坦诚，更在信仰之真。反观某些学者、领导，要么没信仰，要么嘴里咳唾珠玑，其实皮里阳秋。大哉，任老的"古人"之誉！

待事如此，待人亦如是，不分贵贱，无论官民，一律谦卑恭敬，真诚相待。凡与任先生接触过的馆员都有感受，任先生是一位温厚幽默的长者，是一位充满智慧的哲人，却没有人感到他是个官。子夏说君子，"望之俨然，即之也温，听其言也厉"。任先生给人的感觉是如此，又非如此。任先生望之严整，即之温厚，听其言淬炼而不乏幽默。他的办公室是敞开的，对每一位员工，甚至是读者。只要有约，任先生总是排出时间接见。有一年，我原单位的领导来访，他大学就读于南开大学哲学系，学的就是任先生主编的《中国哲学史》，听说任先生就在隔壁，甚为激动，希望能拜见任先生。任先生每次来馆，公务很忙，客人的临时之请，使我有些犯难。就说，我去问问吧。谁知，任先生痛快地答应了，而且还一起合了影，这让我和客人都颇感意外。后来办公室人员告诉我，时有这样的情况，读者事先无约，慕名而来，任先生知道了，也会见上一面。

仁者，爱人。2005 年，任先生卸任会上，讲过这样一段话：我当了 18 年馆长，只做了一件事，办公楼一楼进门玻璃没有标志，有人撞破了脸，我叫人贴上标志。一件小事，却是领导最根本的工作，对员工的仁爱。在馆里，我常常听到任馆长关心员工的故事。为了员工的事，任先生也写过便签，嘱咐我解决。作为他的同事和晚辈，我也亲自感受到他的关心，甚至关护。2006 年，我还在舞蹈学院租房住。一天，任先生爬上四楼来看我，进门，还没落座，就说："福瑞同志，我把你请来，真是委屈你了。"那年，任老 90 岁。2008 年 10 月，我因病住院，任先生要来医院看我，我嘱咐办公室主任，千万劝住任先生，不叫他来。但一天午后，任先生还是拄着拐棍到了病房，那年他 92。我出院后，任先生又来办公室，嘱咐我工作不要着急，读书不要熬夜，还送了我一台周林频谱仪，叫我理疗。

如果没有其他原因，周一和周四，任先生无一例外，都要到办公室上班，直到 2009 年住进医院。每到这个早上，一辆车都会悄然滑行到楼门口，一个老人精神矍铄地登上通往三楼的楼梯。从来不让人拎包，从来不用人陪同，一个人走过楼道，开门，进入办公室。我与他的办公室紧邻，每到此时，总会感受到一个老人轻缓但又坚定的步履，没有喧嚣，没有张扬，但是他的气场却充盈着整个楼道，他使国家图书馆、使我们在这里工作的每一个员工，都充满了底气。我知道，那不是权力的力量，是思想、学问与人格的力道。没有行迹，却力透丹青。

任先生去世后，他的办公室一直原样保存。本来设想，以之作为纪念室，纪念这位担任馆长 20 余年的老馆员、著名的哲学家和教育家，同时用来教育年轻的馆员。但是 2011 年行政楼重新装修，任先生办公室没有保留下来。每每想起此事，就颇感遗憾。有时也会想，如任先生在世，以他的性格，也不会建纪念室的。有的人把纪念馆建在了地上，有的人却把纪念馆建在人们的心里，任先生当属于后一种吧。

请任继愈先生题字

王嘉陵（四川省图书馆）

　　2009 年 7 月 12 日，我正在芝加哥参加美国图书馆协会（ALA）年会，隔着重洋，从互联网上获悉季羡林先生和任继愈先生于前一天双星陨落、同日逝世的消息。季、任二先生是学界泰斗，我虽不曾谋面聆听教诲，但他们的书是读过的，受益匪浅，因此诚心诚意地悼念他们。更以任先生晚年出任国家图书馆馆长和名誉馆长，我曾三次联系请他赐题书名及为图书馆题写馆名，每次都能如愿以偿，记忆深刻，当时就把请任先生题字的经历做了回忆和记述，以志悼念之情。今逢任先生百年诞辰，有国家图书馆知情的朋友联系我，正好录出，略表寸心。

　　最早一次请任先生题字，是在 20 世纪 90 年代前期——应该是 1993 年吧——当时，我负责《四川省图书馆事业志》编纂工作，稿成后思之，这应是国内首部省（区）图书馆专业志书，须请学界前辈耆宿题写个书名，以广影响。我刚读过任继愈先生的《中国佛教史》，充满景仰之情，碰巧又到北京图书馆（后更名中国国家图书馆）参会，遂抱着试一试的心情，把书稿带上，写了一封短信请任先生题写书名。那时任先生年事已高，并不天天来馆，信和书稿是请他的秘书转交的。我与任先生素昧平生，并未抱多大希望。可在我离京回川不久，任先生手书"四川省图书馆事业志"笺条就寄到了。我和我的同事们倍受鼓舞，把它用在了我们编纂的图书馆志书上，此书于 1993 年年底，由四川大学出版社出版。

　　第二次请任先生题字，是十年之后。2004 年上半年，为纪念邓小平 100 周年诞辰，我受命到广安组建广安市图书馆即邓小平图书馆。初到广安，馆舍刚建完尚在装修之中，前广安市副市长、广安市人大常委会副主任康永恒先生兼任图书馆馆长，我担任常务副馆长，开始建馆工作。我们从四月底开始招聘

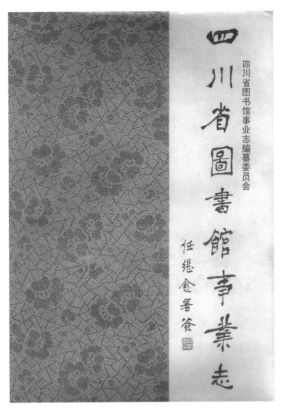

图书馆员，同时购置设施，设立机构，组织专业培训，建立自动化管理系统，开展各项相关工作，以非常规的速度在 8 月 22 日（邓小平诞辰）正式开馆接待读者，面向广安人民免费开放。稍后，广安市图书馆又以优质的设施、管理和服务，被评为国家一级图书馆，成为西部地区一座名副其实的现代化城市公共图书馆。广安市图书馆建馆的质地和速度，是建设这所图书馆全体人员努力的结果，同时也是与全国各界的支持分不开的：成都市赠送了上万平方米的馆舍；国家新闻出版总署发动全国 506 家出版社捐书 110 万册；国家图书馆赠送了全套的书架（柜）和阅览桌椅；深圳图书馆赠送了全套 ILAS II 图书馆集成管理系统；而图书馆的馆名，则又是请任继愈先生题写的。

当时请谁题写馆名，是件颇费踌躇的事情。康有恒主任和我商量，都觉得如果请政界中人为邓小平图书馆题写馆名，须达到最高级别，否则与邓小平同志的地位声望不符，而"邓小平图书馆"一名当时已经酝酿良久，但尚未确定何时挂牌，这种情况下越级请高层领导题名是有一定困难的。我想起曾请任先生题写书名一事，而任先生是大学者，在学界影响深远，在国家图书馆退休后仍担任名誉馆长，从图书馆角度考虑应是最合适人选，遂提出请任先生题写馆名，得到康主任赞同。之后，我们通过国家图书馆和广安市驻京办事处与任先生联系，很快就获得任先生题写的"广安市图书馆"和"邓小平图书馆"手迹。现在，两个馆名仍然被交替使用，均以铜质铸造，塑于广安市图书馆外壁之上，旨在表达这所图书馆既是一所系统收藏有关邓小平生平及思想文献的研究型图书馆，也是一所面向公众提供服务的公共图书馆。

邓小平圖書館

廣安市圖書館

廣安市圖書館
任继愈題

没想到三年之后，也就是 2007 年，南充市图书馆新馆舍落成（这所图书馆历史上曾为川北行署人民图书馆，也是朱德、张澜等人家乡的图书馆，古籍收藏甚丰，近期并获国务院授牌为全国古籍重点保护单位），馆领导知道我联

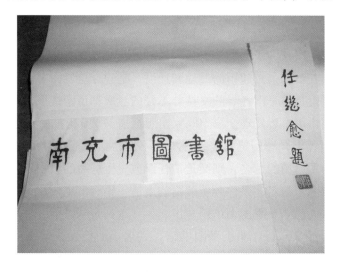

系过任老题字的事情，央求帮助该馆再次联系任先生题写馆名，铸于新馆之上。我立即与国家图书馆陈力副馆长联系，请他帮助联系任先生题写"南充市图书馆"馆名。月余，任先生又将馆名题写好，交给南充市图书馆。

任继愈先生三次题写书名和馆名，年龄分别是 77、88 和 91 岁高龄。另外，我在四川藏区若尔盖还见过达扎寺所建达扎书院，虽为一座寺庙图书馆，却广收各类书籍，并提供公共服务。任先生为该寺图书馆题名曰：达扎吉祥善法寺藏文化图书馆，达扎书院建成时日不长，因此这大约也是近年所写。

任先生乃一学人，虽非书法名家，但他书写工整，字体清瘦有力，一丝不苟，极尽学者型严谨慎重之风格，三次题字随岁月递增稍有变化，但并看不出年高笔力不逮的痕迹。深感歉然的是，三次请任先生题字都没有谈及润笔，每次他都欣然命笔。无论何人，付出劳动而获取报酬乃天经地义之事，何况商品社会风气如此，但任先生多次题字从不言利，其大家风范，乐于公益，倾心图书馆事业，由此可见一斑。

2015 年 12 月，适逢四川省图书馆新馆落成开馆，需要制作馆标，然"乔

木犹存，而哲人已萎"，此时已经无法再请先生题写馆名。为了表达对任继愈先生的缅怀之情，我们又从任先生曾经题写的"四川省图书馆事业志"撷取了"四川省图书馆"几字用作馆标。

有名望的文人学者题题字，不是什么大事，但正是这样的小事，显示了任继愈先生的处世风格，把国家图书馆馆长和区域的公共图书馆事业发展紧紧地联结在一起。

任继愈：把图书馆办成"常青的事业"

吴建中（上海图书馆）

我与任继愈先生只见过一次面，但记忆犹新。那是在一次会议的间歇，老人家虽拄着拐杖，但热情而有力的握手传递给我温馨和力量。后来每次去国图，我都希望能拜访任先生，但总是担心打扰他老人家，没能在老人家面前倾听教诲，甚感遗憾。

为了参加任先生百年诞辰纪念会，我访问了不少老同志，也看了不少文章，对任先生有了更深刻的了解。

任先生与我馆元老顾廷龙馆长私交甚笃，亲密无间。1998年顾廷龙先生在北京故去，国图特地在馆里设了灵堂，供在北京的朋友后辈吊唁。两位老先生德高望重，正气清廉，无论在做学问还是在做人方面都为我们树立了榜样。

按任先生说的20年后会迎来中华民族文化的鼎盛期的话，我们这些人都是过渡性人物，如何传承中华文化，继承前辈遗志，我们这一代人是关键。我们必须肩负起这一使命和担当，不辜负前辈的希望。

要继承遗志，就要读懂老人家对我们的期待。任先生对我们有哪些期待呢？归纳起来有三点。

一、典籍整理

任先生把保护、整理、研究中国古代文化遗产看作是自己的历史使命和毕生追求，先后组织并亲自主持了《中华大藏经》、《中华大典》、点校本"二十四史"及《清史稿》修订工程、《国家图书馆藏敦煌遗书》等大型文化工程，为中国传统文化的传承和发扬做出了卓越贡献。

图书馆最重要的工作之一就是保存人类文明遗产。为此，任先生为我们树立了榜样。国家图书馆不仅没有辜负任先生的期望，而且率领全国图书馆同行在古籍整理和清点、古籍保护和修复等方面走出了一条新路。这方面的工作仍任重道远，一方面我们还要继续做好大部头典籍以外历史文献的整理与保护，另一方面我们还要有力推进地方文献的整理和保护工作。中华文化是一个宝库，如何将浩如烟海的历史资源整理和开发出来，在为现代社会服务的同时更好地保护和传承是摆在我们面前的重要课题。

随着时间的推移，新善本、新典籍将不断涌现，这里既有新发现和新提善的问题，还有近代资料的传承和保护的问题，而且后者更为紧迫。近代大量用酸性纸印刷的图书和报刊正遭受严重破损，虽然我们没有这方面的统计，但可以肯定地说，绝大部分近代文献处于危险状态，因此要保护和整理好这些近代典籍，首先必须解决去酸、虫蛀、腐烂等文献保护问题。

二、终身教育

任先生一生与图书馆有缘。任先生在读小学的时候就当过一届小图书馆的馆长，虽然只干了一个学期，但对图书馆工作流程有了初步印象。后来在读中学和大学时，任先生也常常跑图书馆，树立起人生必须有图书馆的强烈理念。担任国家图书馆馆长的时候，老人家深有感慨地说："我觉得图书馆对人是终身教育的地方，因为一个新知识变成教材至少要到三四年以后，学生在学校学到的知识，毕业后就陈旧了，永远跟不上要求。知识更新太快，最近五年来更快。所以图书馆特别重要，可以随时随地补充大学的不足。光靠大学不够，必须要有图书馆。"任先生还说："我的成长过程得益于图书馆比大学多，在大学只能认认路，确定专业，以后的充实提高则是靠图书馆。回想起来，我的成长主要是毕业以后在工作当中，是靠图书馆自学的。我从图书馆受益匪浅，所以晚年能有机会从事图书馆工作、为读者服务，从个人来讲，是一种对社会、对图书馆的报答。"①

正因为如此，任先生一直要求图书馆人重视终身教育的功能。在 2005 年

① 盛巽昌：《任继愈：图书馆变革时期的馆长》，《出版人·图书馆与阅读》2011 年第 12 期。

全馆员工大会上，任先生语重心长地说："图书馆虽然不直接创造财富，却间接培养创造财富的人，这就是我们对社会的贡献。我们的教育职能不同于大学，责任要比大学大，服务的范围要比大学广，服务的层次要比大学深。"任先生身先士卒，2001年，任先生倡导并开创了"文津讲坛"，首场讲座就由他来主持，此后任先生每年都要登坛开讲，先后主讲七次。不仅如此，他还亲自规划讲座的选题，邀请名家，而且经常到讲坛听讲①。

国家图书馆不仅办好文津讲坛，而且与上海图书馆、首都图书馆等合作，在全国积极引导和推进公共讲座活动，取得了明显成效。如今讲座、展览以及研讨活动不再是图书馆的辅助性业务，而成为图书馆核心业务的一个组成部分。图书馆作为一个开放的社会大学是大有作为的。首先，图书馆不仅要做好讲座组织和策划，而且要开发与讲座有关的业务，将演讲技巧、表达能力、公关宣传等结合起来，开展表达素养教育。其次，图书馆将在展览展示活动的基础上，进一步发挥场所的功能和效益，挖掘和开发图书馆展示和揭示的力量。第三，图书馆将充分利用培训室、研讨室等空间，为活跃各个社群之间的交流、交锋创造便捷的条件，让图书馆成为人与人交流与沟通的最佳场所，在学习型社会的建设中扮演更重要的角色。

三、数字建设

任先生非常重视开展数字图书馆项目。在2002年7月9日"数字图书馆——新世纪信息技术的机遇与挑战国际研讨会"上，任先生在致辞中说："数字图书馆是一个国家进入信息时代的快速通道，因为它将改变文化信息的存储、加工、管理、使用的传统形式，借助网络环境实现信息资源的有效利用和共享。它的建设核心是中文信息资源群，以数字图书馆为核心的文化资源的开发和利用，将能比以往任何时候提高收集和使用知识的效率，带动以大文化为基础的文化经济产业的快速发展，加快我国现代化事业的进程，对于我国国民素质教育将起到巨大的提升作用。"

从21世纪初开始，在文化部和国家图书馆的推动下，数字图书馆建设进入了一个快车道。据有关统计，到"十二五"末，全国各级公共图书馆工程

---

① 詹福瑞：《任继愈：图书馆的参天大树》，《光明日报》2010年5月8日。

数字资源总量已达到10000TB，其中国家图书馆数字资源总量达1000TB，每个省级数字图书馆可用数字资源量达100TB，每个市级数字图书馆可用数字资源量达30TB，每个县级数字图书馆可用数字资源量达4TB。这是一笔庞大的可开发、可利用的基础性信息资源。

今后，图书馆将更加重视数字化建设。在原有数字图书馆的基础上，进一步探索面向广大读者的数字阅读服务，并充分利用现有互联网平台与服务，推进数字转型，以数字化为抓手，将实体与虚拟的信息服务有效整合起来，使借阅服务更加便捷，讲座展览更加丰富，社群交流更加活跃，参考咨询更加高效。真正实现像任先生所说的"为每一个渴望知识的人提供更好、更全面的学习环境"。

任先生的这三个期待正是今天图书馆界面临的新课题。近年来我国图书馆在典籍整理、终身教育和数字建设方面虽有了长足的进步，但都面临新的挑战和机遇。我们一定不辜负任先生对我们的期望，为新一轮图书馆事业发展开拓进取、奋力拼搏，真正把图书馆事业办成一个"常青的事业"。

任继愈先生与湖北二三事

汤旭岩（湖北省图书馆）

任继愈先生是中国著名哲学家、佛学家、历史学家，国家图书馆馆长。先生的著述《汉唐佛教思想论集》，是新中国用马克思主义研究宗教问题的奠基之作。任老与湖北省有着深厚的渊源，并对湖北省公共图书馆事业的发展给予过大力支持和帮助。值此 2016 年任继愈先生 100 周年诞辰之际，湖北省图书馆梳理了一些先生与湖北的记忆，以做纪念。

1934 年，18 岁的任继愈考入北京大学哲学系，先后师从汤用彤、熊十力等名师，而这两位皆是湖北籍的学术大家。熊十力是中国著名哲学家，新儒家开山祖师，国学大师，湖北省黄冈县（今团风县）上巴河镇张家湾人。汤用彤是中国著名哲学家、佛学家、教育家、国学大师，祖籍湖北省黄梅县。任继愈先生在《熊十力先生的为人与治学》《悼念汤用彤先生》《汤用彤先生治学的态度和方法》《汤用彤全集·序二》等文章中详细论述了两位大师对他的影响。

湖北省图书馆是湖北地区三个书目普查基地之一，有众多明清古籍善本。1989 年，任继愈先生出任《中华大典》的总编辑后，将《中华大典·明清文学分典》有关编纂任务交给湖北省图书馆。时任湖北省图书馆副馆长的阳海清担纲分典的副主编，主要负责《清文学部二》和《清文学部三》的编纂工作。据阳海清回忆，任继愈先生对湖北省图书馆的编纂工作给予了悉心指导和大力支持。

尽管任继愈先生是享誉海内外的学术大家，但他为人谦和，平易近人。据湖北省荆州市图书馆原馆长刘志磊回忆，1996 年 8 月，他和时任黄石市图书馆的馆长万群华、十堰市图书馆的馆长陈秀英等人参加 1996 年中国北京国际图联大会，得见任继愈先生，想请先生签名。先生不假思索地在刘志磊提交的首日纪念封上签名，并和他们合影，让基层馆的同志十分感念。

2000 年 12 月，武汉图书馆新馆落成开放，任继愈先生题写了"汉皋明珠——武汉图书馆新馆落成志庆"的贺词。

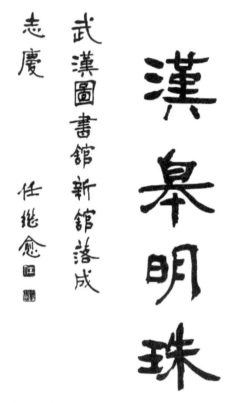

图 1　汉皋明珠——武汉图书馆新馆落成志庆

2004 年，湖北省图书馆迎来百年华诞。当年我和饶学锋等人赴京拜谒任馆长，请任老为馆庆题词、到湖北馆指导工作，先生慨然允诺。他表示，他的两位老师熊十力、汤用彤都是湖北人，这让他十分看好湖北的文化和教育，也非常乐意为湖北做些事。先生还风趣地对我说，"今天咱们两个山东人一起谋划谋划湖北的图书馆事业"。在随后的交谈中，任馆长为湖北省公共图书馆事业改革和发展提出很多建议，让在场的所有人受益良多。会谈结束时，得知我们还要到文化部等单位办理其他事务时，先生立刻将自己的专车安排给我们，以做公务之用。

湖北省图书馆百年馆庆那天，任老馆长虽未能赴汉，但先生专门题写了

"生也有涯，学无止境——湖北省图书馆百年志庆"的贺词，还为《湖北省图书馆百年纪事》一书题写书名，以表欣喜之情、祝贺之意。

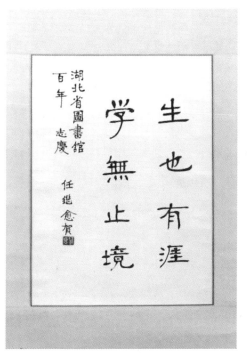

图 2　生也有涯，学无止境——湖北省图书馆百年志庆

图 3　湖北省图书馆百年纪事

图4 《湖北省图书馆百年纪事》封面

怀念任继愈先生

王邦维（北京大学）

时间过得真快，转瞬间任继愈先生去世已经快七年了。七年前，2009 年 7 月 11 日凌晨 4 时 30 分，任先生在北京医院去世。也是在同一天的上午 8 时 50 分，季羡林先生在 301 医院去世。那天上午，我先得到任先生去世的消息，然后又得到季先生去世的消息。两位先生都是高龄，早已经住在医院，任先生还患有重病。他们的去世，虽然不能说完全是意外，但他们走得这样快，又走在同一天，却是没想到的事。两位先生走了，让我格外难过。

季先生是我的老师，任先生虽然没有教过我，但我一直把任先生也看作是我的老师之一。现在任先生去世已经七年，我这样说，或许不至于让人觉得我是在借任先生之名自重。对于我个人而言，季先生是我的"亲教师"，当然更亲近一些，但我 1979 年 9 月到北京念研究生以后，很多次，在不同的场合下，有机会见到任先生，跟任先生有过或长或短的谈话，主要是向任先生请教。更重要的还有，我读任先生的书，从中获益。如果可以用佛教的词语来做比喻，任先生或者可以说是我的"轨范师"之一吧。

我知道任先生的名字，其实比知道季先生的名字更早。

20 世纪的 70 年代，准确地说是 1972 年年底，我从农村回到城市，在一家粮站当工人。那时"文化大革命"还没有结束，但林彪的事已经发生，"革命"的势头虽然还有，仍然还不时地发起一波一波的运动，然而多数人的思想或者说人心已经渐渐地有了变化。一次，我们粮站工会的负责人，不知为什么，说要为工会买些书，供职工阅读。这在当时多少显得有点不寻常。也不知为什么，他跟我商量，说让我去买。或许是在他眼里，我念过中学，而且已经念到了初三，在职工中多少算是文化程度高一点的人吧。

我去新华书店，书店里除了当时的政治读物以外，可选的书其实很少，但奇迹似的，我在架上种类不多的书中，发现有一本书名叫作《汉唐佛教思想论集》的书。说实话，以我当时的学历和经历，除了知道佛教这个名字，哪知道什么佛教思想呢？而且还是一种"论集"。不过，我那时年轻、好奇，对读书有兴趣，无论什么书都想读读，至少是翻翻。于是，我在买其他几种书的同时，把这本书也买了回来。

我所工作的粮站，负责供应或者说把粮食卖给城市里的居民，是所谓的商业单位。在粮站工作的人，喜欢和愿意读书的人并不多。对这本书，除了我以外，没有任何人有兴趣。但我好奇，书既然买来了，我就真读。我把书整个读了一遍，但结果是基本看不懂。不过，作者的名字任继愈，我的的确确是记住了。而且，书的内容，毕竟还是给当时还很年轻的我留下了一些印象。

我说我知道任先生的名字，比知道季先生更早，说的就是这件事。这本书，1973年由人民出版社出版。这样的书当时能够出版，有各种原因，无论如何，也算是一个奇迹。在我工作的粮站，因为没人读，后来就一直留在我这里，至今还在我家的书架上。粮站则早就解散，没有了。

我后来想，这件事，难道就预示我跟任先生会有一定的缘分吗？好像是，好像又不是。这事不过出于偶然，但"文化大革命"结束后，我的人生境遇，尤其后来无意中走上了现在这条所谓学术研究的道路，确实又跟任先生有一定的关系。人生，还有人的命运，有些事真是难说，更难以预料。

在这以后，我没有再遇上什么事能跟任先生联系在一起。再次听到任先生的名字，是1979年我考上研究生，到了北京大学的南亚研究所以后。我当时考研究生，报名和录取都是在中国社会科学院的研究生院，考试也由社科院研究生院安排。考试的科目中，有一门是古汉语。考题不复杂，但量比较大，是《魏书·释老志》中选出的一段文字，要求做标点和今译。除了正常的100分以外，还有20分的加分题。这门课我考得很好。报到后，同学们之间讲到考试，才听说这门课借用的是社科院世界宗教研究所佛教专业的试题，试题是宗教研究所的任继愈先生出的。任先生是宗教研究所的所长，自己也招宗教、主要是佛教方面的研究生。

当时的南亚研究所，有20位研究生，其中季先生指导的有四位：葛维钧、任远和段晴，再加上我。任远是任先生的女公子。但我对任先生更多的了解，主要倒不是这个原因，而是因为当时的南亚研究所，一半属于北大，一半属于中国社会科学院，无论人员还是专业，与属于社科院的宗教研究所的关系都很密切。南亚研究所的所长是季先生，还有一位副所长黄心川先生。黄心川先生原是宗教研究所的副所长。1978 年，中国社会科学院确定跟北京大学合作，建立南亚研究所，黄先生改任这边的副所长。不仅如此，前十年的南亚研究所，研究人员，也包括第一、二批共 20 位研究生中，相当一部分的研究方向与哲学、宗教以及宗教历史有关。南亚研究所的一些学术活动，常常与宗教研究所合作安排。尤其是当时还不是太多的从国外来的访问学者，常常是先访问宗教研究所，在宗教研究所座谈或做报告，跟着又到坐落在北大的南亚研究所。我们南亚研究所的一些研究生，有时直接就去宗教研究所，参加那边的活动。在这些活动中，往往就能见到任先生，或者听到任先生的讲话。主动一点或者有心的，还会直接向任先生讨教。

说到专业和研究方向，就我自己而言，我在南亚研究所学习，跟季先生商量后，选择的论文题目与中印文化关系史有关。历史上的中印文化交流史，古代的部分，基本上都与佛教有关。这是我需要读的，真正有任先生的书了。这一次，跟以前还在当工人时的情形不一样，我开始从做研究出发，比较认真地读任先生的书。这个时候，我对任先生才真正有了一些了解。任先生的书，不仅是他的《汉唐佛教思想论集》和《中国哲学发展史》，也包括由他主编、1981 年出版的《宗教词典》以及 1982 年及其后陆续出版的三卷本《中国佛教史》等书，真正成了我做研究时常用的最基本的参考书和工具书。

1982 年 7 月，我们四位季先生的研究生同时毕业，都留在了南亚研究所。1983 年 9 月，我考上了季先生的博士生，此后一面工作，一面继续跟季先生攻读学位。这个时候，我的专业工作、我的兴趣和研究跟佛教有了更多的关系。这一定程度上让我与任先生有了更多的联系。

我的博士论文题目，跟季先生反复商量，最后还是决定整理和研究一种佛教文献，那就是唐代义净的《南海寄归内法传》。这部书，既与印度佛教有关，也与中国佛教有关。做博士论文的那几年里，我记得我去过好些老先生的家，其中包括任先生，向他们请教，请教的问题既与论文有关，也有不少一般的学术问题。

1987 年 6 月，我的博士论文完成，季先生邀请任先生出席我的学位论文答辩会。出席答辩会的还有周一良、周绍良、张广达、蒋忠新、谢方、耿引曾等诸位先生。任先生担任答辩委员会的主席。借用以前科举时代的一个说法，这个时候的任先生，可以称作是我的"座师"。任先生为我的论文写了评语，答辩会上，又说了不少鼓励我的话，我至今感谢不已。20 多年的岁月过去，我的这种感念愈益增加，不仅是对任先生，也包括对当年为我的论文写过评语和出席答辩会的其他几位先生，其中多一半都已经先后过世。

任先生家住三里河。任先生在世时，我去过任先生家，次数不算多。我见任先生，很多次是在会上，也有两三次是在国图他的办公室里。我的体会是，任先生的性格跟季先生有些相近，对人很客气。学生在他面前，开始谈话时也许会有些拘谨，他也许显得有点严肃，但只要话谈开了，也就自然了。大多数情况下，就事谈事，没有多少闲话，真正有一种"望之俨然，即之也温，听其言也厉"的感觉。

1989 年 4 月，我申请去德国做博士后研究，需要两份推荐信，其中一份，我请任先生写。任先生立即就答应了。我知道，任先生做事，不是随便的人。任先生信任我、支持我，我应该倍加珍惜。

从 1987 年开始，任先生担任了国家图书馆——当时还叫北京图书馆——的馆长，一直到 2005 年。大概是 1993 年吧，那时我从国外回来不久。一次，任先生让我去他家里。我去了，任先生问我：愿不愿意去北图的善本部工作？他说他觉得我在古文献的整理和研究方面有一些基础，如果去善本部，一方面可以承担一部分责任，一方面做一点事。听了任先生的话，我多少有点诧异。我知道任先生对我很好，不过我想了一下，觉得还是不能离开北大。于是我谢了任先生的好意和信任，没有接受任先生的建议。我后来想，任先生为什么会有这样的建议呢？大概是还记着我当年答辩的论文。

最后一次去看任先生，是 2009 年的 5 月 17 日。任先生住在北京医院，已经有一些时候。此前我跟任重说过几次，要去看任先生。任重总说，任先生的意思，不要麻烦大家。可是我想，我不能再晚了。去的时间是在下午，任重带我去。任先生知道我要去，先就坐在病床上，精神看去还可以。但任重事前告诉我，任先生的病已经很重了。我问候任先生。任先生不谈病，仍然还只是问我北大和我个人的情况。考虑到任先生的病情，我只在病房坐了一会儿，跟任先生谈了不长的一阵话，就告辞了出来。没想到这就是在任先生生前与他的最后一次见面。一个多月后，再见到任先生，就已经是他去世以后的告别会上了。

任先生是学者，一生以学术立身。任先生从事的研究，题目大多涉及中国哲学史与思想史，在这样的背景下延伸到中国宗教史，佛教和佛教思想其实只是这中间的一部分。对任先生的学术，我不能说完全不了解，但实在地说，很多方面我是外行。读任先生的书，与任先生交流，除了在学术知识上的获益，更多的是体会到他的为人和性情。

从任先生那里，我得到一个感觉，他们这一代学人，学术的基础建立于20世纪的50年代以前，那个时候的学术真正是学术，因此大多形成了扎实认真的学术品格和风格。即使50年代中国社会开始的变化，让他们思想上不同程度地有所改变，他们或多或少也接受了一些"新"的理论，但风风雨雨之中，他们中的大多数，仍然是着眼学术，他们基本的人格和品格没有变。在极为困难的条件下，他们仍然为学术做了很多工作。没有他们，也很难有"文革"以后中国学术的迅速恢复和重建。他们中就包括季先生、任先生，还有我个人熟悉的周一良、周绍良等多位老先生。在学术史上，在很多方面，他们至今还可以说是里程碑式的人物。到现在为止，我们整体上并没有超过他们，很多地方我们实际上还得向他们学习。我们是不是可以设想一下，如果我们处在他们当年的境遇中，我们能有他们的成就，能比他们做得更好吗？

我知道，我这样说，不是所有的人都会同意，但我就是这样认为。"新"未必就比"旧"好，"新人"也未必比"旧人"强。当然，"新"也好，"旧"也好，时间总是会推移，时代总是会变化，所有的事，50年、100年以后也许就会清楚一些。

"文革"已经结束40年。我们这一代人，经历了"文革"，当时茫然不知国家的前途在哪里，个人渺小，更不消说了。"文革"之后，我们才有了读书的机会，念大学，念研究生，无论自己的研究做得好还是不好，多少还算是做了一些事，至今被认为是在学术圈里。到了今天，我们的年岁已经不小，早已不是当年的年轻人。我自己的感觉，老一辈在的时候，我们好像不觉得自己有多大年纪；老一辈走了，我们才发现，我们真的也老了。

没有老一辈，我的今天一定会是另外一种样子。想到这些，我不禁更加怀念任先生，怀念季先生，还有曾经给过我帮助的所有的老先生们。

任先生琐忆

陈力（国家图书馆）

　　任先生是国家图书馆的馆长，但馆里的同事们很少称他任馆长，大家都习惯称他任先生。因为大家觉得，馆长只是一个行政职务，而任先生对于大家来说，不仅仅是一位领导，更多的是一位可敬可亲的导师、长辈。

　　任先生担任馆长，按分工主要是把握国家图书馆的办馆方向、人才队伍建设，至于具体的日常管理工作，则由党委书记兼常务副馆长负责。

　　办馆方向，实际上就是国家图书馆的定位。国家图书馆的到馆读者在全世界国家图书馆中是最多的，国家图书馆的服务面在全世界国家图书馆中也是最广的，这当然是中国国家图书馆的特色和成绩所在。但是，任先生常常为此感到忧虑，忧虑的出发点不是国家图书馆的读者太多了、服务面太广了，而是通过这个现象，他感到我国图书馆事业与发达国家图书馆事业之间的差距。因此，他总是在各种场合、通过各种机会呼吁：希望国家和各级政府加大对图书馆事业的重视和投入，多建一些社区图书馆，让那些本来应该在社区图书馆接受服务的读者免去舟车之劳，不要仅仅为了一本普通的图书、一本常见的期刊都"挤"到国家图书馆来，既为普通公众提供方便，也为国家图书馆"减负"，让国家图书馆集中精力更好地履行国家图书馆的职能。

　　每年新年，国家图书馆照例要开一次离退休人员茶话会，许多老同志赶来就是为了见一见任先生，向任先生问好；每年新年，国家图书馆也要开一次全馆员工大会，任先生总要讲讲话，每次讲话都不长，讲话的风格也都基本一样：讲一个小故事、一个小笑话，说明一个大道理。有一年的讲话主题是谈图书馆的服务，话不多，任先生半开玩笑地说：馆里博士论文阅览厅墙上镌刻着赵朴初先生题写的《离骚》中的诗句，"路曼曼其修远兮，吾将上下而求索"，意思本来很好，但我每次看到，心里总不是滋味，我在想，要不要把这个换换，因为它总是让人产生联想，似乎在批评我们让读者为了找一本书、一册期刊而感叹"路曼曼其修远"，为借一本书、一册期刊而上楼下楼求索无门。大家在一阵笑声之后留下了许多思考。还有一次，也是全馆员工大会，该任先生讲话了，话也很短，内容与会议的主题也没什么关系，他突然说：世界上最值得敬佩的，要数中小学老师。为什么？因为每个中小学老师都希望自己的学生今后能够超过自己，他们会为学生的一点成绩而高兴不已，也会把学生的成绩看作是自己的成绩。这与有些大学老师不一样，生怕学生超过自己。最后一句话点题：希望在座担任一定领导职务的同志向中小学老师学习，要注意培养年轻人。

任先生是国图的馆长，也是全国图书馆界的一面旗帜。任先生非常重视国图与其他图书馆之间的关系。在他从馆长职位上退下来时，与馆班子成员有过一次集体谈话，话也不多，他说：各位馆长都有很丰富的经验，以往的具体工作都是你们干的，我很放心，没有什么要交代的，只有一件事要特别说一下：周部长在主持馆里工作期间，曾立下了一个规矩：兄弟图书馆的馆长们到馆里来参观、办事，无论大小，只要有时间，都要见见面，一起吃个饭。希望今后把这个传统坚持下去。国图的事要靠大家支持，要与兄弟馆搞好团结，共同把国家的图书馆事业搞好。任先生这话其实是有感而发的。听人说，以前国家图书馆和上海图书馆这两个大馆的关系并不太好，任先生在 1987 年担任馆长以后，很快就去上海，登门拜访了比他年长的顾廷龙馆长，两位老人握手言欢，从此，两个馆来往交流十分密切。1998 年，顾廷龙先生在北京儿子家中故去，国图特地在馆里设了一个灵堂，供在北京的朋友后辈吊唁，这恐怕也是很罕见的事了。任先生的字写得很好，很有笔力，且有自己的风格，因此许多人都找他求字，我也求过，但没能得到。不过，只要是图书馆来求字，任先生几乎是有求必应，并且绝不收润笔，所以国内很多图书馆（有的还是规模很小的图书馆）的馆名都是任先生题写的。一天晚上，山东省图书馆赵炳武馆长突然给我来电话，说是新馆修好后，省里要把在大明湖公园里的老馆拿走另作他用，馆里希望借助任先生的影响（任先生既是国家图书馆的馆长，又是山东人，山东省的领导是很尊重他的），向省政府反映，建议留下大明湖老馆作为古籍分馆。省政府很快就要决策，事情紧急，因此任先生的信最好明天就能写好寄出。这样仓促，对任先生有些不敬，希望我先代为疏通说明。第二天一大早，我赶紧去找任先生，任先生什么话也没说，马上就写了一封信，并郑重地盖上自己的印信。后来，听说大明湖那处馆舍给山东省图书馆留下了。像这类事情是很多的。

任先生既管大事，也管小事、具体的事，有些小事后来也派上了大用场，解决了一些大问题。

2001年，我刚到国图，分管善本部和古籍馆。一天，任先生特地把我叫去，说，国家图书馆收藏了很多名人手稿，管理制度比较严密，书库的条件也不错，只是有少数手稿需要特别注意。巴金先生曾多次捐赠手稿，但有一些手稿是用圆珠笔写的，你找图书保护组的同事研究一下，看看有什么好的办法防止圆珠笔笔迹褪色和洇浸。接受任先生的任务后，我马上找善本部和图保组的同事研究。这还真是一个难题，因为迄今为止，在全世界图书档案界都没有一个很好的解决办法。最后，图保组提了一个方案：在每一页手稿之间夹一页无酸纸，以防洇浸。另外，做一批好点的书匣，把手稿与周围环境稍微隔离一点，以减缓空气中有害气体对圆珠笔笔迹的影响。此后不久，发生了巴金先生赠书流失事件，当时巴金先生家属及一些学者都担心手稿是否安全，结果我们把巴金先生手稿保护状况的照片给巴金先生的家属看，巴金先生的家属看到国图对保护巴金先生手稿是非常用心的，心中的怒气也就消了不少。

2002年5月，周绍良先生病了，急需一笔钱。周家曾经是很有钱的，新中国成立以后，出于爱国之情，周家将几乎所有的资产、文物及古籍善本等都捐给了国家，其珍贵藏书多数收藏在国家图书馆和天津图书馆，倘若换作金钱，不啻以亿万计。谁曾想，周绍良先生晚年体衰多病，又不愿向国家伸手，因此决定将自己因研究需要而收藏的一批拓片出让，委托中国书店办理相关事宜。周绍良先生是当代研究碑帖的大家，编有《唐代墓志汇编》，所藏拓片质量很高，特别是其中有一部分为章钰四当斋旧藏（此前章钰四当斋曾有过半数的拓片收藏于国图）。一位日本学者听说周先生有意出让，开价160万元，并马上赶回日本筹资，许以三日之期。此事被白化文先生得知，古道热肠的白先生赶紧将消息告诉任先生，希望任先生出面想办法，既不让这批珍贵的拓片流落国外，又能解周先生燃眉之急。任先生不顾年高，立即驱车去通县（现通州区）的双旭花园周宅拜会老同学，周绍良先生则以实情相告，提出愿以100万元让与国图。从周宅回来后，任先生把我叫到办公室，说：周家两代人爱国之情，世人共知，国图受惠最多。现在周家有困难，得赶紧想法解周先生的燃眉之急。至于购买程序中操作方面的困难，我们自己想法解决。中国书店彭震尧经理闻知此事后，免收原来代周先生整理编目的相关费用，天津图书馆陆行素馆长慨然决定悉数购藏国图多余的复本，在各方的努力下，此事终得圆满解决。

国图文津街老馆以收藏古籍为主，建筑古香古色，环境非常优美。从2001年开始的文津学术讲座更是蜚声遐迩。任先生从一开始就十分关心、呵护，不仅给这个系列讲座取名"文津讲坛"，题写了匾额，又请朱家溍先生亲自设计匾额样式。任先生自己提出，每年至少在文津讲坛上讲一次。任先生还亲自出面，邀请到了华君武、王蒙、厉以宁、张岂之、秦伯益等先生前来演讲。每逢著名学者到文津街老馆讲演，不管风雨，无论寒暑，他总是亲自到场，坐在听众席上听讲。我们都知道，这是任先生在为文津讲坛"助阵"。

任先生是一位很细心、时刻想到别人的老人。每次上班时，他都不让司机把车停在办公楼的门前，而是早早停下，他自己多走一段路。因为他发现，如果车停在门前，会对进出馆门的员工稍有妨碍。在他从馆长的岗位上退下来的大会上，他说了一段话，至今让许多员工感动不已："我到国图担任了18年的馆长，工作都是大家做的，我没有做什么，我记得只有一件事是我做的：刚搬进新馆办公楼时，门口的玻璃擦得很亮，好多人没注意，往往会一头撞上去，有一次还伤了人。我发现这个问题后，让后勤的同志在玻璃上贴了几条彩条，让人知道这是一扇玻璃，从此后就再没有发生撞门的事了。"

任先生从2009年3月住进医院，很快我们就明白，任先生和我们在一起的日子不多了，因此去见任先生的时间比以前更多了。有时谈学术，有时谈学林掌故，有时谈馆里的工作，有时谈社会问题。在诸多社会问题中，任先生最关心的是教育问题。

有人说，知识分子精神主要体现在对社会、对现实的批判上。这一点，在任先生身上体现得非常充分。作为一位历史学家，任先生非常注意观察，既关注社会中存在的普遍现象，也关注一些具体问题；作为一位哲学家，任先生善于在纷繁复杂的表象中提炼出带有规律性、实质性的东西。因此，对于社会上一些不良现象，任先生知道得很多，分析得也很透彻。譬如说学术界一些抄袭、剽窃行为，任先生会通过国家图书馆所藏的博士学位论文中所反映出来的实例加以批评。在分析当今教育制度中存在的一些问题时，他又提出了像重建考试制度、设立"国家博士"学位制度等建设性方案；在批评当今社会重经济、轻文化的倾向时，他自己身体力行，直到生命的终点还在从事文化建设工作，他说："文化建设，首先要有文化的积累。现在的青年人读古书已经有些吃力了，也不知道去哪里找。后人再做古籍整理，肯定要比我们花费更多工夫。在这方面，我们这一辈人还有一些优势。我们多做一些工作，后人就能省些事。"因此任先生对于馆藏文献的整理倾注了很多心血，像《中华大藏经》、文津阁《四库全书》《永乐大典》、馆藏敦煌遗书、馆藏西夏文献以及其他古籍的整理、出版等等都是在他的关心、指导甚至直接主持下开展的。其他如"样式雷""北堂藏书"等专藏文献的保护、整理，他也十分关心，常常过问。

许多人都知道，我是任先生从四川大学调来的，也有不少人以为我是任先生的及门弟子。其实，在来国图工作之前，我没有见过任先生。

记得上大学时，中国哲学史教学指定参考书就是任先生主编的《中国哲学史》，但说来惭愧，以前任先生的著作只是浏览并未曾细读过，也没有想到过会与任先生有直接的接触，更没有想到能在任先生的直接领导下工作。记得是 1998 年秋天的一个雨夜，我突然接到川大宗教研究所卿希泰先生的一个电话，说任先生给他打电话，国图（那时还叫北京图书馆）正在物色一位业务副馆长，有人给任先生介绍说徐中舒先生指导的一位博士在川大图书馆任馆长，口碑还行。任先生办事是很细心、很缜密的，于是请卿希泰先生从旁了解。卿先生对我是比较了解的，在任先生面前自然是谬奖有加。虽说任先生只是希望从旁了解，但卿先生觉得还是应该问问我本人的意见，是否愿意去北京工作。这样，我才开始与任先生有些通信联系。2001 年 2 月，我到了国家图书馆，分管业务工作，常常要向任先生汇报、请示，遇到一些大事、棘手的事，要向任先生讨教，每次总是能在任先生那里得到帮助，有时他会直接表态，有时并不直接表态，而是讲一个故事、讲一段闲话，让你自己去体会、思考。工作之外，一些属于个人的私事，任先生也是要过问的。任先生常常会在周末的早上打电话，问我在干什么，练习英语没有。有一次还专门把我的妻子叫到他的办公室单独谈话，说，你的英语好，得督促陈力学好英语，在家里多说英语，有一个学英语的小环境，天长日久，他的口语水平就能提高。就是在他老人家最后一次住院、我们去看他时，他还提起这事。

任先生离开我们快七年了，但我一直觉得他老人家还和我们在一起，许多往事，历历在目，但提起笔来，一时竟不知从何写起。残梦断忆，草成此文，以为怀念。

深切怀念任继愈先生

张彦（国家图书馆）

2009 年 7 月 11 日凌晨 4 点 20 分，急速的手机铃声把我惊醒，这是自任先生住院以来夜里最怕听到的声音，我一边接电话一边下意识地穿衣服往外走，手机那边传来葛艳聪急促的声音："任先生不太好，正在抢救！"手机刚挂，铃声又响，小葛低声地说："任先生已经走了！"

凌晨 4 时 30 分，我们爱戴、敬仰的老馆长任继愈先生走完了他 93 岁的人生之路。尽管自认为已有足够的心理准备，但噩耗传来，依然悲痛不已。我们再也看不到任先生那熟悉的身影，慈祥的目光；听不到他谆谆的教诲，感受不到当我们遇到困难时他所给予的关心和安慰……

任先生是我国著名的哲学家、宗教学家、历史学家，给人的印象谦和、亲切、儒雅。对于我来说，除了敬仰之外，感觉更像自己的亲人。2008 年 5 月初，任先生被查出膀胱癌住进北京医院。馆领导班子非常重视，詹福瑞馆长说：任先生是我们的"大树"，一定要尽全力配合医院和家属做好相关治疗工作。我理解这句话对于国家图书馆乃至中国文化界的分量。我的工作岗位使我有机会能够陪伴在老人身旁。我不敢有丝毫懈怠，因为我知道我是肩负着所有爱戴先生的人的责任来照顾他的。这段时间，也是我一生中收获最大的一段日子，他影响着我在后来的工作中淡泊名利，努力工作。在这里，我只想谈谈任先生住院期间的几件事。

手术前，任先生已是 92 岁高龄，尽管癌症复发来势凶猛，但任先生泰然处之，积极配合治疗。在走廊散步是任先生住院生活中不可缺少的部分。任先生一边等待会诊结果，一边坚持散步、注意饮食，为手术做好体能准备。5 月 28 日上午，任先生成功地做了肿瘤切除手术。第二天，我突然接到护士的电话，让我马上去一趟医院。我以为发生了什么事，心里紧张极了，向馆领导汇报后立即赶到医院。结果是任先生找我，他说手术已经做完，可以出院了。他说他还有很多事情要做，在医院什么都做不成，回到家中可以边输液，边做事。我尝试着耐心地，晓之以理、动之以情地给他做思想工作。我说，"您术后刚刚 24 小时，还在监护室，连危险期都没出，怎么能出院呢。"可任先生不听，从来没见过任先生这么着急，铁了心非要出院。后来，詹福瑞馆长也赶到医院，经过大家一起劝说，并和医院协商同意任先生把想看的资料拿到医院来，他才勉强答应继续留院观察治疗。我知道，任先生是一位视学术如生命的人，身患重病时牵挂的是他所承担的国家文化项目，这是一种对国家的责任。

就这样，老人家一边治疗一边接待来访客人，处理他主编的《中华大藏经》等工作。李申先生曾经说过："对于任先生来说，不能工作是一种折磨。他把自己的生命化作了一部部著作，一项项惠及后世的文化工程。"任先生是唯物主义者，对生死看得很淡，他是要在有限的生命里做更多的事。呕心沥血，死而后已，是任先生工作状态的真实写照。

手术后，任远、任仉和我晚上轮班在医院陪护，李劲负责白天。这期间，我亲身感受和目睹了任先生如何把时间用到极致。他除了每天处理主编的《中华大藏经》等工作，还要关心国家大事，读书、看报、看杂志、听广播，休息时听我们读报纸，聊聊当天有什么见闻，几乎分分秒秒的时间都利用起来，分明不像一位 92 岁高龄身患癌症住院治疗的老人。"生也有涯，学无止境"是任先生的座右铭，也是他一生的写照。任先生每天早晨 4 点多就起来看书、看资料。老人家总是轻轻地、尽可能不让我们听见。我也向任先生学习，任先生看书时我也赶紧拿一本书坐在旁边读起来，因为起得早，却总是坐在那儿打瞌睡。过了两天，任先生问起我书读得怎么样了，我十分不好意思。七年过去了，灯光下老人孜孜不倦读书的情景如同昨日，依然历历在目。

术后恢复初期，任先生只能在房间里散步了。有时候看到我着急的样子，为了调节气氛，也会说些小段子给我听。比如，当年北大一个教授到云南出差，那里香蕉便宜，于是买了一大把，结果拿不回去了，只好雇了个人扛回宾馆，结果雇人的钱比香蕉还贵。说完捂着肚子笑起来。还有一次谈起季羡林先生，他说季先生喜欢猫，因为身体不好住进医院的无菌病房，有一回从医院请假回家看看，刚进屋猫就跳到了他的身上，猫没哭他哭了……这次手术前，任先生心脏会诊报告出来了，大夫说任先生的心脏要比实际年龄年轻好几岁，散步时我高兴地把这个消息告诉他，老人家风趣地说："心脏不好不要紧，心好就行了。"一句玩笑话，包含着许多哲理。看着任先生认真的样子，听着任先生的笑声，我内心顿然感到任先生是伟大的，又是平常的。在他的头顶上有那么多耀眼的光环，用中国社科院院长王伟光的评价说，任先生是中国最著名的哲学家之一，新中国马克思主义宗教学的创始者，受人敬重的图书馆学者，哲学社会科学领域的教育家。而生活中的任先生亲切、幽默、风趣、乐观，让人感觉像自家老人，没有距离感。

一次，我对任先生说，冯先生去世后大家都特别担心您的身体。任先生叹了口气，他说，"文化大革命"都过来了，还有什么过不去的呢？谈到"文革"，家里四个人分别在四个地方，当时任重只有13岁，一个人在北大住着，很不容易，也多亏邻居的关照。任先生一生遭遇到工作上和生活上的许多逆境，他克服了常人难以想象的困难，以坚忍不拔的毅力坚持下来。如此惊心动魄的经历，由任先生讲出来又是那么平淡、超脱，荣辱不惊，令我感怀不已。

6月底任先生出院了。3个月后复查时发现膀胱内又长出新的肿瘤，说明手术虽然成功，但癌症已经扩散。听到这个消息，大家心情很沉重。因为年龄问题，医院选择放疗治疗，但疗效不大。9月9日，适逢国家数字图书馆二期工程暨国家数字图书馆开馆，这是国图业务工作中的一件大事，馆领导向任先生做了汇报，任先生不顾病情，向医院请假带病出席开馆仪式。我望着台上任先生那坚定又消瘦的身影，有一种揪心的疼痛。我知道任先生能够参加馆内大型业务活动、和全馆员工在一起的机会已经不多了，我祈祷任先生能够坚持到2009年9月，亲眼看到他所关心并工作了18年的国家图书馆100周年诞辰。万分遗憾的是，这个愿望最终却没能实现。

2009年3月19日，任先生因高烧、呼吸困难再次住进了医院，这一住就再也没有回来。X光胸片发现肺部多处结节，几乎不间断地发烧，每天都要输液。一次，护士给任先生输液，第一针没扎好又扎了一次，老人没有一丝抱怨。小欧问："爷爷痛吗？"任先生说："痛，不哭。"我们都笑了，从老人家身上我看到了慈祥、幽默和大度。

进入4月，任先生身体每况愈下，心动过速，气喘，还不停地打嗝。一次，詹福瑞馆长去医院看任先生，任先生一边拉着詹馆长的手一边问："身体还好吧？还熬夜吗？年轻的时候注意身体，到老了就没有负担了。图书馆的工作不容易呀！"詹馆长动情地说，能和您在一起工作，是我莫大的幸福。两个人亲切地交谈起来。任先生病得这么重，心里还惦念着他人的生活和工作。11

日我去看任先生，老人低烧有痰要求吸氧，一边吸氧一边审阅英文版《老子绎读》的前言，我说您休息休息请别人看吧，老人说不行，别人看不了。26日去看任先生，他精神还好，和我聊起了图书馆的事，他说国家图书馆不仅仅和公共图书馆有直接业务联系，还应和科研、大学联系起来，他想努力但没有实现。任先生在病床上想到的依然是国家图书馆的工作。

国家图书馆是任先生最后一个工作岗位，任职18年期间，他积极推动人才队伍建设、基础业务和读者服务工作，积极推动新馆建设及数字图书馆建设，积极推动国内外图书馆界的交流与合作、文献保护与抢救等工作，使国家图书馆迈入世界图书馆先进行列。孙家正部长这样说过，任继愈先生是图书馆界的一面旗帜，作为一名德高望重的资深学者，这面旗帜和国家图书馆的地位是相称的，把许多专家学者、知识界以及社会上关心图书馆事业的人们吸引、聚集到这面旗帜下，大大提高了国家图书馆崇高的学术地位、文化形象。这是对任先生图书馆工作的最高评价。任先生为中国图书馆事业的发展所做出的贡献我们会永远铭记在心里。

5月初，肿瘤发展很快，膀胱肿瘤已发展到拳头那么大了，时常低烧。5月底，肺部再次感染，腿有些浮肿，病痛折磨有时夜里起来二三十次。一次，我和任远一起去看任先生，任远问："今天感觉怎么样呀？"先生说："感觉气有些接不上，你们来了，气就接上了。"我笑了，心里却很难受。其实，大家心里都明白已经无药可治了，但还是想尽办法做最后的努力，至少在精神上能给任先生带来些许安慰。为了能让任先生晚上休息好，我们尝试白天多陪他聊聊天，分散精力。一天上午，因为任重山南海北地聊了半天，任先生只睡了十分钟。任远和我一起夸任先生今天应该受表扬，白天睡得少，晚上一定能睡个好觉；另一个值得表扬的应该是任重，一直陪任先生聊天。任先生说，不要表扬任重了，一表扬他就该骄傲了，应该表扬的是他自己，调整得好。任先生的轻松回答，反而安慰了我们。

6月3日，王蒙先生到医院看望任先生。任先生艰难地坐起来说：难得浮生半日闲啊！他说他近来很困，经常想睡觉。王蒙先生说，睡觉可以进行自我修复，是恢复身体的不二法则，尤其是现在要以睡为纲。他们谈到文津图书奖，谈到了文津图书奖的影响，谈到不仅要脱贫还要脱愚，谈到愚昧和贫穷、愚昧和财富、愚昧和权力在一起都是十分可怕的。王蒙先生约任先生养好病后，请他带上任远、任重到他家附近的烤鸭店吃烤鸭。此次一别，却成永远。

6月5日上午10点，医院请家属和国图领导来到医院，两位主任向大家通报了任先生的病情：肺部癌细胞发展迅速，基本遍布肺部，癌症已到晚期，请单位和家属做好心理准备和其他相关准备，医院也将把病情上报卫生部。我知道任先生的时间不多了。此后，任先生病情发展很快，几乎一天一个变化，6月中旬吞咽困难，开始插胃管。17日馆领导决定每天晚上安排馆里一名中层干部（男同志）到医院值班，协助家属处理一些突发情况。很多中层干部主动找我要求排班，以能为任先生做点事感到荣幸。有的同志说，一方面是想为老先生做点什么，另一方面也想借此坚实一下自己那似乎已然缥缈的执着和信念。

21日，任重说周五晚上方自金主任值班时，任先生和他断断续续地谈起国家图书馆二期馆舍的事，说如果再不够用，还可能在哪儿建呢？方主任说，如果可能，把对面的奥林匹克饭店盘下来最好。第二天任先生就一直在说"房子"这两个字。任重说咱们家房子已经够住了还有什么房子的事呢，突然想起昨日和方主任谈的话题，就问：您是不是说图书馆三期的事呀？任先生点点头说要早做规划。

为避免交叉感染，医院决定停止探视，在任先生病房的门上也挂上了停止探视的牌子。同时大夫也建议，家属等亲人想见一面的就请他们过来看看吧，病情随时有恶化的可能。任远通知了亲属之外，又轻声对我说，以前曾经为任先生服务过的同志比如后期帮助任先生整理资料的同志、司机师傅等，也请他们过来看看吧。我知道想来看望任先生的人太多了，医院为保证病人治疗和休息，严格控制探视人数和时间。任远能想到这些最普通的工作人员令我非常感动。来探视的人无不红着眼圈走出病房。

6月底，任先生有些神志不清，有时候身边最熟悉的人的名字都叫不上来，没有力气多说话了。他在和疾病做最后的抗争。我坐在床前握着老人的手，却不忍心看他憔悴的面容。任先生平生最怕麻烦别人，以前我去医院看他，他总是说，忙人照顾闲人我心会不安的，回去吧。现在他的意识已经不是很清楚了，但仍然能听出他在说：回去吧。在任先生生命的最后几天里，嘴里念叨得最多的就是大藏经、图书馆，这是老人无法割舍的情缘，有时还能听出他在说开会、发言，并对发言给予评价。

7月11日，任先生永远地离开了我们。赶到医院后，看到老人家平静地躺在那里，像安然睡去。我想，任先生醒来后还会继续修他的大藏经，每周

一、四还会来国图上班……

任先生的生命将在中国文化的历史长河中延续，他的精神会代代相传。我相信，对于所有爱戴任先生的人来说，任先生永远活在我们的心中，就像博客中有位同志所说，我们可能永远不能做出任先生那样划时代的成就，但他做人、治学的精神鼓舞着我们认真地去工作、学习，认真地去生活。

清升平署庆典承应戏"排场本"录文三例

程有庆（国家图书馆）

    清道光七年（1827），清政府为精简机构，将之前的"南府"改为升平署，由此升平署正式成为负责管理戏曲音乐的政府机构。清代皇宫有爱看戏的传统，升平署的主要职责之一，便是负责清宫内廷的承应戏。

    升平署戏曲大致分为两类，昭梿《啸亭续录》指出："乾隆初，纯皇帝以海内升平，命张文敏制诸院本进呈，以备乐部演习，凡各节令皆奏演。其时典故如屈子竞渡，子安题阁事，无不谱入。其于内廷诸喜庆事，奏演祥征瑞应者，谓之《法宫奏雅》；其于万寿令节前后奏演群仙神道添筹锡禧，以及黄童把手白叟含哺鼓腹者，谓之《九九大庆》。"像《九九大庆》《法宫奏雅》这类戏味性较少的剧曲，都属于庆（仪）典剧；其他像《琵琶记》《劝善金科》《忠义璇图》等故事性、戏味较强的剧曲，则属于观赏剧。由于庆（仪）典剧大多不具有观赏性，所以较少被人注意。

    升平署演出的戏剧，基本上都有曲本，而每一种剧，往往又有多个类型的版本，常见的如"总本""出本""关目""串关""排场"，等等。一般说来，研究者最关注戏文完整的"总本"，轻视只记录台上的动作和演员位置及其出入的"排场本"。尽管如此，研究升平署曲本，尤其是要原汁原味地复原清宫戏曲的旧貌，"排场本"也是很有研究价值的。而对庆典剧的"排场本"做一些适当了解，对认清升平署戏曲的全貌会有所帮助。

《三元百福》（"排场本"）

    此《三元百福》题为"总本"，即国家图书馆所藏清升平署抄本《九九大庆》其中所收之本。"九九大庆"系昭梿依照用途，给某一类戏剧定性之语，故严格说来，《九九大庆》似不宜算作丛书。

原书封皮有墨书注曰："此出有排场在本皮内。"据以查看，确有此剧"排场"一纸，其尺幅小于原书开本。全文如下：

> 云两场门上，跳，二人续二人上，梅花瓣亮，二人一套归，四角拉扎跳，前二人分，续后四人归双梅花瓣套，四角拉扎跳过，分后抄贯。上场门：三星上，叫，童儿前跪，分串走十字各花后，归两排，义过领冲场，白完，童前后各一排，叫，元场门下。仙上，叫归后□，海童上，跳下；又叫，蛮上，跳下。

这段文字叙述十分简单，它几乎没有任何的曲文，这正是"排场本"最显著的一个特点。外行人看"排场本"可能有些费劲，但对于上台演出的演员来说，可谓简单明了。

《喜溢寰区》（"排场本"）

此《喜溢寰区》即国家图书馆所藏清升平署抄本《法宫奏雅》中所收之本。与"九九大庆"相似，"法宫奏雅"也非严格意义上的丛书。

原书题"《喜溢寰区》总本"，之后有"排场"。内容主要记述演出人员的动作及站位图示。原剧共两场，现抄录如下：

> 上场门：安进禄、高如桂、丁进寿、李金福、王金和、侯玉禄、李来海、魏成禄；
>
> 下场门：梁进禄、陈得瑞、李富贵、王进福、冯进才、张进寿、刘振喜、王安。
>
> 两场门上，后抹，前分归本色，四排，转身跪，江擦起，荷花出水，横里下二人一套，竖里下二人一套，归梅花瓣；号响跪。响起，头分众顺跟，直两溜，竖里下；二人一套，朝里掼。分上，黄色旗童：张盛立、白进贵、屠来顺、闫来有，四人中间上，归五溜，转身，江擦跪，号响起，归五堆，转归梅花瓣，头前分，众顺跟，十字个花，后翻，朝上场门贯出。分上，众上，天喜星唱，旗头前分，后抄，前末，后番回，归簸箕掌。天喜星白，众归四个一排，领走元场，冲开，众白，众分下。
>
> 二场：持喜字云两场门成对上。

下场门：里：陈得瑞、李福（富）贵、张进寿、王安；

外：梁进禄、王进福、冯进才、刘振喜；

上场门：里：高如桂、丁进寿、侯玉禄、谢文玉；

外：安进禄、李金福、王金和、魏成禄。

双上，退分归斜两溜，横里下，二人一套，归本位跪江擦，号响起，四分头，归斜十字，转过，归十字本位，转身五人一个梅花瓣，转身跪，头分，众顺跟，归两排，两大抹，头前分，归正两个山字，一二三四唱，至"共庆明良"头分，众顺跟，十（字），花后抹，归四个一排，摆夜明帘，唱至"示现"下，成对，双分，两大抹，顺套半个，前跪后举，头分，众顺跟，归里外罗，唱至"宇宙平康"，号响，头分，众顺跟，后翻上，前八人，反月牙，跪，后八人簸箕掌中；中间四人，张盛立、屠来顺、白进贵、边瑞宝，转，唱至"云汉为章"，后翻，众顺跟，归摆"喜"字，唱至"圣寿无疆"，天喜星白，众下。头分，众顺跟，冲上，前抄，番回，四人一排，号响，亮下。前八人反月牙，后八人簸箕掌；中间四人，唱【尧民歌】，四分头，领走两头蛇，归本位。唱【尾声】后，分贯下。

本剧"排场"最后是一幅镂空书写的大"喜"字，空内标写 23 名演员的名字，表示各个演员的具体位置，有似以人站位拼图。实际演出，演员当持有道具。

为便于描述，我们把"喜"字由上至下拆成四个部分，"士"的部分：有文清、舒祥、白进贵、永寿、张盛立、屠来顺、边瑞宝七人；"口"的部分：有魏成禄、王安、侯玉禄、张进寿四人；"一横两点"的部分：有王进福、李福（富）贵、冯进才、李金福、王金和、李来海七人；下"口"的部分有陈得瑞、梁进禄、丁进寿、高如桂、安进禄五人。

此剧"排场本"以文字表述演员的动作及舞台位置，以人名表示演员的位置及其相互之间的顺序，并且又用绘图加以标明，可以说反映出了"排场本"的基本内容特点，可以视作"标本"。

《万年甲子》（"排场本"）

国家图书馆古籍分馆藏有一部清升平署抄本《万年甲子》（二册），一册标为"总本"，一册标为"排场"。"排场本"记录了这部戏的几个舞蹈队形、舞蹈动作以及各演出人员的站位，具有较高的研究价值。

此本封皮标"《万年甲子》排场"，又有后补的说明："旧的不用。同治五年承应准。排场。"由此推断，这个本子或应是较早的旧本，同治五年（1866）之后就不再使用。

另一册封皮标"《万年甲子》总本"，并注明"现用准本""有排场一本""誊过一本""龙"。由此分析，这个本子是当时（同治五年之后）还在使用的曲本。

这两册《万年甲子》的内容各有特点，"排场"主要记录舞蹈的动作和演出的场景，"总本"则主要记录唱词和曲调。两者合看，可以推导、复原出一些《万年甲子》演出的舞台情景。

封皮：旧的不用。同治五年承应准。排场。

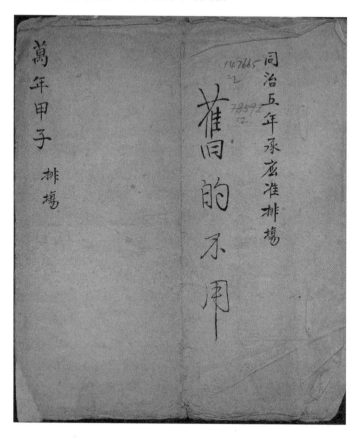

此本共八个场景（人员旁边阿拉伯数字为笔者依据第四场景人员排列所标。有数字的顺序，方便于分析和研究）。

第一

上，抄手，归，上场门斜三溜，下场门斜三溜，跪摆，外两溜，分归簸箕掌中一溜，归，梅花瓣跳，吴进忠、宋福顺二人领，分归三大排，十个一排，摆分六个圆圈，转跪，摆梅花瓣头一下，唱。

上场门

（头叫）9. 吴进忠、10. 卢恒贵、11. 张双庆、12. 姚长太、13. 张春和

14. 陆得喜、15. 齐双庆、16. 杨玉升、17. 王禄、18. 李平安

29. 何庆喜、30. 王山明、1. 刘招、2. 夏庆春、3. 狄德寿

下场门

4. 韩福禄、5. 欧来喜、6. 王南清、7. 杨进宝、8. 白兴泰

19. 张德安、20. 袁庆喜、21. 杨进升、22. 边德奎、23. 孔德福

（头叫）24. 宋福顺、25. 刘国祥、26. 冯文玉、27. 田进寿、28. 乔荣寿

演出人员按顺序排列，显然为了突出两名头叫9吴进忠、24宋福顺的位置，也说明此二人叫白功夫比较突出。据此可以推测，演员出场时由上下两门进入。出场之前，有一段表演，参见"总本"文字。

【附"总本"相关文字】：

杂扮四力士、众扮八花童，引五方星君上，合唱，

【赏花时】：紫极星辉福禄旋，祥旭卿云寿宇宽，瑞应美多般，从今见惯，垂拱普天欢。（五方星君同白）：寿山福海本无边，禄自天申万亿年，锦绣乾坤归一统，定知福禄永绵绵。（分白）：吾乃含枢纽是也；吾乃灵威仰是也；吾乃赤飚怒是也；吾乃白招拒是也；吾乃叶光纪是也；（同白）：掌五方之号令，运四序之神功，自从天皇制有干支，大挠始作甲子，妙化循环，古今一致，恭逢圣上寿世寿民，道协轩图，思超皋纪，故已福自天来，禄为天授，而且皇仁普天泽于兆民，金镜北安澜于千里，真正普天同庆，就将万年甲子排献，以昭福禄眉寿，万年景象也。三十甲子神内白：领法旨！上，摆式科。合唱：

【锦江龙】：漫道是年华荏苒，际升平越显得岁时宽。始归一气后，跃双丸，葭管吹馀迭往来，铜仪轮转永回环。吹打摆式，合唱：只凭他推移惯，隐隐的纵横黄赤，鳌立蚁盘。吹打摆式，合唱。

第二

　　　　　　陆得喜

李平安　王禄　杨玉升

　　　　　　齐双庆

　　　　　　何庆喜

狄德寿　夏庆春　刘昭

　　　　　　王山明

　　　　　　吴进忠

张春和　姚长泰　张长庆

　　　　　　卢恒贵

（叫）宋福顺

乔荣寿　田进寿　冯文玉

　　　　　　刘国祥

　　　　　　张德安

孔德福　边德奎　杨进升

　　　　　　袁庆喜

　　　　　　韩福禄

白兴泰　杨进宝　王南清

　　　　　　欧来喜

　　以上人名标写为十字形，一人在中，四人在其上下左右。利用人名位置表现五人队形排列，很有直观性。

第三

唱至"永回环"

卢恒贵		袁庆喜		欧来喜	
姚长太	张长庆	边德奎	杨进升	杨进宝	王南清
陆得喜	张春和	宋福顺	孔德福	吴进忠	白兴太

齐双庆		王山明		刘国祥	
王　禄	杨玉升	夏庆春	刘　昭	田进寿	冯文玉
张德安	李平安	韩福禄	狄德寿	何之喜	乔荣寿

原文标"唱至'永回环'"五字，意思是当唱词至此时，演员上场。五人一组，成"由"字形（"由"暂且如此表述，或许梅花瓣形也未可知）。前后两排，每排平行三组。人名位置的排列也就是舞台上的实际队形。

【附"总本"文字】：

【锦江龙】：漫道是年华荏苒际，升平越显得岁时宽。始归一气后，跃双丸，葭管吹馀迭往来，铜仪轮转永回环。吹打摆式，合唱：只凭他推移惯，隐隐的纵横黄赤，鳌立蚁盘。吹打摆式，合唱。

第四

甲子刘昭领从甲、乙、丙、丁、戊、己、庚、辛、壬、癸三十人跟走黄龙摆尾。

1. 甲子　乙丑　刘昭　2. 丙寅　丁卯　夏庆寿　3. 戊辰　己巳　狄德寿

4. 庚午　辛未　韩福禄　5. 壬申　癸酉　欧来喜　6. 甲戌　乙亥　王南清

7. 丙子　丁丑　杨进宝　8. 戊寅　己卯　白兴太　9. 庚辰　辛巳　吴进忠

10. 壬午　癸未　卢恒贵　11. 甲申　乙酉　张长庆

12. 丙戌　丁亥　姚长太　13. 戊子　己丑　张春和

14. 庚寅　辛卯　陆得喜　15. 壬辰　癸巳　齐双庆

16. 甲午　乙未　杨玉升　17. 丙申　丁酉　王禄

18. 戊戌　己亥　李平安　19. 庚子　辛丑　张德安

20. 壬寅　癸卯　袁庆喜　21. 甲辰　乙巳　杨进升

22. 丙午　丁未　边德奎　23. 戊申　己酉　孔德福

24. 庚戌　辛亥　宋福顺　25. 壬子　癸丑　刘国祥

26. 甲寅　乙卯　冯文玉　27. 丙辰　丁巳　田进寿

28. 戊午　己未　乔荣寿　29. 庚申　辛酉　何之喜

30. 壬戌　癸亥　王山明

以上人名的排列，实际就是演出人员走场次序、站位图。而天干地支的标定，实际等于给参演的30名演员标定了排序号。据原标文字，所有演员将由甲子刘昭领从，走一字黄龙摆尾。各人名的阿拉伯顺序号，为笔者所添。其他各图之人名序号，均依本图顺序。

第五

17. 王禄　　　　　　　　　　7. 杨进宝

20. 袁庆喜　18. 李平安　　　10. 卢恒贵　8. 白兴太

21. 杨进升　19. 张德安　　　11. 张长庆　9. 吴进忠

12. 姚长太　　　　　　　　　2. 夏庆春

15. 齐双庆　13. 张春和　　　5. 欧来喜　3. 狄德寿

16. 杨玉升　14. 陆得喜　　　6. 王南清　4. 韩福禄

22. 边德奎　　　　　　　　　27. 田进寿

25. 刘国祥　23. 孔得福　　　30. 王山明　28. 乔荣寿

26. 冯文玉　24. 宋福顺　　　 1. 刘　昭　29. 何庆喜

以上人名的排列，实际就是演出人员站位图。五人一组，呈"由"字形（"由"暂且如此表述，或许梅花瓣形也未可知）。前后两排，每排平行三组。

第六

13. 张春和

17. 王禄　16. 杨玉升　15. 齐双庆　14. 陆得青

此组五人中，张春和一人在前，其他四人一排在后。此组较左右两组稍前。

27. 田进寿　26. 冯文玉　25. 刘国祥　24. 宋福顺　23. 孔德福

此组五人一排在左。

22. 边德奎　21. 杨进升　20. 袁庆喜　19. 张德安　18. 李平安

此组五人一排在右（以上三组呈品字形排列）。

12. 姚长泰　11. 张长庆　10. 卢恒贵　9. 吴进忠　8. 白兴泰

7. 杨进宝　6. 王南清　5. 欧来喜　4. 韩福禄　3. 狄德寿

2. 夏庆寿　1. 刘昭　　30. 王山明　29. 何庆喜　28. 乔荣寿

此组十五人一排，在前三组品形之后（四组组合情形，类于宝塔形）。

末尾标"此一下完，寿字朝外"。当指手中所举牌子上的文字。

第七

圆圈转两次，丙辰上手，中间，丁巳下手。

庚寅　辛卯　陆得青、壬辰　癸巳　齐双庆、甲午　乙未　杨玉升、

270

丙申　丁酉　王禄、戊戌　己亥　李平安、庚子　辛丑　张德安、壬寅
癸卯　袁庆喜、甲辰　乙巳　杨进升、丙午　丁未　边德奎、戊申　己酉
孔德福、庚戌　辛亥　宋福顺、壬子　癸丑　刘国祥、甲寅　乙卯　冯文
玉、丙辰　丁巳　田进寿、戊午　己未　乔荣寿、庚申　辛酉　何庆喜、
壬戌　癸亥　王山明、甲子　乙丑　刘招、丙寅　丁卯　夏庆寿、戊辰
己巳　狄德寿、庚午　辛未　韩福禄、壬申　癸酉　欧来喜、甲戌　乙亥
王南清、丙子　丁丑　杨进宝、戊寅　己卯　白兴泰、庚辰　辛巳　吴进
忠、壬午　癸未　卢恒贵、甲申　乙酉　张长庆、丙戌　丁亥　姚长太、
戊子　己丑　张春和。

此图演员围一圆圈，演员名字均为贴条，便于临时变更。详见照片附图。

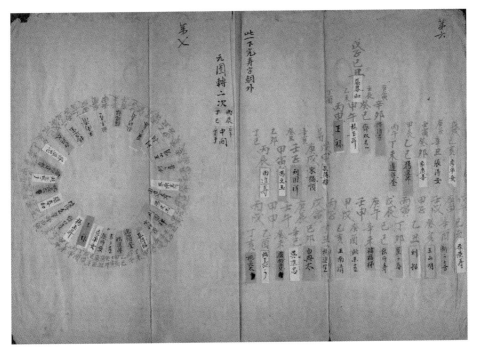

第八

　　题"同治万福寿"。

　　竖写"福禄寿"三字，共22个，代表22人，组成大半圆，成簸箕掌，中间有字"一统万年清"。一边标（左）"万年甲子"；一边标（右）"花甲重周"。另竖写"禄寿"二字，共八个，代表八人，组成一溜；排在簸箕掌口

外。由此推测，"福禄寿""禄寿"为各人手举道具牌子上的文字。升平署档案有《钱粮处于咸丰时所新制之戏衣件数》，其中列有《万年甲子》，所制戏衣道具有："福字彩衣三十二件，三髯三十五口，甲子牌一分（份）六十块，太极图五块。"（引自王芷章《清升平署志略》第 593—594 页）结合第六图"寿字朝外"语，推测八人所持"禄寿"二字牌子，一面为单一的"禄"字，一面为单一的"寿"字。

鉴于"总本"与"排场本"参看，更便于研究，故再赘录"总本"文字于此：

【附录"总本"全文】

现用准本。有排场一本。龙，总本。

杂扮四力士、众扮八花童，引五方星君上，合唱，

【赏花时】：紫极星辉福禄旋，祥旭卿云寿宇宽。瑞应美多般，从今见惯，垂拱普天欢。（五方星君同白）：寿山福海本无边，禄自天申万亿年，锦绣乾坤归一统，定知福禄永绵绵。（分白）：吾乃含枢纽是也；吾乃灵威仰是也；吾乃赤飙怒是也；吾乃白招拒是也；吾乃叶光纪是也；（同白）：掌五方之号令，运四序之神功。自从天皇制有干支，大挠始作甲子，妙化循环，古今一致，恭逢圣上寿世寿民，道协轩图，思超皋纪，故已福自天来，禄为天授，而且皇仁普天泽于兆民，金镜北安澜于千里；真正普天同庆，就将万年甲子排献，以昭福禄眉寿，万年景象也。三十甲子神内白：领法旨！上，摆式科。合唱：

【锦江龙】：漫道是年华荏苒，际升平越显得岁时宽。始归一气后，跃双丸，葭管吹馀迭往来，铜仪轮转永回环。吹打摆式，合唱：只凭他推移惯，隐隐的纵横黄赤，鳌立蚁盘。吹打摆式，合唱。

【仙葫芦】：璧合珠联霄汉间，仰处看尽罗星象，丽台垣。吹打摆式，合唱：

【天下乐】：自元气氤氲，这太极圈凭般经暑寒，铮铮不歇昭华琯，方喜这太钧常和，莫嫌他羲轮驭缓，我这待时歌旦旦。吹打摆式，献嘉庆万寿、福寿，献花甲重周。合唱：

【寄生草】：瑶牒夸千简，金瓯庆万安。看取那：文明东壁霞光焕，祥凝北阙重华灿，星高南极嘉征现。都则是，太和祥洽四时春，更有那，宫商角徵笙簧按。众合唱：

【庆馀】：任流年如珠贯，人时敬授皇图远。千万载，数不尽这无疆算！下。

甲子年位列天干地支之首，60 年一轮回。当此之年，清宫上演这个戏应该是免不了的。据《升平署档案》，清光绪十年（1884）十月一日至二十日，清宫天天演戏，其中十月十三日这天，在宁寿宫演出，从辰正二刻五分开戏，至酉正三刻戏毕，共演了《万年甲子》《普救寺》《万国嵩呼》（十二出）三场戏。由此足以窥见《万年甲子》在庆典戏中的影响。

这个《万年甲子》"排场本"的最大特点，是主要用排列演员名字这一种方式，就比较明晰地反映了舞台上各个不同的场景和场面；而演员的走场，也有条不紊，简捷而合理，突出表现了舞台导演人员精于编创的独特匠心。

据王芷章《清升平署志略》第五章所列《职官太监年表》，可以查出《喜溢寰区》《万年甲子》所有演员的名字和简单履历。由此可以看出，类似庆典式的演出，升平署多采用宫内的太监，很少用外籍学员，这个现象值得注意。

鉴于参演《万年甲子》的演员时代较早，具有一定研究价值，故据王芷章《清升平署志略》第五章所列《职官太监年表》，摘录出他们的履历，附录于下。由此也足以看出"排演本"所具有的重要史料价值。

职官太监年表

1. 甲子　乙丑　刘招

光绪六年（公元纪年）：八月二十八日卒，年六十九岁。

2. 丙寅　丁卯　夏庆春

道光三十年（公元纪年）：年十四岁，大兴人，三月十五日由固山贝子交进，正黄十甲。小旦。

光绪十三年（公元纪年）：四月十六日卒，年五十一岁。

3. 戊辰　己巳　狄德寿

咸丰元年（公元纪年）：年十岁，宛平人，十月二十四日会计司进，正黄，四甲。杂。

4. 庚午　辛未　韩福禄

道光四年（公元纪年）：年十一岁，大兴人，南九甲，外。

5. 壬申　癸酉　欧来喜

咸丰元年（公元纪年）：年十岁，蓟州人，二月二十日会计司进，白八。老旦。

光绪八年（公元纪年）：本年卒，年四十一岁。

6. 甲戌　乙亥　王南清

咸丰元年（公元纪年）：年十六岁，未详入署，正白，五甲。

同治九年（公元纪年）：本年卒，年三十五岁。

7. 丙子　丁丑　杨进宝

道光三十年（公元纪年）：年十五岁，东安人，三月初七日肃亲王进，正黄二甲。副。

光绪二十九年（公元纪年）：八月二十六日卒，年六十八岁。

8. 戊寅　己卯　白兴泰

道光七年（公元纪年）：年十二岁，盐山人，二月初十日由会计司拨来。

9. 庚辰　辛巳　吴进忠

道光十五年（公元纪年）：年十二岁，河间人，十二月二十日由礼亲王交进，正二。习净。

同治十二年（公元纪年）：本年卒，五十岁。

10. 壬午　癸未　卢恒贵

年十一岁，三月入署，镶黄，一甲。老旦。

光绪十二年（公元纪年）：六月二十九日卒，年七十三岁。本年亡一，不详撤名：于福海、孙久荣、孙文财、李存仁四人，去五人，总数七十四名。

11. 甲申　乙酉　张长庆

道光十三年（公元纪年）：年十五岁，青县人，十月十四日由辅国公溥恒交进，镶黄，四甲。净。

12. 丙戌　丁亥　姚长泰

道光十二年（公元纪年）：年十一岁，宛平人，九月二十四日入署，正白，八甲。

13. 戊子　己丑　张春和

道光十一年（公元纪年）：年十二岁，献县人，八月十八日由惇亲王交进，正黄，五甲。习旦。

光绪十七年（公元纪年）：本年卒，年七十二岁。

14. 庚寅　辛卯　陆得喜

道光五年（公元纪年）：年十二岁，沧州人，五月二十三日由会计司交进，正黄，一甲。生。

光绪二十年（公元纪年）：三月六日卒，年八十一岁。

15. 壬辰　癸巳　齐双庆

道光三十年（公元纪年）：年十岁，东安人，三月十三日由庄亲王交进，正黄，二甲。副。

16. 甲午　乙未　杨玉升

道光八年（公元纪年）：年十岁，宛平人，四月七日入署，后拨中和乐。

17. 丙申　丁酉　王禄

同治十二年（公元纪年）：本年卒，三十六岁。

18. 戊戌　己亥　李平安

道光十五年（公元纪年）：年十三岁，乐亭人，十二月二十四日由惠郡王交进，正八。习净。

同治十一年（公元纪年）：本年卒，年五十岁。

19. 庚子　辛丑　张德安

道光十二年（公元纪年）：年十一岁，大兴人，同日（和姚长泰）入署，正白，九甲。副。

李德安

同治六年（公元纪年）：年十四岁，大兴人，五月八日由多罗孚郡王进，镶四。副。

20. 壬寅　癸卯　袁庆喜

道光十三年（公元纪年）：青县人，十二月十日由怡亲王交进，正七甲。生。

光绪二十二年（公元纪年）：十二月二十四日卒，年七十五岁。

21. 甲辰　乙巳　杨进升

道光四年（公元纪年）：年十岁，大兴人，本年入署，镶黄，九甲。净。

同治十二年（公元纪年）：三月十一日卒，年五十九岁。

22. 丙午　丁未　边德奎

道光十二年（公元纪年）：年十二岁，青县人，九月二十八日由惠郡王交进，镶黄，九甲。小旦。

23. 戊申　己酉　孔德（得）福

道光十五年（公元纪年）：年十一岁，宛平人，四月二日由会计司交进，正白，十甲。小旦。

光绪二十六年卒，年七十六岁。

24. 庚戌　辛亥　宋福顺

道光十三年（公元纪年）：年十二岁，大兴人，二十四日由奎公交进，正白，六甲。正旦。

光绪十九年（公元纪年）：十二月十四日卒，年七十一岁。

25. 壬子　癸丑　刘国祥

道光十六年（公元纪年）：年十三岁，宛平人，三月二十日入署，正黄，四甲。老旦。

光绪二十六年卒，年七十七岁。

26. 甲寅　乙卯　冯文玉

道光二十五年（公元纪年）：五月二十八日卒（或为"入署"之误），年二十九岁。

光绪三年（公元纪年）：十月十二日卒，年六十五岁。

27. 丙辰　丁巳　田进寿

道光十三年（公元纪年）：年十二岁，香河人，二十五日由钟粹宫拨来，正白，三甲。正旦。

光绪元年（公元纪年）：五月四日卒，年五十四岁。

28. 戊午　己未　乔荣寿

道光十六年（公元纪年）：年十二岁，宛平人，正月初九日由郑亲王交进南厢，三。小生。

29. 庚申　辛酉　何庆喜

道光三十年（公元纪年）：年十二岁，枣强人，同日（三月十三日）由固山贝子交进，正黄二甲。副。

30. 壬戌　癸亥　王山明

道光三十年（公元纪年）：年十七岁，大兴人，三月二十三日由怡亲王交进，正白六甲。末。

光绪十六年（公元纪年）：本年卒，年五十六岁。

附记：

时光荏苒，转眼任继愈馆长离开我们七年了。我仍记得 2009 年任馆长去世前两天，北京大学白化文教授忽然给我打来电话，语气几乎是少有的不容商量。大意是，他已与我馆办公室张彦主任联系好，一会儿派车送他去北京医院看望任馆长，我作为国家图书馆的老员工，算是任馆长的老部下，也应该去看望他老人家。所以，白教授已与善本部陈红彦主任打好招呼，让我下午随他同车去北京医院。进到医院病房，见任馆长身插各种医疗、监测器械，双眼紧闭，已经神志不清。白先生走到任馆长身边，跪在床前，握住他的手说："老师，学生白化文看您来了！"接着又反复念了几句经文，为任馆长祈祷。我肃立在旁，看到此情此景，眼睛不由得湿润了。这是我见到任馆长生前的最后一面。

作为国家图书馆的员工，除了单位的工作之外，我曾有过几次亲聆任馆长教诲的机会，那些场景大多忘记了。印象稍清晰的大概是在 1991 年的某日，我去北大白化文先生处，恰好有冯钟芸老师的一位学生从外地来，因他对北京的地理不熟，要我陪同去位于三里河的任馆长家中看望老师。我们乘出租车到任馆长家，冯钟芸老师开的门。没想到的是，任馆长、冯老师还分别单独和我交谈了很长时间。冯老师详细询问了我所在的工作部门，具体做些什么样的工作，并讲述了北图专家赵万里、冀淑英的许多故事，教导我要向他们学习，做好工作。冯老师说话和蔼至极，与她的交谈，完全打消了直面大家时，我心中难以克服的那种忐忑不安。任馆长教导我些什么，几乎全忘记了（主要是讲历史文化的重要性），记忆深刻的是这样两句话：既然做了文化这个事儿，文章还是要写的；（年轻人）还是要努力多写文章。这是我第一次面对面的单独接受任馆长的教导。这次谈话之后，任馆长在我心目中的形象更多的不是馆长，而是一位关心祖国文化事业的、令人钦敬的大学者。

回想任馆长的身影，印象至深的是好几个冬天我在图书馆办公楼北门外看到过的同一个画面：一个年迈的学者，身着深蓝色呢子大衣，双手拄杖，身体笔直地伫立在刺骨的寒风中。这个形象，我以为代表了这位大学者所独有的气质与风度。

今年是任馆长 100 周年诞辰，我践行任馆长"要多写文章"的谆谆教导，献上一篇小文，以此表达对他老人家的无限感激与怀念。

山西绛县《雕藏经主重修太阴寺碑》研究

李际宁（国家图书馆）

任继愈先生一直关注佛教大藏经研究，从 20 世纪 80 年代到 21 世纪初，任先生主持了以《金藏》为基础的《中华大藏经（汉文部分）》的编纂工作。1987 年，任先生出任国家图书馆馆长。1989 年之后，任先生主持《国家图书馆藏敦煌遗书》出版工作。该项目由任先生的博士、时任善本部副主任方广锠先生具体组织，笔者有幸参加了这个项目组的工作。从这个时候起，笔者在工作中多次聆听到任先生的教诲。整理敦煌遗书之余，笔者也对馆藏佛教典籍开始做初步研究，2003 年撰写了《〈金藏〉新资料考》，利用金明昌四年（1193）赵沨撰文的《敕赐弘教大师雕藏经板院记》碑文，对崔法珍刊雕《金藏》史事做了考证，得到任先生的肯定。今年是任继愈先生百年诞辰，笔者以山西绛县太阴寺发现的《雕藏经主重修太阴寺碑》为题，讨论一个与《金藏》刊雕历史有关的话题。谨以此文，表达对任继愈先生的纪念。

一、重修太阴寺碑现状

山西省绛县，现隶属于运城市。县境内有名胜古刹太阴寺，寺位于太阴山（也称东华山）麓而得名。太阴寺分上寺和下寺，上寺在东华山上，下寺在山下张上村。

太阴寺的记录，传世资料少而简略。《［雍正］山西通志》卷一百七十一记："太阴寺在县东十五里张上村，明万历间修。"太阴寺大殿前，立有元代刻石的《雕藏经主重修太阴寺碑》（下文简称《重修太阴寺碑》）。该碑于传世碑刻史料，如《山右石刻丛编》等，悉皆缺载。

《重修太阴寺碑》内容与《金藏》刊雕历史关系密切，2002 年开始有学者正式发表论文，揭示内容并录文。2010 年有论文刊载了该碑的拓片①。至今学术研究论文少，其他多以报纸、网络、电视等媒体介绍为主。

此前的研究，对该碑的来历少有介绍，仅有的拓片也不甚清晰，故笔者一直期盼到实地考察。2016 年年初经朋友帮助，联系到绛县文物局局长柴广胜先生。1 月底，笔者专程拜访了柴先生，并在柴先生陪同下考察了太阴寺和这座重修太阴寺碑。

太阴寺背南面北，现存山门及南北两殿。据寺院陈列的文字介绍，北殿民国五年（1916）被烧毁，现存建筑是从附近整体搬迁来的家庙；南殿为金代遗构，尚存"大雄之殿"匾额。

柴先生是"发现"该碑人员之一。据他介绍，重修太阴寺碑原来一直竖立在大殿前，"发现"时，驮碑赑屃几乎全部没入土中，碑额不知去向。绛县文物部门清理整修后，加盖碑亭和碑座，保护起来。

2001 年，国务院公布太阴寺为全国重点文物保护单位。2004 年确定为山西省重点文物保护单位。2014 年 12 月，由柴广胜先生负责主编的《三晋石刻大全·运城市绛县卷》出版②。该书为首次比较全面揭示绛县收藏石刻文物的专著，对收集到的众多石刻碑铭立目（包括索引）、照相、录文、撰写说明等等③。《三晋石刻大全·运城市绛县卷》是揭示绛县碑刻资料的重要文献，柴先生等人的工作，功德无量。

---

① 王泽庆：《〈解州版金藏〉募刻的重要文献》，《佛学研究》2002 年总 11 期，中国佛教文化研究所、《佛学研究》年刊编辑部。王泽庆：《解州版〈金藏〉募刻的重要文献——雕藏经主重修大阴寺碑考释》，《文物世界》2003 年第 4 期，山西省文物局。张德光：《关于赵城〈金藏〉研考中几个问题的商榷》，《文物世界》2006 年第 1 期，山西省文物局。咸增强：《一座不容忽视的〈金藏〉史料碑——从〈雕藏经主重修大阴寺碑〉看〈金藏〉募刻的主要人物》，《运城学院学报》2010 年 6 月第 28卷第 3 期。咸增强：《当代出版史作中的〈金藏〉募刻问题》，《运城学院学报》2011 年 8 月第 29 卷第 4 期。

② 笔者访问太阴寺前，专门在网上搜寻三晋出版社出版的《三晋石刻大全》有关分卷，"运城市绛县卷"尚未见到上市，考察期间，承柴先生向笔者赠送此重要资料，谨此表示感谢！

③ 柴广胜主编《三晋石刻大全·运城市绛县卷》，山西出版传媒集团、三晋出版社 2014 年 12 月出版。柴广胜先生另有论文《〈雕藏经主重修太阴寺碑〉碑文探析》和《重修太阴寺、木雕卧佛与〈赵城金藏〉——〈雕藏经主重修太阴寺碑〉碑文探析》。未知原刊处，见"百度文库"网络版。

《三晋石刻大全·运城市绛县卷》对《重修太阴寺碑》阳面文字全部录文，并首次披露了碑阴内容。同时，该卷还首次披露了与《重修太阴寺碑》相关的另外几则碑文，该书对全面揭示太阴寺历史具有重要意义。

关于《重修太阴寺碑》，笔者虽非鉴定碑石专家，但从该碑的石质、字体风化程度、字体形态、碑文两侧牡丹卷纹装饰、赑屃形式等方面看，笔者同意绛县文物部门的说法，应该是元代实物。

碑为青砂石质。碑高223厘米，宽97厘米，厚30厘米。碑额已佚。碑之阳面，刊文字32行，满行者约80字上下，总2100余字。碑阴分为上下两部分，上半部分为太阴寺法脉牌位，共有两层；下半部分为"外护助缘功德姓氏定名"。

目前，学者普遍认为《重修太阴寺碑》与《金藏》研究有关联，但有不同解读。笔者认为，与其各说各话，不如先将该碑内容详细解读，条析考辨，看一看该碑到底记述了哪些史实，何简何详，最后再来审视应该如何认识该碑的性质。

为便于下文叙述和讨论，笔者首先对《重修太阴寺碑》录文。笔者的整理和录文，参考了前述各位学者的录文和研究，在此一并致谢①！

雕藏经主重修太阴寺碑绛台　　　　　　　　杨瑷刊/

圆慧大师绛阳龙兴寺千部院讲经律论传大乘戒释　文秀　述/

妙性大师金台天宁万寿禅寺讲经律前绛州僧正释宝定书丹并篆额/

夫妙觉灵明，名言之路攸绝；真如澄湛，性相之义都捐。然则发启心聋，资法雷而激响，奖导迷众，俟觉首以司方。繇是报身，假起接十地之高机；化质权施，诱五乘之浅识。或隐秽土而为净土，或变大身而作小身/，或现妇人形而度生，或示男子体而化道。证理圆于一路，方便设于多门。爰有寔公律师菩萨，刌乃怀州河内县人也，尹氏之子。其母夜梦于佛，因而身怀有孕。常占其梦曰："龙象之征也。"胎月既满，夜诞红光晃室/，状若白昼。岁当龆龀，不参时童作戏。父母见其异，舍于孟州天王院，礼师出家，执箒添瓶，罔惮勤劳。笃好经书，年登十五，负笈游学。二十以来，洞晓经旨。内闲五教，外醉六经。行洁寒霜，戒圆秋月。

---

① 录文体例：1. 尽可能保存原碑行款，每行末用"/"符号表示回行；2. 因本书用简体字出版，故原碑中的异体字、俗体字，在不影响读者了解原碑的情况下，尽可能改为规范字。

一日辞师，礼泗州/观音宝塔，到彼火燃左手，感观音真容显现。又闻台山文殊应现，凡圣交踪，再启胜心，步礼五台。至归德府，路逢大宋徽宗御驾。帝问曰："何谓如是礼也？"师曰："礼五台山文殊菩萨。"话契圣心，龙颜大悦，将金果园/敕改作普明禅院，更赐金刀剃发，玉检防身。自天佑之，吉无不利。至于台山，恳祷志诚，感文殊菩萨空中显化，得法眼净，见佛摩顶授记，曰："汝于晋绛之地，大有缘法，雕造大藏经板。"语门人刘居士曰："诸佛如来与/我授记，汝还见闻否？"曰："然。"于是居士庆得见闻，踊跃悲喜，断右左臂以献于佛。回至潞州长子县崔氏宅中，因化斋饭。有一童女，见师巍巍荡荡，慈悲作室，忍辱为衣，持斋则一食自资，坐禅乃六时不倦。童女启白/父母，求出尘劳。堂亲艴然龃龉，抑禁不从。童女于隐奥之处，自截左手。父母见其如是，舍令出家，起随其师。届于太平县，有尉村王氏之子，投师出家，亦燃左手，法名慈云，心恬清素，戒节孤高，不栖名闻，好居寂静/，时人呼为王菩萨，随从于师。起至金台天宁寺，请师住持。童女、居士左右辅弼，纠集门徒三千余众，同心戮力，于河、解、照、吉、平水、绛阳，盛行化缘，起数作院，雕造大藏经板。声震天下，如雷霆，如河汉。后旌幢花烛，钹/鼓笙箫，迎归舜都城里，说法利生，广施饶益。有门人刘居士，于普救塔前，自燃其身，供佛舍利。火烬，俄然塔顶五色光现。倾城士庶，蠢蠢而往，瞻礼神光。见普贤菩萨身骑白象，冉冉光间，人皆仰而叹曰："仍乃居士/之后身也。"至大定十六年（1176），寔公菩萨忽闻空里有声云："入灭时至，兜率天众来迎导汝。"寔公律师于方丈内焚香端坐，谓门徒曰："人生天地之间，若白驹之过隙，忽然而已。道之将行也与命也/，道之将废也与命也。我今四大将离，六根欲谢，我终之后，当以未雕大藏经板补雕圆者。"言讫，奄然神逝。闻空中仙乐，异香馥郁，门人弟子哀恸之甚，如哭私亲。茶毗已，所获舍利，粒不胜数。时童女菩萨住持河府广化胜刹，振扬教海/，大播宗风。大定十八年（1178），将所雕藏经部帙卷目，总录板数，表奏朝廷。世宗皇帝特降紫泥，慈部七十二道给付行功，以度僧尼。更赐大弘法寺之名额，敕降童女菩萨以为弘教大师。云公遵师遗嘱，于新田、翼城/、古绛三处，再起作院，补雕藏经板数圆备。云公游于南山，登山四顾，见一胜所，林峦蓊郁，岩壑清奇，东连太行之高峰，西控中条之旷野，北观浍水，南望天台，中有太阴古寺。旧时基址，唐朝创建，晋代重修/。断碑风雨剥其残文，坏砌榛丛拔其故址。云公于此，步寻丹峤，栖偃白云。芟荆棘而终日无疲，拾瓦砾而长时不倦，重悬佛日，再起梵宫。大金大定二十年（1180），与门人法澍、法满，纠集缁素百余人众，经之营之，法堂/佛殿未期而成，厨屋僧廊经年而就。梁妆螮蝀，瓦砌鸳鸯。雕释迦卧佛丈六金身，刊弥陀三十一堂玉像，莲眸月面，绀发天容。于泰和二年（1202），铸鸿钟而待扣，绘彩像以垂祈。更向绛县张上村中构修堂殿，印造藏经/。贞佑二年（1214），天兵至此，殿堂灰烬，贤圣烟飞，鬼哭神号，山鸣海沸。门人法澍再寻良匠，重录圣贤。未圆备间，大兵又进，枪刀汇怒，人马蜂喧，侁侁而战旅相残，赳赳而征夫互害。虽有南堂西舍，已无北殿东厨。圣像俨然/，僧众零落。壬辰年间（1232），澍公菩萨、满公上人复立华山下寺，荐修堂殿，垦种地田。庚子年（1240）时，保达公门人行圆，以为住持，上赐紫衣满静大师，传授天宁寺制律师菩萨戒。癸巳年（1233）前，襄陵县胡李村李三郎二子/出家，双桂并笋，长曰了志，礼童女菩萨孙无碍大师；次曰行光，礼华山云公菩萨门人满山主为师。其光敏而好学，冠岁之时，听习经论，绅年之日，性相精通，湛性海之波澜，朗慧天之星象。讲开鼎沸，僧衲云/奔，文质彬彬，刚毅木讷。童女菩萨孙空公戒师，见其仪彰慈相，德布仁风，传授菩萨大戒。于戊午年（1258），上赐紫衣显教大师。於戏，华山太阴古寺，兵火已后，殿堂疏漏，楹栋颓隳。庭招号风而夜悲，砌草垂露而朝泣/。欲行洊盖揆力难为，谅蚊背而岂负太山，倾蠡心而奚测巨海。是以行智洗心钻仰，礼请光公论师以为住持。公受请已，心思所欲不求而获，何谓然也。盖公之行业恢隆，声震时世，德之所感者也。虽则如是，长时/矻矻，终日乾乾，重修南堂、西舍，创盖北殿、东厨，妆佛绘画，甃堂砌塔，三门修磨，兰房葺蕙，峤薨驾烟。钟鼓鸣于宝坊，箴乳焚于金鼎，晨夕礼念，旰午行持，种种功勋，端为祝延/

当今皇帝圣寿万岁，更祈椒房永固，鹤禁长坚。金枝擢彩于千春，玉叶腾芳于万代，文修武偃，海晏河清，万邦翘首而同贺太平，四海倾心而尽蒙至化。命予作序，黾勉无由，姑以猥词，聊为铭曰/：

寔公菩萨，行业超然。泗州礼塔，匪石心坚。

步礼台山，路逢御天。紫泥授受，防御身边。

　　台山恳祷，众圣现前。释迦授记，晋绛行缘。

　　居士断臂，愿献金仙。童女截手，父母弃捐/。

　　建数作院，雕造真筌。从师河府，盛化市廛。

　　奋然神逝，如蜕之蝉。所雕经板，表奏皇乾。

　　世宗皇帝，敕赐授宣。云公再启，藏教雕圆。

　　太阴古址，重建金田。雷堂茸蕙，雪屋驾烟/。

　　雕佛圣像，丈六雄佺。贞佑兵革，化火焚焉。

　　澍公菩萨，再录完全。张上寺立，壬辰之年。

　　宗派住持，继踵争妍。光公论主，修造懋迁。

　　精闲十谛，饱醉七篇。贻镌玉石，芳迹留传/。

　　时大元国大德元年岁次丁酉（1297）孟夏蒉生九叶本寺讲经律沙门
了戚等立石/

　　绛县主簿兼尉兼诸军奥鲁席佑/

　　从仕郎绛县尹兼管诸军奥鲁劝农事王仲钦/

　　奉议大夫绛州达鲁花赤兼管诸军奥鲁劝农事火迹赤

　　进义副尉绛县达鲁花赤兼管诸军奥鲁劝农事朵儿班/

　　《重修太阴寺碑》碑阴的内容，《三晋石刻大全·运城市绛县卷》整理者
有说明："碑阴记载的是功德人及捐资者籍贯姓名等。"由于碑阴文字漫漶严
重，整理者未能完整录文，只有简略说明。

二、《重修太阴寺碑》解读

　　《重修太阴寺碑》的内容，可以逐行分解，以便概括大意：

　　第1行，记碑名《雕藏经主重修太阴寺碑》，记勒石工匠"绛台杨瑗刊
碑"。

　　第2—3行，记碑文撰著者及书碑僧法名、寺籍、僧职。

　　（以下正文）

　　第4—5行，序，颂佛教化导众生的意义。

　　第5—6行，述祖师寔公菩萨身世。

　　第6—8行，述寔公菩萨出家、游学、参礼。

第8—9行，记述感文殊应现，得佛摩顶授记等雕藏因缘。

第9—10行，记潞州长子县崔氏童女断臂出家经过。

第10—11行，记太平县尉村王氏子燃左手出家经过。

第11—12行，述寔公菩萨住持解州天宁寺，童女居士左右辅弼，门徒三千余众，于河、解、隰、吉、平水、绛阳等地，"盛行化缘，起数作院，雕造大藏经板"等事。

第12行，叙寔公菩萨被迎归"舜都城里"；门人刘居士于普救塔前自燃其身，供佛舍利。

第13—14行，述大定十六年（1176）寔公菩萨将入灭时，付嘱刊雕大藏经未完之事。

第14—15行，详述童女菩萨住持河府广化胜利，振扬教海，大播宗风，大定十八年（1178）将"所雕藏经部帙卷目，总录板数，表奏朝廷"，金世宗赐紫、给牒、度僧，赐童女菩萨"弘教大师"德号等事。

第15—16行，述慈云菩萨遵寔公祖师遗嘱，"于新田、翼城/、古绛三处，再起作院，补雕藏经板数圆备"。

第16—20行，详述慈云菩萨于大定二十年（1180）之前"发现"太阴寺，至壬辰年太阴寺屡毁屡建史事。

第20—25行，详述了志、行光身世；赞颂行光住持太阴寺时期的芳迹和功德。

第26—28行，铭赞，总括碑文大旨。

第29—32行，立碑大德及官员功德衔名。

面对如此复杂的内容，如何判定该碑的性质呢？笔者认为，关键是考察碑中所记有关人物在相关历史活动中的作用和地位。笔者下文逐次分析。

（1）寔公菩萨

在《重修太阴寺碑》中，最早发起雕刻藏经的人物，当推"寔公菩萨"①。

"寔公菩萨"为怀州河内（今河南省焦作沁阳市）人，俗姓尹氏，幼年时

---

① 按理说，"寔公菩萨"是《重修太阴寺碑》记述的第一位重要人物，而碑只记其俗姓"尹氏"，没有记载他的名字，"寔公菩萨"这个称呼，很难判断是其法名或是法号。称之为"寔公律师菩萨"或"寔公菩萨"，当是碑文撰写者以常人对其敬称的口吻。

在孟州（今隶属焦作市）天王院出家。15 岁"负笈游学"，20 岁之后，"洞晓经旨"。之后，礼泗州观音塔，火燃左手，感观音显现。在"步礼五台"的途中，经归德府，"路逢大宋徽宗御驾"，话契圣心，得敕金果园改为普明禅院，"更赐金刀剃发，玉检防身"。在五台山，"感文殊菩萨空中显化，得法眼净"，又"见佛摩顶授记"，被誉"于晋绛之地大有缘法"。这是寔公菩萨发心刊雕大藏经的缘起。

之后，收崔氏童女和王氏之子为徒，"赸至金台天宁寺"为住持，在童女、居士的左右辅弼下，集门徒三千，起数作院，雕造大藏经板。其盛况"声震天下，如雷霆，如河汉"。又被"旌幢花烛，钹鼓笙箫"迎到舜都城里，"说法利生，广施饶益"。大定十六年，寔公菩萨去世。去世前将雕大藏经板未完事业郑重付嘱门徒，"当以未雕大藏经板补雕圆者"。这些渲染，说明寔公菩萨的身份极为崇高，是雕造大藏经的藏主。

寔公菩萨的岁数是个悬疑。《重修太阴寺碑》既没有记载寔公菩萨出生年月，也不记载大定十六年去世时的寿腊。据碑所述，寔公菩萨幼年在"孟州天王院"出家，"年登十五，负笈游学。二十以来，洞晓经旨"，之后"礼泗州观音宝塔"，在"步礼五台"的途中，"至归德府①，路逢大宋徽宗御驾"，得赐金果园②改为普明禅院，赐金刀剃度，玉检防身云云。考虑到他活动的地

---

① 归德府（今河南商丘），《文献通考》卷三百二十记："宋升为应天府，号南京，属京西路。靖康，金人入京师。建炎元年（1127）四月，高宗即位于南京，十月幸淮甸，三年（1129）没于金，金改为归德府。"元初略有变动，后仍称"归德府"，《元史·地理志》记述详备。

② 金果园在宋南京城东南十八里。宋楼钥（1137—1213）《攻媿集》卷一百十一"北行日录"记："六日丁亥，霜，晴。车行四十五里，沙山冈。换驴三十五里，谷熟县、早顿县，即商之南亳，汤所都也。县外有虹桥跨汴，甚雄，政和中造，今两傍筑小土墙，且敝损不可行，绝河以入。又二十二里至金果园，果木益繁。马行十八里入南京城，市井益繁……"

李纲《梁溪集》卷十九"建炎行"载："余去岁夏初，自长沙闻尹京之命，率义旅入援王室，次繁昌……以六月朔抵南都，有旨，执政出迓，赐燕于金果园，具奏丐免，即入城，是晚召对内殿，叙陈国家祸故。"

（宋）王应麟《玉海》卷一百七十一"建炎金果园"条记载："建炎元年（1127）六月己未朔，右相李纲至行在，上闻纲且至，命侍读董耘往劳，又命执政燕纲于金果园。纲力辞，上趣召入见于内殿。"

高宗以后，金果园依然是皇家园禁之地。直到宁宗、理宗时期，"金果园"一名仍然沿用，只是已经荒芜。南宋王纶《涉斋集》卷十七"金果园"诗云："暂抛汴岸入斜垧，金果园中信马行。满目桑麻俱沃壤，可怜持节看春耕。"

区都集中在今豫东北一带，相距并不遥远，路途中所费时间应该不多。由此，他遇见徽宗时的年岁，当在 20 至 30 岁间。

查宋徽宗巡南京的时间，《宋史》中只有一次记录，在钦宗继位之初（1126）①。《宋史·钦宗本纪》卷二十三："（宣和七年十二月）徽宗诏皇太子嗣位，自称曰'道君皇帝'。""靖康元年（1126）春正月丁卯朔……道君皇帝东巡。""癸未，遣李纲迎道君皇帝于南京。"假设寇公菩萨在 1126 年的时候是 25 岁，那么，上推他的出生年代大致应该在崇宁元年（1101）前后，到大定十六年，寇公菩萨的年纪应该在 75 岁上下。

整体看来，寇公菩萨的地位体现于两点：第一，发起雕刻大藏经，他是当然的藏主。第二，寇公菩萨最初住持的天宁寺，在法脉传承中具有最高地位，因而被后代尊为宗祖。

（2）崔氏童女

寇公菩萨住持天宁寺雕刻藏经，之后，"迎归舜都城里，说法利生，广施饶益"，始终随侍左右的，是崔氏童女和刘居士两人。

"潞州长子县崔氏童女"的身份与经历，就是"赵沨碑"② 中"潞州长子县崔进之女名法珍"无疑。在《重修太阴寺碑》中，有关法珍的记录，虽着墨不多，却极为关键，主要有如下内容：

（一）断臂出家，比"赵沨碑"更详细地介绍了法珍的出家因缘。

（二）辅弼寇公菩萨，"纠集门徒三千余众，同心戮力，于河、解、隰、吉、平水、绛阳，盛行化缘，起数作院，雕造大藏经板"，产生了巨大的影响。碑文以短短一句的渲染，凸显了法珍在雕藏过程中的重大作用。

（三）表奏朝廷，进献经板，其内容与"赵沨碑"正可相互印证。进献经板以外，世宗皇帝特降紫泥，慈部七十二道给付行功，"敕降童女菩萨以为弘教大师"。这些"眷遇"，使崔法珍周围形成一个小小僧团，对奠定崔法珍的地位，定有重大影响。

---

① 建炎元年（1127）李纲得高宗皇帝金果园赐燕事，见《梁溪集》卷十九"建炎行"和卷一百七十四"建炎进退志总叙上"。

② "赵沨碑"见《〈金藏〉新资料考》，原载方广锠主编：《藏外佛教文献》，宗教文化出版社，1997 年。

（四）太阴寺后代住持，大多出自于天宁寺一系传承的菩萨戒，比如："庚子年（1240）时，保达公门人行圆，以为住持，上赐紫衣满静大师，传授天宁寺制律师菩萨戒。"又如：襄陵县胡李村李三郎二子出家，长子了志"礼童女菩萨孙无碍大师"；次子行光，先礼太阴寺系云公菩萨弟子满山主为师，再得童女菩萨孙空公戒师传授菩萨大戒。因此，才有后来礼请光公论师为太阴寺住持之事。这或许说明崔法珍（或其弟子）在寔公菩萨之后，因"弘法大师"及紫衣德号的身份，使其（及其弟子）更具有了传承天宁寺制菩萨戒的至高无上的地位。

（3）刘居士

《重修太阴寺碑》所云与崔法珍"左右辅弼"寔公菩萨的"居士"，当是与寔公菩萨相伴"步礼五台"、断臂献佛之门人刘居士。在雕藏事业中，他的地位堪称元老。有学者猜测，这位"刘居士"，或许就是"赵沨碑"中"协力助缘"的刘法善①。

（4）慈云菩萨

慈云菩萨是金元时期重修太阴寺的开山大师，生卒年未详。慈云籍里在太平县尉村，俗姓王氏，《重修太阴寺碑》称之"云公菩萨"，其事迹主要为"发现"太阴古寺，并重新经营修缮。他性格"心恬清素，戒节孤高，不栖名闻，好居寂静"。寔公菩萨去世后，慈云遵师遗嘱，"于新田、翼城、古绛三处，再起作院，补雕藏经板数圆备"。慈云到太阴古寺的时间，根据太阴寺现存大定十七年（1177）刻石的《华山十方太阴寺记》所载，应该在大定十年（1170）之前不久。

又据此《华山十方太阴寺记》所录，慈云菩萨对太阴寺僧团的建设，似乎很有章法："此太阴寺者，始终请命十方有德僧行看守住持，勤求佛道，若有纵心违佛禁戒及犯王制，作诸过如是之人，□……□兰若之规，永远为记。颂曰：幽幽栖栖宝刹地，召集十方德行人。惟愿皆行二利行，自他同证法王

---

① 咸增强：《当代出版史作中的〈金藏〉募刻问题》，《运城学院学报》2011 年 8 月第 29 卷第 4 期。刘法善一名，见《〈金藏〉新资料考》之"赵沨碑"。

身。时大定十七年三月日上石。"① 慈云是宴公菩萨亲度弟子，大金大定十年已是"开雕此大藏经都功德主"的慈云，受宴公菩萨委托，独立承担太阴寺一系的工作，他的贡献相当巨大。

慈云菩萨的地位，或许因为曾与崔法珍等共同随侍宴公菩萨左右，协助其雕造大藏经，故而被视为"雕藏经主"之一。这也就可以解释为什么此碑名为《雕藏经主重修太阴寺碑》，这个名称，与"赵沨碑"被称为《最初敕赐弘教大师雕藏经板院记》相对应，"赵沨碑"所称之"最初"者，是指崔法珍与天宁寺在开始雕造大藏经板中的地位，而太阴寺碑所称之《雕藏经主重修太阴寺碑》之名称，是太阴寺后代为突出祖师慈云在雕造大藏经中的重要作用而言。

（5）澍公菩萨

澍公菩萨，法名"法澍"。在太阴寺一系法脉中，澍公菩萨具有特殊重要地位，《重修太阴寺碑》记："大金大定二十年，（慈云）与门人法澍、法满，纠集缁素百余人众，经之营之，法堂佛殿未期而成，厨屋僧廊经年而就。"金

---

① 《华山十方太阴寺记》，载《三晋石刻大全·运城市绛县卷》。以下照录整理者说明和录文：金大定十八年勒石。现存卫庄镇张上村太阴寺。石碣长方形，青石质，高 55 厘米、长 90 厘米。碣石楷书，共 20 行，满行 20 字。碣石记录了太阴寺始建、重建年代及历届住持姓名，是目前太阴寺发现年代最早的一方石碣。

【碣文】

华山十（方太）阴寺记

大唐永徽元年二月八日建

大晋天福三年四月八日重建

周天和三年岁次戊子重建

大金大定十年三月十九日开雕大藏经都功德主宴公菩萨门人慈云等三十余众与维那裴十一评事及众维那人等重建

今具十方僧行，次弟看守住持上下寺姓名于后：乃至时有游礼僧惠海住持，次有游礼人崔行者住持，又游礼僧法臻住持迁化，次本寺王老者住持亦化，复有游礼僧源泽与王行者同住持。

此太阴寺者，始终请命十方有德僧行看守住持，勤求佛道，若有纵心违佛禁戒及犯王制，作诸过愆，如是之人，兰若之规，永远为记。

颂曰：

幽幽栖栖宝刹地　召集十方德行人

惟愿皆行二利行　自他同证法王身

时大定十七年三月日上石

元之际，太阴寺屡遭浩劫，"圣象俨然，僧众零落"，"门人法澍再寻良匠，重录圣贤"，"壬辰年间（1232），澍公菩萨、满公上人复立华山下寺，荐修堂殿，垦种地田。"

今太阴寺中还保存一块《华山太阴寺澍公菩萨行状》碑，碑文云："师讳法澍，俗贯新田杨村，杨氏子……诣华山太阴寺，礼慈云菩萨……后辅翼慈云，创修上下二寺殿堂屋宇，泊诸圣像成，造藏经于太阴寺。五十年间，积功为冠，由是人金以杨菩萨呼之。后天兵至，上寺先废。慈云泣曰：屋宇火废，再修诚难，圣像成灰，何由复睹？澍曰：今闻平水良匠贾公尚在蒲阪，再补何难？于是，澍不辞迢递，复命贾公重雕三大圣像，克日而就……后经大朝兵革，缁徒零落。岁至壬辰（1232），独师复立本寺坚守，圣像与南堂等保存者，皆师力也。阅世七十一岁，至辛丑年（1241）示微病而终……"澍公菩萨在重修太阴寺、接续太阴寺法脉中，所起作用巨大。上述碑文记澍公菩萨曾"造藏经于太阴寺"，当是"印造"之意，而非雕刻大藏经板。

（6）光公论师

光公论师是襄陵县胡李村李三郎次子。兄弟二人出家，被誉为"双桂并耸"。其兄了志"礼童女菩萨孙无碍大师"。光公是慈云菩萨的再传弟子，其后亦由童女菩萨孙空公戒师传授菩萨大戒。光公"敏而好学"，"文质彬彬，刚毅木讷"，戊午年（1258）上赐紫衣显教大师，并成为太阴寺住持。光公时代，太阴寺达到鼎盛，碑云："重修南堂、西舍，创盖北殿、东厨，妆佛绘画，甃堂砌塔，三门修磨，兰房葺蕙，峤甍驾烟。"是有"贻镌玉石，芳迹留传"之举。巧合的是，《华山太阴寺澍公菩萨行状》碑，撰写于戊申年（1248，蒙古时期），但立石于元至元二十八年（1291），参与立石诸人中，有署名"显教大师讲经律论传戒本寺尊宿沙门光吉祥"者①，正是这位住持太阴寺的光公论师。

由上述人物事迹考察，大体可以得到这样一条记录太阴寺历代法脉的线索：第一代寔公菩萨，第二代慈云菩萨，第三代慈云门人法澍菩萨和满公上人（又称满山主），第四代保达公门人行圆（保达公在太阴寺法脉中未见，从碑阴"牌位"图所示看，他应该是天宁寺一系过来的，故其弟子行圆任住持，传授天宁寺制律师菩萨戒），第五代光公论师（先是"礼华山云公菩萨门人满山主为师"，后"童女菩萨孙空公戒师"传授菩萨大戒，住持太阴寺）。

笔者认为，《雕藏经主重修太阴寺碑》的作用，是以记述太阴寺传承法脉为主旨。此一认识，还得到《重修太阴寺碑》碑阴文献的印证。

《重修太阴寺碑》碑阴文献分为上下两部分。

上半部分有两层牌位

---

① 《华山太阴寺澍公菩萨行状》，见《三晋石刻大全·运城市绛县卷》。整理者说明如下："元至元二十八年（1291）勒石。现存卫庄镇张上村太阴寺。石碣青石质，高45厘米、宽87厘米、厚12厘米。碣文楷书，共33行，满行16字。僧人智体与陈文进撰文，王福谦书丹。"

【碣文】：

华山太阴寺澍公菩萨行状

师讳法澍，俗贯新田杨村。杨氏子，无昆仲，年弱冠，父母为婚，已从二亲。诣华山太阴寺，礼慈云菩萨，一见顿尔发心，恳求出家，亲不允许，复坚请，乃遂其愿。殆二亲俱殁，愧不能报其劬劳，启心然（燃）左手，供佛以酬罔极，其至孝也如此。后辅翼慈云，创修上下二寺殿堂屋宇，泊诸圣像成，造藏经于太阴寺。五十年间，积功为冠，由是人金以杨菩萨呼之。后天兵至，上寺先废。慈云泣曰："屋宇火废，再修诚难，圣像成灰，何由复睹？"澍曰："今闻平水良匠贾公尚在蒲阪，再补何难？"于是，澍不辞迢递，复命贾公重雕三大圣像，克日而就，故今仍存，岂非愿力乎？其兴福田也如此。虽精通禅教，而披阅藏经，澄心息虑，昼夜不懈，唯以菩萨行愿，终身为怀。后经大朝兵革，缁徒零落。岁至壬辰（1232），独师复立本寺坚守，圣像与南堂等保存者，皆师力也。阅世七十一岁，至辛丑（1241）示微病而终，度门人三，曰：行澍、行恩、行智。其在家受三归戒资，不啻数百余，不具云。

时戊申年（1248）仲春有五日华藏庵云龛长老智体记　乡人陈文进撰铭。

菩萨澍公　俗杨氏孙　年方弱冠　性乐空门　舍亲弃眷　师礼慈云

逝然左手　供佛酬恩　精通禅教　深解经文　重雕圣像　行愿弥敦

太阴福寺　广建功勋　其神虽逝　名誉长存

大元至元二十八年（1291）三月日　孙了英　了怜　了昌等

通惠大师前都纲见住仓丰洪福院智吉祥立石显教大师讲经律论传戒本寺尊宿沙门光吉祥新田直学王福谦书丹　攃昌许邦杰刊。

（上层）

（左）王公菩萨　　（中）宗祖律师菩萨　　（右）居士菩萨　童女菩萨

（下层）

（左）满公山主　　（中）杨公菩萨　　　　（右）达公和尚

居中：

依据牌位，上层居中的"宗祖律师菩萨"，当然是指碑阳中的"寔公菩萨"，他是雕藏经主，在天宁寺和太阴寺传承法脉中，具有至高地位。

牌位下层居中的是杨公菩萨，是《华山太阴寺澍公菩萨行状》的碑主，新田杨村杨氏子，即法澍菩萨。金元之际遭遇兵革，太阴寺"僧众零落"，法脉危机，"独师复立本寺坚守"，他是承上启下维系太阴寺法脉的功臣。太阴寺碑将其牌位居中，显示其所具有的重要地位。

右侧：

位列"宗祖律师菩萨"右侧的居士菩萨、童女菩萨，同属天宁寺一系。

位列童女菩萨、刘居士下面的是达公和尚，又称"保达公"。他的弟子行圆可以"传授天宁寺制律师菩萨戒"，保达公或许也是天宁寺法脉。

右侧最下层，是天宁寺所在地区河中府诸寺院讲主的功德芳名。

左侧：

位列"宗祖律师菩萨"左侧的"王公菩萨"，是随寔公菩萨出家的太平县尉村王氏之子，又称慈云菩萨。他开创了金元时代太阴寺的历史。

位列"王公菩萨"之下的"满公山主"（又称满公上人），是慈云之门徒，他与澍公菩萨对维系太阴寺法脉，作用巨大。

左侧最下层是太阴寺所在地区太平县诸寺院讲主功德芳名；

河中府、太平县诸寺院讲主功德芳名之下，是三十余僧众功德芳名。

上述牌位以寔公菩萨居中的分布形式，极为鲜明地标出右侧为天宁寺一系法脉，左侧为太阴寺一系法脉。而杨公菩萨位居下一层的中央，反映出他在太阴寺法脉中的重要地位。

《重修太阴寺碑》碑阴的下半部，通栏从右至左大字雕刻"外护助缘功德姓氏名单"，以下记录古绛、正平县、襄陵县、闻喜县、曲沃县、翼城县等处功德主名单及所属村镇，名单多达百余人[①]。

---

① 《三晋石刻大全·运城市绛县卷》只有"重修太阴寺碑"阳面拓片，缺碑阴的拓片。由于碑阴文字漫漶，该书录文亦颇简要。

由此，笔者有理由相信，《重修太阴寺碑》的性质是以记述太阴寺一系法脉为主，是赞颂从慈云菩萨以下至光公论师等历代太阴寺住持事迹的功德碑。其他有关雕藏、印藏、修缮太阴寺等等活动的记述，皆以服此目的为要。

三、遗留的问题

《重修太阴寺碑》提出了新问题。碑文称，宽公菩萨住持天宁寺，童女、居士左右辅弼，"纠集门徒三千余众，同心戮力，于河、解、隰、吉、平水、绛阳，盛行化缘，起数作院，雕造大藏经板。"费解的是这句"起数作院，雕造大藏经板"，以往研究《金藏》者都注意到天宁寺有"开雕大藏经会"，如《地藏十轮经》卷一题记，有"绛州太平县吴翼为忘父吴海特发虔心，谨就天宁寺开雕大藏经会下，镂雕《地藏十轮经》一部十卷……"《大乘智印经》卷五，有"大定十三年三月日，藏经会下重雕造"题记。而《重修太阴寺碑》称在天宁寺以外，又"起数座院，雕造大藏经板"。难道，在天宁寺开雕经板的同时，其他地方还有雕刻大藏经板的活动吗？慈云菩萨遵师嘱，"于新田、翼城、古绛三处，再起作院，补雕经板数圆备"，这是否说明，当时的确有多处"作院"在同时雕刻经板？这些问题，可能需要将来更多资料来解释。

四、结语

总之，《雕藏经主重修太阴寺碑》记载的是太阴寺一系传承法脉，是太阴寺的历史。该碑与明昌四年（1193）赵沨所撰《最初敕赐弘教大师雕藏经板院记》堪称合璧，后者重点记述经板雕毕后，崔法珍将经板进呈朝廷的经过；前者记录法珍的师傅宽公菩萨发心雕藏，以及太阴寺一系法脉在雕藏中的作用和地位，特别赞颂了慈云菩萨以下至光公论师经营太阴寺的功德。该碑补充了以往《金藏》研究资料的缺失。

先生之风　山高水长

——任继愈先生与古籍整理出版

贾贵荣（国家图书馆出版社）

任继愈先生是中国20世纪为数不多的儒道佛兼通的大师级学者之一。记得20世纪80年代，《文史知识》编辑出版"三教"专栏，任先生是唯一一位被约请分别撰写三篇专文的学者。先生之学术通识亦是业界公论。本人因缘于先师张知寒先生（山东大学历史系教授），有幸聆听任先生之教诲十余年，尤其是参与编辑出版《任继愈文集》（国家图书馆出版社，2014年），加之涉足古籍整理出版领域30年，得以粗识先生古籍整理出版之远见卓识及成就，故成此文，以纪念任继愈先生百年诞辰。

一、远见卓识

（一）主张古籍保护与利用并举

任继愈先生认为，"古籍图书同时有两种价值：文物价值与文献价值。文献价值体现在让人读、看、用。没有文献价值，只有文物价值，其总体价值就减少了一半以上。古籍善本代表着时代的特点和特色，之前与以后都不再是这个样子，'善'字就体现在这一点。我们要保护好它，更要利用好它"（2007年11月在国家图书馆"文明的传承——国家图书馆古籍影印出版成果展"上的讲话）。

（二）主张古籍出版史料与版本并重

任先生一直关心、支持、推动由文化部、财政部共同启动的"中华再造善本"大型工程，并为该工程手书题词："兰台秘笈，分身有术；宋椠元刊，原貌长存。"除"中华再造善本"外，国家图书馆出版社编辑出版了数百种以史料为主的专题文献丛书，得到了先生的认可。另计划编辑出版的《丛书集成四编》（列入"十一五"国家重点图书出版规划），先生于生前亦已答应做此套书的主编。先生生前最后的著作《老子绎读》使用的是最通行的底本。先生也是最早呼吁整理出版民国文献的领导和专家。

（三）主张古籍整理形式多样化，支持古籍影印出版

先生主张古籍整理出版不拘泥于某种形式，可根据古籍自身的内容和价值，采取不同的整理出版方式。先生主持的《中华大典》项目，以标点为主；先生自己的著作《老子全译》《老子绎读》，则以注释译文译注为主。《中华大藏经》更是采取了一种新的整理出版模式，选用了《房山云居寺石经》等八种有代表性的大藏经版本，以《赵城金藏》为基础进行校对，"只勘出各种版本的文字异同，不加断案。因为不同版本大藏经出现的文句异同，多半不涉及义理。如果一定由编者决定取舍，难免失之武断，徒耗人力，并不科学"[①]。

最难能可贵的是先生对古籍影印出版工作的支持。国家图书馆出版社出版《永乐大典》《国家图书馆藏敦煌遗书》，先生亲自致信有关领导，争取经费支持，使得两部大型文献得以高质量顺利出版。国家图书馆出版社出版的《墨子大全》由先生主编，共收战国至 2003 年间有关墨学著作数百种，精装 100 册。先生认真履行自己作为主编的责任，使得《墨子大全》一书成为两千年来墨学研究文献之集大成者。先生并亲撰序言，"如果这一套丛书给研究者起了一点铺路的作用，作为编者已感到十分满足"。2007 年 11 月，国家图书馆举办"文明的传承——国家图书馆古籍影印出版成果展"，集中展示国家图书馆出版社揭示馆藏的主要成果。先生时已 91 岁高龄，拄着拐杖，认真观看了所有展出图书，充分肯定了国家图书馆出版社近年来所取得的成绩。先生称本次展览"是一件很值得高兴的事情"。

（四）严谨的整理态度和科学的方法

先生对古籍整理的态度是十分严谨的。先生对《老子》一书的注释、译

---

① 任继愈：《任继愈文集》第 8 册，国家图书馆出版社，2014 年，第 247 页。

文和研究，跨越了半个世纪（1956—2006），四度出版专著。正如他在前言中所说："'生也有涯，学无止境'，这是我的座右铭。"在《国家图书馆藏敦煌遗书·序》中写道："此次影印《国家图书馆藏敦煌遗书》，不是简单地影印翻拍，我们对每件遗书，冠以条目式的简明目录，除了描述式的介绍外，还有涉及卷子的内容。因此，每一篇遗书都注入研究者的心力，力求向后人、向世界提供可以信赖的第一手资料，力图不让后人费第二遍补正之劳。实在不能解决的，宁可缺文，以待后贤，不敢强不知以为知。"

先生十分重视出版"新编古籍丛书"索引目录的编制。2000年，我由先生推荐来到国家图书馆出版社（时名北京图书馆出版社）工作，完成的第一项任务就是《北京图书馆藏古籍珍本丛刊·书名索引》编制。《北京图书馆藏古籍珍本丛刊》是国家图书馆出版社第一部大型古籍丛书，共120册，收书近500种。当年中秋时节拜望先生、汇报工作情况时谈及此事，先生语重心长地说，"古籍丛书的目录和索引就像衣服的扣子一样，没有它们，丛书就是半成品无法使用"。而后十余年来，国家图书馆出版社所出版的大型文献丛书均有索引，有的丛书甚至笔画、拼音两种索引兼备，满足老中青学者使用习惯，中小型丛书则配备总目录和分册目录，便于检索。

（五）兵马未动，粮草先行

先生一向重视文献整理工作。他不仅是从一般学术研究的基础工作来看待文献整理，而是认为目前的文献整理是为未来的文化建设铺路。先生在接受一位记者采访时这样说道："在未来二三十年，中国将迎来有史以来的又一轮新的文化高潮，兵马未动，粮草先行。承前启后，是我们这代人的任务。""时代需要我们做资料工作，为后来的文化发展做准备。时代要求我们整理资料，整理可信的资料，为后人所用，历史的使命给我们这么一个位置。整理资料，为后来文化建设的高潮做准备，这样我们的责任就非常的重大。"① 我们有理由相信，先生的远见卓识将会载入新中国文化建设及古籍整理的史册。

---

① 《在〈中华大典〉编纂工作经验交流会开幕式上的讲话》，《任继愈文集》第8册，第336页。

二、知行合一

20 世纪 80 年代的改革开放，开启了学术界春天的大幕，已负盛名的任继愈先生既没有沉浸于反右、"文革"的痛苦回忆之中，也没有争取在有生之年专注学术研究，撰写学术专著，而是将主要精力投身于祖国历史文献的整理出版活动之中。

（一）连续主持几项大型文献整理出版工程

1982 年，先生以"关于影印汉文大藏经的设想"为题上书国务院古籍整理出版领导小组，开始了长达十余年的《中华大藏经（汉文部分）》的编辑整理工作。1992 年，先生又接手主持了《中华大典》的编纂工作。2006 年，再受邀主持点校本"二十四史"和《清史稿》修订工作。期间还主持了《国家图书馆藏敦煌遗书》等重要文化出版工程。每个项目都花费先生十余年的心血。需要强调的是，先生做主编，绝不只是挂名，他是真正地参与其中，负起责任，统领全局，是名副其实的主编。这些项目参加者无不公认他是主持这类大型国家文化工程的不二人选。他在《国家图书馆藏敦煌遗书·序》中写道："我们出版中国国家图书馆馆藏敦煌遗书，是为了把有用的珍稀文献公诸天下，为新中国，为全世界做出应有的贡献。世界上的文明古国，有的衰落，有的不复存在，只有中国这个文明古国，古而不老，旧而常新。"这代表了先生对祖国优秀传统文化的自信与自豪，对整理民族历史文献的责任感、使命感及担当精神。

（二）《老子绎读》树立了古籍经典文献整理范式

该书于 2006 年由国家图书馆出版社出版。包括前言、译例、译文、索引四部分，体例安排非常科学合理。该书的排版格式是先生坚持使用的，可以作为同类古籍经典注释的一种范式：即每章先有一简短提要，中间是原、译文左右并列，原文用繁体，译文用简体，下面是校语、注文汇集。结尾有附录，共包括五个方面的内容：（1）马王堆汉墓帛书《老子》释文（甲、乙本）；（2）郭店楚墓竹简《老子》（甲、乙、丙本）；（3）《老学源流》；（4）《我对〈老子〉认识的转变》；（5）《寿命最短的黄老学派，效应长久的黄老思想》。这样完备的"附录"，与简体译文的精炼简洁，加上繁体的正文和汇集的历代注释，既满足了学人的需要，又有助于普通读者理解《老子》思想的精髓，尤其是书名的画龙点睛。

记得 2006 年的一个周日早上（先生习惯早上思考工作），先生打电话到我家里，告诉我书名《老子四译》改为《老子绎读》。我当时感觉仅仅两字之改，书的内涵、读者对象却随之一变。前者给人感觉是纯粹的翻译作品，后者则不同。实际效果也确实不同。《老子绎读》出版当年即获得全国优秀古籍整理图书奖一等奖，曾被列入畅销图书排行榜。该书出版后多次重印。2015 年年底，由国家新闻出版广电总局组织开展的"中华优秀传统文化普及图书推荐活动"评选结果公示，任继愈先生的《老子绎读》一书入选（本次评选涉及由 312 家出版单位报送的 1072 种图书，经专家论证遴选最终确定 86 种）。

三、源远流长

任继愈先生没有仅从一般学术研究的基础工作角度看待文献整理，而是把它作为一代学人的历史使命。"每一个爱国的知识分子，都要给自己的专业定位。我们这一代人正处在为文化建设积累资料、整理资料的时期……真正反映社会主义新文化的辉煌成果，传世的伟大思想体系的出现，要有三个条件，缺一不可：第一，有经济繁荣、社会安定的环境；第二，有充足的资料（中外古今）积累；第三，有卓越的思想家群体……我们这一代知识分子，自己给自己定的任务是做文化资料积累工作。"①

晚年的任先生为什么将自己的工作定位于文献整理？本人认为除了先生沉潜笃实的学风外，主要是缘于他的矢志不渝的爱国主义思想暨家国情怀。追溯先生的人生轨迹，探索先生的为学之路，我们发现先生一生有两次重大转变。1938 年，先生参加了西南联大师生湘黔滇旅行团，之后毅然由西哲史改学中国哲学史，完成了人生为学的第一次转变。当时的民国与理学诞生的北宋有一定的相似性，用八个字可以概括：内忧外患，积贫积弱。先生 1947 年的硕士毕业论文《理学探源》有描述："置身此土，亲历巨变，生死存亡之际，内忧外患之烈，未有甚于此时者也；积贫积弱之外，亦未有甚于此时者也。"

---

① 《任继愈文集》第 8 册，第 273 页。

先生的第二次重大转变发生在 20 世纪 80 年代初，从中国哲学史等学术研究转向传统文献整理。事起于 1982 年投身《中华大藏经》整理，先生上书国务院古籍整理出版领导小组，"多年来，由于种种原因，我们一直没有一部完整的有权威性的佛教全集。迄今世界上还以日本《大正大藏经》为权威版本。我国学者每当在使用《大正藏》时，心中总有说不出的沉重。其实，《大正藏》中不仅错误很多，即就所用参校版本也并不完善……为了维护民族荣誉，为了促进学术繁荣，更好地利用我们的遗产，有必要编纂一部完善的汉文大藏经"①。

先生认为敦煌藏经被劫是 20 世纪的文化国耻，决心整理出版《国家图书馆藏敦煌遗书》，这与日本学界的狂言"敦煌在中国，敦煌学在日本"也有关系。故在《国家图书馆藏敦煌遗书》第一册即将付梓之际，先生特别强调定价不要太高，要使研究者能够买得起，目的在于促进中国敦煌学的研究。

任先生在《日藏汉籍善本书录》序中写道，"严绍璗教授在书中叙述了访问日本静嘉堂藏书的心情，每个爱国知识分子都会引起同感，心情复杂而沉重。这种沉重的心情只有经历过多灾多难的 20 世纪的中国人，才能体会出来"②。2004 年 8 月，先生在中国哲学大会上做了题为"旧中国知识分子的爱国主义"的讲话，代表了中国近现代知识分子特有的强烈的家国情怀。

1999 年中华人民共和国成立 50 周年之际，先生应《群言》杂志"我与共和国"征文之约，撰写了《为往圣继绝学，为万世开太平》一文，赋予宋明理学所阐释的关于士大夫的社会正义责任、文化传承使命以新的意义。实际上，先生整理古籍正是基于始终关注国家民族和社会文化，与韩愈"文以载道"、张载"为天地立命"，明末清初三大思想家"经世致用"的主张一脉相承（另有专文，不再赘述）。正是这种强烈的爱国主义和社会责任感及历史使命感，与国家同呼吸共命运的经历，成就了先生整理古籍的事业。相信任先生的这些成就会成为新中国文献整理和文化建设的宝贵遗产。可以说，先生达到了和平时期文人人格与道德的至高境界，先生之风，山高水长。

---

① 《关于影印〈汉文大藏经〉的设想》，《任继愈文集》第 8 册，第 247 页。
② 《任继愈文集》第 8 册，第 369 页。

大音希声　大象无形

——任继愈先生留给我的记忆（续）

卢海燕（国家图书馆）

《大音希声　大象无形——任继愈先生留给我的记忆》，是我在 2009 年撰写的一篇纪念任继愈先生的文章，收录在国家图书馆出版社出版的《哲人其萎　风范永存》纪念文集中。2016 年 4 月 15 日，是先生百年诞辰的日子。国家图书馆策划举办"任继愈先生百年诞辰纪念会暨学术研讨会"。我有幸受邀再次撰文，并以《大音希声　大象无形——任继愈先生留给我的记忆（续）》为题，继续我的纪念。

从部长讲座看任继愈先生

国家图书馆开展讲座素有历史。进入 21 世纪以来，国家图书馆继承、创新并发展老北图（国家图书馆前身）的讲座传统，先后推出"文津讲坛"（2001 年起）、"部级领导干部历史文化讲座"（2002 年起）、"国图公开课"（2015 年起）等多类型、多主题、多系列的文化讲座。这些面向不同听众群体的讲座，在传播中华优秀传统文化、提高公众文明素质、彰显国家图书馆社会教育功能等方面，发挥了积极的作用，颇受社会各界好评。

任继愈先生对国家图书馆举办历史文化讲座工作非常重视，多次为"文津讲坛"和"部级领导干部历史文化讲座"开坛设讲。我这里重点介绍的是任继愈先生与"部级领导干部历史文化讲座"（以下简称部长讲座）。

部长讲座创始于 2002 年，由中央国家机关工委、文化部和中国社会科学院主办，国家图书馆承办。该讲座以中外历史文化为主题，旨在以史为鉴，提高部级领导干部的治国理政能力和人文修养。至 2016 年，讲座已连续举办 15

年，参加听讲的部级领导干部达两万余人，多位国家领导人出席。任继愈、戴逸、王蒙、汤一介、叶嘉莹、杜维明等中外著名学者担任主讲，讲座影响不断扩大，成为领导干部积极努力学习的平台。

我是 2006 年 8 月才开始正式接手部长讲座工作的，当时我担任参考部主任。我参加的第一场讲座即是任继愈先生于 2006 年 9 月 16 日为部长们做的"今天看《易经》"。因为是第一次参加，又是任先生亲自讲，印象格外深。

图 1　2006 年 9 月 16 日，任继愈先生在"今天看《易经》"部级领导干部历史文化讲座上回答部长们的提问（照片来源：国家图书馆部级领导干部历史文化讲座档案）

部长讲座通常是在每个月的第三周周六上午举行，常规时长是主讲人讲两个小时，然后是现场提问互动约 20 分钟，大概近 12 点讲座全部结束。讲座当日，任先生从 9 点正式开讲，到 10 点半即结束了讲座，比预定的讲座时间提前一个多小时。时任国家图书馆党委副书记的主持人张雅芳，面对讲座提前结束的情况，迅即将现场主持转入提问环节。但是，现场的部长们没有一个提问，大大出乎我的意料！雅芳书记见状便微笑着对部长们说："若是部长们有需要个别请教任先生的，我们讲座结束后可继续向任先生学习。"我以为这是主持人的常规客套用语。可是讲座下来，任先生即被部长们团团围住，从 10

点半开始，部长们一个一个地提问，任先生则一个问题一个问题耐心地解答，直到12点多才在主持人的"努力"下，为任先生解了围。讲台上的任先生循循善诱，答疑解惑，求教的部长们求知若渴，凝神静听。一方是享誉中外的著名学者，另一方是共和国的部长们。这样的场景真是难忘！

任先生曾经先后三次为部长们做讲座，除了上述《今天看〈易经〉》外，还分别为部长们做了《中华五千年的历史经验》① 和《关于〈道德经〉》② 的专题讲座。三场讲座向我们展现了一位充满理性爱国情怀、对国情和现实有着极强的观照感，一位具有历史唯物主义哲学思维的任继愈先生！

一位充满理性爱国情怀的任继愈先生。 任先生在《中华五千年的历史经验》讲座中，主要通过民族、经济、政治和文化四个方面，将中华文化的历史经验高度概括阐述。他说："从古到今几千年维持不断，持续发展，唯一的国家就是我们中国。要充分地认识这个国情。这是我们考虑问题，选择方向、道路的依据，这是个出发点，也是落脚点。我们对过去的优点、长处要给以足够的认识。这就说明封建文化给我们创造了举世无比的、丰厚的遗产……今天我们面临一个新问题，这个现代化任务摆在我们面前。我们了解过去，在过去的基础上，怎么样才能不被目前的激烈竞争所淘汰，立于不败之地。这个现代化的道路还很艰难，不能躺在古人的成就上，躺在祖宗遗产上来过日子……这个封建主义思想的残余对我们起到什么干扰，起到什么阻碍，也要充分地认识到、认识足，才能迈开步，要不然很容易变成复古主义，说我们祖宗样样都好，一直都是好，好到没法再前进了，这行吗？"③

"国家的作用绝对不能忽视。爱国主义在今天来说，绝对不是过时的东西……爱国主义没有过时。世界要和平最好都放下武器，可也要注意一点，要同时放下武器，不能你首先放下武器，就像宋襄公那样仁义之师，那蠢事，不科学。"④

在《关于〈道德经〉》的讲座中，任继愈先生在谈到东西方的多元文化时指出：中国出现老子和孔子，欧洲、印度和中国三支文化是在相互隔绝的状态

---

① 2002 年 5 月 18 日。

② 2005 年 10 月 29 日。

③ 国家图书馆编：《部级领导干部历史文化讲座·2002》，国家图书馆出版社，2003 年，第 88—89 页。

④ 同上，第 92 页。

下，差不多同时兴起的。东西方前进的步伐不约而同，文化起源的"多元化"本是事实。宣扬文化只有一个源头，这个源头只能出自西方的言论，不符合实际。早期的西方人这样说，是由于无知，今天的西方人继续这样说，是无知加狂妄①。

任先生对中华文化的自信与热爱、反思与批评，源于对中华文化的深刻认识。先生谈爱国主义，有底力有铮骨！任先生的学生杜继文对先生充满理性的爱国主义情怀如此概括：任先生的视野是宽阔的，思考是深邃的。"天下兴亡，匹夫有责"，作为人文学者对于"天下兴亡"的关切与责任感，或许更加自觉，更加强烈，也更加深邃②。我赞同这样的评价！

一位对中国国情和现实有着极强观照与体认的任继愈先生。听任先生的讲座没有晦涩难懂的哲学术语，没有故作高深的矫揉造作，他的讲座古而不板、既远且近，与中国传统历史文化有内在承继，与现实国情亦有密切关联。在《关于〈道德经〉》的讲座中，讲到对老子的思想的批判继承时，任继愈先生对部长们说："一个是发展观，一个是全局观，当领导的一定要掌握！"③ 在讲《今天看〈易经〉》时，任先生指出，"《易经》的基本内容就是物极必反与上下交感的观点，任何《易经》书里都离不开这两个基本观点的解释"④。他还说，现在社会上有个普遍倾向，认为自然科学、数理化应用科学是科学，社会科学好像不在科学范围之内，没有被摆在应有的地位，这是不全面的。人类文化既包括自然科学、应用科学，也包括社会科学，如果丢掉那一半，而且不承认社会科学应有的地位会吃大亏……科学创造发明可以创造财富，但如果违背社会科学规律，创造的亿万财富可能化为乌有……辩证法主要是发展观、全局观，如果只是局部或凝固地看问题，都违反规律，受惩罚的是社会和群体……要知道，人民素质全面发展并不是单科突进⑤。

一位具有历史唯物主义哲学思维的任继愈先生。也许是自己在北大哲学系七年学习经历的缘故，对任先生在讲座中处处渗透的历史唯物主义哲学思维颇为敏感。

① 国家图书馆编：《部级领导干部历史文化讲座·2005》，国家图书馆出版社，2006 年，第 201 页。
② 任继愈著：《任继愈文集》第 1 册，国家图书馆出版社，2014 年，第 2 页。
③ 同①，第 217 页。
④ 国家图书馆编：《部级领导干部历史文化讲座·2006》，国家图书馆出版社，2007 年，第 203 页。
⑤ 同上，第 206 页。

　　任先生在《关于〈道德经〉》的讲座中，对于老子"道"是这样讲的：关于"道"是精神性还是物质性的，20世纪50年代开始有长期的争论，现在回头看这个争论是多余的，因为人类那时还没有唯物、唯心，没有像后来恩格斯那么清楚。勉强说是心或是物，就是替老子说他本来没说过的话，老子没有这么想。所以我们理解老子，理解古时候，可以做出我们的解释，但是倒退回去说老子在2500年前已经说了"道"是物质的或者是精神的，这是替老子做结论，不科学，是不对的①。

　　就此，有位部长向任先生提问：我感到如果给古代的哲学家简单贴上唯心主义和唯物主义的标签，当然是不科学的，没有意义，但是在研究古代哲学思想的时候，包括研究老子和孔子哲学思想的时候，是不是可以完全不用唯物主义和唯心主义这样一个科学的标尺呢②？

　　任先生的回答非常精彩：这个问题问得好，孔子的哲学影响了2500多年，老子哲学也影响了2500多年，它们的影响我觉得不能看作就是老子的《道德经》这5000多字的影响，也不能看作《论语》10000多字的影响，它们的影响在哪里呢？它们的影响是不断有新的解释，新的发挥，从而使它们不断地丰富完善，这样才能使当年的哲学影响到几千年。就好像远距离输送电，要有变电站，电力衰减以后，通过加力站加强一点，再往远处输送，学术传承也有这么一个过程。

　　任先生继续说：中国几千年来有这么几个过程，从孔子来说，汉朝设立了一个"加力站"，董仲舒用他的学派解释孔子，结果延续好几百年，以后就是朱熹用他的学说再延续好几百年。老子以后经过王弼的改造，若干年下去，后来又有其他的学派改造又许多年。宗教以太上老君形成道教，又是一个发展。文化就是这么来的，任何研究都有价值，都有贡献，贡献就是著述、解释、发挥。不要小看发挥，发挥就是创造，就是发展。在发挥和发展的过程中，唯物主义、唯心主义都会有③。

　　上述引用任先生讲座的几个段落，涉及两个关键问题，其一，"道"是精神的还是物质的，其二，唯物主义和唯心主义是不是研究中国哲学的科学标准。这两个问题在我国哲学研究发展史上，特别是在1949年之后的相当长一

---

①②　国家图书馆编：《部级领导干部历史文化讲座·2005》，第205页。

③　同上，第219页。

段时期，是区分和判断从事哲学研究的学者是否是真马列的标准。任先生的解答，将我国哲学发展史上关于这两个问题存在的历史性，以及从发展的角度反思对这两个问题认识的局限性辩证统一地做了说明。这是客观的历史的解答，也是令人信服的解答。

理性的爱国主义情怀，对国情和现实的观照和体认，是任先生终身不辍学术研究的永恒动力，辩证唯物主义的哲学思维为其历史地、客观地认识中国文化、开展哲学宗教研究，提供了科学的保障。

从图书馆业务看任继愈先生

我相信，无论学界还是社会公众，对任继愈先生的仰慕和认识，更多的是集中在哲学和宗教领域，而对作为国家图书馆馆长的任继愈的认识和了解，是我们身为国家图书馆馆员的一份他人无可企及的幸运！

关于任继愈先生对国家图书馆业务的思考，我想介绍自己经历的两件事。

第一件事，任继愈先生对国家图书馆"北堂藏书"① 的考虑。1988 年 7 月，我正式入职北京图书馆（国家图书馆前身）参考研究部哲学文献室工作，开始了我终其一生的职业生涯。对于当时的北京图书馆来说，受到正规本科教育的图书馆员数量本来就有限，能有硕士毕业的研究生到馆工作则更是少之又少。工作不久，有一日，我所在的哲学文献室主任焦树安老师对我说，任先生在考虑对"北堂藏书"的整理。焦老师还说："要整理这批书需要两个条件，一是要有对西方哲学和宗教学的知识，二是要懂拉丁文。任先生知道你是北大哲学系毕业的，又是学习西方哲学史专业的硕士，希望能从你们年轻人抓起做这件事。"我当时对何谓"北堂藏书"，为什么要整理，怎么整理都没有任何的概念。关于学习拉丁语，任先生甚至考虑到先派我去东北师范大学学习，因为当时国内高校中研究世界上古史且懂拉丁语的教学力量东北师范大学是比较

---

① "北堂藏书"是指国家图书馆接收、保存的原北京西什库教堂（亦称北堂）图书馆的外文藏书，包括古登堡印刷术开始后的"摇篮本"和大量 16、17 世纪印本书。内容涉及哲学、宗教、神学、文学、数学、天文学等多个学科。以拉丁文出版数量为巨，还包括以法文、意大利文、葡萄牙文、西班牙文、德文等语言出版的书。"北堂藏书"是世界走向中国和中西文化交流的重要见证。可参看《北堂藏书渊源研析》（李镇铭著：《中国图书馆学报》1988 年第 4 期）和《北堂书及其研究利用：历史与现状》（李国庆、孙利平著：《文献》2003 年第 1 期）。

好的。虽然整理"北堂藏书"以及学习拉丁语的事情并没有马上操作，但此事引发了我极大的好奇心。在这种好奇心的驱动下，我利用业余时间对国家图书馆"北堂藏书"的来源、收藏情况、所涉内容一一做了了解，有了基本的感觉。我还多次到北堂（即西什库教堂）参加圣诞节以及日常礼拜活动，以期从专业角度深化对"北堂藏书"的认识。这个自我学习和努力的过程，导致的结果就是我发现自己找到了一个将自身所学西方哲学史专业知识和图书馆文献整理业务有机结合的一个点，我很兴奋，真的想做"北堂藏书"的整理和研究了！1994 年，为加强人才培养，馆人事处组织英语考试，拟从考试成绩优异者中遴选人员，派往国外学习。当时参考研究部推荐三名同事参加考试，我是其中之一。我顺利通过考试，并作为馆方推荐人选开始办理赴国外学习事宜，任先生和时任副馆长的唐绍明先生亲自为我写的推荐信。当时人事处具体负责这项工作的是吴大地同志。他找我谈话时说明，馆里拟派我去葡萄牙学习拉丁语，并说明学习拉丁语的目的是为了回来整理"北堂藏书"。但是有一点，去葡萄牙学习拉丁语都是用葡萄牙语授课，需要先自费学习葡萄牙语。我因已经对整理"北堂藏书"有了热情，明确表示愿意自费学习葡萄牙语。随后，我便自行联系到北京外国语大学学习葡萄牙语，前后历时半年，每周一次课，都是周末时间。当一切都在顺利进行时，1995 年 6 月，馆领导突然决定将我调任报刊资料部副主任，并明确告诉我终止赴葡学习的安排。这个变化突如其来，我没有心理准备，很是伤心。伤心的不是在自己当时经济条件非常有限的情况下的自费投入，而是不得不放弃自己一心一意想要研究"北堂藏书"的心愿。后来我虽在图书馆业务管理岗位得到国家图书馆的多方面培养，事业小有收获，但终究未能还研究"北堂藏书"这个心愿，不能不说是一个非常大的遗憾！

我之所以细致描述自己 20 年前的这一段经历，目的是想说明，"北堂藏书"不仅仅是国家图书馆西文善本藏书的重要组成部分，更重要的是，这批藏书是中西文化交流史、西学东渐的重要历史记录，意义重大。任继愈先生早在 20 世纪 80 年代就提出并开始着手准备研究这批特殊文献的条件，其业务视野和对基础业务工作的重视，是令人佩服和感叹的。于我个人，这段经历也是无比珍贵的！

第二是任继愈先生对汉学（中国学）的论述及其对图书馆业务的影响。

根据我所看到的任先生的文章或讲话，我首先要说的是，任先生关于汉学的论述不仅仅是超脱了学术界的过于学术的烦琐自语，最重要的是他将汉学放到中国文化的大范围认识，突破了学界研究的迂腐气，提升了对汉学研究的理解和认识的品质。他说，"汉学"这一名称，国内外学术界多数人认同，也有少数学者有不同意见。我们不准备用很多的精力界定这个名词，我们只是把过去和现代人们已发表的和正在从事研究的这一类译著汇集起来，总之，都属于中国文化这个大范围之内的学术著作……我们愿借这个领域，作为联系海内外研究鼓劲中国文化的桥梁，能为人类精神文明略尽绵薄之力，我们的初衷就算达到了①。任先生还说，国际上的"中国学"，实际上是中华民族的文化学……以往的历史实践告诉人们，文化是有生命的，文化的生命必依附于一定的民族为其载体。文化不能搬运却能移植，移植以后，要使它生根，才能成活，焊接的方法可以构造钢铁框架，却不能产生活的文化。使文化发展，永葆青春，首先是交流、吸收、借鉴、改造。文化的生命在于交流，不交流会失去生命的活力，走向衰老，以至消亡②。

其次，任先生对汉学的认识具有国际化的视野。他将世界文化多元性作为开展汉学研究的前提，并将汉学研究对于中华文化和世界文化的双重意义作为开展汉学研究的首要意义进行阐述。他在《中华文化走向世界》一文中指出：中外文化交流随着经济利益的驱动日益开展……根据我们过去的经验足以说明这种事实——需要（包括个人的、群体的、民族的、国家的）是一切学术最有利的推动者，汉学研究的兴旺势头正方兴未艾……21世纪的前景将比20世纪的后半期更繁荣。汉学将成为世界的显学……大家都生活在同一个世界，由于地缘关系，历史原因，形成了不同的民族和不同的国家。民族的人口有多有少，国家管辖的范围有大有小。这种差别是历史形成的，其结果是文化的多元化，政治的多元化。不管人民喜欢不喜欢，这种现象总归是事实。这个多元文化的世界在交流中，只要互相尊重，互相学习，取长补短，大家就会从中受益。

……汉学研究主要是我们学术界的事，是汉学研究专家学者的事。但是我们可以预言，汉学研究的效应和影响，将远远超出汉学研究的学术范围。它将增进世界各国系统地理解中国的昨天和今天，把中国文化有价值的部分融入世

---

① 任继愈：《构建文化交流的桥梁》，《人民日报》2001年4月14日第8版。
② 任继愈：《任继愈文集》第9册，国家图书馆出版社，2014年，第289页。

界文化思想宝库，成为世界文化财富的一部分。如果从长远着眼，从大处着眼，汉学研究对世界和平的进展也将会发生积极作用①。

任先生的上述观点不仅仅对学术界起到了高屋建瓴的指导作用，对国家图书馆的业务发展也同时产生了影响。记得 1997 年 11 月我从报刊资料部调回参考部后，有一次任先生专门把我叫到他的办公室，说明要推荐我接替已经退休了的焦树安老师，参加学术期刊《国际汉学》编委会的工作，并强调我们国家图书馆要重视国外对我们中国的研究，发挥我们的作用。而后，《国际汉学》每期出版的封面编委会的名单中便有了我的名字，虽然我实际上没有做什么工作。2009 年 9 月，在国家图书馆百年馆庆之际，国家图书馆"海外中国学文献研究中心"正式揭牌成立（后更名为"海外中国问题研究资料中心"），正是任先生有关汉学（中国学）研究思想的具体实践。国家图书馆"海外中国学文献研究中心"的成立获得海内外学者和研究机构的普遍关注和高度肯定。汤一介先生亲自参加，并为中心揭牌。汤先生评价该中心"为中外学者又搭起了一种对话的平台，它将对推动'中国学'的研究发展起重大作用"。

从师生情缘看任继愈先生

任继愈先生一生从事教学与研究工作，师从名师与为人师表是其教学与研究经历的重要组成部分。人们谈论任先生的"师"与"生"，会因其从师无数、桃李满园而心生敬羡。我也如此，但我想通过任先生与熊十力、焦树安、张跃的或"师"或"生"的关系，谈谈我的敬羡是如何的不同。

熊十力与任先生的师生因缘、任先生与张跃的师生情缘是我从相关文献中读到的，而任先生与焦树安先生的师生之交则是我亲身经历的。

熊十力，中国著名哲学家、思想家，其以佛教唯识学重建儒家形而上道德本体的哲学观点影响深远。面对"文化大革命"的浩劫，痛感"中国文化亡了"，绝食身亡。任先生曾经于 1988 年撰文纪念熊十力先生，敬其师具有"伟大而高尚的理想、深挚又悲苦的责任感"。任先生说：熊先生为了他的理想，生死以之。他很早就宣称他不能接受马列主义，不能相信唯物论。像他这

---

① 任继愈：《任继愈文集》第 9 册，第 119—121 页。

样一位爱国的知识分子，这是可以理解的。我和熊先生相处多年，相知甚深。我过去一直是儒家的信奉者。新旧中国相比较，逐渐对儒家的格、致、诚、正之学，修、齐、治、平之道，发生了怀疑。对马列主义的认识，逐渐明确。在1956年，我给熊先生写信说明，我已放弃儒学，相信马列主义学说是真理，"所信虽有不同，师生之谊长在""今后我将一如既往，愿为老师尽力"。熊先生回了一封信，说我"诚信不欺，有古人风"。以后，书信往来，就不再探讨学问了[1]。

师生之情，于熊十力和任继愈两位先生，恐无再能超过"诚信不欺，有古人风"的描述和定位了！一师一生，各自坚持学说之独立，彼此的坦荡和磊落，真诚可鉴！

有关任先生的学术研究，学界亦不乏批评之音。先生对此态度明确，言：学术研究要扎根于（中国传统文化——笔者）这块土地上，要有补于人类的发展和社会的进步。时间没有纯学术，但有一点可以说：我写的，完全是我想通了的，没说别人的话，我反对跟着凑热闹[2]。

图 2　张跃在书房（照片来源：张跃著：《唐代后期儒学》，上海人民出版社，1994 年）

---

① 任继愈：《任继愈文集》第 3 册，第 478 页。
② 同上，第 499 页。

　　张跃，"中国哲学史研究者，三松堂的关门弟子，冯友兰先生的最后一个博士生"，任继愈先生的硕士研究生，33 岁即因患绝症英年早逝。张跃在生命的最后几年，作为冯友兰先生的得力助手，辅助冯先生完成了《中国哲学史新编》第四、五、六、七卷工作，被冯友兰先生誉为"书而不呆"；参加任继愈先生主编的《中国哲学发展史》，协助任继愈先生做《中国文化大典》总体设计工作①。

　　张跃去世后，任先生为张跃的博士论文出版作序，字里行间抒发了对爱徒的怀念之情："有生必有死，这个道理不难理解。可是当死亡真正落到自己头上时，很多人难以正确对待，陷于张皇失措，身体没有垮之前，精神先垮了。张跃同志还是一个三十多岁的青年，他以哲学家的智慧，面对不治之症，泰然处之……他那从容不迫、旷达坦然的胸怀，感动了所有与他接触的亲友同仁。张跃同志精神境界真为常人所难及。""自己在学术界、教育界工作了多半生，每看到学生成才，看到学生有新著作发表，有无比的高兴。中国学术界的希望寄托在青年身上。张跃同志平静地离开了大家，但作为后死者，对他的早逝确有着难以抑制的伤痛。悲剧之所以令人心碎，就在于把本来完整的变成破碎，美好的变成残缺，铸成永远无法补救的遗憾。我悲悼张跃同志早逝，悲悼中国哲学史研究者中又少了位有发展前途的人才！今天更深切地理解古代哲人丧亡门人的哀恸心情。但愿一切有为的青年、壮年，无病无灾，终其天年。天地间本来就有缺憾，却又不甘心任凭缺憾存在。人生苦恼由此而起，人生意义由此而生。路程艰难，还是要走下去。"②

　　张跃之逝之于任先生，是"丧亡门人的哀恸"，先生甚至发出"人生苦恼由此而起，人生意义由此而生"的痛及心底的悲诉，这在先生的所有文字章节中实属少见！这种亦师亦子的深情何处他寻啊！

　　焦树安，一位我要终身感恩的老师！被任先生称为"20 世纪 50 年代新中国培养的哲学学人"③，1957 年考入北京大学哲学系，师从冯友兰、贺麟、任继愈等著名哲学家。任先生评价其"一贯敬业、勤奋、求实、严谨"。我进入国家图书馆时，任先生是馆长，焦树安老师是参考研究部哲学文献室的主任，

---

　　① 《悼张跃》，冯友兰之女宗璞撰序，收录于《唐代后期儒学的新趋向》，张跃著：台湾文津出版社，1993 年，第 253—255 页。

　　② 张跃著：《唐代后期儒学的新趋向》，台湾文津出版社，1993 年，第 3 页。

　　③ 焦树安著：《焦树安文集》，北京图书馆出版社，2002 年。

后来担任参考研究部主任直至退休。作为任先生的学生，有两项非常重要的文化项目，焦老师可谓是先生的左膀右臂。一是我入职伊始，任先生开始主编《中国文化史知识丛书》，这套丛书是改革开放后国内出版的第一部完整、全面的有关中国文化和历史知识的小丛书，谭其骧、吴良镛、汤一介、欧阳中石等国内各学科领域大家参与其中，是大家写小书的经典代表之作。焦树安老师是该丛书的常务副主编，辅助任先生全面组织丛书的编写工作。二是《中华大典·哲学典》的编辑工作，焦老师任副主编。这两个项目前后衔接，历时十余年，参加学者数众，组织工作量大，协调事情多，可想焦老师这位副主编的责任和作用。不想，世事难料，2002 年大年初三，焦老师突然发病入院，至 4 月 7 日，虽努力救治，竟溘然离世，终年 66 岁。当时焦老师的许多至爱亲朋、共事同仁无不为其惋惜、难过。我还记得最后在北大医院太平间送别焦老师的情景。任先生早早到来，身着黑色呢子大衣，手执拐杖。虽已是初春时节，可天气依旧很凉，先生看上去似乎一下子苍老了许多。先生执意随车送行，经焦老师夫人和时任国家图书馆副馆长的张彦博同志极力劝阻，先生才不再坚持。最后，先生向焦老师深深鞠躬做最后告别！先生悲伤的表情、略被晨风吹乱的白发，令所有在场送别人员心中悲痛难以自制。先生当时已 87 岁高龄，依旧身负《中华大典》等重大文化工程的重任，正当用人之时，却痛失爱将，心中的苦痛谁人能替先生分担？这份师生情谊又如何复制替代呢?!

图 3　1995 年 10 月，任继愈先生与焦树安在陕西终南山楼观台（照片来源：焦树安著：《焦树安文集》，北京图书馆出版社，2002 年）

任继愈先生对我的影响

　　我虽与任继愈先生在哲学专业领域有同门之源，但我在北大哲学系读书时，只是读先生的书未听过先生的课。当时我有同学选修先生的宗教学课程，记得他们在上先生第一堂课后回来说：任先生讲课第一句话就说，宗教不是科学，但是研究宗教是科学！这句话后来为选修先生课的同学们津津乐道提起过多次。我与先生真正的接触则是起于 1988 年进入国家图书馆工作之后。先生对我最大的影响如同他在哲学系开设宗教学课程的第一堂课第一句话，即辩证的哲学思维。2002 年我有意回北大读博士，先生得知后便建议：最好换一个方向，如有可能不一定回北大，也可以选择中国社科院读读。先生说，换个学术环境再换一个专业方向，有助于感受不同的学术传统，专业知识也会更加宽阔一些，通过新的专业方向的学习也会从新的角度加深对原有专业的理解和认识。虽然当年考试因英语失利而未能如愿，但是先生的教诲给我的启发至今不能忘记。

　　先生对我的第二个影响则是先生对基础性工作的重视。"先生在传统哲学和宗教学的研究领域，在抢救、保护和整理祖国的优秀文化遗产领域，其发现和创建，深邃和广博，对下一代的教育和学风的建设，都起到了承先启后的标志性作用，无愧为一代师表"①，这是图书馆学界和业界对先生埋首中华古籍整理等文化基础性建设工作的高度评价！在图书馆业务工作中，先生曾不止一次谈到要对国家图书馆的馆藏"摸清家底"。做任何事情，基础性工作都具有费时长、周期长、不易见成效的特点，然其品质则决定于对基础性工作的认识和投入。做学问做图书馆工作莫不如此。我对先生的教导发自内心认同，同时也在自己的业务管理工作中，将先生的思想融入管理实践中，受益良多！

　　先生的第三个影响则是对我从事图书馆业务管理工作的指导。1995 年我走上业务管理岗位，先生多次找我谈话，内容涉及如何培养人才、如何当好既懂业务又善管理的部主任等话题。记得先生有一次在谈到如何带班子时说：做主任不但要不断学习新知识，还要胸怀宽广；不仅仅自己要把工作做好，还要培养副职、鼓励副职做好工作。副职做得比你好了，要高兴；副职做得不到位

---

① 　詹福瑞著：《写在〈任继愈文集〉出版之际》，任继愈：《任继愈文集》第 1 册，第 11 页。

的，你要担待，有好事要想着副手想着手下人。这些平实的教导，非得不断历练提升自己才能做得好，我在日后的工作中逐渐领悟先生的深意。正是先生的影响，在后来的管理工作中，我带领班子成员努力在自己所主管的部门营造积极向上、人文舒心的工作环境，时刻提醒自己要学会为副职担当，要有为副职成长进步而高兴的胸怀。先生自 1988 年开始通过谈话的方式对我的谆谆教导，于我的影响则是后来我在自己主管的部门创建了"主任百日谈"的人才培养谈话制度。直至今日，我所在的立法决策服务部还在坚守这一做法。

图 4　2009 年 7 月 16 日，王博、张学智、牟钟鉴、许抗生、李中华、魏常海、本文作者等在参加任继愈先生追思会后合影（照片来源：本文作者保存）

先生关于人才培养方面的论述很多，如关于"创业人才和守成人才"的问题①，对于我国高校人才培养重量不重质，先生呼吁"培养人才不是蒸馒头"②，在北京图书馆（国家图书馆前身）新馆落成典礼的讲话中，他又未雨绸缪地指出，"现代的图书馆要现代化的设备，让现代化的设备发挥作用还得

---

① 任继愈：《任继愈文集》第 9 册，第 281 页。
② 任继愈：《任继愈文集》第 10 册，第 142 页。

靠人。关键是人的现代化，人的观念的现代化。真正的现代化是买不来的"①。凡此种种论述，无不体现出先生对于人才培养的思想智慧。

从 2009 年 7 月至今，虚算，先生已仙逝八个年头。期间，我或与知心好友或独自一人，多次前往先生墓前祭奠，既有冰雪覆盖寒冬之日，亦有绿茵青青草木重生之时，不论哪一次去看先生，都择园静人稀之际。一是自己向来不喜欢敷衍虚妄之为，二是相信人在静的时候，心是纯的。我想，这不仅仅是自己做人的内心要求，也符合先生低调做人的风格吧！

---

① 任继愈：《任继愈文集》第 10 册，第 184 页。

究天人之际　道济天下之溺

——任继愈先生治学的经世情怀

张勇　刘雪平（湖南图书馆）

　　导语：任继愈先生出生于山东平原一个诗礼相传的书香世家。父亲毕业于保定陆军军官学校，为世代书香的任家出的第一个行伍之士，其思想开明，使得家庭氛围自由宽松，先生小时即视野开阔，对现实世界的林林总总喜欢刨根问底，俨然一副善于思辨的哲学家模样。小学时期，开明大胆的曹景黄老师给了他从未体验过的知识新鲜感，教导他始终保持正直谦虚的节操。初中和高中时期，任继愈遇到了几位北大毕业、对其一生产生深远影响的老师，在活跃、开放的学术风气熏陶下，他开始读胡适、梁启超、冯友兰等人的著作，开始钻研哲学，独立思考，为日后的学术研究和知识结构构建坚实基础。

　　"抽空可以抽到高空，根儿要扎在泥土里。"这是学者任继愈先生的一句名言，也是他善于把哲学、佛学、道学等高深学科的研究与社会实际相联系的治学特色写照。他把整个生命和全部精力都献给了学术事业，真正用马克思主义的观点和方法指导自己的研究，在中国的传统哲学领域、宗教学领域和典籍整理方面都做出了划时代的贡献。其浩荡为学，高尚为人，毕其终生心力的学术之路上尤为难能可贵的是那份对现实社会的深切关怀和英勇果敢的文化担当精神。正如他自己所言："学术研究要扎根于这块土地上，要有补于人类的发展和社会的进步。世间没有纯学术。"① 这种经世情怀是中国传统士子的信仰和操守，他们苦心探究治学之道，尤其留意学术对现实的借鉴意义，务在匡

---

　　① 任继愈著：《念旧企新：任继愈自述》，人民日报出版社，2011年，第4页。

时，从而渗透自己关注民生、关心国家命运的可贵情怀。在横跨湘、黔、滇的旅行中，任继愈先生深度关注社会现实，把研究方向从西洋哲学转向中国哲学，在社会现实观照下来了一次重大的思想嬗变，并在以后的学术践履中自觉将学术研究和社会现实关联起来，不断融入自己的爱国情怀。其一心寻求社会真理，追究人生的归宿，以对中华文化深沉热爱的拳拳之心，关注时局，以天下文化为己任，一路披荆斩棘，不断前行。

1934 年，任继愈先生如愿考入北京大学哲学系，师从汤用彤、熊十力、贺麟、钱穆等哲学研究大家，北大宽松自由的学术氛围和囊括百典的学术视野让他的学业和性格养成大受裨益，他对西方哲学产生了浓厚兴趣。然而当时的中国多灾多难，国难当头，象牙塔内也不可能风平浪静。1937 年 "七七事变" 后，北平沦陷，华北和山东岌岌可危，日本对中国学校、文化设施的蓄意破坏毫不留情，北大、清华、南开三所高校奉当时教育部之命南迁到湖南长沙，成立国立长沙临时大学，1937 年 10 月开学，借用长沙韭菜园圣经学校、涵德女学及四十九标营房作为临时校舍，文学院各系则在南岳衡山借用圣经学校上课。半年后，南京失守，风雨飘摇的时局迫使这所临时大学决计西迁入滇。1938 年 1 月，临时大学第 43 次常委会做出决定，师生分三路入滇：一路沿粤汉铁路经广州、香港，过越南进入云南，一路沿湘桂公路经桂林、南宁，过友谊关进入越南再到云南，第三路则横跨湘、黔、滇徒步西迁。这一路以 "多习民情、考查风土、采集标本、锻炼体魄" 为宗旨的徒步旅行，开启了中国教育史上著名的 "湘黔滇旅行团"。此次旅行全程 1671 公里，步行 688 公里，占了 41.17%，共有 290 名学员参加，随团的还有一个由 11 名教师组成的辅导团，当时规定学生旅费每人 20 元，教授每人 65 元①。正在哲学系读四年级的任继愈先生报名参加了 "湘黔滇旅行团"，他被编入第二大队第二中队第六分队。经过了体检、写志愿书、打防疫针一系列程序之后，200 多名师生浩浩荡荡开始了这次 "小长征"。正是这次旅行，彻底改变了任继愈先生的人生理想和学术走向。

就近代湖南社会来讲，帝国主义的入侵及军阀政治的腐朽，使得社会问题种类繁多，层出不穷。而农村问题是阻碍近代湖南社会进步的最大的社会问

---

① 张寄谦著：《中国教育史上的一次创举——西南联合大学湘黔滇旅行团纪实》，北京大学出版社，1999 年，第 4 页。

题。湖南是典型的农业社会，根据张朋园的研究，清朝末年湖南人口约为2400万人，民国初年约为2800万人，其中2290万人都是从事农业，民国五年（1916）都市人口占总人口的比例仅为3.5%，民国二十年（1931）仅为5.34%①。由于湘军的兴起，许多湘军将领回归本土买卖圈地，湖南的土地高度集中，失去土地的农民田舍荡尽，阡陌荒废，生活极度贫困，再加上持续不断的军阀混战和水旱等自然灾害影响，湖南农村经济最终走向衰败和破产。而当时兵事频仍，征兵制度弊端百出，征兵和拉夫现象十分混乱："两军所经过的地方，都是农产丰富的区域。当农忙需要人的时候，军队随处拉夫，逼着挑行李送子弹。人被拿去了。回到家里顶多不过一半，其余的就不知下落。"②农村社会阶级矛盾尖锐，冲突不断，是构成整个近代湖南社会动荡的根本原因。而随之激化的如土匪、烟毒、赌博、娼妓、溺婴、缠足、械斗等社会问题则亦广泛存在于湖南社会。土匪成为危害民国湖南社会的大敌，湘西则帮匪势力最大，曾先后兴起过张学济、田应诏、肖汝霖、林德轩、谢重光、周则范、陈渠珍等帮会匪首人物。鸦片吸食与走私更是泛滥成灾，湘西、湘南、湘中宝庆一带均有种植，烟毒弥漫。

临时大学西行旅行团的学员在3000多里的路程中，一路看到的都是中国农村破败的景象，留下了惨痛的心理印象，"由桃源到沅陵就像是经过恐怖的山谷，一路上，我们经过的地带的矮旧的木造屋子全紧关着，屋檐下挂满一层层的蛛网"，"谁知道什么时候从哪一个方向会冲出来土匪的队伍？"③ 他们风餐露宿，步行艰苦，饱受肉体磨炼，同时还要经受"无山无洞，无洞无匪"的惊吓。而步行团中的任继愈先生虽流连于湘西瑰丽神秘的自然风景，但第一次近距离真切接触当时社会最底层的普通民众，所看到的农村的荒凉破败强烈地冲击着他的心："当时经过一些很穷困很落后的地方，看到那时鸦片还很多，很盛行，抬轿子的苦力，都食鸦片的。问他为什么吸鸦片，他说吸得起，戒不起。买一盒才一毛钱，要戒的话，一个月不能工作，没饭吃。贫困啊，落后啊。中华民族这么一个苦难的民族！"④ 当时的任继愈先生被"国民党统治

---

① 张朋园著：《湖南现代化的早期进展》，岳麓书社，2002年，第382、383、411页。
② 陈仲明：《湘中农民状况调查》，《东方杂志》第24卷16号，第81页。
③ 张寄谦：《中国教育史上的一次创举——西南联合大学湘黔滇旅行团纪实》，第139页。
④ 何南著：《一代大师任继愈》，时代文艺出版社，2010年，第25页。

下土匪、鸦片遍地，人民特别是少数民族生活困难"① 的社会现实深深触动，他同情广大中国人民所经受的苦难，被苦难中仍坚强不屈的中华民族的坚定信仰所震撼，并开始苦苦思索中国社会的前途，忧心民族的苦难和社会发展的方向。位卑不敢忘忧国的爱国情怀油然而生，他把这种深深的责任感融入自己的学术研究中："人生的归宿，最后的真理，如何与当前广大贫困的农民和败落的农村发生关系，对我来说一直是个问题，无法解决。我深信高深的学问，不能离开哺育我的这块灾难深重的中国土地，从此我带着一种沉重的心情来探究中国传统文化和传统哲学。"② 任继愈先生认为，研究哲学是门"追求真理的学问"，而必须将其与积贫积弱的中国社会现实联系起来，才能真正发挥它的作用。经历过无数社会动荡的任继愈先生在深入社会现实之后，思想上有了一次影响重大的转型嬗变，他把研究目光从西洋哲学转向中国的传统文化，坚持了半个多世纪，从未停止。对现实社会的关注情怀夯筑起他坚固的学术根基，他在《开始学习马克思主义》一文中写道："作为一个中国哲学史的研究者，不了解中国的农民，不懂得他们的思想感情，就不能理解中国的社会；不懂得中国的农民、中国的农村，就不可能懂得中国的历史。"

在任继愈先生长达半个多世纪的学术实践中，他始终认为思想文化的研究要从国情出发，他坚信"观察中国的历史，研究中国的哲学，都不能不以这个基本国情为出发点，又落脚到这个出发点"③。立足于"多民族统一大国"的基本国情，他认为中国传统文化善于吸收一切优秀外来文化，融会贯通，而儒、释、道是中国传统文化的三大支柱，三者互为吸收，互为影响，深刻而又广泛地影响着我国社会各阶层。他用马克思主义唯物史观和辩证法来研究中国哲学，用历史说明宗教，成为中国马克思主义宗教学的开创者和奠基人。在20余年的图书馆员生涯中，他专注思考国家图书馆的定位和职能，提高了国家图书馆的学术地位和文化形象，并预测中华民族文化的鼎盛期可能要在20年后到来，出于知识分子的文化责任和使命感，他整理和积累了大量文献，如主持整理了我国历史上重要的佛教经典《中华大藏经》；主持实施了新中国成立以来最大的文化工程，编纂总计7亿多字的文献资料汇编《中华大典》；主

---

① 任继愈著：《念旧企新：任继愈自述》，第30页。

② 同上，第3页。

③ 任继愈著：《皓首学术随笔：任继愈卷》，中华书局，2006年，第4页。

持文津阁《四库全书》影印出版；修订出版点校本"二十四史"、《清史稿》等。他认为，"文化建设，首先要有文化的积累"，"承前启后，是我们这代人的任务"①。"究天人之际"是哲学的永恒主题，而"道济天下之溺"则说学术研究必须关注民生，关注现实，必须为社会现实服务，与时代保持紧密联系。任继愈先生的学术之路和学术成就很好地诠释了这一点。

经世致用是中国传统学术的优良品质，而湖南始终一贯，自古以来，湖南士人就十分关心民族和国家的前途命运，主张务实事，立足于社会现实的需要。这也是近代湖湘文化的重要特点之一，近代陶澍、魏源、曾国藩、左宗棠、谭嗣同等湖湘士子更是大张经世之学，强调经济与义理之学的统一，认为"学问思辨，必以力行为归也"，学问理论需付诸实践，在现实的社会政治活动中建功立业。这种经邦济世的儒家精神和忧患意识薪火相传，绵延不绝。而20世纪30年代，任继愈先生因为种种机缘，双脚踏上湖湘这片热土，湖南满目疮痍的社会现实促使他积极完成学术转型，在学术之路上重新选择一个新的出发点。虽时代不同，任继愈先生和湖湘先贤的现实选择，却透露出某种隐约的精神契合。和众多优秀的湖湘士子一样，他忧国忧民、淡泊名利、务实求真的学者本色浸染和熏陶着湖湘后辈，成为众人心中一代楷模。

---

① 严青、郭改云著：《任继愈传》，江苏人民出版社，2011年，第113页。

任继愈先生与陈清华藏书的入藏

陈红彦（国家图书馆）

　　已经走过 106 年历程的中国国家图书馆，以其无与伦比的中文古籍收藏闻名于世。国图所藏善本古籍，年代起自殷周，迄于当代，地域遍于禹域，兼及海外，充分显示出中华文明源远流长、博大精深的特征。在国家图书馆的不同历史时期，历任馆长为保护祖国珍贵文化遗产呕心沥血，不遗余力将流散的珍贵文献搜集到国家图书馆精心保管，传承中华文脉，并服务社会大众的文化需求，让不遗余力的搜求精神和服务社会的奉献精神成为国图文化的重要组成部分，缔造出神圣的国图精神。缪荃孙、梁启超、陈垣、袁同礼、冯仲云、任继愈等历任馆长成为国家图书馆藏书发展史上永远不能忘却的名字。他们中有的在国家积贫积弱、帝国主义国家对我国珍贵文献不断进行疯狂掠夺时奋力抵抗，防止珍贵文献外流，有的在和平时期为流散文献的回归做出突出的贡献。今年迎来百年诞辰的任继愈馆长便是其中的一位。

　　2004 年夏，国家图书馆得到消息，著名藏书家陈清华之子陈国琅继承陈清华先生的藏书 23 种和画轴一种将委托嘉德拍卖公司出售。

　　陈清华是民国时期著名收藏家。其收藏起步于 20 世纪 30 年代，开始收藏中国古籍善本后不久，即以万金购得宋版《荀子》。此后陈先生拜见藏书家傅增湘，傅先生笑称："君非以万金得熙宁《荀子》者乎？是可以'荀'名其斋矣。"由此得"荀斋"为室名。此后韩氏读有用书斋、袁氏后百宋一廛、瞿氏铁琴铜剑楼、傅氏双鉴楼等旧藏秘籍续有入藏，荀斋藏书数量迅速增长，宋元善本、明清钞校稿本、罕见善拓，逾 500 部，普通善本古籍无计其数。其藏书数量之大、质量之高，于江南无有匹敌者，与天津周叔弢并称"南陈北周"，成为民国间两大藏书家之一。

　　抗战爆发后，陈先生辞去银行职务，转入学校教授经济思想史。1949 年移居香港。1956 年和 1965 年，陈先生两次出售的珍贵藏书，均在周恩来总理的关怀下，从香港购回，拨交北京图书馆庋藏。国家在经济非常困难的情况下，两次斥巨资从香港购回著名藏书家陈清华的藏书，使珍贵典籍免遭离散的命运，在共和国文化史上成为佳话，而日理万机的周恩来总理对两批书收购做出的果断决定，至今仍为文化界津津乐道。

基于这样的藏书背景，陈国琅藏书回国后的归属，让多少文化工作者和私人藏家心向往之，不难想象。

时任国家图书馆馆长的任继愈先生对这批珍贵藏品给予了热切的期待。但是这批书的转让价，相当于几年古籍购置费，如何争取经费，将书留在国家图书馆，任馆长可以说是竭尽全力。

2004 年 9 月 9 日，国家图书馆邀请傅熹年、丁瑜、李致忠、杨成凯、安平秋、白化文诸先生对这批古籍的购买进行论证。专家一致认为，这批书宋元本较多，质量很高；其中的一些具有较高的学术研究价值；名家收藏，流传有绪；名家批校题跋较多，鉴于目前珍本古籍日益难得，建议国家图书馆考虑予以入藏。

随即召开的国家图书馆馆长办公会做出如下决定，据专家意见和陈家藏书渊源，决定向财政部申请专款，争取陈氏书的入藏。囿于时间紧迫，申请方式确定由任继愈馆长致函财政部金人庆部长。任馆长在信中饱含深情地回忆了从香港购回陈清华前两批旧藏的背景，并写道：这是一批珍贵稀见的善本古籍，经过明清和近代多位著名藏书家递藏，流传有绪，建议国家斥资收购，以与国家图书馆所藏陈氏前两批书合为完璧。避免珍贵图书的再次流散，并为中国文化史再续佳话。此外，任馆长还希望财政支持全面公布国家图书馆藏敦煌遗书。此信于国庆前夕送达财政部。

很快，金人庆部长、张少春部长助理在信上批示。金人庆部长批示："请少春同志批转教科文司研处。"张少春部长助理批示："请教科文司提出意见，宜持积极态度，资金可考虑从国家文物征集费中出，如可行，方案提出后，以金部长名义给任老回个信。"

10 月 14 日，财政部教科文司王家新司长召集国家图书馆、文物局文物咨询中心开协调会，时任国家图书馆副馆长陈力，计财处处长张玉辉，善本部主任张志清、副主任陈红彦，国家文物局文物咨询中心主任游庆桥，国家文物局文物咨询中心征集工作小组副组长谢小诠参加会议，会议决定委托文物局文物咨询中心具体承办此事，国家图书馆予以协助；10月16日起，根据咨询中心要求，国家图书馆再次征求相关专家的意见。10月19日，国家图书馆将相关文件送达咨询中心；10月21日，文物咨询中心根据相关程序召集专家鉴定，参与专家为史树青、白化文、李致忠，宿白先生出具书面意见，认为目前古籍善本日益稀少，此批流失海外的古籍不宜再散失，应予征集。10月25日，咨询中心形成相关文件交至文物局秘书处。

任馆长倾尽心力，专家、各机构积极配合，终于在上拍前的最后时间节点，完备了全部手续。

11月2日，陈国琅先生传真致函国家图书馆，他饱含深情地说：陈清华在海外的部分藏书，能回归中国国家图书馆，我深信父亲的在天之灵会很骄傲，认为这是荀斋藏书的最理想的妥善归宿。

11月8日，我和善本特藏部的几位同事从中国嘉德国际拍卖有限公司古籍部总经理拓晓堂手中取回这23种56册并数十名藏书家题跋的《江山无尽图》等珍贵文献，大家的心情都非常激动，在我们的职业生涯中，能有这样的一段经历，是何等的幸运。

之后为避免市场上有可能造成的混乱，陈国琅先生将陈清华的收藏印18枚也捐赠给国家图书馆，与书一同收藏。

不久，国家图书馆举行简短的交接仪式，在中国嘉德国际拍卖有限公司董事总裁王雁南一行到馆后，任继愈先生把他们请到自己的办公室，表达对王总团队续写前辈传奇，将陈清华旧藏转与国家图书馆的赞赏和感谢，并与相关人员在书前合影留念。这张珍贵的照片，被当时参加仪式的同事们珍藏着，时时瞻仰，作为对今天古籍采访保护工作的激励。

此次入藏的23种珍贵古籍，宋元佳刻、黄跋毛抄居其太半。宋景定二年（1261）陆道源刊《妙法莲华经》、宋版《施顾注东坡先生诗》零册、宋刻《纂图互注周礼》等，均为传世极罕之珍品。旧抄本《宋策选》，为历代公私藏书目录所失载，可备研究。明弘治癸亥刻本《幽兰居士东京梦华录》、明活字本《欧阳文忠归田录》、明成化殷氏刻本《姑苏杂咏》、明刻本《刘子》、毛抄本《碧云集》等，多经毛氏汲古阁、张蓉镜、瞿氏铁琴铜剑楼等名家递藏，来历清楚，流传有绪。诸书上不乏黄丕烈、吴骞、傅增湘、袁克文等历代名家题跋手迹，而《江山无尽图》长轴，更有数十位历代著名藏书家题跋咏怀之作，粲然夺目。后来一位藏家说，他准备了高于最终转让价格三分之一的书

图 1　任先生与王雁南一行

图 2　任先生与参加捐赠仪式的同事

款，一直在嘉德公司等待，一旦国图收购资金出现问题无法完成操作流程，他准备全部收入囊中。

一则陈国琅先生更希望父亲遗赠珍贵文献归入公藏，二则嘉德公司积极配合，更重要的是几家国家行政机构积极有效地运作。而任继愈馆长的影响力和带领当时领导班子做出的果断决策，起到了关键的作用。这批重要文献终于花落国家总书库，实至名归。

国家图书馆百年古籍典藏的增长，是与几代国图人的努力、收藏家们的鼎力支持、政府的细心筹划和社会各界的关心爱护分不开的，而任先生这样的关键人物在关键时刻的重要决定也是不可忽略的重要因素。

任先生对国家图书馆藏书事业和社会服务的贡献又何止陈清华书入藏这一件，他同时申请的国家图书馆敦煌遗书的出版也得到了财政资金的支持，国图全部馆藏敦煌遗书因此得以公之于世。

今天，在任继愈先生诞辰百年纪念之际，我们怀着一份敬仰，缅怀任先生为国家总书库的藏书建设做出的重大贡献，也要继承其遗志，使其倡导的传承文明、服务社会的国图精神能够更好地实现并延续下去。

任继愈先生与《中华五千年的历史经验》

——从讲座看文化的传承、传播与创新

孙学雷（国家图书馆）

2002 年 5 月，任继愈先生在国家图书馆分馆为部级领导干部做了一场讲座，题目是《中华五千年的历史经验》，讲座由中央国家机关工委、文化部、中国社会科学院主办，国家图书馆承办，听讲者有在职部级领导干部和主办、承办方领导 70 余人。讲座现场发放了《部级领导干部历史文化讲座参考资料》，内含主讲人简介、讲座提纲（主讲者提供）、参考书目与相关论文等；之后，全年讲座整理成稿，经各位主讲人审阅、改定后，由北京图书馆出版社在 2003 年 3 月以《部级领导干部历史文化讲座·2002》为名结集出版。讲稿得到多种渠道和方式的传播，在主办方、承办方，国图出版社和求是理论网、人民网—读书频道等主渠道的运作、转载外，也曾被收入外界所编若干讲演集，网上各种转载，广为传播。2010 年 8 月，人民日报出版社汇集了任先生的讲演、讲座文字 32 篇，含本篇在内的部长讲座稿 3 篇、文津讲坛稿数篇，以《中华五千年的历史经验——任继愈讲演集》为总书名出版①。

本文试图从本次讲座筹划到讲稿首次入书的过程，回顾、弘扬任先生留给我们的精神财富，并借此探讨文化的传承、传播与创新。

---

① 书中标时间为 10 月有误，讲座为 5 月；后两次亦略有误，应为 2005 年《关于〈道德经〉》，2006 年《今天看〈易经〉》。

一、任先生对讲座的参与和选题酝酿

2001 年 3 月 29 日，文化部孙家正部长视察国家图书馆分馆，当时的国图常务副馆长周和平率张彦博副馆长、馆长办公室刘惠平主任和分馆班子成员等陪同接待。在分馆门厅，孙部长被门边的讲座海报所吸引，张彦博副馆长简短介绍了元旦起分馆举办"中华文化与二十一世纪"以及历史、文物、文学、音乐系列讲座，张岂之、汤一介、刘梦溪、方立天、舒乙、卞祖善等名家先后执讲，任先生也即将来讲，中南海和文化部都有相关领导来听的简况。在贵宾厅，孙部长又正式听取了国图分馆整体格局和业务汇报。最后，孙部长把分馆业务归纳为三大特色：一、国情；二、普通古籍；三、讲座。把刚刚开始的讲座工作列为三大特色之一，并问，"今天是什么日子？3 月 29 号，我们今天就来策划一个'部级领导干部历史文化讲座'"，拟与当时中南海已有的科技等其他系列讲座并行，由此拉开了由中央国家机关工委、文化部、中国社会科学院主办，国家图书馆承办的部级领导干部历史文化讲座（以下简称部长讲座）的序幕。

讲座策划初期，分馆组织多人从历史、中华文化、哲学、文学、经济、法律等多个角度策划了选题，汇总后报给馆里，征求主办三方和部长们的意见，部长们的反馈对于经济、法律的热情很高，但鉴于定位，主办方确定以历史文化为主线，以宏观文化（包涵经济、法律等社会科学与自然科学领域）的视角斟酌选题，组织讲座。

当年，任继愈先生 85 岁高龄，在分馆设有单独的办公室，不时会来到分馆，大家都自觉地不以琐碎杂务来打扰任先生。但任先生非常敏锐，早在分馆讲座的第一个系列"中华文化与二十一世纪"讲座①初起阶段，就在学术活动厅看到了这个系列的宣传、听到了在场人员的汇报，后又主动提出可以亲自来讲，对分馆讲座关怀备至。在开始听众少的阶段有针对性地推荐了文怀沙先生的吟诵，在一年后为分馆讲座拍板，正式定名为"文津讲坛"②并题字，此后

---

① "中华文化与二十一世纪"系列讲座的讲座老师和选题选自炎黄文化研究会的会议论集，张岂之、汤一介、刘梦溪、方立天四位先生的联系方式由炎黄文化研究会提供，故此系列讲座由分馆与炎黄文化研究会合办，首讲由张彦博副馆长主持，炎黄文化研究会的鲁谆先生在主席台就座。

② 分馆征求意见，有若干建议名称，任先生的选择是"文津讲坛"。笔者所拟为"文津书院"，有文字说明，想法、定位与今"文津书院"的培训思路不同。

陆续亲自主讲，推荐老师，还以普通听众身份自行前来听讲，令当事者无不感到温暖和鼓舞。

在部长讲座选题的酝酿阶段，基础策划人员在分馆学术报告厅前将调整后比较有把握的策划，请任先生逐个做了点评，并把选题过程中遇到的学者们多断代展开学术研究，通贯不易，历史类宏观选题偏少的情况一五一十说给任先生，为此，任先生推荐了蔡美彪先生主讲，可惜因身体原因，蔡先生的讲座迟迟未能列入计划。但因此，对于讲座的选题策划，任先生较早即已知晓，胸有全局，有所考虑和针对，于 2002 年正式提出为部长讲座主讲，题目就是《中华五千年的历史经验》，题目之宏观，魄力之大，应为部长讲座之最。

二、从讲座提纲到书稿改定

提纲中，任先生以中外比较的视野开篇，从古埃及、巴比伦、印度和中国文明的类型和多元起源讲起，述及"五四"时期疑古的局限，地理、自然条件所起作用，之后，对"中华"的概念有所界定，提纲云，"'中华'是个民族概念，不专指国家"，"有时重点在民族，有时重点在国家。往古代追溯，民族的意义多些，越向后来发展，国家的意义多些"。继而说，"人类、历史、文化总是后一个时期继承了前一个时期，又比前期增加了某些新东西。有如江水，下游的水包含上游水的成分，又增加了新成分，文化也是如此"。将五千年分为两大阶段，"以秦汉建立统一国家为分界。秦以前为一段，汉以后又是一段。后一段已包括了前一段"，"以秦汉作观察中国历史的分界，可以看出中华民族五千年来，做了两件伟大的事。第一件大事是建立了以黄河、长江流域为基地的多民族的统一大国。这是一件很了不起的宏伟成就。越到后来，越到今天，它的伟大就越突出。我们中华民族正是靠了这个'多民族的统一大国'，才有辉煌的过去，才可能创造更辉煌的未来。第二件大事是完善、巩固这个多民族统一大国"（以上详见《部级领导干部历史文化讲座参考资料》）。这一开篇，从整体上呼应着五千年的历史，两件大事与关系都有交代，思路与表述清晰。

展开部分，任先生着重从民族、经济、政治、文化四个方面叙述了历史的大势与梗概，四个方面互有关联和交错。

之后，总结了多民族统一大国给人民带来的实际利益：消灭内战，合力兴水利、除水患，抗拒外来侵略，调动全国人力物力创造传世的物质文明和开展文化建设，济灾，以内需促发展。不利的影响述及小农经济、小农意识带来的目光狭隘与忽视文化，"如果不突破小农经济带来的束缚，我们很难继续前进"。

篇末强调了多民族统一大国的国情，"由于多民族文化长期共同融合、交流，形成的中华文化，共同的世界观、人生观、价值观把全国人民凝聚起来。这是一份无可比拟的珍贵遗产"。结尾句说，"我们试从反面来看，更能看得清楚，一切敌对势力进行反华活动，都是从破坏我们的多民族统一着手，有的挑拨民族关系，破坏民族团结，有的破坏国家的统一，企图肢解我们的国家。如何看待'多民族的统一大国'的态度就是考验朋友的试金石"。

在现场，任先生调整了讲座内容，所讲要集中一些，舍掉了部分内容和文字，有些内容更加严谨、具体、深入。在正式出版的《部级领导干部历史文化讲座·2002》（北京图书馆出版社，2004年）一书中，我们可以更清楚地看到并比较这些变化。

全文首尾变动较大，开篇改为从历史的作用切入，有更多总结的意味，他说："说是五千年，实际上越往后，咱们知道的事情越多。这五千年中间，越往后，对我们的关系就越深。从古代联系到现在，这个问题可以看得更清楚。学习历史就有这么个作用，事后让你总结，回头看看，让你增加些知识，总结经验，吸取教训。这五千年我们走过来的路，有成功的，也有失败的。总的来说，成功的多，失败的少，所以才取得今天的成就。"[1] 略去了前述多层次内容，只突出了总结历史这样一个主题，表述有相当的不同。淡化了两件大事的提法，直接"从民族的、经济的、政治的、文化的四个方面来谈谈这五千年"。

四个方面的展开与提纲顺序一致，内容与表述有变化，民族讲的是融合，

---

① "中国是世界上唯一既古老又年轻的国家。世界上文明发达的国家，如古埃及、巴比伦，一个在尼罗河流域，一个在两河流域（底格里斯河与幼发拉底河），中国与印度发展稍迟，公元前21世纪，建立了夏王朝。从此开始，中国的文明史未曾中断过。大陆型的有古埃及、两河流域及印度和中国，海洋型的古希腊文明也起源较早。"有些西方历史学家力图找出人类起源地，有的说非洲，有的说爪哇或中亚，根据均不足。今天人类的迁移几千里、几万里，还很困难，古代人类采集为生，不能有很大的群体活动，更没有共同行动的可能。人类进化到一定的时期，都有共同的水平，人类起源应是多元的，不可能是一元的"。"有文字以前的史前期，靠传说。五四时期，对古代传说怀疑得过多，今天看来，当时有它的道理，但不全面"。"地理、自然条件起着很大的决定作用。黄河、长江两大流域，都是中华民族的发祥地。黄河、长江都是母亲河。由于近年来地下考古发现的材料不断有新的出土，更加证明了这个事实。"（以上详见《部级领导干部历史文化讲座参考资料》）。

经济讲了交流与互补，政治是个系统，讲了思想、体制、管理，文化讲了汉字、语言、信仰与文化认同；讲了四个方面的"混融"。可见各方面的分析更集中、深入，逻辑关系更清楚，交错的地方减少。

四个方面的核心是统一。他说，"统一是中华民族的正常状态，应该是统一，不应该是分裂"，"分裂的时间从秦汉以后占中华七分之一的时间，七分之六是统一时代"。继而分析了统一的利弊。利弊分析上，"利"的顺序，原第四"调动全国人力物力创造传世的物质文明和开展文化建设"移至第六，更加完善。在此基础上形成对国情的概括，将国情简明概括为"多民族的统一大国"，"要充分地认识这个国情。这是我们考虑问题，选择方向、道路的依据，这是个出发点，也是落脚点"。基于国情，比较了中国共产党与西方的共产党产生的历史，说，"咱们学过的马克思主义三个来源，三个组成部分，那是根据欧洲情况讲的。在我们中国，马克思主义的来源在哪里呢？我看就一个来源，就是爱国主义。它是从救国救民的真理，从这里来接触了马克思主义。有识之士为了这个多民族的统一大国不受肢解，不当亡国奴，自强独立，走现代化，才找到马克思主义"。历史"给我们留下了丰厚的遗产，这个一定要把它讲够，要认识够"。

而要发展，就必须克服弊端。封建主义思想残余的干扰和阻碍"也要充分地认识到，认识足，才能迈开步"。弊端列举几点：家长制带来的不民主，小农经济带来的重近期不看长远、忽视教育、轻视书本知识与文化，家族意识带来的任人唯亲。内容更具体了，从源到流分析透彻，更加切中时弊，分析更见思想和对现实的借鉴。"看事物的利与弊，往往是纠缠在一起"，两相联系、结合。

篇末结尾部分从正反两方面来谈爱国主义的重要性，提倡吸收中外文化，重视人文社会科学，主张爱国主义从小抓起，"科教兴国"是我们的国策，是根本。"科教兴国"是真理。

比较提纲与成书，变化较大的是开头，酝酿中是以中外文化的比较切入，以更加宏阔的视野开局，修改的稿件则更加严谨、凝练，去除了开篇大的背景、意图和秦汉为界的提法，说明思绪和切入有不同，开篇主要是思路和表述的变化，也略去了两大结构的提法。骨干部分主旨不变，说明都已是成熟的观点与思想。固化了四个方面，叙述中更见内容的强化与充实，更多关键点，体现出思想的深度和力度。总结部分在利弊与借鉴方面也有调整，更多体现出力度和张力。讲稿修改、变动的过程可以看出，提纲更见话题引起和思考的过程，更见思想，而书稿更集中、成熟、平稳，更经得起推敲，由此可见由思想固化成书的过程。核心一致，想法一致，表述的角度和取舍有不同。而提纲与现场内容同样保存了最核心的想法，不乏精彩的见解，现场内容有更透、更加交底的一面；成书则更为严谨和完善。提纲与书稿两相比较，更可看清任先生想着重说明的点和主线。

讲座通篇讲的是融合与发展，基于历史、基于国情，中外有所比较，盛衰有所对照，言简而意深，可谓高屋建瓴、深入浅出、驾简驭繁，是任先生哲学思想和学术积淀的体现。四个方面互不割裂，利与弊、得与失对立统一，整体体现了任先生联系的观点与辩证法思想。重要历史经验的总结，如国情、中国马克思主义的来源、反封建、文化的传承交流与创新、汉字与语音、科教兴国等，在其他论述中也每有涉及，联系任先生其他著述可知，这些想法不是孤立的，有着深厚的思考和学术积淀，结合起来更可知具体想法与内在思路，而以本篇的表述最为集中、系统。

任先生的讲座包涵了现实关切与高度的责任意识；回到本源，深入浅出，反映了学人的积累与深度；高度概括，体现出哲人的风范与高度；联系和发展的观点、辩证的观点体现出历史唯物主义和辩证唯物主义思想的光芒。

哲学是关于自然界、人类社会和思维的学问，任先生的深入浅出源于哲学，弘阔源于通贯，在此可以领略到哲学的无用之用。这是任先生作为一个哲学工作者，基于学科背景，出于哲学使命，为部级领导干部们所做的一次登高望远，给中华五千年历史画龙点睛。这一年，任先生 86 岁。

2010 年以此为题成书，收录了历次哲学、传统文化、古籍整理等会议发言和讲座内容，共 32 篇。其中有任先生在国家图书馆所做的讲座 7 篇，包括部长讲座 3 篇：2002 年《中华五千年的历史经验》，2005 年《关于〈道德经〉》，2006 年《今天看〈易经〉》；文津讲坛讲座 4 篇：2001 年《唐玄奘取经与〈西游记〉及其现代启示意义》，2003 年《今天看诸葛亮》，2005 年《汉字的再认识》，2007 年《中国哲学的未来》。书以《中华五千年的历史经验》为名，我想，或可代表任先生心之所系，学术旨趣与终极关怀所在，也代表了任先生及所在学科所具有的高度。这一年，已是任先生诞辰 94 周年。

三、讲座的启迪

第一，从任先生主动参与讲座、题目酝酿、提纲、讲演到成书的经过，可见任先生作为一名学者、哲人对于五千年历史经验从命题到得出结论这样一个思考、积淀的过程。这一变化，也具有一定的代表性，一方面说明了众多像任先生一样的主讲者思绪、思索可能的变化及其对问题探究的过程，一方面也揭示了知识从隐性知识固化为显性知识的变化过程，这一过程与知识的传承、传播与创新同步。这种变化，一方面是讲座者自身的知识积淀与呈现，同时，固化程度也会因题目而取舍，因受众而调整，甚至因时间而受到一定的局限，包涵着受众和图书馆讲座工作的因素与影响。由此，我们也可以看出讲座平台与讲座工作的意义。

第二，问题的引起和听众的潜在和显性需求牵系着讲座的主线，问题的提出植根于社会的现实需求。曾有学者说，"新议题与新研究的出现，有赖于史料范围的不断开拓"。这是就书斋学者治史的具体研究而言，而宏观问题的提出，还来自群体和现实社会的需要，来自时代和受众的需求。部级领导干部历史文化讲座是常年开设的讲座平台，讲座定位与听众所在即为需求所在。任先生在讲座开始之年敢于以如此宏大的问题作为自己短短两个小时阐述的主题，体现出一种强大的自信与气魄，这种自信与气魄来自毕生的学术积累与功底，更来自对哲学的期许和对国家与社会的责任感。命题站在了时代需求的最前沿，体现出哲人的高度与怀抱，是任先生家国情怀的直接体现。这一举动绝非偶然，而是学术旨趣与怀抱的必然结果，这一点在任先生其他关于哲学使命的论著中也有鲜明的体现。问题的提出和解答并不意味着问题的终结，也可以是思考的新的起点。

第三，问题的解决来源于知识和实践的双重积累，思考、提炼的过程就是知识传承、创新的过程，既有传承、弘扬，又有创新。命题从提出、寻求答案到演讲、成书完成了知识的传播和固化。讲座直接体现并强化了图书馆的社会教育和文化传播功能，这一过程切合了图书馆工作的主旨与核心。任先生对于国图讲座积极、主动、具体的推动，促进了图书馆核心业务的发展。

王子舟先生在他的论著中，把知识分为隐性的知识和显性的知识，讲座便是这其中重要的一环。由此我想，如果说书是物化的知识，那么，讲座便是书的活的灵魂。讲座组织与成书的过程也就是文化传承、传播、交流与创新的过程。

国家图书馆藏中法汉学研究所旧藏文献与新中国古籍保护[①]

程天舒　林世田（国家图书馆）

中华民族数千年文明演进过程中，创造了灿烂辉煌的文化，积累了浩繁的文物古迹，作为中华文明的具体载体，典籍文献亦是其中的重要部分。然而自1840年鸦片战争以来，中国被迫向西方列强敞开大门，经由战争掠夺或低价购买等非正常渠道，众多珍贵典籍与大量文物一同流散海外。《永乐大典》、敦煌遗书、殷墟甲骨、皕宋楼藏书、黑水城文献的流失无一不是中国近现代文化史上的重大损失。在中国近现代文物流失中，伴随着学术考察、探险发生的盗掘盗运占了很大比重，外国学者在近现代中国的学术活动，一方面促进了中国近现代学术的转型与发展，另一方面则潜藏着文物流失的危险。新中国成立初期，在华的外国文教机构及外籍学者渐次撤离中国大陆，其收集的大量典籍文物也需运送出国，如何既维护这些机构与个人的正当利益，又保护中国文化财产不受损失，成为新中国文物保护工作中亟须解决的问题。近日，在国家图书馆发现了一批中法汉学研究所旧藏图书稿本及相关档案资料。其中的档案翔实记录了中法汉学研究所离华时，中国政府相关部门对其报关的图书资料做详细审查的经过，解释了这批珍贵文献入藏国家图书馆的历史由来，也反映了新中国文物保护政策的具体实施情况。古籍保护是任继愈先生任职国家图书馆馆

[①]　古籍保护是任继愈先生任职国家图书馆长期间的工作重点之一。近日在国家图书馆发现一批法国汉学机构中法汉学研究所的旧藏文献资料及相关档案，记录了1953年至1967年间，文化部文物局、北京图书馆、北京海关等机构对中法汉学研究所申请出口的一批文献资料作细致审查，依据《禁止珍贵文物图书出口暂行办法》等法令，为国家保留珍贵历史文物的过程，反映了新中国古籍保护的具体实施情况。

长期间的工作重点之一，今年适逢任继愈馆长 100 周年诞辰，我们特撰此文，以兹纪念。

一、中法汉学研究所藏书概况

中法汉学研究所是法国在中国开设的重要汉学研究机构，由中法教育基金委员会资助，于 1941 年 9 月在北平[①]成立。汉学家铎尔孟（André d'Hormon，1881—1965）担任所长，法国大使馆中文秘书杜柏秋（J. P. Dubosc）负责行政事务。1947 年，该所由巴黎大学汉学研究所接管，改称巴黎大学北平汉学研究所（亦称北平汉学研究中心），法国汉学家韩百诗（Louis Hambis）主管行政。抗日战争胜利后，原燕京大学、中法大学教职工回校，杜伯秋返回巴黎，所务一度中断。1947 年 1 月 22 日，研究所改组为巴黎大学北平汉学研究所，直接隶属于法国巴黎大学，由汉学家韩百诗主管行政，经费由法国外交部文化司拨付。1949 年新中国成立后，改名为巴黎大学北京汉学研究所。1950 年 12 月，康德谋（Max Kaltenmank）任汉学研究所负责人[②]。1953 年，汉学研究所接到北京市政府令其停止活动的口头通知后撤出中国。汉学研究所下设民俗学组、语言历史组、通检组、图书馆、法文研究班等机构。曾在汉学研究所任专职或参与过实际工作的中法学者有：杨堃、傅惜华、孙楷第、聂崇岐、吴晓铃、景培元、鲍文蔚、傅芸子、张若名、王力、王静如、张芝联、吴兴华、康德谋、李嘉乐（Alexis Rygaloff）、于儒伯（Robert Ruhlmann）、石泰安（Wolf Stein）、韩百诗等。在华 12 年间，尤其是抗日战争期间，汉学研究所是法国在亚洲的汉学研究重镇，在民俗学、语言学方面成绩卓著，编纂出版的多种通检至今仍是古籍研究中广泛使用的工具书，其文献收藏也颇具规模与特色。

出于研究需要，汉学研究所专门设立图书馆，于 1943 年 5 月 22 日开馆。由于战争梗阻交通不便，该馆的西文藏书不易征购，主要由捐赠所得，中法工商银行移交的西文汉学书籍及中法协会调拨的多种西文书籍，构成其西文藏书的基础。中文书籍是该馆文献采访重点，除部分政治史地书籍由法国大使馆拨

---

① 1928 年 6 月，南京国民政府下令改北京为"北平"；抗战爆发北平沦陷后，伪临时政府又于 1938 年改北平为"北京"；1945 年抗战胜利后仍改为"北平"；1949 年中华人民共和国成立后称"北京"。为求行文统一，本文论述涉及抗战时期史事，仍使用"北平"这一称谓。

② 为求行文统一，下文论述一般简称为汉学研究所。

存，其余中文新旧书籍多为购买所得，搜购范围侧重于工具书与中国民俗、语文及考据，尤其是术数、乡土志以及金石甲骨文等方面。至 1944 年 6 月，馆藏西文书籍 882 种 1108 册，中文书籍 2198 种 19652 册，装订杂志 78 种 499 册，"中法文库" 348 种 373 册，总计 3506 种 21632 册。书籍中珍贵者有足本《留青日札》、写本《谚有全谱》《月令辑览》《婚礼便俗》，久佚之《水曹清暇录》，明本《神仙通鉴》《说郛》《遵生八笺》《合璧事类》《白孔六帖》等①。据法国外交部档案记载，至 1953 年汉学研究所停办时，其图书馆藏书量为中文书籍 4.5 万册，西文图书 1300 册，还有汉画像石拓本和 4800 幅民间风俗画②。北京档案馆所藏档案的记录则更详细些，计有中文书籍 4.5 万册，西文书籍约 1200 余册，汉画像石及其他拓片 1200 张，年画约 600 张，神像纸祃 4500 余张，出版刊物 28 种 8200 余册③。

除了汉学研究所搜集的文献资料，所内法籍人士也有致力于收藏中国文物者，如汉学研究所成立之初负责行政事务的中文秘书杜柏秋。杜伯秋的法文名为 Jean Pierre Dubosc，中文名有杜让、杜博思或杜伯思，但以杜伯秋最常见。1930 年出版的《驻华外交官衔名录》法国外交官部分中，有其任职记录，职务为通译员，1929 年 9 月 6 日来华④，1946 年返回巴黎前一直在法国大使馆履职。杜伯秋曾受教于法国汉学家葛兰言与伯希和，伯希和任巴黎中国学院院长时，曾安排他担任系列讲座，主讲中国时局问题，因杜氏人在中国而未实现⑤。但杜伯秋对中国的兴趣更多地体现在广泛的传统艺术趣味方面，而非专业学术领域，他雅好京剧⑥，对明代青花瓷也颇有收藏与研究⑦，还曾为其岳

---

① 参见《本所工作概况》，《汉学》1944 年第 1 辑，第 267—269 页。

② 参见葛夫平：《北京中法汉学研究所的学术活动及其影响》，《中国社会科学院近代史研究所青年学术论坛（2004 年卷）》，第 408 页。

③ 参见窦坤：《中法汉学研究所与中法文化交流述略》，《北京社会科学》2000 年第 4 期，第 100 页。

④ 《驻华外交官衔名录》，中华民国外交部，1930 年，第 17 页。关于杜伯秋来华时间，最常见说法为 1939 年，但刘半农、吴湖帆等人日记中关于杜伯秋的记载都早于 1939 年，且杜伯秋于 1933 年、1937 年在巴黎举办所藏中国艺术品展览，其来华时间显然早于 1939 年。

⑤ 参见葛夫平：《伯希和与巴黎中国学院》，《汉学研究通讯》2007 年第 26 卷第 3 期，第 40 页。

⑥ 如《北洋画报》1936 年 9 月 17 日曾刊载杜伯秋与梅兰芳、桥川时雄、齐如山、傅惜华、傅芸子等人在国剧学会摄制的合影。

⑦ 参见 Thomas Lawton, "Jean Gordon Lee January 20, 1919 – June 5, 1997", *Artibus Asiae*, Vol. 57, No. 3/4 (1997), p. 369.

父——著名古董商卢芹斋——掌眼搜罗文物①。此外，杜氏最有成就并为人称道者，则是对中国明清绘画的鉴赏和推广。在华期间，杜伯秋与艺林名家如黄宾虹、吴湖帆、张葱玉、钱谷孙等多有过从。吴湖帆在日记中两次记录杜伯秋来访，称其为"法国大使馆华文秘书。华语甚流利，对古画颇有根底，与其他徒藉皮貌之外国商人完全不同，究竟是学者，伯希和弟子。非商人可比也"②。杜伯秋曾在傅惜华的帮助下编成《宝绘集》，影印出版其收藏的 12 幅明清绘画。1937 年，法国国家图书馆也出版了《杜伯秋收藏中国画展图录》（*Exposition de peintures chinoises de la collection J. P. Dubosc*）。1950 年，杜伯秋发表论文《认识中国绘画的新途径》，率先肯定中国明清绘画的价值，开西方汉学界一时之风气，汉学家高居翰（James Cahill）称赞此文为"当时正进入中国绘画史领域的人开辟了一个'新途径'"，高度赞扬了杜伯秋与其友人席克门（Laurence Sickman）为推广中国明清绘画的努力③。除了高雅的文人艺术，杜伯秋在华时还广泛收集关涉风俗世情的神祃、年画等民俗艺术品，汉学研究所的神祃和年画藏品中有相当部分来自杜氏的收藏④。1933 年，杜伯秋在法国吉美国立亚洲艺术博物馆举办"中国民间艺术展览会"，展品主要是其在中国收集的年画。目前大英博物馆收藏的中国民间木版画中，有大约 300 件是杜伯秋的藏品，包括北京和甘肃地区的民间木版画⑤。杜伯秋也被视作西方较重要的中国年画收藏者⑥。杜伯秋离开中国后，继续收藏中国艺术品，进而成为职业的中国画商人。杜氏殁后，纽约佳士得拍卖公司曾于 1993 年推出"杜伯秋藏中国明清书画"专场拍卖，其藏品质量与影响力可见一斑。由杜氏个人对

---

① 参见罗拉：《卢芹斋传》，新世纪出版及传媒有限公司，2013 年，第 138 页。

② 吴湖帆著，梁颖编校，吴元京审订：《吴湖帆文稿》，中国美术学院出版社，2004 年，第 62 页。

③ 参见高居翰为杜伯秋《认识中国绘画的新途径》中文译本撰写的按语，洪再辛选编：《海外中国画研究文选（1950—1987）》，上海人民美术出版社，1992 年，第 136—137 页。席克门（Laurence Sickman, 1907—1988），艺术史家，汉学家，曾任美国纳尔逊艺术博物馆东方部主任、馆长。纳尔逊艺术博物馆以其收藏的中国古代艺术品著称于世，其中大量藏品即由席克门购自中国。席克门 1930 年来到中国，在华期间结识杜伯秋。与杜伯秋相同，席克门也是率先赏识中国明清绘画的西方学者，两人曾于1949 年为在纽约举办的明清画展撰写目录。高居翰在为杜伯秋撰写的按语中同样称赞了席克门的贡献。

④ 《本所工作概况》，《汉学》1944 年第 1 辑，第 262 页。

⑤ 参见王镜：《美国哥伦比亚大学中国民间木版画收藏及价值研究》，中南民族大学硕士学位论文，2012 年，第 36 页。

⑥ 参见王树村：《关于民间年画》，《美术研究》1980 年第 2 期，第 14—16 页；王东峰：《流失海外的中国近代木版年画》，《东方收藏》2013 年第 6 期，第 125 页。

中国文化艺术品的收集，可以推想汉学研究所中其他汉学家的个人收藏数量也不容小觑。杜伯秋早在 1946 年即离华返国，其个人藏品得以顺利出境。而 1953 年汉学研究所正式停办时，正值新中国的文物保护工作走上正轨，所中及所员个人收藏的大量藏书与文献资料在运送离境时，自然会受到中国文保部门的严格审查。

二、对中法汉学研究所出境文物的审查

新中国成立初期，走私贩卖文物的情况并未好转，这一现象与其他破坏文物的情况一同引起了党和政府的高度重视。1949 年，在新中国首任文物局局长郑振铎的指示下，由谢辰生起草保护文物法规，并且明确先处理禁止文物出口、考古调查和发掘等几个单项的法规性文件。1950 年由郑振铎审定，报请中央人民政府政务院发出"为颁发《禁止珍贵文物图书出口暂行办法》的命令""规定古迹、珍贵文物、图书及稀有生物保护办法并颁发《古文化遗址及墓葬之调查发掘暂行办法》的命令"等中华人民共和国首批文物保护法令、指示和办法[1]。《禁止珍贵文物图书出口暂行办法》规定革命文献以及具有历史价值之简牍、图书、档案、名人书法、墨迹及珍贵之金石拓本等珍贵古籍文献禁止出口。1951 年 6 月 6 日，文化部文物局会同中央贸易部、海关总署等进行修订，颁布了修订后的《禁止珍贵文物图书出口暂行办法》。此后，禁止出口文物图书一直是新中国文物保护工作的重点之一[2]。

《禁止珍贵文物图书出口暂行办法》的颁行有效遏制了文物的流失，如海外知名古董商卢芹斋在华搜求古物的主要代理商之一戴福保，原在上海开办古玩店福源斋，1949 年后，戴氏移居美国，但仍布置在沪店员收购珍贵文物贩

---

① 参见谢辰生：《纪念西谛先生诞辰一百周年（代前言）》，国家文物局编《郑振铎文博文集》，文物出版社，1998 年，第 7—8 页。

② 参见郑振铎：《注意保护古迹文物》，《郑振铎文博文集》，第 60—61 页；《一年来"文物工作"纲要》，同前书，第 69—72 页；《文物工作综述》，同前书，第 73—76 页；《文化部文物局 1950 年工作总结报告》，同前书，第 95—104 页；《重视文物的保护、调查、研究工作》，同前书，第 106 页；《新中国的文物工作》，同前书，第 178—179 页；《基本建设与古文物保护工作》，同前书，第 236—237 页；《历史文物的保护和发掘》，同前书，第 291 页；《光彩灿烂的国宝——新中国是怎样保护文物古迹的?》，同前书，第 379—383 页。

运出国。1955 年 6 月 30 日，上海市第二中级人民法院依法审判，对协助盗运的人犯加以判决，将福源斋留存文物悉数拨归上海市文物管理委员会代管①。而在职业商人之外，撤离中国大陆的外国文教机构也引起文保单位的重视。如 1951 年，湖南省截留了长沙雅礼中学美籍教员俞道存（Dwight D. Rugh）的 18 箱 200 余件古物，包括晚周及西汉时代的陶瓷、玉器、青铜兵器，唐代的岳州窑瓷器等珍贵文物②。

1953 年年初，汉学研究所向北京海关申请出口一批中外文图书资料和文物。经文化部会同北京市人民政府外事处、新闻出版处、公安局外侨管理科及北京海关根据《禁止珍贵文物图书出口暂行办法》及汉学研究所的具体情况进行审查，对于有较高文物价值，或者内容涉及地理信息、社会经济、风俗迷信、考古金石等文献予以扣留，允许出口 2739 种，不足申报数字的一半；此后放宽尺度，又增加放行 1820 种；前后两批共 4559 种，于 1955 年运回法国。扣留部分 1359 种暂存故宫博物院③。

1957 年，对暂时扣留的 1359 种文献再做放宽处理，拟在适当时机放行 416 种，剩余 943 种大部分由国家征购，小部分予以没收。1958 年，这批图书及文物运至柏林寺北京图书馆暂存，共计 24 箱，其中禁止出口 17 箱，许可出口 7 箱。北京图书馆对禁止出口部分做了编目，准许出口部分则仍旧存放箱内。除驴皮影戏人 5 包 465 件之外④，征购和没收的图书资料即正式拨交北京图书馆保存⑤。

---

① 参见《上海市第二中级法院判决戴福保等盗卖祖国珍贵文物案件》，《文物参考资料》1955 年第 10 期，第 116—117 页。

② 参见《湖南省人民政府文物委员会工作概况》，《文物参考资料》1951 年第 12 期，第 64—65 页；《严厉制止美帝偷盗我国文物》，《文物参考资料》1950 年第 12 期，第 12—13 页；《对美帝盗运古物案各校学生表示愤慨：并对雅礼校长劳启祥提出批评》，《文物参考资料》1950 年第 12 期，第 13—15 页。关于雅礼中学及俞道存离华详情可参阅赵厚勰：《雅礼会在华教育事业研究（1906—1951）》，华中师范大学博士学位论文，2006 年。

③ 参见《关于前北京法国巴黎大学汉学研究所图书资料的处理意见》，国家图书馆档案，档案号 1950 - &389 - 039 - 2 -（3）- 8 - 005。

④ 1959 年 8 月 25 日，为筹建中国艺术博物馆，文化部艺术局向北京图书馆借去汉学研究所暂存文献中的驴皮影戏人 5 包 465 件，此后这批文物即留存该处，参见《关于前北京法国巴黎大学汉学研究所图书资料的处理意见》。

⑤ 参见《关于代管前北京法国巴黎大学汉学研究所图书资料的通知》，国家图书馆档案，档案号 1950 - &389 - 039 - 2 -（3）- 8 - 003

1958 年 1 月开始，文化部即多次敦促北京图书馆对扣留文献进行估价，以便进一步处理。北京图书馆邀请中国书店和特艺公司分别估价。1960 年 9 月，除少数资料如剪报、研究底稿、照相胶卷等无法核估之外，北京图书馆对暂存文献给出估价清单，计有：9458 册，4868 份，856 幅，646 张，465 件，328 页，8 轴，总价 16346.10 元①。

1962 年日内瓦会议期间，法国代表团成员纪也马以个人名义向中国外交部副部长章汉夫发出照会，希望发还汉学研究所的图书资料，之后文化部等单位又做了一次复查，于 1963 年 4 月 29 日下达公文，决定放行 368 种、征购 972 种、没收 19 种，放行部分由北京文化局与北京海关通知汉学研究所在京代理人接收，征购部分由北京图书馆等单位估价后做处理，放行、征购、没收部分各项清单及清点交接工作由北京图书馆负责，征购和没收部分图书资料正式移交北京图书馆，部分皮影戏由文化部艺术局处理。同年 6 月 9 日，调整为放行 366 种、征购 976 种、没收 17 种，征购价款为 18319.20 元。此后北京图书馆对寄存文献进行编目清查，在该年的工作总结中提及："根据文化部指示将前经海关扣留寄存我馆的'法国巴黎大学汉学研究所'书笈 1359 种，编印目录，进行了清查，并已办好了一切手续，准备移交有关部门。"② 但因汉学研究所方面暂时无人负责接收，这批文献并未立即移交，仍然存放在北京图书馆③。

1965 年 2 月 26 日，由于法国大使馆询问汉学研究所藏书事，外交部西欧司召集外办、文物局、北京市外办、北京海关等单位进行研究，希望将放行部分放宽至 500 余种。后经文化部研究，在配合外交活动的情况下，将原定征购书籍中阴阳迷信类书籍 172 种、外文书 2 种及中法汉学研究所工作概况 1 种，共计 175 种改为放行。经外交部报国务院批准同意放行 166 种，连同以前决定放行的 366 种，共放行 532 种，征购改为 810 种、没收仍为 17 种。征购价款应实发 18072.40 元。同年 6 月 12 日，外交部将决定通知法方，请大使馆转告汉学研究所负责人，委托代理人向北京海关办理手续。至此，对暂时扣留的汉

---

① 参见《关于代管前北京法国巴黎大学汉学研究所图书资料的通知》，《关于办理法巴黎大学汉学所图书资料估事》，国家图书馆档案，档案号 1950 - &389 - 039 - 2 - (3) - 8 - 004。

② 《北京图书馆 1963 年工作总结》，国家图书馆档案，档案号 1963 - &013 - 004 - 1 - 2 - 001。

③ 参见《关于前北京法国巴黎大学汉学研究所出口书籍的处理问题》，国家图书馆档案，档案号 1950 - &389 - 039 - 2 - (3) - 8 - 005。

学研究所文献及文物的处理办法确定为：没收 17 种 84 册，主要是淫秽、反动类文献；放行 532 种 3986 册件，多为民国期刊；征购 810 种，9606 册件，包括明刻本、清刻罕见者、稿抄本、敦煌经卷、珍贵拓片等善本文献，相当数量的地方文献，未及刊行的学术论著及译稿，神祃年画等民俗资料。其中没收与征购的文献资料由北京图书馆收藏①。对暂存文献处理方式的历次调整可见下表。

时间	剩余总数（种）	允许出口（种）（1955 年运回法国）	扣留部分（种）			征购价款（元）
			放行（种）	征购（种）	没收（种）	
1953 年年初	5918	2739	3179			
初次调整	3179	1820	1359			
1957 年 12 月 14 日	1359		416	930	13	16346.1
1963 年 4 月 29 日	1359		368	972	19	18292.9
1963 年 9 月 7 日	1359		366	976	17	18319.2
1965 年 6 月 19 日	1359		532	810	17	18072.4

但在 1967 年，北京图书馆对暂存书籍又做了一次审查，认为"这部分图书有涉及边疆及我国物产资源、中印、中缅边界，及宣传反动人物方面的书刊，因此：这部分图书不宜送运法国"。经请示国务院外办同意，并于同年 8 月 18 日照会答复法国驻华使馆。所剩 1359 种图书全部交回北京图书馆入库，收回原拨付的征购款 18000 元人民币②。至此，1953 年汉学研究所被海关扣留的 1359 种图书资料和文物，归于北京图书馆③。

中国政府对汉学研究所出口书籍文物的审查，尽可能以《禁止珍贵文物

---

① 参见《关于前北京法国巴黎大学汉学研究所出口书籍的处理问题》。

② 参见《关于处理法国一批图书的问题》，国家图书馆档案，档案号 1950 - &389 - 039 - 2 - (3) - 8 - 006。

③ 中国海关对汉学研究所法国研究人员报关的个人图书和物件也做了审查，截至 1955 年 9 月 1 日，有李嘉乐的两箱图书、一箱中国画古玩等、一箱银器锡器铜器等，于儒伯的一箱图书、一箱中国画古玩等、一箱银器锡器铜器等，共计 7 箱图书物品被海关扣留，交由法国驻北京领事基里切尼（Quilichini）保管，并由基里切尼签署收条，保证不做搬迁，以待进一步检查。参见葛夫平：《中法教育合作事业研究（1912—1949）》，上海书店，2011 年，第 294 页。这批文物的最终去向暂无资料可考，但相较于直接扣留汉学研究所报关文物并暂存中方公藏机构，由法国驻华外交官保管这一暂时的处置方法，仍然显得比较缓和。

图书出口暂行办法》为基本准则，初次检查即明确以禁止珍贵文物出口法令为原则，从文物价值及内容上判断文献去留；复查时又细分"属于文物法令规定范围以内"不能出口及可放宽部分，"不属于文物法令规定范围以内"不能出口及可放宽部分①。此后的几次调整，也大致遵循这次复查的放宽标准。但正如复查报告所说，这些审查是针对"一个外国人在中国办理的所谓'学术机关'又属于特殊情况，其标准是临时性，特殊的"。因此"这次放宽尺度已经超出过去我们文物出口的检查标准，这是非常特殊的情况。从保护文物及保存国家重要资料两点来说，我们认为应坚持这个最低的标准，不能再予以放宽"②。但为了配合国家的外交政策，此后对汉学研究所书籍文物又做了至少四次放行调整。在 1957 年的调整中，相关公文明确提出准许放行的图书资料可待适当时机配合外交活动归还法方③。而到了 60 年代初期，国际形势发展已促使中法关系日趋正常化。就在法方与中方外交官接触，希望发还汉学研究所图书资料的日内瓦会议上，中国外交部部长陈毅和法国外交部部长德姆维尔商谈了两国关系问题。德姆维尔表示：目前建交还有困难，希望先加强贸易和文化方面的交往。可以推测，1963 年对汉学研究所书籍文物的放行调整，不仅是对法方询问的直接回应，更是推进中法两国关系正常化的外交大局中的具体策略之一。1964 年 1 月 27 日，中法两国宣布建交，法国成为首个与中华人民共和国建交的西方大国。1965 年，由外交部西欧司牵头组织相关部门进行研究，确定对汉学研究所文献的处理办法，也就是顺理成章之事了。而 1967 年最终将所有 1359 种图书资料拨交北京图书馆，其缘由目前并无资料可供考证，难以判断是"文革"的极"左"思潮对外交工作的影响，抑或是其他具体原因。但若从文献保护角度考量，这一看似武断的决定，倒是严格执行了新中国的文物保护法规，将珍贵文献和历史文物留在了国内。

三、余论

20 世纪 50 年代，中法汉学研究所运回法国的书籍由法兰西学院汉学研究

---

① 参见《关于对法国巴黎大学汉学研究所出口书籍文物的检查与复查报告》，国家图书馆档案，档案号 1950 - &389 - 039 - 2 - （3）- 8 - 008。

② 《关于对法国巴黎大学汉学研究所出口书籍文物的检查与复查报告》。

③ 参见《关于代管前北京法国巴黎大学汉学研究所图书资料的通知》。

所继承，使得该所图书馆的藏书量得以大幅增加，一跃成为当时西欧所有同类图书馆之首①。而留存在国家图书馆的文献虽然数量较少，但多有善本精品，如前述明刻本《留青日札》《神仙通鉴》《说郛》《合璧事类》等，均归于国图古籍馆善本特藏，《谚有全谱》《月令辑览》《婚礼便俗》《水曹清暇录》《遵生八笺》《白孔六帖》等，亦由古籍馆收藏。此外，汉学研究所未及刊行的论著稿本如曾毅公《五十年来之甲骨学》、徐宗元《古今本竹书纪年合校》、傅惜华《汉代画像全集三编》、柯昌泗《汉晋石刻略录》、罗常培《蒙古字韵跋》、陆翔《敦煌学著述考》等，是中法汉学研究所组织开展的研究成果，长期不为学术界所知。目前，国家图书馆古籍馆已组织专人为国图藏汉学研究所旧藏书籍编制目录，并对汉学研究所未刊稿本及民俗学研究资料做整理及深入研究②。

---

① 参见《中法汉学研究所与中法文化交流述略》，《北京社会科学》2000 年第 4 期，第 100 页。

② 参见赵爱学：《曾毅公佚稿〈五十年来之甲骨学初探〉》，《中国典籍与文化论丛》第 17 辑，第 198—205 页；孙俊：《徐宗元未刊稿〈古今本竹书纪年合校〉述略》，同前刊，第 206—215 页；韩旭：《新发现傅惜华未刊书稿研究》，同前刊，第 216—227 页；卢芳玉：《柯昌泗〈汉晋石刻略录〉成书、体例及贡献》，同前刊，第 228—236 页；萧刚：《罗常培〈蒙古字韵跋〉手稿浅析》，同前刊，第 291 至 305 页；程天舒：《国家图书馆藏中法汉学研究所神祃研究资料考释》，同前刊，第 306—330 页。

植根传统 活化经典[①]

——国家典籍博物馆开馆一年来的若干思考

张立朝 林世田（国家图书馆）

国家典籍博物馆是国内第一家国家级典籍类的专题博物馆，因其建立在国家图书馆百年积淀基础上，具有得天独厚的先天条件。典籍博物馆的定位是"以典籍文化为中心……围绕中国历史文化、中国典籍文化、中外文化交流，以存世典籍文献、反映典籍发展与传播的文物、技艺等为展陈对象，不断创新典籍展陈理念，形成基于'典籍—文物—技艺'的活态化展陈平台。"[②] 一年多来，国家典籍博物馆共举办各类展览20余场，涉及典籍主题展、古籍保护、非遗传承、重大历史题材等多个主题，皆以典籍为主要或辅助展示对象，与国家图书馆早期的陈列展览既一脉相承，又创新发展，体现了浓郁的典籍特色。与此同时，以展览为平台，国家典籍博物馆广泛开展社会教育活动，通过国家典籍博物馆大课堂、文创衍生品开发等方式，推动"将博物馆带回家"活动，开辟了国家图书馆"阅览"功能的新途径，为国家图书馆更好地履行"传承文明，服务社会"职能，传播中华优秀传统文化发挥了积极的作用。

"图书是文字的博物，博物是实物的图书"，国家典籍博物馆的成立，是百年国家图书馆践行"传承文明，服务社会"宗旨的创新性举措。"不忘本来

[①] 国家典籍博物馆的成立，是百年国家图书馆践行"传承文明，服务社会"宗旨的创新性举措。任继愈先生在国家图书馆馆长的18年任期里，始终把传播知识和文明视为最高使命。今年适逢任继愈先生诞辰100周年，本文通过对国家典籍博物馆开馆一年来的得失进行总结提炼，意在为探索出一条基于百年国家图书馆事业基础上的国家典籍博物馆的发展新路积累经验，也是对继承任先生遗志，开创国家图书馆事业发展新局面的郑重承诺。

[②] 韩永进：《翰墨流芳——国家图书馆馆藏精品大展图录》，国家图书馆出版社，2014年。

才能开辟未来，善于继承才能更好创新"。任继愈先生在国家图书馆馆长的18年任期里，始终把传播知识和文明视为最高使命。今年适逢任继愈先生100周年诞辰，我们特撰此文，以兹纪念。

一、典籍博物馆与典籍展览

国家典籍博物馆作为典籍类专业博物馆，"典籍立馆"毋庸置疑。国有史，方有志，家有谱。文明的传承与文字息息相关，从商周甲骨到秦汉简帛，从六朝唐宋的敦煌遗书到宋元明清的刻本古籍，有序记载着中华民族的历史记忆、思想智慧和知识体系，可以说，典籍文献是中华民族生生不息、发展壮大的重要滋养，是维系伟大民族精神的根脉。由此作为文字的重要载体——典籍文献在传承中华文明中的作用可见一斑。

国家图书馆举办典籍展览的历史最早可追溯到国立北平图书馆时期的图书展览会[①]，进入新世纪以来又以典籍为主题陆续举办了"文明的守望——中华古籍特藏珍品暨保护成果展""光明来自东方——中国造纸、印刷和古籍保护展""西域遗珍——新疆历史文献暨古籍保护成果展""殷契重光——国家图书馆藏甲骨精品展"等数十场展览。国家典籍博物馆成立后，又陆续举办了"国家图书馆馆藏精品大展""炫彩童年——中国百年童书展""甲骨文记忆主题展""古韵镌拓　纸墨千秋——2015年国家典籍博物馆宋元善拓暨全国书法临摹展"等典籍类展览，典籍展览体系日益丰富，展示手段多样，互动与体验相结合，且富有时代气息，得到了社会的广泛认可。

（一）以典籍为主题，强化互动与体验

国家图书馆作为国家总书库，承袭宋以来历代皇家珍藏，最远可追溯到文字之源——3000多年前的甲骨文。典籍对当前社会具有重要的现实意义，"典籍之美，表现在典籍内容的思想深邃、文辞优美、叙事生动和批判犀利上，也表现在典籍形式的手泽如新、写刻精美、墨乌纸玉、装帧典雅上，有很强的艺

---

①　王致翔：《国家图书馆早期（1929—1936）举办的文献展览》，《国家图书馆学刊》2005年第2期，第78—82页。

术感染力。"① 因此，国家典籍博物馆在做陈列展览时将典籍作为展览揭示的主要对象理所当然，也必须始终围绕"典籍"二字，坚持古为今用，推陈出新，借鉴现代博物馆展陈理念，借力当代艺术表现手段，以新形式、新表达、新语言，讲好中华典籍故事，传播好中华文明。

甲骨文记忆展便是充分发挥国家图书馆馆藏特色，以生动活泼的形式讲述中华民族文字起源故事的一个展览，展览以目前发现的中国最早的成熟文字——甲骨文为揭示对象，在策展思路上走出传统典籍陈列展览的模式，不在年代考究、甲骨字义上做文章，走出象牙塔，以故事性的话语讲述甲骨文发现的经过及重大意义。在重现的文明、神奇的文字、传奇的王国、探索的旅程这四个展览单元中，用廉价龙骨、一字千金、殷人刀笔、考释甲骨、寻找出处、证明商王等几个趣味十足的小故事娓娓道来，并通过重返殷商、释读甲骨文、一字博士、证明商朝、象形造字、干支纪日、乐舞翩翩、姓属林八个独具匠心的场景设计、多媒体互动演示，与甲骨实物相配合，极大提高了展览的参与性、互动性、故事性、趣味性、观赏性，给观众留下深刻的印象。展览意在用大众喜闻乐见的形式讲述中华文字起源的故事，让甲骨文这种生僻晦涩的文字融合现代多媒体技术、现代艺术设计等现代化的展陈手段，深入浅出，通俗易懂地表述出来，可谓之"旧词新解"，极具"看头"。

（二）深入典籍，揭示重大历史事件

据己所长，择世所需。一个好的展览必然是利用自己所特有的藏品，结合时代的共振点进行展览策划、设计，典籍博物馆的展览亦是如此。

为纪念中国人民抗日战争暨世界反法西斯战争胜利 70 周年，国家图书馆在典籍博物馆举办了"不朽的长城——纪念中国人民抗日战争暨世界反法西斯战争胜利 70 周年馆藏文献展"，该展览在展览策划上即是依托于国家图书馆藏丰富的抗战文献，独辟蹊径，从文献史料角度重温了这一段铁与火的悲壮历史，以文献为证，让历史说话，用史实发言，前四个单元中，"烽火连天"以馆藏报刊资料、老照片、海外征集日本侵华罪行文献史料等反映战争背景、日军罪行；"血肉长城"以馆藏新善本《中共对于抗日民族统一战线的主张》《东北抗日联军游击实录》等文献，展现了抗日民族统一战线、东北抗日义勇

① 张志清：《在图书馆设立典籍博物馆的思考》，《中国图书馆学报》2012 年第 6 期，第 4—13 页。

军与东北抗联、正面战场、敌后抗日斗争和抗日根据地建设等抗战史实；"抗战文化"以与抗战文艺运动相关的新善本、手稿和档案史料为视角，再现了抗战期间中国各行文化工作者用文学、戏剧、电影、音乐、美术、新闻及出版等各种形式，用爱国的精神凝聚人、激励人，用优秀的作品鼓舞人、陶冶人，发扬民族意志、抵抗文化侵略、宣传抗战救亡的事迹；"鉴往知来"以馆藏《大众日报》号外等报纸资料以及老照片等展示了抗战胜利、东京审判、中日建交等历史事件，反映出中华民族铭记历史、珍视和平、开创未来的坚定决心。展览还集中展示了"民国时期文献保护计划"立项以来积极开展抗战史料调研征集、整理出版、广泛宣传等工作，以及"中国记忆"项目采访以东北抗联老战士为代表的抗战老兵视频资料，很多抗联老兵接受采访之后不久即离世，采访的视频档案弥足珍贵。展览以文化抗战为核心，并用大量文献、图片讲述了抗战中的国图，如善本南迁、抗战史料搜集、与西南联大合办图书馆等鲜为人知的事实，不仅为后人留下了一个历史时期国家人民的真实写照，更为中华民族的文化传承留下了火种，充分发挥了文献史料在历史传承与社会主义核心价值观的塑造过程中的独特作用。

（三）以典籍为依托，深化展览内涵

在典籍博物馆的展览中，典籍既可作为主角，娓娓道来，亦可作为辅助展品，深化展览内涵。国家典籍博物馆自开馆以来，相继举办了《全国第十一届书法篆刻作品展》《书香养我——熊召政诗文书法展》等书法类展览，但与在其他场馆举办的类似展览不同，在典籍博物馆举办的展览都配有大量的珍贵典籍，赋予展览浓郁的典籍特色，使得书法与典籍在反映作者思想方面殊途同归，相映成趣，迈向对话与统一。以《书香养我——熊召政诗文书法展》为例，作为集诗人、作家、书法家三重身份于一身的熊召政先生，此次选取书法作品，大部分为其近期创作的诗词联赋，包括手札、扇面、中堂、斗方、条屏、题签等多种形式，其中《张居正》《北方的王者》《明朝帝王师》《司马迁》《文明的远歌》《闲庐诗稿》等书名题签作品，涵盖作者不同时期创作的小说、散文选、随笔、新诗选、旧体诗词选、文化讲演录等多种体裁。

众所周知，被称为中国艺术瑰宝的"书法"和"文学"就像一对充满艺术气息的孪生兄弟，两者皆以"字"作为载体，分别通过视觉美和内容美来共同传递着不同的理念和感受，饱含了作者无可言传的情结、无可表达的深思、无可解答的微妙，渗透着作者的人生体验、所思所感，因而具有浓烈的人文色彩。

为突出《书香养我——熊召政诗文书法展》在国家典籍博物馆举办的特点，我们检索馆藏，配合展出了熊召政各种著作版本，以及与书法作品相关的典籍，如其参加《明朝帝王师》首发仪式的书法作品下，我们对应选择了《去明朝看风景》和《明朝帝王师》这两本著作。在"读书兴邦"的作品前配套展出了《张居正》这部巨著，突出了作者在写张居正这部历史巨著时的真实感受，书生报国，忧国忧民；在"佛性青山绿水，禅机春月秋花"这副对联下，展出了国图四大专藏之一《赵城金藏》，寻求古今禅意的零距离对话。典籍与书法作品上下呼应，相映成趣，非常完美地诠释了"书香养我"这一主题。

二、典籍博物馆与文献保护

国家图书馆是国家总书库，国家古籍保护中心，履行国内外图书文献收藏和保护的职责，"中华古籍保护计划""民国时期文献保护计划"等国家级文献保护项目的实施，使得中华优秀典籍文献的保存保护得到了国家的鼎力支持与社会的广泛关注。这其中，针对特定典籍文献、文献保护技术等策划的展览展示既向大众普及了相关文献知识，展示了中华优秀文化的魅力，又唤起了社会对优秀典籍文献保存保护的意识，促进了中华优秀文化的保护更加健康、持续的发展。早在国家典籍博物馆成立之前，国家图书馆即相继策划、举办了"文明的守望——中华古籍特藏珍品暨保护成果展"、四届"国家珍贵古籍特展"、"西域遗珍——新疆历史文献展"、"艰难与辉煌——纪念中国共产党成立九十周年珍贵历史文献展"、"东方的觉醒——辛亥百年历史文献展"等十余场大型展览，分别以专题成果展示、主题展览支撑等方式，以典籍说话，向社会公众充分展现了典籍在历史发展、中华文明传承等方面的作用，让公众对典籍有了更为直观的认识，增强了社会参与文献保护的意识。

国家典籍博物馆成立以后，使得博物馆与图书馆的优势更加互补，其在文献保护、文化展示与传承方面的职能更加突显，国家典籍博物馆以其行业领先的硬件设备、专业的典籍陈展队伍、书香浓郁的展览环境、充满活力的专业讲解队伍、多元系统化的典籍推广手段，为文献保护相关项目的实施提供了更加优异的环境，也凸显了国家典籍博物馆典籍文化的保护中心的职能定位。相关文献保护项目亦可借助国家典籍博物馆的展示平台，通过策划典籍主题展、保护成果展、修复技术展等各类展览，向公众普及相关知识，提高全社会参与文化遗产保护的意识。

例如，我们在策划国家典籍博物馆首展"国家图书馆馆藏精品大展"时，就考虑到典籍与古籍保护知识融合展示的问题。首展共有金石拓片、敦煌遗书、善本古籍、舆图、样式雷图档、少数民族文字古籍、名家手稿、西文善本、中国古代典籍简史九个专题展览，我们分析近现代的名家手稿与观众联系更为密切，很多人家里会保留近现代书信、手札等文献，而这些文献多是含酸的机制纸张，容易老化、脆化，书写工具除毛笔外，多为钢笔、圆珠笔、铅笔，字迹非常容易褪色，亟须得到有效的保护。展览系统介绍了国家图书馆手稿原生性保护和再生性保护的手段，观众参观了名家手稿展后，也会掌握一定的手稿保护知识。另外我们利用多媒体技术，在善本古籍展厅中还制作了"保卫善本"小游戏，通过搭建藏书楼场景，设置知识互动环节，引导观众在触摸屏上将对古籍善本保护有危害的事项找出来，以实现将枯燥无味的古籍保护知识趣味化、通俗化，使观众可以在游戏的过程中了解古籍保护常识。

古籍版片是历史上雕版印制古籍之后的版片留存。直至近代，雕版印刷一直占据着中国印刷业的主要位置，同时也是中国对世界文明的重要贡献。2014年，文化部在组织申报第五批《国家珍贵古籍名录》时，将传世珍稀的古籍版片纳入《国家珍贵古籍名录》，将重要的版片收藏单位纳入"全国古籍重点保护单位"范围，这进一步丰富了古籍保护的内涵，促进了古籍活态化保护和传承。为配合第五批国家珍贵古籍名录的评选，国家古籍保护中心在国家典籍博物馆举办了"册府千华——珍贵古籍雕版特展"。这是新中国成立以来第一次对珍贵古籍雕版的全面展示，共展出来自不同单位和个人的140多块古籍雕版以及早期珍贵雕版印刷文献，展品一共200多件。展览分为雕版的发明与发展、古籍雕版、日用雕版、雕版技艺、雕版印刷活态演示五个部分，展示了雕版印刷术的丰富内涵和独特魅力，展览还邀请了十竹斋、潍坊年画、朵云轩等非遗传承人进行现场演示，以群众喜闻乐见的形式，向民众普及古籍保护知识，充分揭示古籍保护工作成果，引导全民关注古籍保护事业，同时也彰显了国家图书馆传承中华文化的担当与成就。

三、典籍博物馆与非遗传承

我国是世界文化遗产大国，既有有形的文化遗产，如历代建筑、古代典籍等，也有通过"口传心授"等方式传承下来的、无形的非物质文化遗产①。作为重要的记录载体，典籍在非物质文化遗产的传承中也扮演了十分重要的角色，如国家图书馆所藏《天工开物》《耕织图》《古今图书集成》和《武英殿聚珍版式》等大量珍贵典籍都对中国古代传统技艺做了详细的说明和记载。国家图书馆名誉馆长周和平曾说过："国家图书馆藏有各类典籍3000多万册、古籍300多万册、善本100多万册，有大量的文化需要挖掘和整理。非物质文化遗产的展览让我们找到了典籍和现实的联系，非遗是我国各族人民世代传承、与群众生活密切相关的各种传统文化表现形式，文物在传承中会消失，但记忆仍坚强地传承下来。"② 因此，充分发挥国家图书馆馆藏优势，将历史典籍文献、口述影像史料与现实生活中的非物质文化遗产紧密结合，让社会大众进一步了解非遗的悠久历史，唤起全社会保护非遗的意识，成为国家图书馆义不容辞的责任。

事实上，国家图书馆在非物质文化遗产项目实施之后，即开始了相关展览的策划实施，如从2007年开始陆续举办了"中国非物质文化遗产印刷专题展""中国非物质文化遗产技艺展演""册府琳琅，根脉相承——中华典籍与非物质文化遗产特展""中国非物质文化遗产典籍记忆系列展""大漆的记忆——中国大漆髹饰暨国家级非物质文化遗产项目代表性传承人作品大展""中国非物质文化遗产保护出版成果展""丝绸的记忆——中国蚕丝暨国家级非物质文化遗产项目特展"。

国家典籍博物馆成立以后，"我们的文字——非遗中的文字书写与传播""中国非物质文化遗产摄影展"等非遗展览相继移步典籍博物馆举办，以"我们的文字——非物质文化遗产中的文字传承"展览为例，展览在世界文字发展演变的视野下集中展示中国文字的历史变迁与发展现状。为了增加展览的趣

① 周和平：《加强非物质文化遗产保护，建设中华民族共有精神家园》．［2012 - 06 - 27］．

② "丝绸的记忆——中国蚕丝织绣暨国家级非物质文化遗产项目特展"在国家图书馆开展［EB/OL］．［2014 - 07 - 05］．http：//www.nlc.gov.cn/dsb _ zx/gtxw/201312/120131230 _ 80060.htm.

味性、普及性及观赏性，我们几乎动用博物馆可以见到的全部展陈手段来揭示文字演变的规律，如非遗传承人的现场演示、各少数民族文字书法的代表性传承人同聚一堂共同书写"团结就是力量"等条幅、配合展览的专题讲座、与展览相配套的《我们的文字》出版发行、认识古代文字乐谱的音乐会、为小朋友讲文字故事的亲子活动、古籍修复现场教学、文创产品的销售等系列活动，使得展览得以借助图书馆的资源、博物馆的平台与展示手段获得极佳的展示效果。

由此可见，充分依托馆藏典籍文献，挖掘文献典籍与非物质文化遗产之间的关系，策划有关非物质文化遗产技艺展示的展览，辅助以多媒体、专题讲座、论坛、现场演示、衍生品销售等多种互动方式，将国家典籍博物馆打造成为非物质文化遗产的重要展示场馆、传习基地，借助典籍"探百艺之流脉，复遗产之本貌，明今后之发展"①。

四、典籍博物馆与社会教育

图书馆是公共文化服务体系的重要组成部分，具有保存人类文化遗产、开展社会教育、传递科学信息、开发智力资源的四大职能，社会教育是最为核心的职能。典籍博物馆则是"以典藏、展示、教育、保护、研究国家重要典籍为内容的、具有传承书籍文化、开展社会教育作用的博物馆"。因此借助展览，举办丰富多彩的社会教育活动，提高民族文化素养，是典籍博物馆的终极目标。国家图书馆建立国家典籍博物馆，带给国家图书馆的变化，并非简单增加了博物馆的文化属性，更多的是知识传播手段的提升，具体表现在与展览互动密切的典籍课堂、论坛、讲座的举办，以及"商王来了""名家带你临名碑""名家带你走进样式雷""名家带你写春联""左琴右书"等"走进典籍博物馆大课堂"活动的开展。

国家典籍博物馆开馆时，举办了"国家图书馆藏精品大展"，配合首展中的金石拓片精品展，我们开展了"名家带你临名碑""灿烂的中华文化"等现场教学互动活动，邀请当代书法名家现场教学，学生得以零距离接触名碑名

---

① 溯文化根源 探百艺流脉——"中华典籍与非物质文化遗产特展"侧记．［2011－06－21］．http：//news. idoican. com. cn/zgwenhuab/html/2011－06/21/content _2348782. htm? div =－1.

帖，与名家切磋书法技艺，传授典籍知识；在"名家带你走进样式雷"活动中，我们邀请著名建筑工艺师赵广智先生带领学生、聋哑儿童走进中国大美古建，深入了解融中国古代天人合一建筑精髓于一体的中华优秀传统文化。根据典籍展览的特点，我们开设"典籍文化之旅综合班"，课程内容涵盖中国古代典籍的历史脉络，从文字的产生、典籍的萌芽，到典籍的传播与发展，全方位地向青少年展示了我国悠久的典籍文化；"我是刻版印刷造书匠""印一本自己的书"两项课程，孩子们通过动手的方式去感受和了解古代书籍的印刷、装帧技术；"我是小小讲解员"中英文系列课程以典籍知识为基础，设计出一套适合孩子们理解记忆的讲解稿，让孩子们能身临其境，感受典籍文化的博大精深。结合甲骨文记忆展，我们设计了"商王很忙"系列活动，青少年可以通过多种互动形式，了解商代占卜过程以及神秘的甲骨文；通过商王一天的农牧狩猎、饮食出行、寻医问疾、祭祀宴饮等日常起居，了解商代的生活百态。结合宋元善拓暨全国书法临摹创作展，我们在展厅中央设置教学互动区域，举办"走进典籍博物馆大课堂之左琴右书"，邀请著名古琴家吴寒等老师现场分享琴棋书画等中华优秀经典文化。配合春节主题活动，我们策划举办了"名家带你写春联"活动，邀请6位书法名家亲临现场与观众一起写春联。配合各主题展览，我们策划了"典籍博物馆系列讲座"，如《畅春园的故事》《雕版收藏的现状与问题》《存世最早的文字木雕版——西夏文木雕版》《文明之母——清宫旧藏雕版》等，我们的讲座有的放矢，各种类型的讲座不但深入解读了典籍的丰富内涵，而且与展览形成良性的互动。这种依托展览，集现场授课、演示、观展、解惑于一体的互动方式，提升了典籍博物馆社会教育的品质，与展览一起，逐渐形成了国家典籍博物馆的特色品牌。

五、典籍博物馆与文创开发

　　十八届五中全会明确提出在"十三五"期间，把文化产业打造成国民经济支柱性产业；2015年3月20日，《博物馆条例》正式施行，首次鼓励博物馆挖掘藏品内涵，并将之与文化创意、旅游等产业相结合，开发衍生品，增强博物馆自身发展能力；2015年11月，文化部部长雒树刚在《人民日报》撰文提出："探索用好用活历史文化瑰宝的途径办法，让收藏在博物馆里的文物、陈列在广阔大地上的遗产、书写在古籍里的文字都活起来"①。以上这些都为国家典籍博物馆文创衍生品的开发提供了难得的历史机遇。

2014 年 9 月，国家典籍博物馆正式开馆，在举办特色展览、讲座、公众课堂之外，国家典籍博物馆深刻践行习总书记关于"使中华民族最基本的文化基因与当代文化相适应、与现代社会相协调，以人们喜闻乐见、具有广泛参与性的方式推广开来""让收藏在禁宫里的文物、陈列在广阔大地上的遗产、书写在古籍里的文字都活起来"② 的讲话精神，高度重视文创衍生品商店作为博物馆"最后一个展厅"的作用。我们在借鉴国内外博物馆、图书馆优秀经验的基础上，依托国家图书馆宏富典藏，整合国家图书馆现有人才、资源，适时启动国家典籍博物馆文创开发、经营工作，设计、开发了一系列符合当代审美文化，实用性、创新性、趣味性十足的文化创意产品，我们以馆藏《芥子园画传》、《庆赏升平》、近现代名家手稿等文献为基本设计素材，共开发了 100 余种文创产品，形成展销区域 700 余平方米。这些文化创意产品凝聚了百年国图、五千年中华文明深厚的文化底蕴，既不失庄重典雅之气，又符合现代人轻松愉悦的品位，使得以往"高大上"的文化转化为"接地气"的产品，以一种独特的方式将"藏在深闺"的瑰宝展现出来，受到了到馆观众的充分认可，实现了"把图书馆、博物馆带回家"的目的。

综上所述，以典籍文化为中心，突出典籍展览展示特色，深度挖掘典籍的深邃内涵，创新展览展示方式；综合多种典籍资料、口述史等，打造弘扬非物质文化遗产等中华优秀经典文化的平台；以陈列展览提升公众对于以典籍为首的中华优秀传统文化的保护意识；坚持古为今用，推陈出新，创新公共文化服务方式，使其社会教育职能更贴近百姓，更融入生活，更具"人情味儿"，是国家典籍博物馆的立馆使命，也是百年国家图书馆事业创新性发展的出发点。

---

① 雒树刚：《加快文化改革发展》，《人民日报》2015 年 11 月 26 日第 7 版。
② 习近平：《提高国家文化软实力》，《习近平谈治国理政》，外文出版社，2014 年，第 160—162 页。

哲人其萎　遗泽永长

李西宁（山东省图书馆）

2009 年 7 月是多雨的季节，也是多伤感的季节，两位诞生于齐鲁大地的世纪老人、也是学术大师携手逍遥而去，举国悲恸。望着他们渐行渐远的背影，感谢他们留下来伟大的人格精神和丰富的文化思想，使人们心中文明的灯火依稀更加明亮了。在这个浮躁的万丈红尘中，他们的离去，是对我们社会生活的震撼，更是对我们思想文化的救赎。引导我们避开喧嚣，去认真思考社会人生本来得价值，从他们身上汲取滋养身心和社会的甘泉雨露。

记得那是周六，任继愈先生去世的消息传来，大家十分悲痛。作为国家图书馆名誉馆长的任继愈先生是图书馆界的泰斗，虽然知道任先生那年年初几次病重住院，没想到噩耗来得那么快，快到恍然以为是惊梦讹传。痛定未已，我们当天就以山东省图书馆的名义发了唁电，送了花篮。14 日，馆里派我专程赴京悼念任先生，一路兼程，下午两点多钟到达北京。当我们走进国家图书馆时，天气虽然十分炎热，路上依然可见络绎不绝、默默行走前来吊唁的人们。

任继愈先生的灵堂设在南区的学术报告厅，在走廊两旁肃立着年轻的馆员们，国家图书馆的馆长们正迎候着大家。在张志清副馆长的带领下，我们佩戴白花来到吊唁大厅。迎面的正墙上方悬挂着黑底白字横幅"沉痛悼念任继愈先生"，横幅下的幕布上，一片白色、黄色菊花簇拥着任先生的巨幅遗像，照片上的任先生身着深色西装和白色的衬衣，戴着黑框眼镜，在静穆的花海之中目光睿智深邃，神情清寂。遗像两边有一副挽联："老子出关，哲人逝矣，蓬莱柱下五千精妙谁藏守；释迦涅槃，宗师生焉，大藏大典四库文明有传人。"为詹福瑞馆长所撰，庶几可以概括任先生为民族的文化传承发展所做的不朽功绩。厅两边排列着各界敬献的花圈花篮，挽联挽幛披纷如雪，悲悼伤痛凝仁如云。

　　大厅里气氛庄严肃静。我手中捧着一枝洁白的菊花，怀着无比悲痛的心情，慢慢走到任先生的遗像前，双手献上，代表山东省图书馆界的同仁们恭恭敬敬鞠了三个躬，表达家乡同仁对任先生的无限思念和缅怀。四周哀婉沉寂，我默默伫立，抬头仰望任先生，他静穆的笑意，使我一时泪满脸颊。"完美真实地将祖先留下来的杰作传给子孙后代，是华夏儿女共同的责任"，任先生坚守着图书馆人的那种信念与我们是相通的。我在吊唁簿上写下了"学垂册府，文化百年推夫子；德被桑梓，故园千里感斯人"。虽直白了些，却写出了我的感受。

　　陪同我们的张馆长说："任先生在病中时，我们去医院看他，他已神志不清了，嘴里含混不清地念叨着什么，只有'图书馆'三字，反复说了几遍，我和同事们都听懂了。"这是他无法割舍的情缘。

　　从北京回来几天来，读了许多见诸报刊的文章，感觉精神灵魂得到了荡涤和洗礼。人们眼中的任继愈先生，为人低调，不为外物所役，不为荣辱所扰，从来蔼然冲淡，也少有慷慨激昂。尽管其学术成果对当代中国具有深远影响，却坚持不出自己的全集，也拒绝过生日，对身后事更是交代一切从简，直到他病重住院的前几个月，仍每周一和周四到国家图书馆上班，风雨无阻，他是中国知识分子的典型代表，也是近现代中国图书馆的一座精神丰碑。

　　我生也晚，其学也浅，与大师们并没有什么亲密接触；和许多人一样，是读他的《中国哲学史》才知道任先生的；后来到图书馆工作知道他还是国家图书馆馆长；再后来参加会议多了，时常听任先生讲话。他给我的感觉是思路清晰，语言简洁，不啰唆，不枝蔓，与一些老人长篇大论、喋喋不休不同，这里面一定有很深的克制和修养的功夫。2009 年是山东省图书馆建馆 100 周年，年初本想请任先生题字，可是听说任先生身体不好，不忍心打扰他，于是作罢。好在 80 年馆庆时任先生曾题过字，"石渠留宝笈，鲁壁出弦歌"，后来就收在《山东省图书馆馆藏书画集》中了。这两句诗我们曾经复制了挂在古籍部正面的墙上，凡是来访的人，都称赞字写得好，词也好，是任先生书法的精品。任先生给许多图书馆都题过字，如湖北，东莞，我省的平原、兖州等等。任先生的书法气度雍容，清隽挺秀，不但骨气奇高，铁画银钩中极显现金石意味，而且书卷气浓郁，与他的雅致词语内容珠联璧合，堪称学者书法的翘楚。

　　任先生十分关心家乡的图书馆事业，多次给平原县图书馆捐书，每每开会遇到家乡人，都询问了解图书馆的情况。他当年就读的山东省立第一模范小学

（现大明湖小学），创办于清朝末年，就坐落在济南旧城城里贡院墙根街，与山东省图书馆相比邻。在这里任先生度过了小学时期，奠定了人生重要的基石，许多往事到了他晚年仍记忆犹新。2002年1月新世界出版社出版的《竹影集》中开头两篇文章"初小老师曹景黄"和"高小老师夏育轩"就是他对在济南就读小学时所做的回忆，后来也收入了人民日报出版社出版的《念旧企新：任继愈自述》中。

在这里，他打下传统国学的底子，影响后来。那时学校对"四书"等传统儒学经典传习都有系统安排，老师博学多才，讲述生动活泼，给他留下了深刻印象，后来的学贯中西，大约是从这里的传统经典起步，打下坚实基础的。他回忆说，初小曹景黄老师讲《论语》，高小夏老师讲《孟子》。这种课程叫"读经"，为各年级的必修课。记得小学上《论语》课，讲到"臧文仲居蔡，山节藻悦"（《论语·公冶长》），曹老师说："蔡是乌龟，古人以龟为神物，近人以乌龟为贬义，骂人的话。我的村庄取名'蔡家庄'，是'乌龟庄'。"大家都笑了。有一次，在济南开华北运动会，优秀运动员奖品是《十三经》。有一位运动员叫王玉良的，得到两项冠军，奖给他两部《十三经》，当时有"二十六经冠军"的称号。连年内战，山东军阀割据，山东省自行印制"军用券"，不能兑现，强迫老百姓使用。教师们发薪水，一部分用银圆，搭配部分"军用券"。读孟子说的"民有饥色，野有饿莩"（《孟子·梁惠王上》），在那个战乱动荡的年代，大家都理解至深。

在这时，他体悟学习方法乐趣，受益匪浅。在这期间除了学习知识，任先生也学到了许多学习方法，老师的教学方式也让他念念不忘。当时作文用文言文写作，每次发作文卷子也是一次作文评讲。好的作文，老师指出好在哪里。常见的错字、用词不当，老师结合作文向全班讲解。作文课是写作练习，发作文的评讲则是语法修辞的练习。记得有一次作文题目是关于清明节植树。任先生的作文有"吾乡多树，每值夏日，浓荫匝地……以待行人憩焉"。曹老师指出，"这个'焉'字用得好，得到文言文的语感，就算学懂了"。比如吟诵，这是中国古代帮助理解、欣赏文学作品的通行办法。任先生记得曹老师讲《岳阳楼记》，讲毕，还吟诵一遍，以加深作品印象。他还听老师讲过明代王守仁的学生向他请教《诗经》的一章，王守仁没讲话，只是吟诵了一遍，问学生："懂了吗?"学生回答："懂了。"王满意而归。而夏育轩老师记的掌故多，社会经验多，给学生很多课堂以外的知识。他说西方心理学有一派，把人的性格分为四大类型，其中一种为多血质，性情开朗豁达，能哈哈纵声大笑，孟子应属多血质类型等等。多读多写获得的语感，与吟诵的抑扬顿挫的音调，也许是相通的，也是学习理解古代作品的好办法，而广博贯通尤为重要，这种体悟是许多年后成为学术泰斗的任先生的经验之谈，至今犹有借鉴意义。

在这边，他感受到老师人格道德教育，塑造高尚品德。德业并重，以德为先，在学校里不仅仅是学到了知识，更重要的是得到了道德伦理思想的锻造涵养，春风化雨，老师的人格表率对他产生了深远影响，塑造了他宽厚儒雅、清简笃实、严谨谦虚的高尚人格。当时是级任制，由一位老师从低年级接收，一直跟到学生毕业，然后回头来再从低年级开始。当时新学堂初起，犹留有旧书院教学的痕迹。好处是师生有感情，互相了解，对学生的学业、品德成长有利。如果老师业务水平高，师长足以为学生的表率。他记得夏老师讲"文如其人"，什么人写什么文。他说，明太祖朱元璋在南京城外郊游，见人骑马路过，便出一七言对，上句为"风吹马尾千条线"，长孙建文对云"雨打羊毛一片毡"，四子燕王对"日照龙鳞万点金"。夏老师说，从这句对子中也可以看出建文这个人软弱无能。夏育轩老师不但课讲得好，对学生要求也严格但有慈心，他鼓动学生学习要有主动性，鼓励学生自觉地完成学习任务。倡议公布同学住家到学校的距离一览表，姓名栏下有"约×里"。住得远，如果偶然到校迟到，提出正当理由，可以得到谅解。而曹老师结合课文，讲《孟子·滕文公下》："胁肩谄笑，病于夏畦。"这一章也让他终生难忘，老师讲课时举了一些社会上流行的巴结上司、拍有权有势人物马屁的可耻可笑举动的例子，有时引得哄堂大笑，笑过之后给大家留下深刻印象。他深有感触地回忆说："在我幼小的心灵里，培养了鄙视趋炎附势的人生观。我今年80岁了，曹老师给我的教育的新鲜感从未衰减。"

另外，当时一件小事任先生还记得，就是夏育轩老师让同学们自办小图书馆。占用教室一角，设两个书柜加一把锁，推举一位同学掌管，半年轮换一次。同学们共同出资，订阅几种杂志，有《小朋友》《儿童世界》等，还由同学捐助一些文艺小说，如《水浒传》《红楼梦》《镜花缘》《说岳全传》《三国演义》《老残游记》等，也有几十种之多。任先生后来满怀深情不无遗憾地回忆说："我当过一任图书馆负责人，我的前任是陈运畴同学，他把钥匙交给我。正赶上1928年日军炮轰济南，杀害我公使蔡公时，造成'五卅惨案'。学校停课，我们提前毕业，小图书馆也不复存在了。"不知道这段经历对任先生以后从事图书馆工作有何影响，这也是任先生与图书馆的不解之缘吧。

我们今天读他这些回忆文字，还依旧感受到言语之间流露出对少年时期求学于济南那段生活的无限怀念和深厚情感。因此，那年任继愈先生听说大明湖改造影响山东省图书馆，非常焦急和关注，托人询问情况，还给馆里写了一封信：

> 得知大明湖改造欲拆除山东省图书馆老馆的主体建筑，对此我颇为忧虑。省图书馆老馆不但是上世纪的老建筑，有历史保留价值，而且现在作为省少儿图书馆，仍对丰富当地群众精神文化生活起着积极作用。现在拆除，未必妥当。我中小学在济南度过，对大明湖周边的景物非常熟悉，很有感情。我希望，大明湖的改造，与保留历史老建筑，丰富群众文化生活和促进图书馆事业发展，并行不悖，相互协调，相得益彰。个人意见，妥否，请斟酌。任继愈，2008 年 8 月 22 日。

殷殷之心，溢于言表。在任继愈先生的关心和倾力呼吁下，山东省图书馆老馆部分得以保留，成为图书馆国学分馆和尼山书院，拆除的建筑则得到置换，异地建设成了少年儿童图书馆。每当芙蕖秋月，烟柳春风，书声琅琅，古琴幽眇，大明湖畔氤氲着书香的奎虚书藏巍然矗立，我们会常常想起任先生为这里倾注的心血，安静淡泊做一个中华文化和图书馆精神的传播者和守望者，也许是对任继愈先生最好的追思和安慰。

我想起毛主席那篇著名文章中称道的，一个高尚的人，一个纯粹的人，一个有益于人民的人，这样的人任先生做到了。于是高尚的道德，纯粹的品行，加上他非凡的学术成就使其"仁者长寿"，这些稀有的聚合造就了后人无法企及的高峰，也正是我们在这个时代正在快速缺失的东西。

大师的远去，让我们在喧嚣之中宁静下来，思考着方向，努力着，等待着后世大师在我们中间出现。

（此文曾收入国家图书馆编：《哲人其萎　风范永存——任继愈先生追思录》，国家图书馆出版社，2009 年。此次有增改）

细微之处见精神

——我所经历的任馆长的三件小事

方自今（国家图书馆出版社）

任继愈先生担任国家图书馆馆长 18 年，是国家图书馆任职时间最长的馆长，为国家图书馆的人才建设、事业发展做出了许多重大贡献，这是众所周知的。与重大相对应的是细小，我有幸亲历了任馆长的三件小事，这些非常小的小事，同样从细微之处见证了任馆长虚怀若谷的博大胸怀和上善若水的高尚情操。

其一，大处着眼，小处着手。

2001 年，我在国家图书馆办公室工作。7、8 月间，河北省三河市图书馆馆长陪同当地文化局局长到我馆调研。那天，馆领导全部因公务外出，恰逢任馆长来馆出席《中华大典》编纂会，再三权衡之后，我把三河市图书馆来访的事情汇报给了任馆长。我情急之下的请示，其实是有些冒昧的。时年已 85 岁高龄的任馆长，只负责人才建设、事业发展等重大事项，类似接待、读者服务等日常事务，已经不再去惊动他老人家。但是，得知来访消息，没有等我再说出对此事更多的考量，也没有一丝一毫推辞的念头，任馆长非常愉快地表示要亲自接见。在与三河市文化局局长的交谈中，任馆长一再强调，图书馆只有大和小的区别，没有行政级别的区分，希望三河市政府能够对三河市图书馆的建设给予更多重视。面对馆长言辞恳切的叮咛嘱托，三河市文化局局长感动了，三河市图书馆馆长感动了，我更是被深深地感动着。时至今日，任馆长语重心长的话语，始终印刻在我脑海里，他说："各级政府都要用心办好各级图书馆，图书馆事业就会蓬勃向上，国家就会有好的发展。"简单的言辞之下，是任馆长心怀文化传承与发展的拳拳赤子之心，他老人家装在心中的始终是家国天下。

其二，海纳百川，有容乃大。

2002 年年底，我即将调离国家图书馆办公室的工作岗位。在离开之前，我特意到任馆长处请教自己在工作中存在着哪些不足，今后当如何做出更好的改进。任馆长充分肯定了我在办公室期间所做的工作，他对我说，任何部门都是国家图书馆的重要组成部分，无论到哪个岗位去工作，都是在为国图做贡献。我认真聆听着任馆长的教诲，用心记下每一句话。接着，任馆长竟然非常认真地提出，要我也给他老人家提提意见。当我看着这位耄耋之年的国学大师身体微微前倾，专注地等待着我这样一位后学之辈来指出不足之处，心中诧异之余，唯有钦佩和感动。任馆长说，一个人要提高，就要不断学习和改进；加强自身修养是一个长期的过程，要活到老学到老；只有不断否定自我，才能取得更大进步。任馆长是当世的鸿学巨儒，与季羡林先生并称 20 世纪最后的两位大师，但他老人家却始终虚怀若谷，谦逊一生。回忆此事，我更为深刻地领会到佛学泰斗方立天老师的那句话："任公一生取得的业绩、成就，所做出的突出贡献，不是偶然的，是有其崇高品质在内的精神动力的。"任馆长一生追求自身升华的胸怀，也激励着很多身边的人。

其三，悲天悯人，上善若水。

我在国有资产监督管理处工作期间，任馆长曾特意向我介绍为他服务的司机师傅的家庭状况，这位司机师傅收入微薄，爱人也没有工作，孩子正在上学，家里的经济情况十分困难。任馆长找我商量，希望能够通过一个合适的方式为这位司机师傅的家属找到一份工作，任馆长一再强调这个忙要帮，但绝不能给馆里的正常工作添乱。其实，作为国家图书馆馆长，他老人家本不必要关心司机的家庭状况，他也完全可以安排人事部门协调解决这位司机师傅家属的工作问题，但是任馆长都没有那样做。最终在他的关心下，这位司机师傅的爱人以租赁场地的方式在国图书店经营文具销售，既方便了读者，又增加了个人收入，实现了任馆长的良好心愿。这虽然是件小事，我却始终记忆犹新。任馆长非常明白该如何在尊重的前提下去帮助一个人，不是动用权力的指挥棒，更不是世俗地打出赠予钱财的好人牌，而是始终践行着"以人为本"的精神，尊重每一个人，尊重馆务工作。任馆长着眼全局、落到实处的关怀，把温暖深深扎根在每一位国图人的心中，成为我们永远的力量源泉。

我时常感念曾有如此的幸运，能够近距离地感受大师的风采，能够亲历与任先生有关的一些小事。时至今日，每当我想到任馆长，会微笑、会感动、会敬畏、会充满激情地去行动。

斯人远去，精神不朽。任馆长永远活在我们心中。

任先生与文津讲坛

陈荔京（国家图书馆）

时光荏苒，任先生离开我们已经近七年了。然而，任先生的谆谆教诲言犹在耳，音容笑貌宛如昨日。

记得最初与任先生相识是在 1994 年。那时我刚到馆办工作，与任先生办公室相隔两三个房间。每到周一和周四，我都会看到任先生拄着拐杖，提着公文包来上班。那时候我还是刚走出校门不久的年轻员工，只知道任先生是著名学者，内心里满是崇拜和敬仰。而真正与任先生熟识起来，是在 2000 年 9 月到国图分馆（2006 年更名为古籍馆）工作以后。因为举办文津讲坛，我有了更多与任先生接触的机缘。

文津讲坛的创办始于 2001 年元旦，在位于文津街的国家图书馆分馆修缮重张之际，依托分馆的区位优势，国家图书馆决定按照雅俗共赏、普及与精深兼得的原则，面向公众推出学术文化系列讲座。2003 年元旦正式挂牌"文津讲坛"，树立起了文化品牌。讲坛坚持主讲人和主讲内容的精品意识，前来演讲的多为知名专家学者，有德高望重的学界前辈，也有风华正茂、学术有专长的学界中坚，至今已举办 800 多期，享誉京城内外，成为全国著名的文化品牌。

文津讲坛得以不断发展、声名远播，得益于任先生的鼎力支持、悉心培养。

从品牌创立、定位到规划实施，任先生都身体力行，倾注了极大的热情和心血。他不仅率先垂范，亲自登坛演讲，还亲自指导规划讲座的选题，邀请名家。作为一名德高望重的著名学者，任先生以自身的人格魅力与学界耆宿的影响力，把众多知名的专家学者、知识界以及社会上关心文化事业的人们团结、汇聚到讲坛，极大地提升了国家图书馆学术文化重镇的品牌与形象。

　　任先生对于讲坛的重视，源于他对教育的重视和关心，对图书馆定位的远见卓识。他认为，图书馆除了承载人类文明，还具有教育和传播知识信息的功能。任先生在论及图书馆的社会教育职能时反复强调，图书馆可以补充学校教育之不足，它是社会教育的重要机构，是全民终身学习和教育的基地。他认为，图书馆的教育职能不同于大学，责任要比大学大，服务的范围要比大学广，服务的层次要比大学深。为国家培养各类人才，学校教育是主流，但这只是一个方面；更多人才资源的培养是靠社会，社会越发展进步，图书馆的作用就越凸显，我们肩负的使命和责任也越重大。

　　为提升文津讲坛的品牌影响力，任先生还率先垂范，亲自登坛演讲。2001年5月19日，85岁高龄的任先生以"唐玄奘取经与《西游记》及其现代启示意义"为题，做了他在文津讲坛的第一次讲座。讲座之后，任先生在留言簿上题下"锲而不舍，金石可镂"八个字，他引用荀子这八个字，既是对玄奘为弘扬佛法不畏艰难精神的概括，也寄托了他对传承我们民族自强不息的文化品格的殷切期望。对我们而言，这也是对文津讲坛的勉励和鞭策。

　　自2001年起，任先生在文津讲坛共讲了七讲，其余六讲分别是"中国历史的曲折前进""今天看诸葛亮""今天看《周易》""汉字的再认识""今天看科举制度""中国哲学的未来"。记得其中有一次，任先生是带病坚持演讲。从任先生讲座的选题到内容，我们深深感到，任先生亲自讲课的寓意，不仅在于传承文化与学术思想的绪脉，更在于它体现了一个有强烈忧患意识的知识分子，对国家和社会强烈的关切与责任感。

　　文津讲坛从小到大，到树立品牌，逐步成熟走向系统化规模化，任先生发挥的作用不可或缺。在任先生的关怀指导下，文津讲坛牢牢把握方向，坚持走精品道路。任先生以八九十岁的高龄，亲自指导选题规划，推荐主讲人，邀请名家。他常和负责讲座的工作人员就选题和主讲人进行具体交流，可以说，文津讲坛的事情都装在他的脑子里。记得2004年元旦，任先生来分馆出席文津讲坛二百期暨回顾展开幕式，那天是厉以宁先生的讲座，我在陪同任先生参观回顾展览时，他突然提到李学勤等三位专家的名字，推荐请他们来做讲座。

　　在文津讲坛发展的许多历史节点上，任先生都给予了切实的指导和支持。

　　讲座创立的第一年，共举办了一百场演讲，我们从中选出部分内容结集出版，并于2002年元旦举办了国家图书馆《文津演讲录》首发式暨国图分馆百期讲座。讲座最初没有名称，就叫国家图书馆分馆双休日学术文化系列讲座，在举办近两年后，决定实行品牌化，策划了一些名字，最终由任先生确定为"文津讲坛"，任先生亲自题字，我们请朱家溍先生设计，故宫制作了"文津讲坛"牌匾，2003 年元旦挂牌举办了揭牌仪式，2004 年元旦举办了文津讲坛二百期暨回顾展开幕式。每一年的元旦都要请一位著名专家前来演讲。从2002 年一直到 2008 年，任先生每年都迎着新年的第一缕曙光，把每年的元旦时间都奉献给了文津讲坛。

图 1　任先生为文津讲坛题字

图 2　文津讲坛匾额

任先生还是讲座最忠实的听众。有时我们在讲座厅里忙碌时，一抬头，猛然发现任先生安静地坐在后排。一次叶嘉莹先生讲宋词，任先生也是悄然而至，坐在最后一排，没有太多人注意到他的到来。一名大学生突然认出了他，于是在讲座开始之前快步来到任先生面前，请任先生为他写一句话，任先生在他的笔记本上工工整整地题下"生而有涯，学无止境"，这也正是任先生自己一生的座右铭。这句话后来镌刻在了任先生与冯钟芸先生夫妇的墓碑上。

我知道任先生眼睛不好，但有多严重，还是在任先生去世后才从一些报道中得知的：他右眼自70年代起即已失明，左眼视力也只有0.2左右。我只知道若遇阳光强烈，特别是上下台阶，任先生会看不清，需格外小心。任先生经常出席一些专家学者的讲座，因其中有些学者的讲座听众太多，分馆后来将这些讲座临时安排在临琼楼的大讲座厅。任先生每次来出席，我们都会陪着他和主讲嘉宾，出了文津楼侧门，登上一段狭窄陡峭的楼梯，从临琼楼的后门直接进入讲座现场。每当扶着他上下这段台阶时，我都感到紧张，但任先生从来没有提过一句，对于一位高龄且视力不好的老人而言，任先生是以怎样的毅力克服了这些不为人知的困难！

任先生为人非常谦和、朴实、低调，不论是对员工，还是对听众和读者，老人家都体现出高度的学养与道德风范。在我的脑海里，任先生总是那副和蔼可亲的老爷爷形象。每次来分馆，通常都是我负责搀扶照顾他，任先生看见我时，就会开心地呵呵笑着说"你来啦"，这场景在脑海里永远清晰如昨，给我留下了十分温馨难忘的记忆。

记得每次讲座结束时，总有一大堆读者涌到讲台前与任先生交流，任先生都耐心地解答。还有很多人请任先生签名，考虑到任先生的身体状况，我们都会及时上去搀扶老人家回到贵宾室，让他休息一下。而读者们也都很执着，往往候在贵宾室外，我们将他们的本子递进贵宾室，任先生都会一一签上名，直到每个读者都拿着本子满意地离去。

还记得，任先生的家人和子女均都随任先生来听过讲座，其中任先生的女儿任远教授陪任先生来的次数最多。最初没有人知道他们是任先生的家人，他们总是进入文津楼后即与任先生悄然分开，同读者一样进入讲座大厅，悄悄坐在不起眼的位置，没有人知道他们是谁。在图书馆全面免费开放之前，讲座曾经有一段时间售票入场，他们也照常如其他读者一样买票入内。后来工作人员才慢慢知道原来是任先生的家人和子女。

　　记得一次周末，在讲座厅门口恰好碰上任先生的夫人冯先生和她妹妹来听讲座，那时两位老人均已八十多岁的高龄。我赶紧迎上去，一问才知两位老人是自己打车过来的，这令我非常吃惊。讲座结束后，我扶两位老人出来，打了辆出租车，我提出要送她们，她们执意不肯。出租车远去后，我心里一直不踏实，半个小时后，我给任先生家里打了电话，接电话的恰是任先生，他呵呵笑着说"到家了"，仿佛这样的事情很平常一样。更令我深受震动的是，数年后，我偶然从一分馆老同事口中得知，他还曾经遇到过任先生自己一个人打车悄然来听讲座，并没有司机相送。

　　还有一件给我留下深刻印象的事。任先生曾在分馆食堂接待过一批同学，他们都是八十多岁高龄的老先生，一般不吃外面的饭菜。任先生给了我几百元钱，托我买些水果，我买了水果并在北海仿膳买了几盒温软的小点心，价格很便宜，大概是 15 元一盒，老先生们相聚吃得很开心。过后，我要把几百元钱如数退给任先生，说水果和点心很便宜，没花多少钱，任先生坚决不允，坚持付了水果和点心的钱。

　　追忆与任先生相处的日子，点点滴滴让我受益终身。他的求真，他的敬业，他的律己，他的待人，都堪为时代的表率。应当说，任先生的言传身教，是我人生道路上最难得的精神财富，我相信，也是国家图书馆弥足珍贵的精神遗产。随着时间的推移，我愈发感到任先生形象的伟岸，也愈发感到任先生的辞世对中国的文化学术界、对国家图书馆无法弥补的损失。时代呼唤大师，呼唤任先生这样道德文章堪称楷模的知识分子。

　　走笔至此，不胜唏嘘，谨以此短文表达对任先生的深深怀念！

"唯心而能转物"

——写于任继愈先生 100 周年诞辰纪念之际

任小玫（北京外国语大学）

《楞严经》里有言"心能转物，即同如来"①。这句话本质上是希望信众回到初心，自性自在，不见境生心，不思物染尘，精神上有一番蜕变，追求的是自由和平静。纵观我国已故当代著名哲学家、宗教学家、历史学家②、国家图书馆馆长任继愈先生（1916—2009）的生命路径（life path）与学术树，运用众所周知的、传统的生命路径方法，以及借助于"云"端的中国历史地理信息系统，可以在统计任继愈先生全部学术作品和学术活动的基础上，按照时间纬度建立学术生命路径曲线和时序分布图，以统计分析其学术成果和学术活动的分布情况及变迁过程，一方面反映出著作量、学术活动数量随国情变动而出现的起伏变化，以及二者之间相辅相成的呼应关系；另一方面通过观察特定时段的学科分布变化，体现其个人学术偏好的转徙，也足可反映我国哲学、宗教学的整体历史变化轨迹。笔者以为，他在心有通悟，方在外有显化，对后学的我辈而言这才是唯识的正途。

因了《徐霞客游记》及其研究的机缘，我不止一次看到过记录抗战初期莘莘学子如何南迁的、"记其生活、绘其色彩"型的叙述。除了竺可桢先生（时任浙江大学校长）所提的浙大南迁至贵州，"由浙而赣、而湘、而桂、而黔，所取路径，初与霞客无二致，故《徐霞客游记》不啻为抗战四年来浙大

---

① "物"指五欲（梵语 panca kamah）六尘（梵语 sad visayah），山河大地，乃至人事物也。本句大意是心能自在而不被外物所惑动，即是如来（梵语 tathagata）。

② 更准确地说应该是"哲学史家""佛学史家"。

之迁校指南①", 1937 年卢沟桥事变爆发后, 为保存中国文化, 国立北京大学、清华大学和私立南开大学组成长沙临时联合大学, 但随着南京的沦陷又被迫转移到云南昆明。"万里长征, 辞却了五史宫阙; 暂驻足衡山湘水, 又成别离"——晚年的任继愈先生最爱讲的是西南联大时候的掌故逸事, 1999 年欣然应浙江新昌人民政府之请题写《天姥山碑》即有纪念徐霞客 (登此望天姥) 之意。正如这首西南联大校歌开章所写, "七七事变"爆发, 正在北京大学哲学系读书的他随校南迁, 他的命运也随之改变: 1938 年师生到昆明主要有两条路线: 其一是经粤汉铁路转道香港, 然后乘船到越南, 经河内由滇越铁路前往昆明, 可称为铁路—海路路线, 多为有钱学生选择; 其二是经湘西、贵州、滇东横穿内陆, 到达昆明, 全体女生、体弱男生和大部分教师及其家属都选择此线 (长沙、桂林、南宁、越南、昆明一线) 坐车到达。另外还有将近 300 名身体强壮的男生和十多位教师组成"湘、黔、滇旅行团", 闻一多先生带队。20 岁出头的任继愈先生经体格检查说可以, 也加入了。说是旅行团, 其实是一路徒步的"长征"②, 行程 1300 多公里, 历时 68 天, 刻其体魄, 塑其精神, 是在长长的人生路上抒情天真的部分, 也是赖以辨识同类的秘密标识, 是"抗日战争烽火中我国教育史上具有国际影响的一次创举"(张寄谦), "是历史也是神话"[saga 又译为传奇](易社强)。在这次用脚步丈量中国的路途中, 各地如湘西的风景自是美不胜收, 还不乏新奇的发现, 沿途有徐霞客留下的诗篇, 有红军长征留下的标语, 让先生有机会看到了农村败落和农民贫困的景象, 也看到了反抗和革命。国难当头, 生活于困顿之中的民众却能舍生取义, 拼死抗敌, 中华民族在危难中的不屈精神, 令他感动, 也让他深思: "靠

---

① 之所以说是"迁校指南", 不仅仅是因为路线的相仿, 还包括旅行内容的相似。旅行团是"徐霞客精神的一曲凯歌", 因为其宗旨本身就是"借以多习民情, 考察风土, 采集标本, 锻炼体魄, 务使迁校之举本身即教育"(唐绍明:《徐霞客精神的一曲凯歌——西南联大湘黔滇旅行团浅析以纪念徐霞客逝世 360 周年》,《徐霞客研究》第 8 辑, 学苑出版社, 2001 年, 第 24—35 页)。袁复礼教授 (清华大学地学系主任) 一路上不顾旅途劳累, 指导学生采集各种标本、观察地质现象和测制路线地质图, 尤其值得关注。世间公认为这次联大"小长征"对联大精神的塑造具有重要的影响, 开启了联大八年刚毅坚卓的历程。

② 美国西南联大研究专家易社强教授 (John Isreal) 倾 20 年之力写就的《西南联大: 战争与革命中的中国大学》, 第一部分勾画了联大在昆明之前的经历, 命名为"爱国者的朝圣之旅", 视角独树一帜。中文翻译版 2012 年九州出版社出版, 饶佳荣译。譬如说通过深入民俗考察, 学美术出身的闻一多推进了从事多年的神话研究。

了他们承载着这个又穷又大的国家。人生的归宿，最后的真理，如何与当前广大贫困的农民和败落的农村发生关系，对我来说一直是个问题，无法解决。我深信探究高深的学问，不能离开哺育我的这块灾难深重的中国土地。从此，我带着一种沉重的心情来探究中国传统文化和传统哲学。"观世如史，万界六合，真正的学问其实是朴实的生命科学，只可以通过实践才知本意，自幼生长于小康之家的任继愈先生第一次近距离接触当时社会最底层的普通民众。而后再开学，升入大四的任继愈先生就由西方哲学史转读了中国哲学史①。关于学业的方向，选择哲学在当时本来就并不寻常。对此他曾写道："旧社会读哲学很难找到合适的职业。那时年轻，不考虑那些，一心想寻找真理，追求人生的归宿。入学时有十几个人，毕业时只剩下三个人，我是其中之一。"遥想禅宗六祖参法性寺时，遇风吹幡动，二僧争辩，经祖开示"非风动，亦非幡动，仁者心动"。正如美国半自传体小说《在路上》所揭示的，率性而为，身随意走，每一代都这么垮着，又好像每一代都在以自己独有的方式昂扬奋进着。

"因上努力，果上随缘"。其实只要做了"因"，种了种子，至于何时开花结果，静候即可。不追，自随。所谓"心想事成"，即专心地想就能成就一切。新中国成立后，任继愈先生和大多数知识分子一样，积极地献身到工作当中，在自己的领域中大展身手。1956 年，他成为北大教授并加入了中国共产党。他注意到，随着皇权的颠覆，儒教也就垮掉了，但它的影响一直还在。"儒教是宗教"这一点，他自认为是最大的学术贡献。从 1978 年他提出这个问题，一直到 1998 年，全国支持此观点的只有四个人，而先生一直坚持着自己的观点。这一观点近年来逐渐为越来越多的人接受并认同。虽然在今天看来他是通过将儒教与"文革"捆绑在一起以实现对"文革"的批判和对传统的否定，但却开辟了一种新的视角，以前理解儒家都是从哲学角度，他则是从宗教的角度。这一观点至今仍在激烈争论中，如卓新平研究员（中国社科院宗教所现任所长）个人也并不完全认同。但是要知道，经过了明末清初利玛窦对"儒教是教"的否定，19 世纪末 20 世纪初的"儒教之争"，甚至罗素也提出"中国没有宗教"，任继愈"弃佛归儒"，尤其是他的提法"重新为 5000 年

---

① 由此确认自己终身专业方向的还有马学良（北大中文系）、黄明信（清华历史系）、李鄂鼎（清华土木系）等泰斗。此外，全国范围内，当时还有西北联大迁陕西，武大、中大、同济和交大迁四川等。

统一多民族国家的连续不断发展找到了潜在的精神力量——儒教作为宗教，作为社会伦理和社会秩序"；而且，他并不是一味从传统文化或者封建文化的复位的角度来研究的，而是带有批判精神的。从他对最敬重的师长熊十力先生的回忆中也可以寻找到自身思想转变的轨迹。他说，熊十力先生家有一副对联，"道之将废也，文不在兹乎"，颇能说明他学术体系建立后弃佛归儒的心境。"除了在他著作中写出来的，理论上发现的佛教哲学缺失外，还有一个埋藏在他内心深处的'第一因'——对中华民族传统文化的热爱。正是由于儒家传统带有浓重的民族特色，而佛教更多思辨特色。思辨精神与中华民族的生死存亡的关系不是那么直接。'为生民立命'，在西方近代哲学家看来，本不是哲学家的事，而中国知识分子则认为责无旁贷。春秋战国在中国历史上曾被认为是个大变革，它与'五四'以后的变革相比，简直微不足道。这种深挚而悲苦的责任感，是 20 世纪多灾多难的中国爱国的知识分子独有的。对中国传统文化了解得愈深刻，其深挚而悲苦的文化责任感也愈强烈。"

　　1963 年冬天，周恩来总理访问非洲 14 国前，给中央写了一个报告，建议加强研究外国的工作，筹备建立一些研究所，还成立了以廖承志为组长的"国际研究指导小组"。在这个报告上毛泽东做了批示，说这个报告很好，但唯独没有宗教研究，不批判神学就不能写好哲学史，也不能写好文学史和世界史①。因为有了这个批示，任继愈先生于 1964 年受命组建中国社会科学院世界宗教研究所②，并亲自出任所长，而他此后也一直在历史唯物主义的框架内进行学术研究。因学术随笔《一休哥，休息，休息一下》刊载于《世界宗教文化》2008 年第 2 期，笔者有幸与其偶有交集。本为小萝卜头的个人抒发，从日本室町时代的禅僧一休宗纯和尚（1394—1481）说开去，阐发"我执"

---

　　① 毛泽东 1963 年 12 月 30 日在《关于加强宗教研究问题的批语》中写道："对世界三大宗教（耶稣教、回教、佛教），至今影响着广大人口，我们却没有知识，国内没有一个由马克思主义者领导的研究机构，没有一本可看的这方面的刊物……用历史唯物主义的观点写的文章也很少，例如任继愈发表的几篇谈佛学的文章，已如凤毛麟角，谈耶稣教、回教的没有见过。"此为原始出处，"凤毛麟角"也出自此。其实当时哲学界还有冯友兰与汤用彤等很多大家。
　　② 中国唯一的国家级宗教学术研究专门机构，宗旨是运用科学的立场、观点、方法并积极吸收和借鉴古今中外一切有关的学术成果，对宗教学基础理论和世界范围内包括中国本土各种宗教的教义、经典、历史、现状以及宗教与中国传统文化的关系进行多视角、多方位的研究，以增进对人类观念形态和社会文化发展的整体认识，加强对世界面貌和中国国情的全面了解，为国家现代化和社会精神文明建设服务。

与"去执"之意，能入大家法眼实属意外之喜，从而添增了对任老与研究所的一分了解：用历史唯物主义研究宗教的难得，自他开始发扬光大，并逐步开枝散叶开来——马克思主义在中国文化里已经有了根。文化就像是空气和水，它没办法超脱，只能说怎么去认识它，怎么去取舍它。他曾经说过，世间没有纯学术，但有一点可以说，我写的，完全是我想通了的，没说别人的话，我反对跟着凑热闹！这句担保不由叫人想起了"风与幡皆是相，应知万法唯识，非别有风幡及外境"！明乎风幡乃识田种子现行，则不误会心自心、风幡自风幡矣——难得的是心身物如一则转，用马列的尺矩做的还是发自内心的东西。

关于不可跳过的"文革"岁月，任继愈先生的回忆性描述给人的体会是：一切事物皆有两面，有利的一面与不利的一面，光明的一面与黑暗的一面，就看我们会不会用，会用就能转，但凡能转物即同如来。"转物"二字多少人错会，以为是把眼前的一座大楼搬走了才是转物。不对，那是剩末边事。应知，境随心转则乐、心随境转则苦，转烦恼为菩提才真是转物。譬如说，"文革"开始后，任继愈先生经过几番波折后被送往河南信阳干校接受"教育"。在干校期间，他显得十分"乖巧"，早上出去参加劳动，晚上回家睡觉，成天很少说话，由于为人十分和善，很少有人为难他。但是，由于在那里光线太暗与劳动过度，他右眼还是患了严重的眼疾，左眼视力也受到损害，因而医生嘱咐他为了保持目力夜间不能看书和写字。整天劳动，身同牛马。这是好事是坏事？人不愿和自己说话，正好一句话不说。既然许多事盘算也无用，干脆就不想。当心归到空性时，你就是宇宙，宇宙就是你。另外，他还学会了针灸，周日出外给老乡治病，受到老乡们的欢迎，被赞誉为"北京来的大夫"。逆水行舟时，一个人要像一支队伍，对着自己的头脑和心灵招兵买马，不气馁，有召唤，爱自由。三界唯心，一切唯识，坏事变为好事，在修持上就能得到一个飞跃。不是题外话的题外话，无独有偶，季羡林先生在《牛棚杂记》里讲到了他的应对之道，门房当值的同时闭气静意、凝神默念，琢磨修改自己前晚的译诗。心归无极，心念专一，深入禅定，小宇宙自成一体。"心能转境"是也。

到了1987年，新落成的国家图书馆（现称总馆南区）在空缺几年后迎来一位新馆长——71岁的任继愈。这一变奏（角色转换）是自然而然发生的，他也由此进入继北京大学哲学系教授、中国社科院宗教所所长之后的第三个人生角色。坐镇国家图书馆的20多年里，任继愈先生将自己定位在组织大规模的传统文化资料整理工作上："一代人有一代人的处境和使命，但主线是爱国主义。中国自秦汉以后，就是一个统一的、多民族的大国，它能给文化以很好的保证，这是其他文明古国所不具备的。现在不是出大师的时代，我们这一代是为之准备粮草。"历时16年，完成了107卷、总字数过亿的《中华大藏经》①。此外，主持了"镇馆之宝"文津阁《四库全书》影印出版，同时汇编了7亿多字的《中华大典》。他曾放在时代格局中解释过自己的定位："现在不是哲学家的季节。乾嘉盛世，是清朝百年后才出现。唐朝是贞观之治，政治上统一了，而创作的繁荣是在开元时代，也近百年了。几代做准备才有了高潮。我们现在这个时代做什么呢？承前启后，真正的文化勃兴期还在几十年以后。"由形入魂，承上启下的过渡性，其实是贯穿于每个生命个体当中的。但是，这样的观察与思考，走心的念旧与企新②，更形而上地说，大去永存，是更高、更阔达的生命境界！

对我们外语工作者而言，笔者觉得尤其需要一直学习的是，正如当年小学老师为他起的名字一样，任继愈先生是"文化自觉"精神的践行者，他在耄耋之年出山担任保护民族文化遗产公益广告代言人，为保护祖国的文化遗产奔走呼告，将中国古代精神遗产的继承与弘扬作为自己一生的追求和使命——"文化自觉"概念由费孝通先生最早提出，即"指生活在一定文化中的人对其文化有'自知之明'"。这种"自知之明"既不主张"全盘西化"，也不支持"坚守传统"，而是为了增强对文化转型的自主能力，取得为适应新环境、新时代而进行文化选择时的自主地位。脑海中多次闪回的，有三里河从北大旧窗前移迁来的那一丛竹子的影像——自古以来谦谦君子便信仰郑板桥的"不可居无竹"——更有多年前聆听国图老馆长在302办公室训诫的情境：是他给我讲述了博尔赫斯③传奇的人生故事。图书馆长是博尔赫斯一生唯一从事过的正式职业，图书馆也成为他一生挚爱无比之所在。即便是几近失明的晚年，他老

---

① 以与《永乐大典》《四库全书》《敦煌遗书》并称国家图书馆四大镇馆之宝的《赵城金藏》为基础，又挑选了8种有代表性的大藏经作为对比参照编辑而成。"将9种佛教典籍集于一身，这在世界上也是史无前例的。这部浩大的典籍共107卷，历经十几年才陆续出完，先后有160多人参加了有关工作，他们年龄从20岁到80岁不等，老少不一，工作时间有长有短，但有同一个目标，那就是尽快整理出版。"此后他又在致力于《中华大藏经》的续编工程。

② 作品集名（《念旧企新：任继愈自述》，山西人民出版社，1997年）。

③ 世界魔幻现实主义大师、阿根廷当代最负声誉的作家博尔赫斯（1899—1986），1955年被任命为本国国家图书馆馆长时撰写了《关于天赐的诗》，其中有言："我心里一直都在暗暗设想，天堂应该是图书馆的模样。"

人家也喜欢被将近百万册的书籍整日包围，想象和智慧的力量让他活在书籍和文字所构筑的世界中，真实而纯粹。同样是他告诉我，古籍无不经历了漫长的岁月方才留存至今，对于欲一窥先人活动痕迹的现代人而言，是弥足珍贵的宝藏。至于参观国家图书馆古籍修复成果展，一睹由国图专业人员完成的馆藏《赵城金藏》《永乐大典》、西夏文献、敦煌遗书等国宝级遗珍的亲颜，则是后话了。打动我的，不只是他对图书文献学、对图书馆事业的热爱，更有那祥和中凸显的睿智，把握尺度的分寸感，在我这样一个西风熏陶下成长的小"书虫"眼里是无可比拟的。一直以来，他那敦厚而鼓励的话语，以及长期从事知识谱系工作养成的内敛风格，无形中也激励着我，发愿要在需要的时候为他尽自己的微薄之力。细究起来，首先这就是留校工作以来我积极参与新闻出版署组织的《大中华文库》编辑出版的缘起之一吧。众所周知，《大中华文库》（多语种翻译版）工程是历史上首次系统而全面地向世界推出外文版中国文化典籍的国家重大出版工程。它于 1995 年正式立项，按计划从我国先秦至近代文化、历史、哲学、经济、军事、科技等领域最具代表性的经典著作中选出100 种，由专家对选题和版本详细校勘、整理，由古文译成白话文，再从白话文译成英文。如是我闻，在 2005 年"向世界说明中国——汉英对照《大中华文库》全球首发式"上，作为学术顾问委员会委员的他直言，现在甚至连大学教授都看不懂相关专业的古代文献，像《大中华文库》这样的古代典籍翻译出版工程，将来很可能面临着因为人才缺乏而难以为继的危机。他还讲了一个关于翻译的小故事：在一次外交宴会上，中方官员对外宾说："慢慢吃，吃好。"然而，翻译译成了"请你吃慢一点"，全无礼敬尊敬的客人并请其随意而不催不赶之意，使得外宾觉得很不自然，反倒觉得是不是自己的吃相不雅，吃得太快了？作为一项必将在中外文化交流史上产生重要影响、并能体现国家出版水平的文化出版工程，《文库》从编选思路到具体操作都给大家提出了较高要求。具体的参与过程当中，笔者总想到"跌跌撞撞"这个词——这并不是一个无奈的描述，而是一段奇特的经历：我们无法清晰地记起自己学步时的跌跌撞撞，但却有机会品味心理上的摇摇晃晃，并通过运用他所说的"围棋复盘"般的方法，清清楚楚地体会到这跌跌撞撞、摇摇晃晃最终如何变成了稳稳当当。这种清晰的成长的感觉是生命中难得的境遇。于是我才有了参加《大中华文库》（英语双语版）的坚持，一本又一本，现在还出于公心帮中华书局这家百年老店在啃《后汉书》英文版的编辑工作。也因此，一看到国家图书馆古籍修复业余培训通知的时候，强烈的感觉是，不止是以"玩票""做手工"的名义，是听候召唤的时候了！幸运的是，《俯下身去，从细节处体味"时光修复"——2013年秋古籍修复技艺传习上学记》本为个人小结，至于是在景仰中华古籍还是在礼敬中华古籍修复自己也说不明白了，却随后在2014年由光明日报社、国家图书馆（国家古籍保护中心）共同举办的"我与中华古籍"有奖征文活动中获得了三等奖。一旦"集结号"再次吹响，"中华古籍保护计划"志工里一定有我，必须的！

如上所记二三事，与史实重建、史料认定和论证方法无涉，主要为数据收集预备阶段的所思所忆所感。鉴于他为中国图书馆事业乃至中国文化事业的发展都做出了巨大贡献，赢得了全国图书馆界同仁的敬仰和爱戴，随着《任继愈文集》（全10册，近400万字）的出版与任继愈研究会工作的深入，想来在任继愈先生百年诞辰纪念会暨学术研讨会的前后，定会有同人整理出任继愈先生著述索引，本人自当在中国索引学会系统大力推荐，以交互性立体式的检索应用，尤其是通过文献元数据和词表数据为基础构建的知识关联网络，以检索结果集为对象，展现资源、主题、人物、事件四大类型实体及实体之间的关系，支持关于人物和行动的、人物和结构以及人物和身份的渐进式探索。

而综上所述，这位世纪老人沉重的道路选择和严谨的性格，也许让他不像同一天逝去的季羡林先生那么具有公共性，但从某种意义上来说，他是"更为深沉的一代知识分子标本"① 的当代典范，境界的高远尤其可见一斑。太史公曰，"虽不能至，心向往之"。屡屡受教于其人其事其书，深深感动于唐绍明②、王敏若伉俪对先生的深情厚谊，欣然听命于国家图书馆的征集，亦是我"不够知己"却在此还有话要说的缘由罢。

---

① 语出陈明（再传弟子）与贾冬婷（《三联生活周刊》记者）的采访对话。

② 唐绍明先生（曾任国家图书馆党委书记兼常务副馆长）为清华大学弟子，与任继愈先生一直保持着亦师亦友的情谊。他和夫人王敏若女士当时都随家人到了云南，进入西南联大附中。任继愈大学毕业后那年任王敏若的国文老师。

任继愈先生与我国文献缩微事业

魏大威　李健　李晓明（国家图书馆）

　　作为中国文献影像技术协会第一届至第四届理事会的名誉理事长，任继愈先生为我国的文献缩微事业倾注了大量的心血。而这一事业也正是在任继愈先生的关心和支持下，由微而生，一步步蓬勃发展起来的。

　　早在 20 世纪 80 年代中叶，任继愈先生就意识到我国在珍贵文献保护工作方面存在若干亟待改善的地方。他凭着对保护中华传统文化的责任感和担当精神，积极上书中央领导，主张通过利用缩微技术来抢救珍贵历史文献，这极为有力地推动了文献缩微事业在我国的发展。任继愈先生不仅是中华文明的传承者，更是时代精神的引领者。他尽其一生，以传承和弘扬中华民族五千年优秀文化为己任；他身体力行，为我国的文献保护工作指明了方向。值此任继愈先生 100 周年诞辰之际，为纪念老人家为缩微事业发展所做出的卓著贡献，特撰此文，以抒缅怀之情。

一、高瞻远瞩，建言文献缩微事业势在必行

　　20 世纪 80 年代初，我国的文化事业百废待兴。1981 年，党中央（81）37 号文件指出，"把祖国宝贵的文化遗产继承下来，是一项十分重要的、关系到子孙后代的工作……现在对有些古籍的孤本、善本要采取保护性的抢救措施。图书馆的安全要解决"。作为一名学者，任继愈先生以其传承中华文明的责任担当和远见卓识，在文献和档案的保存、保护、利用等问题上及时地向国家建言献策，发出了历史性的呼吁，这为全国性文献缩微抢救工作的开展奠定了基础。

　　1982 年 6 月，任继愈先生到山东曲阜孔府查阅档案资料，他一方面为档

案查阅的"收获不少"而喜，另一方面也为孔府档案损毁情况的触目惊心而忧。7月1日，任继愈先生给当时负责文化工作的胡乔木同志写信，提出了"关于妥善保存和充分利用孔府档案的建议"。任继愈先生阐述了"孔府作为儒教圣地，相当于基督教的耶路撒冷"的观点，就档案的保护和利用等问题提出了建议，其中明确提出对档案"全部微缩照相，这样可保护原档的面目……"；"以照相胶片供借阅……交给国内若干大省、市图书馆保存并提供研究者以借阅的方便……即使发生意外（天灾、人祸）这部珍贵资料全部内容不会淹没损毁。天下只此一份孤本，一旦损失，将无法弥补，我们这一代如未能充分利用它，也没有保存好，就会犯历史性的错误"。

任继愈先生对文献保护工作的呼吁得到了中央领导的高度重视。1982 年 7 月 13 日，胡乔木同志将任继愈先生的信转发邓立群、郁文两位同志，并做出了重要批示，"这些问题一向无人注意，拖久了必致损失，又档案缩微事业关系我国文化遗产的保存，意义很大，并希告图书馆局、文物局和档案局一并从速进行为荷"，并指派相关单位从速开展文献、档案的保护工作。

在得到了中央的批示后，文化部迅速启动各项筹备工作，并于 1985 年正式成立了全国图书馆文献缩微复制中心，专门负责全国图书馆系统的文献缩微抢救工作。从此，我国文献缩微工作的序幕正式拉开，也成就了文化部第一个全国性工作项目的诞生。可以说，没有任继愈先生对文献保护工作的高瞻远瞩，就没有文献缩微工作 30 多年来的蓬勃发展。

二、审时度势，推进国家图书馆文献缩微工作深入发展

1987 年，任继愈先生就任北京图书馆（现国家图书馆）馆长。时逢全国图书馆文献缩微复制中心成立不久，文献缩微工作规模不断壮大，但随着科学技术的日新月异，数字技术的突飞猛进给文献缩微工作的后续开展带来了严峻的挑战。任继愈先生审时度势，不断提出和创新对文献缩微工作的见解与主张。

就任馆长以来，任继愈先生对古籍保护和读者服务格外重视。最初，北京图书馆的主要定位更多的是针对文献的存藏。对于古籍文献而言，大多数读者并没有直接阅读的便利。任继愈先生极力主张"用是为了藏，藏是为了用"，让图书馆的作用不仅于"传承文明"，而且需要承担起"服务社会"的责任。

同时，任继愈先生提倡以缩微复制的方式保护和抢救古籍。在任期间，他大力支持缩微中心开展各项珍贵文献的抢救工作，充分保障并不断扩大缩微工作经费的拨付力度，以更好地发挥并体现出缩微技术在文献存藏与利用上的独特优势。由此，无论藏用缩微文献都有了更多的用武之地。

十几年前，图书馆的文献数字化工作开始起步，如何理清缩微技术与数字化二者之间的关系，成为业界争论与探讨的重要课题。此时，任继愈先生以一个哲学家的高度和视角，提出了"缩微技术与数字技术二者互补，相得益彰"的重要观点，在当时的业界产生了强烈反响，而这一观点也成为当前我国文献缩微工作大力推广"数字缩微"理念的理论源泉。实践证明，任继愈先生的这一观点具有高度的前瞻性和全局意识。如今，在任继愈先生"数字缩微"理念的影响下，缩微技术与数字化技术已经实现了全面融合，这妥善地解决了图书馆内"藏"与"用"两种职能的矛盾，有力地推动了文献缩微工作的创新发展。

担任馆长期间，任继愈先生一直关心并支持国家图书馆文献缩微工作，重视缩微制品的推广和应用，支持缩微事业的不断创新发展。国家图书馆原副馆长孙承鉴回忆说："每次向任继愈先生汇报文献缩微工作时，他都十分认真地听取汇报，对缩微工作的进展、缩微品的保管和利用都详尽地了解，不厌其烦地叮嘱要把工作做好。"任继愈先生对缩微工作的殷殷关切，由此可见一斑。

三、坚定支持，确保缩微事业在全国范围内形成良好工作局面

1994 年，中国缩微摄影技术协会成立。基于任继愈先生对我国缩微事业所做出的突出贡献，全会代表一致推举其为协会名誉理事长。任继愈先生无论工作如何繁忙，总是心系协会的发展，不断地给予指导意见。在任继愈先生强大的影响力下，全国图书馆系统、档案系统、军队系统和很多相关企业都意识到了缩微工作的重要性和必要性，纷纷加入协会，为缩微事业在全国范围内的普及和开展提供良好的发展基础和保障。任继愈先生曾经多次提道："我对缩微技术是外行，但利用缩微技术可以有效保护古籍我是有根据的。把古籍缩微下来主要是向我们的后代负责；还应该研究利用好已经缩微的文献，这是为当代人服务的事情。两方面都要做好，不要有遗憾。"1999 年，正值中国缩微摄影技术协会换届之际，任继愈先生特意致贺词："把握现在，展望未来，让缩

微技术在信息管理现代化中发挥更积极的作用。"任继愈先生寄语缩微工作者们要将传统技术与时代背景相结合，与时俱进，开拓创新，也道出了对缩微技术在信息化社会中有所作为的期盼。

2003 年，缩微中心整理出版了新中国成立前中文报纸创刊号汇编影印本，任继愈先生对影印书籍的出版工作给予大力支持，并亲为影印书籍题写书名"早期中文报纸创刊号"。任继愈先生的墨宝素来珍贵，但只要是事关图书馆事业的未来发展，他却从不吝惜。单就缩微文献保护事业，无论是缩微事业周年纪念，还是协会召开学术研讨会，任继愈先生给予的题词不下七八处，可谓是有求必应。任继愈先生对缩微事业的关怀渗透着自己对珍贵文献遗产保护的殷殷期望，也激励了一代又一代的缩微人。

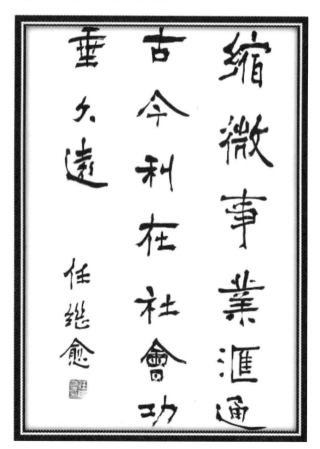

任继愈先生为我国文献缩微工作的题词

　　时光悠悠，岁月荏苒。任继愈先生虽已故去多年，但却为我们留下了弥足珍贵的精神财富。缩微事业承载着保护祖国珍贵文献典籍的历史使命，担负着传承中华民族历史文化的重要责任。未来路上，我们会继续秉承任继愈先生的遗教，坚定不移，稳步向前，为保护我国珍贵文化遗产而不懈努力。

任继愈先生与国家图书馆近现代名家手稿文库建设

孙俊（国家图书馆）

1954 年，国家图书馆为保存重要文化史料，开始向社会各界征集近现代政治家、思想家、科学家、文化名人及历史人物的手稿，创设近现代名家手稿文库。半个多世纪以来，名家手稿文库在社会各界鼎力支持下，入藏了梁启超、王国维、鲁迅、巴金、朱自清、闻一多、郑振铎、傅雷等众多名家的著作、日记、书信等手稿资料，成为国家图书馆独具特色的重要馆藏。

近现代名家手稿文库（以下简称"名家手稿文库"）的建设属于国家图书馆的基础业务，并非任继愈馆长主持的文化工程。然而任先生在担任国家图书馆馆长和名誉馆长的 20 余年里，一直关心名家手稿文库，不仅为手稿征集牵线搭桥，出席名家手稿文库很多重要活动，还指导手稿保护及服务工作，推动了名家手稿文库的持续发展。今逢任继愈先生 100 周年诞辰，我们从实际工作出发，结合馆藏文献和档案资料，敬呈此文，以缅怀先生为名家手稿文库建设和发展的用心与用力。

一、手稿征集

名家手稿文库工作档案中保留有任继愈馆长指示征集历史学家郑天挺手稿的一张字条，用蓝黑钢笔写在"中国社会科学院世界宗教研究所"300 字稿纸背面（图1）：

郑天挺（字毅生）教授

明清史专家，北大历史系教授，1952 年调到南大学①，历史系主任，南开大学副校长。他有一批手稿，请与他的长子郑克晟联系（南大历史系教授），争取他捐献给国家图书馆收入"名家手稿"系列，妥为保管。

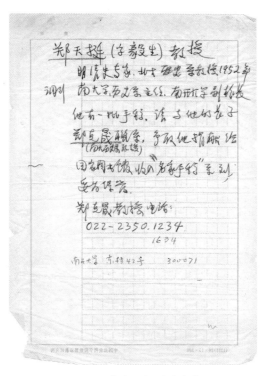

图 1　征集郑天挺手稿字条

字条上还有郑克晟的电话联系方式。负责名家手稿文库工作的李小文同志很快与郑克晟取得联系，郑克晟在给李小文的信中写道：

小文女士：

现找出郑天挺先生 70 年代手稿三份，拟捐献给国家图书馆特藏部，请查收。三份篇名如下：

一、关于柳条边；

二、清初统一黑龙江；

三、努尔哈赤与明王朝。

---

① 疑"南"字后漏"开"字。

共 102 页。

因系初稿，不特别完整，但绝对是老先生手稿。

专此即致

敬礼！任馆长一并致意。

南开大学历史所郑克晟敬上

2003. 8. 14

信中提到的三种手稿于 2003 年 12 月由三子郑克扬代表郑天挺子女无偿捐赠国家图书馆。可以看出郑天挺手稿的征集工作完成得非常顺利，这其实在很大程度上得益于任馆长的介绍。任馆长在《西南联大时期的郑天挺先生》① 一文中详载了郑先生的治学和为人。其治学成绩在于"早年得明清史专家孟森（心史）的真传，由于不断努力，继续攀登，他的国际声望甚至超过孟森先生，在南开大学创建了明清史的中心"。其为人更值得钦佩，"西南联大八年间，他处理那些极琐碎、极不起眼的总务工作，从容不迫，办事公道，博得师生们的信任和称赞"。1945 年，日本投降，郑先生奉派回北平筹备恢复北京大学。临行前，他委托任继愈和韩裕文整理他房间的书籍、绘画、文件。由于这个偶然的机会，"才知道他默默无闻地做了大量工作：为学校延揽人才，给同事们平息争端，消除了一些派系之间处于萌芽状态的对立……我尊重郑先生的意志，从未对外讲，但是郑先生的贡献，郑先生的胸怀，值得敬佩。郑先生已作古，若不说一说，也许这些看不见的功绩将永远湮没"。任馆长特意指示征集郑天挺手稿，从图书馆的角度来看，是为国家保存重要文化史料；从另一个角度来看，也是为了郑天挺先生的学术成果得到应有的尊重和保护。

名家手稿文库中有一份赵西陆《世说新语校释》，此稿以清王先谦思贤讲舍校刊本为底本，校以唐写本、日本影宋本等，参考引用书近 80 种。举凡移写、对校、按语，均以蝇头小楷书于底本之上，朱墨粲然，令人称叹。该稿1943 年始做于西南联大，1947 年秋七月又校于北京大学。2006 年 2 月由北京图书馆出版社影印出版。影印本前有任继愈《作者简介》：

赵西陆（1915—1987）北京人，一九三七年毕业于北京师范大学中文系。抗日战争爆发，他经重庆赴昆明西南联大中文系任教。西南联大名师荟萃，赵西陆深得罗常培、闻一多、刘文典、杨振声诸位师长的器重，

---

① 《念旧企新：任继愈自述》，人民日报出版社，2011 年，第 134—136 页。

他除了讲授全校的共同必修课"大一国文",还深入钻研中国文学史、目录学、校勘学,博采众家之长,打下了深厚的国学基础。联大解散后,他应聘在北大中文系执教。一九五二年全国高等学校院系调整,赵西陆作为北大选拔的优秀教师支援东北人民大学(后来称为吉林大学)中文系。当时的各大学很大一部分时间搞运动,赵西陆利用早起两小时的时间从事古典文献研究。他校注了《战国策》《诗品》《孙子兵法》《西厢记》《三国志平话》《世说新语》,"文化大革命"中,全校教师奉命下乡插队三年,他的书稿、稿件焚毁殆尽,这部《世说新语校释》劫火余灰的书稿有幸保存下来。"文革"后,作者本来要撰写成书,中间也得到张政烺、魏建功先生提供资料和鼓励。不幸他患胃癌,三次手术,体力不支,未及成书,赍志而殁。

据时任北京图书馆出版社社长的郭又陵告知,任先生打电话让他去家里取这部书稿,商量影印出版事宜。这部书稿是赵西陆女儿赵实拿来的,很多年来没有出版。任馆长认为书稿很有价值:一方面,它是对古籍的校对、注释,有赵西陆自己的见解在里面;另一方面,它对后人了解前辈学者怎么做学问很有帮助。作者在西南联大的时期,有时连电也没有,但蝇头小楷能写得这么工整,这种在艰苦条件下做学问的精神值得后人学习。任馆长还嘱咐书稿出版之后,可以和家属商量捐赠给国家图书馆。2006 年 3 月,该稿由出版社转交名家手稿文库,捐赠证书亦由出版社转交赵实女士,完成了捐赠手续。

赵西陆留下的文章著述不多,其人其学不显。幸赖任馆长《作者简介》,人们得以知其行实;幸赖手稿的影印出版,人们得以窥其学问门径;幸赖任馆长的介绍,其手稿得以永久保存于国家图书馆。

以上是任馆长直接为名家手稿入藏牵线搭桥的例子。任馆长其实也为手稿征集工作做了一个示范。什么样的手稿符合名家手稿文库入藏标准?赵西陆手稿的入藏,说明任馆长看重的是手稿本身的价值,而不是作者所谓的名气。

任馆长还出席了名家手稿文库很多重要活动,如 1993 年当代名家文库座谈会暨名家赠书展、2001 年国家图书馆名家手稿珍藏展暨名家手稿捐赠仪式,2003 年作家周而复长诗《伟人周恩来》手稿捐赠仪式,等等,任馆长以其人格和学问的号召力,襄助国家图书馆近现代名家手稿文库的征集工作。2008 年 4 月 7 日,任先生以 92 岁高龄出席"洁白的丰碑——纪念傅雷百年诞辰展览"开幕式并致辞:

尊敬的来宾，各位领导：

大家下午好。我怀着沉痛和激动的心情来讲几句话。

傅雷先生是我尊敬的长辈，他比我大八岁，从未见过面，可是我读过他的著作，还读得不少，我是想见其为人。他属于我们师长这一辈的人，一位学者，他们这代人都是在中华传统文化哺育下成长的，有深厚的传统文化素养，同时又接受过西方文化的影响，当然这些群体中间影响有多有少。都是近现代世界大变动的经历者，爱国主义者，共同的理想是关心天下兴亡，这个天下，就是咱们的国家，消灭贫困，争取当国家的主人。

从中世纪走向近代，在西方的欧洲国家，走了四百年之久；我们中国呢，要把西方四百年走过的路程压缩到几十年完成，任务的艰巨不言而喻。中国是个多民族的统一大国，疆域之大差不多相当于欧洲，文化长期落后，地区之间的发展极不平衡。辛亥革命成功了，推翻了皇帝的制度，这是唯一的收获，但是不平等条约依然存在，国家还没有真正的统一。真正的统一是中华人民共和国建国以后的事，这几十年间的事，但是，以前的政府没有留下好的治国经验，新中国的建设探索了几十年，才找到脱贫致富。大跃进，我们的人民公社，缴了昂贵的学费，甚至付出了惨痛的代价，这里就不再说了，大家都是过来人。

我要说的，也是我个人的一些感想，记得二十多年前，社会科学院为了纪念金岳霖教授从事教育六十五周年，祝他八十几岁的生日，开了一个会，会开得很隆重，那时金岳霖教授两腿走路已经很困难，是他坐在轮椅上，抬到了主席台上。金岳霖先生一辈子从事逻辑学的研究，是中国逻辑学的奠基人之一。在会上，他没有讲有关业务上的事情，他说：现在我放心了，他这个放心，是千百万人民为之奋斗流血换来的。我套用金岳霖先生的这句话，我就说：我放心了，我担心的知识分子因言论而得罪的事情，不会再发生了。为了国家的富强，中国的爱国知识分子，积极献言献策，因而获罪的事情成千上万。今后从上到下都要建设和谐社会，以人为本，这是全民的共识，这个共识也曾经付出了昂贵的代价，以至于生命，来之不易。我们要珍惜它，要完善它，全国人民的共识是一种物质力量，也就是坚强的保证。光明在前，前程远大。谢谢大家！①

---

① 傅敏先生提供任继愈先生致辞整理文字，在此致谢。

此番讲话对国家的过去有着理性的思考，对国家的未来怀有乐观的信念，对爱国知识分子的命运充满同情和关切，令人感动，令人深味，也鼓舞人心。任馆长的出席和发言让傅雷先生家属倍感荣幸。2008 年 12 月 12 日，在傅雷百年诞辰系列纪念活动结束之际，傅聪、傅敏昆仲共同决定将傅雷所有现存译著手稿全部捐赠国家图书馆，共计 29 种 27 册又 1698 叶。

二、手稿保护

1990 年 10 月 27 日，巴金在致任馆长的信中写道：

> 我决定将《随想录》第四册《病中集》的手稿捐赠北京图书馆，请友人潘际坰同志带往北京。请派人同他联系，取回手稿。谢谢。

潘际坰曾于 1978 年 4 月写信约巴金为他主持的香港《大公报》副刊《大公园》撰稿。于是巴金写下了随笔《谈〈望乡〉》。之后潘际坰再次约稿，并希望为巴金开辟随笔专栏。当他得知巴金正在翻译赫尔岑《往事与随想》，并计划写一部同类作品时，便把专栏命名为"随想录"。1978—1986 年间，巴金共为专栏写了 150 篇"随想"短文，每 30 篇结为一集出版，依次为《随想录》《探索集》《真话集》《病中集》和《无题集》，总称《随想录》。内容有作者对历史的反思，对亲友的怀念，对自我灵魂的拷问。

《病中集》的写作年代为 1982 年 7 月至 1984 年 2 月，写作地点为上海。《病中集》后记写道：

> 我当初制订写作计划，相信每年可以写出"随想"三十则。那时自己并未想到生病、摔伤以及长期住院治疗等等。但这些事全发生了。我只得搁笔。整整八个月，我除了签名外，没有拿笔写过字。以后在家中，我开始坐在缝纫机前每天写三四行"随想"时，手里捏的圆珠笔仿佛有几十斤重，使它移动我感到十分困难。那么就索性扔掉笔吧。然而正如我去年年底给一个朋友的信中所说："沉默也使人痛苦，既然活下去就得留一点东西。"因此我还是咬紧牙关坚持下去，终于写出一篇接一篇的"随想"。有一位朋友见我写字那样吃力，不觉动了恻隐之心，三番五次地劝我改用口述。但我写文章从来不是发挥个人才智。离开了笔，单靠一张嘴，我毫无办法：讲不出来。有笔在手，即使一天只写一百字，花两年工夫我也可以完成一集《随想录》。

据潘际坰 1990 年 10 月 31 日致国家图书馆的信，捐赠给国图的《随想录》手稿标号为第 91 至第 120，"#96、#97 二文手稿，已于数年前遵作者之嘱，寄还巴老，由他转赠北京现代文学馆。随附的 #97 为手稿影印件。#100 手稿，缺。30 篇手稿，共缺 2 篇"。

这些珍贵手稿是巴金晚年艰辛写作的成果与见证，意义非同寻常。然而手稿使用的是圆珠笔，虽然字迹比较清晰，但个别已有扩散和洇化现象。圆珠笔中油墨的主要成分为颜料、快干剂和润滑剂，颜料多为有机染料，耐久性差，易发生褪色、扩散和油渗。任馆长曾指示对巴老这些手稿加以特别保护。善本特藏部据此提出了保护措施建议，图书保护组经过反复实验，制作了精美的红木书盒，用中性纸对手稿分叶保管，有效保护了这批珍贵文献①。

三、手稿服务

1954 年，高真、闻家驷将闻一多先生全部遗稿 171 种 255 册慨然捐赠国家图书馆②。1980 年 1 月 23 日，高真写信给北京图书馆馆长刘季平，"最近子女们正协助我撰写一部有关一多的回忆录，同时也有志于对一多著作的某些方面进行整理研究。为此，我希望能得到一份一多手稿的复制品。鉴于一多手稿数量较多，为尽量节约国家开支，我考虑：1）闻一多印谱（可翻拍一套底片）2）书信（原件部分）、日记、作文及獭州集（真我集）等，复印一份；3）其他手稿可用微型胶片复印"。同年 5 月，我馆将闻一多手稿的缩微拷贝交付家属③。时隔多年之后，闻一多家属拟出版《闻一多全集·补遗》卷以纪念闻一多 100 周年诞辰。负责保管名家手稿文库的善本特藏部善本组同仁遵照任馆长的指示，将之前漏拍的《庄子校释》《庄子思想的背景》《诗经声训》《璞堂杂记·诗类》等 11 篇遗稿制成缩微拷贝，连同这些遗稿的缩微还原件交给家属，同时还无偿提供了 60 余篇闻一多遗稿的缩微还原件。1997 年 12 月 23 日，

---

① 国家图书馆藏档案：《善本特藏部关于对巴金圆珠笔手稿保护措施的请示》，2001 年 4 月 3 日，档号：善 – 2001 – 2 – 0019 – 001。《善本特藏部关于对巴金圆珠笔手稿保护措施的补充说明》，2001 年 4 月 12 日，档号：善 – 2001 – 2 – 0019 – 015。

② 国家图书馆藏档案：《高真赠闻一多遗稿》，1954 年 4 月 6 日，档号：1954 – &390 – 039 – 2 – (4) – 1 – 004。

③ 国家图书馆藏档案号：1980 – $332 – 054 – 002。

闻立雕（韦英）、闻立鹏等闻一多家属在致任馆长的感谢信①中写道：

善本组给我们提供上述遗稿还原件，为编辑《补遗》，进一步发掘闻一多学术遗产提供了非常可喜而有价值的物质基础，为此，我们特以家属的名义向您表示最真诚的感谢！没有您的关怀和支持，我们就不可能实现以《补遗》卷纪念父亲的愿望。

在清查漏拍文稿和提供所需文稿还原件的过程中善本组的同志们以极端认真负责的态度，付出了极大的努力，无条件地满足了我们的需要，热情给我们以支持帮助，使我们深受感动，请代向他们转达我们的衷心谢意。特别值得一提的是，该组张丽娟同志不仅态度热诚亲切，情暖人心，且工作细致认真，几百万字的原稿和缩微拷贝，她硬是不辞辛苦，一丝不苟地进行清查、核对，这种认真负责的态度，确有我们党一贯提倡的全心全意为人民服务之风，非常值得学习和表扬，我们谨在此也向她表示特别的感谢！

任馆长收信后立即批示（图2）：

黄润华同志转善本部同志：

这是闻一多先生家属的感谢信。请在适当时机对全组同志讲一讲，这应当是我们善本组的传统，应当继承发扬。任继愈 1997.12.29

名家手稿文库的建设，除馆藏文献建设以及文献保护、整理与揭示外，对捐赠者、捐赠者家属以及专业研究人员等的直接服务是工作中不容忽视的重要环节，它与名家手稿文库的形象树立息息相关，需要工作人员始终保持严谨认真的工作作风，始终保有热情友好的精神风貌。虽然仅是一句话的批示，但可看出任馆长对优良工作"传统"的重视，对"人"的重视，这是名家手稿文库赖以发展的基础。

四、名家手稿文库中的任继愈手稿

名家手稿文库中有几份任继愈先生的手稿，如 2013 年 8 月 19 日台湾逢甲大学教授林聪明无偿捐赠的《理学探源》手稿 1 种 1 册，此为任先生 1941 年西南联大硕士毕业论文。此外值得一提的是黄明信先生捐赠的任继愈《级友

---

① 国家图书馆藏档案号：善 - 1997 - 1 - 0083 - 002。

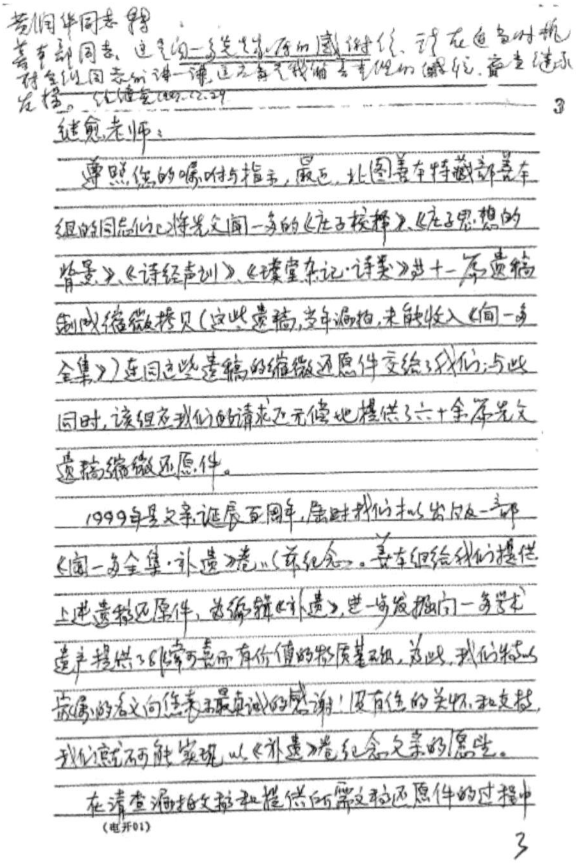

图2 闻立雕（韦英）等闻一多家属致任继愈感谢信及任继愈先生批示

近况调查表》1叶，任先生用蓝黑钢笔填写，有红笔修改（图3），填写时间大概在1997年①。后附有索瑞章、陈传方、曹美英、任继愈等西南联大1938年级友②近况调查情况的印刷品1叶。现摘录任先生填写内容如下：

　　本人健康状况：健康一般。1972年右眼视网膜脱落，医治无效，失明，现存只靠左眼工作，视力0.7，为此外出时拿着手杖。每年体检，没有发现有其他病症。心脏、血压都正常，听力也好。

　　工作及社会活动：目前仍承担国家科研项目（中国佛教史、中国哲

---

① 填写时间由任重先生推断，在此致谢。

② 指1938年毕业。

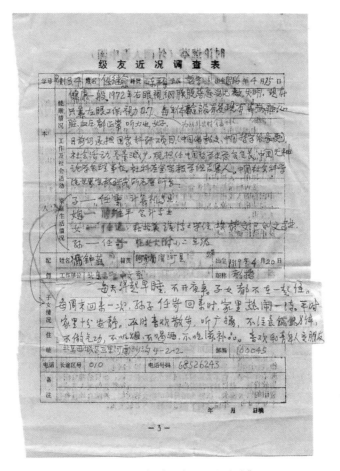

图3 任继愈《级友近况调查表》

学发展史），社会活动尽量减少，现担任中国哲学史学会会长，中国无神论学会理事长，社科基金宗教学组召集人，中国社会科学院世界宗教研究所名誉所长。

　　家庭生活情况：每天早起早睡，不开夜车。子女都不在一起住。每周末回来一次，孙子任岢回来时，家里热闹一阵。平时家里十分安静。平时喜欢散步，听广播，不注意锻炼身体，不做气功，不吸烟，不喝酒，不吃滋补品。喜欢和青年人交朋友。

　　文字虽然无华，但任先生可敬可亲的形象却跃然纸上。在此也期待任先生的手稿能够更多地入藏国家图书馆名家手稿文库。

哲人其萎　风范长存

——纪念任继愈先生百年华诞

国家图书馆出版社

　　先生离开我们虽已六年多，但先生对出版社的关怀与勉励，先生倡导揭示馆藏、潜心整理文献的精神，先生的治学方法与道德风范，一直是激励我们前行的力量！2016 年 4 月 15 日正值先生百年华诞，怀着对先生无尽的思念，谨以此文总结先生留给我们的丰厚的精神财富。

一、倡导揭示馆藏　推进学术研究

　　先生多次强调，图书馆的藏书是为读者研究使用服务的，国家图书馆出版社属国家图书馆主办，应以揭示馆藏文献作为主要的出书方向。30 多年来，我社正是坚持这样的方向逐步发展起来的。

　　2007 年 11 月，国家图书馆举办了"文明的传承——国家图书馆古籍影印出版成果展"，集中展示了我社揭示馆藏的主要成果。展览共分四大展区，第一展区为"继绝存真·传本扬学——《中华再造善本》（一期）成果展"。第二展区为"揭示馆藏·服务学术——国家图书馆古籍影印与出版"，本部分展览的内容主要是，改革开放以来出版社利用国家图书馆底本出版的古籍影印图书，也是国家图书馆古籍再生性保护成果的重要组成部分。共分为八个部分：一、传记文献，含年谱、家谱、日记和人物传记、生卒、行实等；二、史籍史料：含史部典籍和史料实录；三、书目版本，含古籍书目题跋和版本书影；四、文学艺术，含诗词文赋、传奇小说和书画琴棋、碑帖真迹；五、哲学宗教，含诸子、理学文献和佛道史料等；六、地方志与边事资料，含地理、方志和历朝边事等；七、金石文献，含甲骨、金文、石刻、陶文和简帛、钱币、玉石；八、综合文献，含珍本秘籍、四部荟萃和丛书辑佚、纪纂渊海。第三展区为"镇馆瑰宝·走出深闺——国家图书馆'四大专藏'影印出版及特装珍藏本图书"。第四展区为"传统技艺·毫发毕现——珂罗版印刷工艺展示"。

先生时年已 91 岁高龄，拄着拐杖，认真观看了所有展出图书，充分肯定了我社近年来所取得的成绩。先生称本次展览"是一件很值得高兴的事情"。他在开幕式上讲道：

> 古籍图书同时有两种价值：文物价值与文献价值。文献价值体现在让人读、看、用。没有文献价值，只有文物价值，其总体价值就减少了一半以上。图书的价值在于产生社会效益。从这次展览来看，这个目的已经达到了一部分。古籍善本代表着时代的特点和特色，之前与以后都不再是这个样子，"善"字就体现在这一点。我们要保护好它，更要利用好。

依托国家图书馆和其他一些大型图书馆馆藏，由文化部、财政部共同启动的中华再造善本工程一期、续编已于 2007 年、2014 年由我社按计划全部出齐。先生一直关心、推动这个项目的进展，作为中华再造善本工程规划指导委员会副主任委员，先生为中华再造善本工程手书题词："兰台秘笈，分身有术；宋椠元刊，原貌长存。"

民国文献的传藏与利用正面临非常严峻的危机，先生在"文明的传承——国家图书馆古籍影印出版成果展"开幕式上发言，呼吁全社会都来重视民国文献的抢救保护与开发利用：

> 辛亥革命以后，新中国成立以前很多有价值的书，纸张很差、很脆，一碰就破。最近几十年图书的抢救也面临一定的危机。同样应做好这一时期图书的整理出版工作。

2007 年，为了应对民国史研究的热潮，国家图书馆成立了由馆长挂帅的"国家图书馆民国文献资料编纂出版委员会"，对民国文献统一规划整合，依据馆藏特色、资料类型、濒危状况、珍稀程度和社会需求等，进行分类整理，形成包括"民国文献资料丛编""民国期刊分类资料汇编""对日战犯审判文献丛刊""民国日记手札丛刊""民国外文文献丛刊"等几大专题系列，截至目前，总计出版195部专题资料集，全4132册，包含文献子目4793种。2015年还推出1000册《民国文献类编》一书，分政治、经济、法律、教育、社会等十卷，是一部涵盖4000余种民国珍稀文献的大型文献集成。这是我社继打造古籍影印品牌后，在影印出版领域里开发的又一选题方向，也是历史文献整

理研究领域的延伸开发。

二、潜心整理文献　不知老之将至

先生一向重视文献整理工作，他不仅从一般学术研究的基础工作来看待文献整理，而且把它作为一代学人的历史使命。先生在《我与〈中华大藏经〉》一文中写道："从文化建设、精神文明建设这个任务来看，我们这一代人正处在为文化、精神文明建设积累资料、整理资料的时期。社会主义文化高潮必将到来，那是 21 世纪后半段的事。"在《祝贺和希望》一文写道："我们的任务是兵马未动，粮草先行，我们处在准备粮草的时代。"

先生也针对有的年轻同志愿意去做研究，不愿做文献整理出版工作的情况，曾对我社领导说："要教育青年人，各种工作岗位都可以做出成绩。我们国家正处在经济发展高潮中，但文化发展高潮尚未到来，还没有到出大师的时候。做好文献整理工作，为将来的文化高潮铺路，是很重要的工作，是我们这一代人的责任。"这些话语重心长，既脚踏实地，又高瞻远瞩。

先生一方面寄厚望于青年，一方面身体力行，做出表率。1987 年 5 月，先生受命担任国家图书馆馆长，集中主要精力先后组织领导乃至亲自主持《中华大藏经（汉文部分）》、《中华大典》、点校本"二十四史"和《清史稿》修订、《国家图书馆藏敦煌遗书》等多项大规模的文化工程。先生主编图书，绝不只是挂名，他是真正地参与其中，负起责任，统领全局，是名副其实的主编。

《国家图书馆藏敦煌遗书》项目的出版，先生对其关注长达十余年之久。在《敦煌遗书》首次出版遇到挫折后，先生仔细了解情况，亲自出面找有关领导和部门协调解决部分资金，重新启动，最终由我社予以出版。先生亲任主编，亲自落实各项相关措施、撰写序言，并与常务副主编组织讨论具体方法问题，经常关心出版进度、关心图书质量。在《敦煌遗书》第一册即将付梓之际，先生特别强调定价不要太高，要使研究者能够买得起。先生在此书《序》中写道：

　　我们出版中国国家图书馆馆藏敦煌遗书，是为了把有用的珍稀文献公诸天下，为新中国，为全世界做出应有的贡献。世界上的文明古国，有的衰落，有的不复存在，只有中国这个文明古国，古而不老，旧而常新。

此次影印《国家图书馆藏敦煌遗书》，不是简单地影印翻拍，我们对每件遗书，冠以条目式的简明目录，除了描述式的介绍外，还有涉及卷子的内容。因此，每一篇遗书都注入研究者的心力，力求向后人、向世界提供可以信赖的第一手资料，力图不让后人费第二遍补正之劳。实在不能解决的，宁可缺文，以待后贤，不敢强不知以为知。

这里进一步阐述了他重视文献整理的思想。为加快《敦煌遗书》的出版，自 2006 年起，边修复、边整理、陆续出版，至 2012 年全套共 146 册出齐，惜先生没能看到全套《敦煌遗书》的出版，留下了深深的遗憾！但先生生前对已出版的部分图书，都非常满意。

除国家项目外，先生还亲任主编，直接指导我们编辑出版了一批古籍整理丛书。《中国国家图书馆藏碑帖精华》是由我社出版的。该书在策划时就请先生做主编，他谦虚地推辞，并推荐启功先生担任，社领导报告说，因启先生身体不好，而且碑帖都选自国家图书馆馆藏，先生才同意；社领导又汇报说，此书由启先生确定选目，由中国书协推荐学者撰写题跋，由国家图书馆善本部研究人员撰写提要，先生才放心。

《墨子大全》由先生主编，共收自战国至 2003 年间有关墨学著作数百种，精装 100 册。其中，古代部分，共收自战国至清末墨学研究专著与名校本、名刻本等 30 余种；近代部分，共收录民国时期 50 余位著名学者编撰的墨学研究专著 70 余种；现代部分，收录 1949 年至 2003 年产生的墨子研究文献 100 余种。先生认真承担自己作为主编的职责，尤其是现代部分，他尽可能全面地收录了海外学者研究墨子的著作、尽可能多地收录了近 20 年来因学术著作出版难而无法面世的部分学者的墨学研究书稿、尽可能全地收录了 20 世纪五六十年代出版的现已不易使用的墨学著作，使得《墨子大全》一书成为 50 年来墨学研究成果的文献资料集大成者。先生在序言中说，"如果这一套丛书给研究者起了一点铺路的作用，作为编者已感到十分满足"。

《中华大藏经·续编》项目启动时，先生把社领导叫到家里，让我社做出一册样书，供编委会参考使用。先生提供了封面与内文的参考版式，我社经几次修改，送先生看过，又做修改后才最终确定。先生是要把所有文章收齐，封面、版式设计出来，校对完成之后，才交由出版社出版。最后还说，《中华大藏经·续编》大概有两亿多字，一个出版社难以承担，要找数家，国图社算一家。

　　我社正在编辑整理的《丛书集成四编》，已列入中华人民共和国国民经济和社会发展第十一个五年规划，先生生前已经答应做此套书的主编，但天不假年，留下了永久的遗憾！

三、晚年四译《老子》 学问永无止境

　　先生一生投入精力较多的是《老子》——先秦诸子传统文化的主要经典之一。先生对《老子》一书的研究，跨越了两个世纪。2006 年由我社出版的《老子绎读》，是先生在九十高龄时第四次注译《老子》的成果。在该书后记中，先生讲述了他翻译《老子》的历程：1956 年，他接受为东欧保加利亚到北大读书的留学生讲授中国的"老子"哲学的任务。先生不满当时的十来种英译本《老子》，于是只好把它翻译成现代汉语当作讲义，在此基础上，经修改、参照历代注释，在古籍出版社出版了《老子今译》。后来，在中国哲学史教学中，对《今译》有所修订，由上海古籍出版社出版了《老子新译》。又过了几年，巴蜀书社约先生主编"哲学古籍全译"丛书，他又把《老子》重译了一次，书名《老子全译》。随着荆门楚简《老子》的出土，先生对《老子》一书的研究更为深入，开始第四次翻译《老子》。他说："'绎'，有阐发、注解、引申的含义，每一次关于《老子》的翻译都伴着我的理解和阐释，因此，这第四次译《老子》称为《老子绎读》。"先生四译《老子》，折射出他做学问的不知足精神和对生活的态度。正如他在前言中写道的："'生也有涯，学无止境'，这是我的座右铭。《老子》译文不断修改，是我对待生活的态度。学无止境，永远不知足。"

　　先生的阐释，很有特色，他更加着重《老子》哲学思想的提炼和说明。他在此书的后记中说道："哲学包罗万象，哲学理论是高度抽象思维的精神产品，好像与现实生活不那么密切，但是越是高度抽象的哲学，它的根基却深深地扎在中华大地的泥土之中。"先生还分析了老子思想对后代的重大影响。一是对哲学思想及宗教思想的影响。产生于东汉中叶的道教，尊老子为教祖，以《道德经》为主要经典，并加以宗教性解释，宣传人们经过一定的修炼，可以使精神、肉体长生永存，成为神仙。一是对中国古代政治的影响。封建王朝为恢复社会经济而采取的与民休息政策，其指导思想多来自《老子》。老子和中国古代军事思想也有密切的关系。这些评价会有助于人们去了解老子及其

著作。

四、深情关爱呵护　化作永恒勉励

先生无论是担任馆长时，还是卸任后，都对出版社关爱呵护有加。社领导每次见先生，他首先关注的是出版社最近有何新书出版，有什么问题需要帮忙解决等。先生最关心出版社的方向，对我们坚持出版专业图书很赞许。他常说，办出版社一定要创造效益，但又不能一味向钱看。要出好书，为学术研究服务，为图书馆事业服务。每当听到学者对我社图书的意见，他都要马上向我们转达，特别是有称赞的意见时，他自己先就十分高兴，慈祥地笑着，鼓励我们就这样做下去，取得更好成绩。

先生先后为我社图书题写书名近 30 种，主要有：《国家图书馆藏敦煌遗书》《嫁衣集》《陌巷人物志》《地方文献研究与分论》《文津学志》《北京图书馆藏书票》《北京图书馆馆史资料汇编》《敦煌与丝路文化学术讲座》《中国近代古籍出版发行史料丛刊》《周绍良先生纪念文集》《陈独秀先生遗稿》《舆图要录》等。最令人感动的是，2008 年 9 月，我社由北京图书馆出版社更名为国家图书馆出版社，正是先生手术出院后在家调养时，还为我社题写了新的社名。社名手泽拿回来时，是两截的，原来是先生为了给我们写好社名，四次提笔，先后选取了最好的"国家图书馆"和"出版社"的字样，拼在了一起。

先生给出版社推荐过不少选题，但每次他提供选题时都说，你们要创造效益，既要支持学术，又不要赔钱。由先生推荐在我社影印出版的《世说新语校释》，最初想让先生撰写序言，但先生以认真的态度撰写了"作者简介"，最后写道："这部书稿用工整的蝇头小楷批注了所引用的材料。它向读者展示了赵西陆全身心治学，一丝不苟，严谨的精神，对学术负责踏实的作风。这对今天一些不肯下功夫妄图炒作成名的青年学人，也是很好的一面镜子。"体现出先生严谨的治学态度与对青年学子的要求！

先生还为我社多种图书撰写序（前）言：如《说经》《中国国家图书馆藏古籍珍品图录》《二十世纪北京大学著名学者手迹》等，有的虽然简短，但体现出先生对文献出版的重视。

先生非常重视图书的编校质量，认为图书的编校质量关系到出版社的生命。我社出版《老子绎读》时，遵照先生的嘱咐，反复地认真校对，出版后先生非常满意。在与社领导谈到人才问题时，先生总是强调不要光看学历，首先要看他的品德，还要看他的能力，看他愿不愿意做这个工作。先生曾多次强调，编辑是通才，要重视对编辑的培养。

2008 年，先生与社领导谈过，目前《中华大典》、修订本"二十四史"、《中华大藏经·续编》的工作都安排好了，可以做一点自己的事了。预计自己还能活几年，还有两件事要做：一是重写《中国哲学史》。此前社领导曾向先生征求对四卷本《中国哲学史》的重版意见，先生不同意做，认为这部书反映的是编写时的认识，现在情况有了很大的变化，新的考古发现大量涌现，很多问题有了新的认识，必须修订后才能再出版。二是要写一本关于教育的书。先生晚年对中国教育十分关注，深切忧虑，多有批评和建议。他认为教育关系到国家、民族的前途，必须引起大家尤其是领导的关注，表示愿以自己最后之力来呼吁提醒、建言献策。但不久即发现先生十年前已做手术的癌症复发，这两件大事终未能完成，令人痛惜。

五、道德风范永在　精神风骨长存

与先生的接触中，感受最深的是他崇高的品格。先生一生向学，淡泊名利，无欲无求，清廉自守，向来为人称道。对于自己，他从不炒作。邀请他参加活动、接受采访等，凡是有商业炒作行为的，他一概回避。我们也因为图书出版的事，帮助一些媒体联系采访，凡学术刊物或综合类的学术栏目，先生都尽量安排，但对于大众媒体，他一般都推辞了。先生的书法笔势刚健，以骨力胜，请先生写字的人很多，也有托我们转达的，先生对给学校、图书馆题字的要求一般都答应，但是有商业行为的，有的表明有钱，有的说明是建什么"城"，要把先生的字刻在最主要的牌坊上，先生都说"还是不写了吧"。曾有一位著名摄影家，所摄人物肖像涉及众多名人，有国内外政治家、著名学者、宗教人士、演艺界人士等，屡受称赞，托我们拿着他印的新影集去给先生看，愿为先生拍照，先生也是淡淡的一句话"就算了吧"。先生多次为我社图书题签，一开始我们还问过润笔费之事，先生说不用了，你们也不容易，后来我们也就不再提了。

2007 年有一件事更是让我们深为感动，深受教育。先生转来一部稿子，是先生的一位学生在某省社科院工作中写的学术论文选集，希望出版，先生特意说明本人有补贴。社领导后来才从其他渠道得知，资助款是先生出的，认为不妥，急忙将此资助款送还先生。先生不收，说这个学生人很好，20世纪60年代毕业于北京大学，毕业时本来可以留北京做研究，但又服从组织分配去支边，以后由于众所周知的原因，反复折腾，用非所学，直到80年代，他才回到哲学研究的岗位上。他是因组织安排而耽误研究工作的，我作为老师，我来负这个责，应该帮助他。社领导说服不了先生，只好执意放下钱离去。事隔一个多月后，社里收到一件由中国妇女发展基金会颁发的"爱心集体"证书，原来是先生将这笔钱捐给了"大地之爱·母亲水窖"工程，而证书上写的捐赠人是"北京图书馆出版社"！社领导再去见先生，先生说，这件事不要再提了，把钱捐给慈善事业，送到需要人的手里，对你对我，不都合适嘛。先生去世后，社领导去家中吊唁，与先生哲嗣任远、任重谈起此事，他们一点也不奇怪，觉得这很平常，说先生一直是这么做的，还说起相同的以送酬劳者的名义捐赠"母亲水窖"的其他几件事情。我们、他们不知道的，不知还有多少。

"高山仰止，景行行止。虽不能至，然心向往之。"先生永远是我们人生的楷模！哲人其萎，风范长存！我们要从先生身上汲取力量，沿着先生指引的路，继续前行！

《任继愈文集》佚文补

徐慧子　李周（国家图书馆）

　　今年是任继愈先生 100 周年诞辰，任先生一生致力于中国哲学、宗教学研究，是我国著名哲学家、宗教学家、历史学家。任先生师承汤用彤、贺麟两位哲学大师，一生笔耕不辍，涉猎广泛且多有洞见。毛主席曾高度评价任先生在宗教领域的研究，称其为"凤毛麟角""人才难得"。

　　《任继愈文集》编纂始于 2010 年，前后历时四年，编纂者经由国家图书馆图书检索系统检索、查找，并通过在各大相关报纸刊登征稿启事等方式，共搜集到先生的文章约 600 篇。按照学科及研究方向，将其著述分为宗教学与科学无神论研究、中国哲学史研究、佛教研究、儒教研究、道教研究、论古籍整理、史学研究、杂著共计八编。该文集的出版，不仅对任先生一生的学术思想和研究成果进行系统整理和全面总结，更具备重要的学术价值和史料价值，是出版界的一件大事，也是人文学科中的一件盛事。然而百密一疏，《任继愈文集》之外仍有相当数量的文章可入佚文。笔者有幸参与筹备任继愈先生百年诞辰，梳理先生相关著述，见识殊为浅薄，仅就所知，略作补遗，还望大家指正。

　　《任继愈文集》卷十所附"任继愈先生学术年表"中将"郭象《庄子注》与《庄子》"（1946 年）一文列为任先生在北京大学（西南联合大学）任教（1942 年）后发表的首篇论文，这是不准确的。据笔者所知，1944 年 7 月商务印书馆出版了《西洋伦理学名著选辑》（上），该书原作者为美国学者阮德（Benjamin Rand），由徐孝通、韩裕文、任继愈、胡荣奎四人译述。此书由"中国哲学会西洋哲学名著编译委员会主编"，实际主导者应为任先生的受业恩师之一贺麟先生。全书介绍古希腊至中世纪西方伦理学（哲学）代表性人物，共计 12 位，由苏格拉底始至托马斯·阿奎那终。任先生负责其中的第四部分——芝诺，该节包括"译者引言""名哲言行录"两部分。笔者自知学识微末，实在不敢妄言先生译笔，但贺麟先生写于 1943 年 8 月 16 日的序中曾称"任继愈君对斯多噶派的伦理思想，似特有同情了解，他译到会心处，译笔的畅达，有似发抒自己的思想一样"，先师如此褒奖也可算作该译文水准的见证。事实上，结合以上几个时间点可以大致推断，该译文为任先生在联大授课时的讲义。

此外，新中国成立前，任先生还曾发表过三篇文章，它们都失收在文集及附录的学术年谱中。一为"两种人才"，刊于成都《现代周报》（1945 年 3 月 3 日第三版），讨论了"通才"和"专家"的关系；一为"论佛经的翻译"，刊于《龙门杂志》第 1 卷第 5 期（1947 年），任先生在文中分三国魏晋、南北朝、隋唐、宋明四个时期介绍了各自的翻译特点，并在结尾处对当下佛经翻译提出了自己的意见——重视原文而非只关注译本；一为"常识的界限"，刊于《龙门杂志》第 1 卷第 6 期（1947 年），任先生认为常识虽然极有用但绝不可滥用，并举了进化、条件决定、文以载道三种观念泛化对常识所产生的不良影响。

1949 年新中国成立后，除去政治运动下的无奈之作，如批判梁漱溟先生的文章，依《任继愈文集》所收文章类别，可补入其中的文章如下：

1. 21 世纪汉学展望，《国际汉学》2004 年第 2 期；

2. 谈谈孝道，《人民日报》2007 年 3 月 11 日第 10 版；

3. 国家图书馆馆长任继愈在"专家学者话经典——经典文化建设推广理论研讨会"上的致辞，《文津流觞》2001 年 5 月第 1 期。

除此之外，有大量文章虽然列入卷十所附"任继愈先生学术年表"，却并未入选《任继愈文集》，这一现象颇令人费解，譬如：

1. 范缜"神灭论"今译，《人民日报》1956 年 11 月 2 日第 7 版；

2. "伪书"并不全伪，《群言》1991 年第 6 期；

3. 冯友兰先生对中国哲学的继承和发展，《齐鲁学刊》1996 年第 2 期；

4. 《中国儒教史》序，《中国哲学史》1997 年第 4 期；

5. 天台宗与中国佛教，《世界宗教研究》1998 年第 2 期；

6. 社会科学也是科学，《人民日报》1999 年 8 月 14 日第 6 版；

7. 《慧能评传》序，《中国哲学史》1999 年第 3 期；

8. 北大文科研究所师生生活杂忆——纪念罗莘田先生诞辰 100 周年，《语文建设》1999 年第 5 期；

9. 新"战国"新"七雄"，《群言》2000 年第 3 期；

10. 《当代无神论教程》序，《科学与无神论》2000 年第 4 期；

11. 忆刘大年同志的几件小事，《近代史研究》2000 年第 6 期；

12. 中国农民的革命性与局限性，《群言》2001 年第 1 期；

13. 朱熹格物说的历史意义，《南昌大学学报》（人文社会科学版）2001 年第 1 期；

14. 真心实意维护人权，《人民日报》2001 年 3 月 30 日第 7 版；

15. 壮志未酬的一生——怀念胡绳同志，《百年潮》2002 年第 1 期；

16. 把儒教放在更广阔的视野里来观察——序李申著《中国儒教论》，《云梦学刊》2005 年第 2 期。

最后，笔者还想指出《任继愈文集》中的一处小误，任先生所撰写的是"《汤用彤全集》序二"，而非"《汤用彤全集》序"，后者为季羡林先生所撰，并且该文发表于 2001 年，学术年表中将其错列为 2000 年。

笔者见识殊为浅薄，自知以上数篇文章绝非《任继愈文集》外的全部佚文。除此以外，尚有许多未刊文章未进入学者视域。倘若学术界同仁能够以更加敬仰、更加负责的态度，重新汇集、整理、编辑、出版先辈手泽，值此任继愈先生 100 周年诞辰，不仅可以告慰其不朽英灵，更能对现代学术史裨益良多。

我与任先生的一面之缘

——追思任继愈先生

孙蕊（国家图书馆）

任继愈先生已经离开我们七年之久了，七年前，我曾与任先生有过一次近距离的接触，也正是那次接触，任先生从传闻中的国学大师变成了我印象中和蔼可亲的长者。

2008 年 7 月，我告别校园，非常荣幸地进入国家图书馆工作。进馆不久，因为馆里需策划建馆 100 周年系列庆典活动，我被抽调到当时的百年馆庆办公室工作，其中一项重要的工作内容是拍摄百集电视文化专题片——《馆藏故事》。也正是因为这项工作，使我有了与任继愈先生近距离接触的契机，才有了我和先生的一面之缘。

《馆藏故事》专题片主要是在国家图书馆善本特藏中选择有特殊意义、有重要文献价值、文化价值、历史价值的藏品，采取一集一文献、一集一故事的方式深入揭示国家图书馆的特色馆藏，挖掘其藏品在征集、保存、利用过程中鲜为人知的故事，揭示藏书的文化内涵、收藏价值、阅读品味，讲述藏书背后的故事，由此来反映中华文明的悠久历史，展现国图人在文献收藏与服务方面的历史贡献。

当时我只是一名入馆半年多的新员工，对国家图书馆内的详细情况了解不多，但是任先生的大名却是早有耳闻，知道任先生在哲学、宗教学领域成绩斐然，他倾尽一生的精力研究老子《道德经》，先后撰写《老子今译》《老子新译》《老子全译》和《老子绎读》，他的四卷本《中国哲学史》是研究中国哲学的必读之书。2005 年，任先生卸任国家图书馆馆长，担任国家图书馆名誉馆长，但因当时中华大藏经办公室设在国家图书馆，先生每周坚持来馆，因为同在一座办公楼，有时也会打个照面，看到普通员工，先生会微笑着点点头打个招呼，丝毫没有领导的架子。

国家图书馆藏《老子道德经义疏》为国家一级文物，这部书也是百年馆庆办公室当时拟定的《馆藏故事》系列准备拍摄的一部馆藏。为了恰到好处地揭示藏品，任先生被列为我们采访的重点对象之一。当时任先生已是 93 岁高龄，考虑到先生年岁已高，对于是否邀请他老人家参与拍摄，工作组思考再三，慎之又慎，但是为了不给百年馆庆留下遗憾，摄制组最终还是决定邀请任先生参与这部重要馆藏的拍摄工作。没想到邀请发出后不久，任先生欣然应允，答应接受摄制组的采访。

2009 年 3 月，国家图书馆南侧长河边的垂柳已渐有绿意，院内的玉兰花也已迎风盛开，工作组安排在 3 月 12 日专访任先生，当时的情景我恍如昨日。那天，先生持手杖来到国家图书馆行政楼三楼的会客室，头发花白，但看上去健朗谦和，虽然"任继愈"这个名字总是与经典联系在一起，但此时的先生看上去就是一位慈祥的老人，一位儒雅的学者。因为早就得知先生身患眼疾，右眼几近失明，看到先生到来，我们赶紧迎上前去，先生却坚持自己上下楼梯，不肯让人搀扶。先生在会客室坐定后，我们都觉得先生精神状态不错，心中暗暗松了一口气。采访中，先生神采奕奕，思路清晰，声音洪亮有力，甚至让我们产生一种错觉，这不是一位年逾九十的老人，采访工作进行得很顺利，超出了我们的预想。

采访过程中，拍摄组安排任先生稍做休息，我作为陪同工作人员，面对这样一位德高望重的学术泰斗，难以掩饰内心的紧张。先生似乎看出了我的不安，便主动同我拉起了家常，问我是哪里人？哪年入馆的？我小心谨慎地回答"我是山东人，2008 年入馆"，任先生微微一笑，一句"咱们是老乡"拉近了我们的距离，我内心的紧张也顿时消失得无影无踪。先生叮嘱我说：你现在研究生毕业能到国家图书馆机会难得，一定要好好珍惜。年轻人要有理想，趁着年纪轻，没有家庭负担，更要全身心投入工作，如果能结合工作搞点研究，全面提高自己，就更好了。任先生作为老馆长、鼎鼎大名的学术宗师，能主动关心我们青年馆员的成长，这让我内心涌起一阵阵感动。先生的一字一句我暗自记下，成为鼓舞我在学术道路上不断前进的动力。因为任先生在馆里德高望重，大家都很崇敬他，又都难得一见，所以在拍摄结束的时候，摄制组的老师们提出想与先生合个影，先生竟然也欣然同意了。

那次采访之后，我与任先生的合影就一直放在我的工位上，仿佛与任先生的接触就在昨天。谁承想，当年 7 月 11 日，噩耗传来，任继愈先生竟然永远地离开了我们，离开了他耕耘了 20 余年的国家图书馆，离开了他寄予厚望的图书馆人。

七年时光倏忽而过，先生的教诲言犹在耳。睹物思人，每每看到这张照片或读到先生的文字，我都会默默地对自己说，斯人已去，风范长存，来者可追，壮心不已！

谨以此文纪念我与任继愈先生的一面之缘。

Cultivation and Salvation in Chinese Philosophy[①]

Maja Milcinski (MAYA)

Reflecting on the Philosophies of the so called "East" or even worse, described as Oriental, presumes the existence of a certain "center" from which East and West are defined in the realms of the mind and heart. This is only one of the possible ways of approaching this subject which should certainly start with re-questioning the problem of Chinese, European (or American) philosophical identity in the geography of the mind. Is there anything like "China" "Europe" or "America" in a philosophical and soteriological sense and if so, how does it view the Other and how does it cultivate its own philosophical identity (if any) with regard to this difference from the Other? The notions of Orient or East and West in philosophy are highly problematical, although great Chinese philosophers (Liang Shuming) used them. The so called "East" and "West" are unsuitable terms that were used for describing various philosophical traditions nowadays part of the global philosophy. Buddhism originated in India and was from Chinese perspective "Western" tradition. This is but one example how inappropriate such labels might be in philosophy. In history, Europe, often identified with the "Western" tradition, mistreated other traditions, therefore we should reflect upon the problem of the reinvention of the philosophical

---

① 作者 Maja Milcinski，中文名玛亚，斯洛文尼亚共和国卢布尔雅那大学哲学系教授，师从任继愈先生研习中国哲学。值此任先生诞辰 100 周年之际，身为学生的玛亚女士，以最近的研究心得和研究成果，表达对老师最深切的怀念。

tradition.

By critically rethinking the multiple heritages of world philosophy today without using global and totalizing modes of thought, hopefully European philosophy is recognizing that it is not the only criterion for "philosophical" undertakings. The fact that some traditions haven't used the word philosophy for their philosophical undertakings does not mean that they did not have "philosophy" until that time. Even the fact of an absence of a word for philosophy cannot be taken as proof of the absence of the activity as such. In the case of China, where the concept of philosophy (*zhexue*) was imported only in the beginning of 20th century through Japanese translations of European concepts, the still dominating doubts about the existence of "philosophy" might be even stronger. Escaping the tyranny of globalizing discourse means also to see the borders of one's own philosophical discourse and to understand the world in its countless meanings.

In this sense the philosophizing path today resembles Bodhisattva's way which winds on the crest as on the edge of a razor-on one side the "other" world – the world of *nirvāna*, *voidness*, *Buddhahood* and on the other the sphere of ordinary life, the wheel of *samsāra*, our everyday hell. To keep this balance and to master the vertigo at the sight of both—is the art of philosophizing. This seems to be one of the "last" tries to generate pure language – the language beyond that is able to carry all which was kept silent. To undertake this activity in the form of a renewed trust in language and its limits also means to undertake the Path of denuding of the Self from the fetters of the Ego up to the diamond essence of interior speech. This is why philosophy can never again be reduced to a pure logic. It is a living activity, which does not admit itself to logocentric hierarchy but is rather an experience of the nameless. If the aesthetization of life in Asian traditions where at certain moments aesthetics tend to be privileged over theory and rationality, which does not make it less philosophical or true, is interpreted as the absence of philosophy, this discloses a certain insufficiency of the reader. It is a transmittable form of truth, which might not necessarily be communicated through rigid philosophical concepts or categories as they were produced in the history of European philosophy ("European" as it was defined before realization of the borderless nature of philosophizing) – it might mean that the "reader" is not appropriately equipped; not literate for the form of the truth which discloses itself at a certain moment as Beauty.

Anxiety about existence pushes mankind everywhere into striving for insurance against every sort of frustration in life, whereby they frequently overstep the border of the rational, in the search for an elixir of longevity, or even (illusory) immortality. In the subconscious world, even modern man has not succeeded in overcoming this illusion. Philosophy, religion, and education in a broader sense are intended to offer us wisdom by which we can support our life struggle, and which enables us to understand and emotionally accept the law of our life and remain open for the Path among people who have grown up in the European-American cultural background and those who have been part of the Asian cultural traditions. The theme is somewhat more topical because the moment is approaching when the philosophy and methods of overcoming the Path to "enlightenment" or "salvation" of the European and Asian worlds will meet and, thus, in creating unity help also in preserving individual differences. This is even more important in the era of the breakthrough of European and American rationalism, as well as its interaction with some Asian theoretical and practical approaches in education. In this framework, a critical analysis should be offered to the question of modernisation and rationality. Development in a certain direction deserves special attention because of the complexity of the theme, and because of the specific problems of the influx and interaction of Euro – American rationalism in the Asian perspectives and the theoretical currents which are either receptive or are rejecting them.

The main concern of Chinese philosophy is *tien ren he yi*, which is also the basics of cultivation techniques. As for the notion of body, I am not taking it as something given, but am aware of the fact that it and the notions about it were formed through history, as much as the concepts of harmony, order etc. We have to take into consideration the values of the society in which the philosophers, teachers, pupils, patients, doctors operate and the specific ways of being bodies and their implications for the cultivation techniques from without (outside, as an object), as well as from within (how it is subjectively experienced). We might rethink the difference between the obsession with musculature practices in the European and American tradition and portrayed from ancient times in Greek art and the absence of muscles and the relaxed poise in the great Chinese martial arts masters and in Daoist yogis. As for these self-cultivation techniques, muscle strength is not supposed to be used, since it can produce an ego involvement, which should be minimalised or even eliminated, if possible. This goes for self-defence as well as for various movement techniques of cultivation or meditation, which should not be based on striving. Through excessive striving balance might be lost. The methodology is based on the Daoist notion of *wu-wei* (the absence of intentional action), through which the primal Dao (primal unified energy without name or form) can be reached. This is not accessible through pure human effort. The extraordinary self-mastery is often based on the principle of *wu-wei* (non-interference with the Dao) which produces effortless and efficient action known also in the athletic performance in the zone when the physical skills reach supraordinary levels. In Daoism, however the so called spiritual child created within the flesh is able to support and express metanormal capacities based on various ego-transcending process by which extraordinary life arises.

To refine vitality into energy, energy into spirit, spirit into space and shatter space to merge with the *Dao* is the way of self-cultivation. The paradox however is that the self-cultivation techniques are based on austere practices, which should be omitted as soon as a higher stage of development is reached. Enlightenment is within us, undiscovered and all the attempts to force the things with one's imperious will are just in contrast to the Daoist way as described in the *Dao de jing* (chapter 72):

> Therefore the Sage knows himself but doesn't show himself;
>
> He cherishes himself but doesn't value himself.
>
> For this reason, he rejects that and takes this. [1]

This is the state from which the positive *yang* (enlightenment and spiritual power) grows. As such, it influences also the emotional well-being and creates a way of thinking-being in the world that is able to convert all the possible frustrations into a modified type of well-being.

Yogi sought to escape nature's dominion, to fashion the body not as a vehicle for

---

[1] Lao-Tzu, *Te-Tao Ching*, 43.

return and reconciliation, but rather as a separate world, self-contained, self-controlled and free from chaos. As for the "paradox of liberation" it should be mentioned that the rules of yoga hygiene are not only all-restrictive, but are few and simple and as such are supposed to be liberating since in the process they should free us from a large number of restrictions we have consciously or unconsciously placed upon ourselves. The self imposed austerities are transcended so that our own power can manifest with which we can be useful and enjoy life these two dimensions are compatible from the yogic perspective of the restoration of biochemical balance. It is based on the right body-mind-spirit perspective and on the well-balanced course of physical, mental, moral and spiritual regime, which is also the basis of the self-cultivation methods in Asia. The unity of body-mind-spirit was important in most of the Asian traditions, also in Hinduism, Buddhism, Daoism and Confucianism, the thought streams which were critical to the intentional undertakings of self-cultivation. The psycho-physical potentials developed in the self-cultivation process are crucial for lucid elaboration of philosophical theses and theories and are the cornerstone of salvific project which is the main target of major Asian philosophical and religious traditions. Since those present an important challenge and dilemma for the ethics and its application in everyday life, the critical examination should be given to the officially accepted or even politically promoted system of self-cultivation and the possibilities of an autonomous liberation project independent of the possible ideological traps of the prescribed methods of liberation and specific cultivation techniques. It is important to take into consideration various scientific methodologies, as well as the dimensions of consciousness in regard to the possibilities of overcoming one-dimensionality of rationality and to bring into focus the classical texts that deal with the problems relevant to the tension between spiritual dimensions of the material substratum and the mind-body-spirit continuum in the process of re-examining modern science, philosophy and soteriology.

Two particular motivations or pressures are always present when solving problems and regulating relationships within social groups: firstly, external specific material demands; secondly, subjective motivations from within. Buddhism, as well as the two autochthonous Chinese philosophical traditions, Confucianism and Daoism, and their distinct ways of cultivating personality, presuppose the elimination of aggression and violence on the level of thought and deed, and at a certain level might also raise the practitioner to the level of liberation of oneself from oneself, since violence also includes ways of being self-aggressive.

Various traditions have in their own ways attempted to explain the role of man. The Talmud, for instance, placed into the mouth of R. Simeon B. Eleazar the argument that all the animals "were created only to serve me." I would however propose the view of nature and existence that is often used in Chinese Hua Yan Buddhism. With its cosmic ecology, it developed the concept of interdependence and the interrelatedness of all beings with everything in the Cosmos. The symbol of Indra's net is based on the legend that the God Indra ordered his craftsman to make a net that would be infinite and stretch across the entire Cosmos. The net is covered with an infinite number of diamonds, and each diamond is reflected in all of the other diamonds. It is a limitless process of reflection which symbolises the interdependence and interrelatedness of each small part of the Cosmos with the greater universe. Whatever affects the smallest part also affects the entire process.

Self-cultivation is the central aim of Confucian philosophy. Self-cultivation and self-transformation lead to a state of moral consciousness and social integrity characterised by the absence of violence toward others and oneself. The character of the superior man is shaped by the three primary Confucian virtues: *ren* (benevolence, humanity); *li* (proper conduct, ritual); and *yi* (sincerity). The forty-fifth chapter of the fourteenth book of the *Analects* describes the superior man as follows:

> Tsze-lû asked what constituted the superior man. The Master said, "The cultivation of himself in reverential carefulness." "And is this all?" said Tsze-lû. "He cultivates himself so as to give rest to others," was the reply. "And is this all?" again asked Tsze-l . The Master said, "He cultivates himself as to give rest to all the people. He cultivates himself so as to give rest to all the people: -even Yao and Shun were still solicitous about this." ①

---

① Confucius, *Confucian Analects*, *The Great Learning & The Doctrine of the Mean*, trans. James Legge, (New York: Dover, 1971), 292.

Confucius understood the process of self-cultivation as being related to the process of becoming a superior man (*junzi*). From the soteriological aspect, it is the awakening of that special attention which leads to the concentration and focus on that realm of the human state of mind which also gradually enriches one's spirituality. In this context, Confucius' practical philosophy can be said to represent a turning point toward something new and reverent. It represents the initial cleansing process that focuses the scope of interest and helps to free us from the whirlpool of everyday life in which we are caught up, and also to diminish the degree of violence in our behaviour, words and thoughts.

> The Master said, "Without recognising the ordinance of Heaven, it is impossible to be a superior man. Without an acquaintance with the rules of Propriety, it is impossible for the character to be established. Without knowing the force of words, it is impossible to know men." [1]

One can only proceed in the way of self-cultivation with proper manners and in accordance with one's place and destiny (*ming*) in certain social practice, which, if perpetuated, becomes the habit and pattern of behaviour. The Confucian creed proclaims that: "The wise are joyful; the virtuous are long-lived." [2] As for his own life, it is said, that Confucius practised what he taught and, as he described his life-process, his attitudes also brought him into a state of liberation and bliss.

> The Master said, At fifteen, I had my mind bent on learning, at thirty, I stood firm, at forty, I had no doubts, at fifty, I knew the decrees of Heaven, at sixty, my ear was an obedient organ for the reception of truth, at seventy, I could follow what my heart desired, without transgressing what was right. [3]

Confucian philosophy is based on the experience of the world that is offered to us in our everyday reality, or reality as it is philosophically determined by Confucians. Confucius' main concern was social and ethical. He pursued his questioning of these motives as far as was possible. Relationships among people are based on the premise

---

① Ibid. 354.

② Ibid. 192.

③ Ibid. 146-7.

of self-cultivation. We have to strive to be good, not only to do well. In the Analects, the basic virtue of ren, which can be translated as benevolence, love, goodness, is the fundamental characteristic of the soul, which enables each human being to love each member of society according to the status one occupies and the position one holds in respect to the person one loves. Confucian love is conditioned on the position in society; benevolence is defined in relation to ritual and the rules of propriety (li). In Confucianism, self-realisation can be achieved and wishes should be fulfilled within this specific ethical context.

Mo Zi's criticism of Confucianism targeted this fact that people love one another selectively and partially. One of the main philosophical themes in Mo Zi's philosophy is the concept of universal love that deserves inseparable unity between philosophical insight and meditation. It brings us into the state of loving all others as oneself, equally and impartially. Such a philosophy is not developed only on the intellectual level but also on the physical level, since the truth is not only the way of thinking about the world but rather a way of practising it in our everyday lives and a way of existing in the world. Discovering the truth is an activity beyond the pure intellect; it requires us to attain a psychophysical awareness in which all instances of knowledge are simultaneously practical and theoretical. The result of such a practice is altruistic love.

For over two thousand years, the Confucian notion of being human, practising benevolence and other virtues provided the main direction of Chinese philosophy. When philosophers emphasize some notions in their theories so strongly, this could be assumed to indicate a general lack of agreement or consensus in society.

Mohism rejected the Confucian notion of selective love and filial piety that stressed the exclusive care and affection for one's own family. Such a position is closer to my plea not to turn other human beings into objects. My plea might be an impossible aim, since merely preserving one's own life demands a certain degree of violence, unless we selfishly trust this part to others and pursue our own spiritual path. In defending the doctrine of love without distinction, Mo Tzu invokes a variety of arguments: that practising the doctrine will profit (li) the public, that it is the will of Heaven (tian), and that the doctrine is advantageous to someone who practises it. In response to the suggestion that the doctrine cannot be put into actual practice, he

insists that it can be, and that it has been practised previously. ①

What is the minimum degree of violence that is the necessary precondition for one's self-preservation? I knew a poet who starved himself to death because he did not want to hurt any other human being. From the Buddhist perspective, suicide and other forms of escape resolve nothing because they create an even greater burden for the next incarnations. Conversely, maintaining a balance between the inner and outer realities and the consciousness is a prerequisite for liberation. The condition for this balance is the absolute absence of violence on the basis of thought, word and deed. The desire for freedom is born of our feelings of being limited and trapped in undesirable circumstances, which cause pain and suffering. Suffering, however, is always focused on the self; it is the self that suffers and wishes health and freedom.

This recognition is the foundation for achieving emptiness and the transcendence of the self, which link Daoism to Buddhism. Lao Zi, noted that the existence of the body as the seat of the self and the awareness of the self enables us to experience pain and misfortune. Accidents and shocks are the result of our attachment to the body and its consciousness. The source of all suffering is therefore a person's misidentification with the continuum of his or her spirit-body. Liberation, which in a sense involves radical healing, therefore includes the elimination of cognitive errors and the subsequent entrance to alternative ways of experiencing the world and our place in the world.

It is this selfhood that poses an obstacle on the path to liberation, and Chinese Daoist philosophers, Zhuang Zi and Lie Zi, help us grow up and accept the responsibility without resorting to any of the numerous techniques of withdrawal; they help us to perceive within ourselves the mechanisms that drive us to various actions. It is easier to blame others for erroneous assessments, judgments, even thoughts and emotional investment, and to point accusingly at the dirty and corrupt world around us. Lie Zi reminds us that we too are part of this world; we co-create it and it is up to us to find the best way to survive and reach our salvation. Employing many different parables and paradoxes, he confronts us with the risks of the intellect which is not a

---

① *Mo Zi jian gu* (Beijing: Zhonghua shuju, 1954).

virtue in its own right when it is not in harmony with the other elements of the spiritual and physical continuum of the human constitution. On the contrary, the intellect may even become a tool of suffering. At the same time, he explains that thoughts should not be discarded either, for they represent an important tool for overcoming the lack of knowledge or the absence of knowing. Valid realisations form part of the path toward liberating insights. This requires the realisation of the transience of life, or selflessness. And these two realisations need to be reached by way of direct perception, so that the only right way is the one based on words and conceptual thinking, i. e., the tools of reason.

The lucidity with which Lie Zi and other Daoists make us face the unavoidability of death and the necessity of accepting one's own transience as well as the transience of the universe itself is worth consideration. Such an attitude can be attained only through the methodical cultivation of transcendental thinking, by sensory deprivation and spiritual consciousness as a means to achieving the highest spiritual goals, a process in which our physical consciousness undergoes gradual transformation. Achieving a higher (or different) state of consciousness is described by some authors as a mystic consciousness. The long path of ridding one's spirit of all conscious and disturbing unconscious content, such as desires, anger or self-deception, can only be successful when the spirit attains a high degree of attention, focus and peace, so that knowledge can be anchored, stabilised and assimilated. In this way, we may arrive at a new understanding of ourselves and of the world, reaching the liberating insight that what actually liberates us (and what tends to enslave us) is the correct way of understanding ourselves and the world.

This stage is described as an uninterrupted joy that is reached when one is no longer separated from one's core. Although the preparation for death should be a continual process throughout our lives, it should not become a reason for bitterness. On the contrary, the highest level of cultivation is the acceptance and celebration of life in all its aspects. The very process of life is a battlefield on which we develop the tools to reach insights and to develop the various qualities of our nature, our lives, body and spirit, as well as of the nature of reality itself. At this stage, when a person has cultivated a calm contemplative mind, the powers of potential physical and psychological problems are said to be neutralised. The problems can no longer be traded for the self and they are no longer attached to us or to the image of the self with which we no longer identify.

Our detachment from life and death, and our equanimity, lead to our liberation, which is also the goal of Chinese spiritual practices. The prerequisite of spiritual progress is our continual awareness of our inner essence which transcends the awareness of our external, empirically experienced reality. Furthermore, the Chinese tradition often employs the fact of universal transience as a tool for surpassing the self. "Homo sapiens has clearly been the most successful of the more than three hundred primate species currently living on our planet, and it is no secret that our big brains and sagacity have helped facilitate our success." [1]

Allow me to conclude with an episode from my own journey of personal discovery in Asia. In January and February 1989 I took part in Kumbha Mehla in Allahabad, India. When I reached the enormous tent colony in the dried-up Ganges river-bed where 15 million *saddhus* and gurus were gathering in order to be present at an auspicious moment in which the stellar condition was so rare and favourable that it would help them descend from the samsara, I found myself caught into a fog of DDT with which the local authorities were attempting to control the possible outbreak of infectious disease. When I told a holy man that I intended to leave the colony because of this poison that the authorities were spraying indiscriminately over India's wisest, he was very surprised: "What poison? Human beings are the greatest poison in the universe!" So I chose to remain and to learn and I am still learning today about the methods of transforming poison into nectar, and to seek ways in which human beings can deserve to remain a part of the universe, transcending the human condition and the so-called animal inertia. The cosmos with the primal life force challenges the development of a new sensitivity and an awareness that extends far beyond the present and beyond any mere development of intellect.

As an illustration I will use the Chinese Daoist tradition and the phenomenology

---

[1] Dario Maestripieri: *Macachiavellian Intelligence: How Rhesus Macaques and Humans Have Conquered the World* (Chicago: University of Chicago, 2007), 1.

of a sage who ascends the clouds and mist and who rides a flying dragon and wanders beyond the four seas. He touches upon the cosmic energy mentioned in the ancient texts, as well as upon the techniques that bring the wise beyond the ordinary physicality of sensory experience, which frees him from the limitations of time and space. Why is the methodology of becoming a part of cosmic energy so central and in what degree can a human being possess power over the workings of the universe? And under what conditions does she or he remain "human"?

> Three years after I began to serve the Master and befriend a certain man, my mind no longer dared to speak of benefit and harm; and it was only then that I got as much as a glance from the Master. After five years, my mind was again thinking of right and wrong, my mouth was again speaking of benefit and harm; and for the first time the Master's face relayed a smile. After seven years, I thought of whatever came into my mind without any longer distinguishing between right and wrong, said whatever came into my mouth without any longer distinguishing between benefit and harm; and for the first time the Master pulled me over to sit with him on the same mat. After nine years, I thought without restraint whatever came into my mouth without knowing whether the right and wrong, benefit and harm, were mine or another's, without knowing that the Master was my teacher and the man I have mentioned was my friend. Only then, when I had come to the end of everything inside me and outside me, my eyes became like my ears, my ears like my nose, my nose like my mouth; everything was the same. My mind concentrated and my body relaxed, bones and flesh fused completely, I did not notice what my body leaned against and my feet trod, I drifted with the wind East or West, like a leaf from a tree or a dry husk, and never knew whether it was the wind that rode me or I that rode the wind. [1]

In this quote we are confronted with various developmental sequences in which each subsequent stage comprises the qualities of the previous stage, adding something extra, something more that had not been central in the previous stage. It presents a

---

[1] *The Book of Lieh-Tzu*, trans. A. C. Graham (New York: Columbia University Press, 1990), 36-7.

challenge to the consciousness and its transcendence, from the subject-object dichotomy to the non-dual awareness in which the being emerges into the vast and open space, becoming one with everything arising.

The paradox of liberation, as I call it, teaches us that self-cultivation should be carried out in the right manner. Zhuang Zi indicates that it is futile to care for the body.

> He who wants to nourish his body must first of all turn to things. /···/How pitiful the men of the world, who think that simply nourishing the body is enough to preserve life! /···/It may not be worth doing, and yet it cannot be left undone this is unavoidable. ①

We have to take care of our bodies but should not develop hate or love for it. Much more important it is to understand the right way and equanimity towards the body, since this will help us to overcome our ego and to keep centred on the way of liberation, salvation. Body is our supreme cognitive instrument, but if we want to overcome the troubles, which are inherent to any existence, we have to practice to keep ourselves well balanced on the spiritual way to salvation and get to know our bodies in all its dimensions: as a metaphysical force, as well as a nexus of paradigmatic energies which enable us to get to know ourselves and our place in the world.

The prerequisite for the cultivation techniques as spiritual disciplines is not strength as physical force but a stable, quiet mind and joy in life. The inner source of strength cannot be measured or known from its physical results. So long as the mind is disturbed and agitated by conflicting emotions and tensions, there is no peace of mind and no joy in life. The mind is not only the instrument of perception but also an important vehicle on the way to highest plane of consciousness. Therefore various practices should not tantalize the practitioners and their environment by clinging to repeated behaviour which might serve a particular purpose in various compensation mechanisms or mental disturbances. They should also not be based on repression but

---

① The Complete Works of Chuang Tzu, trans. Burton Watson (New York: Columbia University Press, 1968), 197.

should be open to the methods that can change and redirect the course of emotions on a positive way and enable us to adapt successfully to the varying conditions of life or situations in psychosomatic relationships with ourselves or others and help us to reach a proper evaluation of life situations. Right living or *rasayan* (rejuvenation) through virtues is therefore the basis of integrated personality. One of important dimensions of cultivation techniques is conquering the lower nature so that the higher nature can manifest itself. This is a prerequisite for the reunion with the natural spirit which is based on the cultivation of human nature and nourishment of temperament. Not only emotional mind (xin controls emotions), but also the wisdom mind (yi makes you calm and thoughtful) should be strengthened and cultivated, therefore most of the cultivation techniques are the arts of the mind, by which the spirit is raised and the real meaning of human life comprehended. Physical health and ability of sound self-defence (*yang*) are just by-products of good cultivation of our temperaments and spiritual beings (yin). It is a constant process of external manifestation and internal cultivation, which originates from calmness and spirit stored in *yi* (wisdom mind).

This is the supreme wisdom of the *Dao de jing* (chapter 10 and 76):

> In nourishing the soul and embracing the One/···/
>
> In concentrating your breath and making it soft/···/
>
> In cultivating and cleaning your profound mirror/···/
>
> Give birth to them and nourish them.
>
> Give birth to them but don't try to own them;
>
> Help them to grow but don't rule them. ①
>
> Rigidity and power occupy the inferior position;
>
> Suppleness, softness, weakness, and delicateness occupy the superior position. ②

On the biochemical level of the body, hormones are enhanced and vital energy (qi, prana) is produced and stored more efficiently. The final stage of such philosophical cultivation and spiritual pursuits is the unification of human spirit and the natural

---

① Lao-Tzu, *Te-Tao Ching*, 62.

② Ibid. , 178.

spirit (*tian ren he yi*). When the individual spirit becomes part of the natural spirit and contaminated human thoughts have been cleansed and purified it is manifest on the bio-energetic and bio-electrical levels.

The paradox of the developed strategies of liberation however is that in the process, the ultimate strategy becomes having no strategy (*wu-wei*). To discover what is really spiritual in cultivation techniques we must proceed beyond the thought-composed mind and mechanism and dissolve the thought on conscious and subconscious levels. The *wu-wei* absence of strategy becomes the only "strategy" (if the strategy can be a process which is non-intentional) since it is not based on conceptual or analytical process, nor it is anything that we can arrive at through exclusively personal will and effort. In Asian traditions the quality of philosophical undertaking is connected to the state of body-mind-spirit, therefore the cultivation techniques are philosophical projects par *excellence*.